哈佛百年经典

法国和英国著名哲学家

[法]勒内·笛卡尔 / [法]伏尔泰 / [法]卢　梭 / [英]托马斯·霍布斯◎著
[美]查尔斯·艾略特◎主编
何学德 / 晋　刚◎译

北京理工大学出版社
BEIJING INSTITUTE OF TECHNOLOGY PRESS

图书在版编目（CIP）数据

法国和英国著名哲学家 /(法) 笛卡尔等著；何学德等译. —北京：北京理工大学出版社，2013.12（2019.9 重印）

(哈佛百年经典)

ISBN 978-7-5640-7639-9

Ⅰ. ①法… Ⅱ. ①笛… ②何… Ⅲ. ①哲学-法国-文集②哲学-英国-文集 Ⅳ. ①B565.5-53②B561.5-53

中国版本图书馆 CIP 数据核字（2013）第 211509 号

出版发行 / 北京理工大学出版社有限责任公司
社　　址 / 北京市海淀区中关村南大街 5 号
邮　　编 / 100081
电　　话 / (010)68914775（总编室）
　　　　82562903（教材售后服务热线）
　　　　68948351（其他图书服务热线）
网　　址 / http://www.bitpress.com.cn
经　　销 / 全国各地新华书店
印　　刷 / 三河市金元印装有限公司
开　　本 / 700 毫米×1000 毫米　1/16
印　　张 / 24.5
字　　数 / 360 千字
版　　次 / 2013 年 12 月第 1 版　2019 年 9 月第 2 次印刷
定　　价 / 67.00 元

责任编辑 / 张慧峰
文案编辑 / 张慧峰
责任校对 / 杨　露
责任印制 / 边心超

出版前言

人类对知识的追求是永无止境的，从苏格拉底到亚里士多德，从孔子到释迦摩尼，人类先哲的思想闪烁着智慧的光芒。将这些优秀的文明汇编成书奉献给大家，是一件多么功德无量、造福人类的事情！1901年，哈佛大学第二任校长查尔斯·艾略特，联合哈佛大学及美国其他名校一百多位享誉全球的教授，历时四年整理推出了一系列这样的书——《Harvard Classics》。这套丛书一经推出即引起了西方教育界、文化界的广泛关注和热烈赞扬，并因其庞大的规模，被文化界人士称为The Five-foot Shelf of Books——五尺丛书。

关于这套丛书的出版，我们不得不谈一下与哈佛的渊源。当然，《Harvard Classics》与哈佛的渊源并不仅仅限于主编是哈佛大学的校长，《Harvard Classics》其实是哈佛精神传承的载体，是哈佛学子之所以优秀的底层基因。

哈佛，早已成为一个璀璨夺目的文化名词。就像两千多年前的雅典学院，或者山东曲阜的“杏坛”，哈佛大学已经取得了人类文化史上的“经典”地位。哈佛人以“先有哈佛，后有美国”而自豪。在1775—1783年美国独立战争中，几乎所有著名的革命者都是哈佛大学的毕业生。从1636年建校至今，哈佛大学已培养出了7位美国总统、40位诺贝尔奖得主和30位普利策奖获奖者。这是一个高不可攀的记录。它还培养了数不清的社会精英，其中包括政治家、科学家、企业家、作家、学者和卓有成就的新闻记者。哈佛是美国精神的代表，同时也是世界人文的奇迹。

而将哈佛的魅力承载起来的，正是这套《Harvard Classics》。在本丛书里，你会看到精英文化的本质：崇尚真理。正如哈佛大学的校训："与柏拉图为友，与亚里士多德为友，更与真理为友。"这种求真、求实的精神，正代表了现代文明的本质和方向。

哈佛人相信以柏拉图、亚里士多德为代表的希腊人文传统，相信在伟大的传统中有永恒的智慧，所以哈佛人从来不全盘反传统、反历史。哈佛人强调，追求真理是最高的原则，无论是世俗的权贵，还是神圣的权威都不能代替真理，都不能阻碍人对真理的追求。

对于这套承载着哈佛精神的丛书，丛书主编查尔斯·艾略特说："我选编《Harvard Classics》，旨在为认真、执著的读者提供文学养分，他们将可以从中大致了解人类从古代直至19世纪末观察、记录、发明以及想象的进程。"

"在这50卷书、约22000页的篇幅内，我试图为一个20世纪的文化人提供获取古代和现代知识的手段。"

"作为一个20世纪的文化人，他不仅理所当然的要有开明的理念或思维方法，而且还必须拥有一座人类从蛮荒发展到文明的进程中所积累起来的、有文字记载的关于发现、经历以及思索的宝藏。"

可以说，50卷的《Harvard Classics》忠实记录了人类文明的发展历程，传承了人类探索和发现的精神和勇气。而对于这类书籍的阅读，是每一个时代的人都不可错过的。

这套丛书内容极其丰富。从学科领域来看，涵盖了历史、传记、哲学、宗教、游记、自然科学、政府与政治、教育、评论、戏剧、叙事和抒情诗、散文等各大学科领域。从文化的代表性来看，既展现了希腊、罗马、法国、意大利、西班牙、英国、德国、美国等西方国家古代和近代文明的最优秀成果，也撷取了中国、印度、希伯来、阿拉伯、斯堪的纳维亚、爱尔兰文明最有代表性的作品。从年代来看，从最古老的宗教经典和作为西方文明起源的古希腊和罗马文化，到东方、意大利、法国、斯堪的纳维亚、爱尔兰、英国、德国、拉丁美洲的中世纪文化，其中包括意大利、法国、德国、英国、西班牙等国文艺复兴时期的思想，再到意大利、法国三个世纪、德国两个世纪、英格兰三个世纪和美国两个多世纪的现代文明。从特色来看，纳入了17、18、19世纪科学发展的最权威文献，收集了近代以来最有影响的随笔、历史文献、前言、后记，可为读者进入某一学科领域起到引导的作用。

这套丛书自1901年开始推出至今，已经影响西方百余年。然而，遗憾的是中文版本却因为各种各样的原因，始终未能面市。

2006年，万卷出版公司推出了《Harvard Classics》全套英文版本，这套经典著作才得以和国人见面。但是能够阅读英文著作的中国读者毕竟有限，于是2010年，我社开始酝酿推出这套经典著作的中文版本。

在确定这套丛书的中文出版系列名时，我们考虑到这套丛书已经诞生并畅销百余年，故选用了“哈佛百年经典”这个系列名，以向国内读者传达这套丛书的不朽地位。

同时，根据国情以及国人的阅读习惯，本次出版的中文版做了如下变动：

第一，因这套丛书的工程浩大，考虑到翻译、制作、印刷等各种环节的不可掌控因素，中文版的序号没有按照英文原书的序号排列。

第二，这套丛书原有50卷，由于种种原因，以下几卷暂不能出版：

英文原书第4卷：《弥尔顿诗集》

英文原书第6卷：《彭斯诗集》

英文原书第7卷：《圣奥古斯丁忏悔录 效法基督》

英文原书第27卷：《英国名家随笔》

英文原书第40卷：《英文诗集1：从乔叟到格雷》

英文原书第41卷：《英文诗集2：从科林斯到费兹杰拉德》

英文原书第42卷：《英文诗集3：从丁尼生到惠特曼》

英文原书第44卷：《圣书（卷Ⅰ）：孔子；希伯来书；基督圣经（Ⅰ）》

英文原书第45卷：《圣书（卷Ⅱ）：基督圣经（Ⅱ）；佛陀；印度教；穆罕默德》

英文原书第48卷：《帕斯卡尔文集》

这套丛书的出版，耗费了我社众多工作人员的心血。首先，翻译的工作就非常困难。为了保证译文的质量，我们向全国各大院校的数百位教授发出翻译邀请，从中择优选出了最能体现原书风范的译文。之后，我们又对译文进行了大量的勘校，以确保译文的准确和精炼。

由于这套丛书所使用的英语年代相对比较早，丛书中收录的作品很多还是由其他文字翻译成英文的，翻译的难度非常大。所以，我们的译文还可能存在艰涩、不准确等问题。感谢读者的谅解，同时也欢迎各界人士批评和指正。

我们期待这套丛书能为读者提供一个相对完善的中文读本，也期待这套承载着哈佛精神、影响西方百年的经典图书，可以拨动中国读者的心灵，影响人们的情感、性格、精神与灵魂。

目录
Contents

目录 Contents

目
Contents
录

目 Contents 录

方法论

Discourse On Method

〔法〕 勒内·笛卡尔

主编序言

勒内·笛卡尔于 1596 年 3 月 31 日出生在法国都兰省拉哈耶一个贵族家庭，其家族在法国布列塔尼和南部地区拥有大量土地。笛卡尔最初就读于拉·弗来施教会学校，后又到巴黎求学，最后决定游学各国，并在长达数年的军队服役中丰富了自己的学识。在立志投身于哲学研究之后，笛卡尔大部分时间都居住在荷兰，但是他生命的最后 5 个月却是在瑞典斯德哥尔摩女王的宫廷里度过的。1650 年 2 月 11 日，笛卡尔在斯德哥尔摩逝世。

在笛卡尔早年接受教育的教会学校里，经院哲学仍然是授课的一部分，年轻的他对经院哲学产生了极大的不满。在游学后，他决心“从他自己和世界这本大书，从自然界和对人类的观察中获得知识”，并且对一切事物持怀疑的态度。正是在游学德国期间，笛卡尔产生了“我思故我在”的思想，这既是他整个思想体系的基点，又让他不再质疑自己关于“凡是可信的东西都值得怀疑”的观点。在此基础上，笛卡尔建立了被公认为是现代思想基石的哲学体系。该体系不仅被今人所接受，而且也根除了一切的臆测，同时他用于发现真理的方法也使整个现代哲学的发展成为可能。这次出版的《方法论》一书，初版发行于 1637 年，第一次把笛卡尔的方法论呈现在世人面前。笛卡尔不仅在物理学、数学、哲学上获得了杰出的成就，他的《几何学》也给数学研究带来了巨大的革命。

查尔斯·艾略特

原出版序言

如果嫌这本书太长，一下子没办法读完的话，可以把它分为六个部分：

第一部分，是作者对各门学问的一些看法；

第二部分，是作者所发现的方法的主要原则；

第三部分，是作者从这个方法演绎出的几个规则；

第四部分，是关于作者用来证明上帝的存在和灵魂的存在的一些理由，也就是作者形而上学的基础；

第五部分，是作者曾研究过的一系列生理学的问题，特别是，关于心脏运动和其他医学方面难题的解释，以及人类的灵魂和禽兽的灵魂的区别；

最后一部分，是作者认为要达到何种要求才能在自然研究方面取得比过去更大的进步，以及是什么原因促使他写书的。

第一部分

良知是人世间分配得最为均匀的东西。人人都认为自己具有足够的良知，就连那些在其他一切方面都极难满足的人，也从来不会觉得自己所拥有的良知不够，而想再多得一点。在这一方面，既然不大可能人人都会犯错，倒正好证明，正确的判断力及辨别真假的能力，即我们称为良知或理性的东西，本来就是人人与生俱来且均等的。我们的意见之所以有分歧，并不是因为我们当中某些人比其他人赋有更多的理性，只是我们运用思维的途径不同，所关注的对象有差别罢了。因为单有聪明才智远远不够，会运用才是首要前提。有才智的人能够做出最大的好事，也同样可以做出最大的坏事；那些行走缓慢而始终遵循走正道的人，可以比那些疾驰而背离正道的人有更大的进步。

至于我自己，我从未奢想自己的才智有胜于常人的地方。相反，我常常希望自己能与某些人一样，有敏锐的思维，清晰明了的想象，或充沛与持久的记忆。除此之外，我再想不到什么别的品质可以使才智完美。因为理性或良知是使我们成为人，使我们异于禽兽的唯一事物，所以我愿意相信它在每个人身上都是完整无缺的。在这一点上，我也赞同哲学家们的普遍观点，即同属的各个个体之间只是属性上存在多与少的区别，而形式与本质上并无差异。

然而，我可以毫不犹豫地说，我非常幸运，在早年便摸索出几条门径，促使我思索，得出一些准则，由此形成了一种思维方法。凭借这种方法，我认为我的知识会逐步增长，一步一步提高到我的平凡的才智和短暂生命所能容许达到的最高点。这种方法已让我获益良多，尽管我一贯贬抑自己，不敢自负，尽管我从哲学家的角度观察世人从事的各种活动和事业，发现几乎没有一样不是虚浮无益的。但是我却对在追求真理的道路上所取得的进步感到无比满足，而且情不自禁地怀抱着一种对未来的希望，相信在人类一切的事业中，如果有一种是真正有益而重要的，那便是我所选择的事业了。

当然，我也可能错了，也许只得到了些黄铜、玻璃，而我却把它当成了黄金、钻石。我知道，在牵涉到本人的事情上，我们难免迷惘；也知道，朋友对我们的褒奖之词，也是非常值得怀疑的。不过，我很愿意在这篇谈话里向大家详细讲述我所依循的方法和途径，并将我的经历如实地描绘出来，使大家都能各抒己见，给予评判。这样，我可以从大家的意见中获得启示，为我自己习惯使用的方法提供新的帮助。

因此，我并不打算在这里教给大家某种方法，使人人都必须遵循它才能正确运用自己的理性。我只是要告诉大家，我是怎样运用我自己的理性的。大凡以人师自居者，势必认定自己比别人高明，而一旦稍有差错，就该受到责备。可我这本小册子所写的只是一些传记性的东西，或许也可以说只是一种故事性的东西，其中除了一些值得仿效的范例之外，多半是不建议采用的。所以我希望这本书能够对一些人有益，而对任何人都无害，也希望我的坦率能得到大家的赞许。

我自幼与书本为伍，经人教诲，认为通过读书可以得到明白可靠的知识，懂得一切有益人生的道理，因而我如饥似渴地学习。可等到我完成学业，按例毕业，取得学者资格的时候，我就完全改变了自己的看法。因为我发现自己陷于疑惑和谬误的重重包围之中，觉得在学问上毫无进步，却越来越发现自己的无知。可是我当时就读的学校是欧洲最著名的学校之一，如果世界上真有博学之士，我认为我所在的学校必定会有。我把这所学校里别人所学的课程全部学完，甚至不满足于学校所讲授的学问，那些被大家视为最稀奇古怪的学问的书籍，只要能找到的，我都统统读了。我也知道别人对我的评价，没人觉得我不如其他同学，虽然他们当中已经有几位被选定为老师的接班人。总而言之，我觉得我们这个时代人才辈出、俊杰如云，不亚于以往任何一个时代。这就使我可以毫无拘束地对所有人做出我自己的判断：以前人们让我相信的那些十足可靠的学问，根本就不存在。

尽管如此，我还是十分重视学校的功课。我深知：学校里教的语言文字是通晓古书的必备工具；而寓言的优雅，可滋养心灵；不朽的历史事迹，可提升素养，若能加以研习，则有助于英明善断；研习好书，有如走访历代著书的先贤，同他们促膝谈心，甚至探讨，从中所得都是他们思想的精髓；雄辩之术，优美豪放无与伦比；诗词歌赋，婉转缠绵，动人心弦；算术一科奥妙无比，缜密的发现满足了不少好奇之心，数学以其多种缜密的发明，既可以满足好奇心，又可以促进各种艺术的发展，减轻人们的劳动；伦理一科则著述甚丰，箴言、教训兼而有之；神学指引人们入天堂之道；哲学教人煞有介事地无所不谈，使那些学识较浅的人心生仰慕；法律医学及其他学科给治学者带来盛名厚利。总而言之，一切的学问，甚至于即使充满迷信和错误的学问，都值得我们去注意、去研究，之后我们才能判定其真正的价值，避免上当受骗。

可是我认为自己用在语言文字上的工夫已经够多，诵读古书、读历史、读寓言花的时间也已经不少。因为与不同时代的古人交谈有如异域旅行，知道一些异国风俗是有用的，如此能使我们对本国风俗做出更为恰当的评价，不至于像那些经历仅限于本国的人一样得出这样的结论：任何违反本国风俗习惯的事情都是可笑的、不合理的。但从另一方面说，若旅行过久则会使我们对本土生疏；对古人的风俗过于关注，则会对当下的风俗茫然无知。此外，虚构的故事使人想入非非，使我们把许多不可能的事情想象成可能，甚至那些最忠实的历史记载，如果没有完全歪曲、夸张史实，以求动听，至少也总是删去了某些细枝末节，而不能尽如原貌。倘若以此为榜样亦步亦趋，便会像传奇里的游侠骑士一样陷于浮夸，自恃能力无边，而想出来的计划每每无法实现。

我非常崇拜雄辩之术，也热爱诗词歌赋，但我总觉得这两者都是天赐之物，而非后天学习所能得来。那些推理能力极强，又最善于明晰机敏地表达其思想的人，即使只会说布列塔尼半岛地区①的粗俗土话，且完全不懂修辞规则，也往往能说服别人，使人相信他们所说的是真理；而那些头脑中富有奇思妙想，又善于用最佳的辞藻表达之人，纵使不谙熟诗词韵律，却不失为一流诗人。

我特别喜爱数学，因为它的推理确切明了，但我确实还不了解它的真正用途，而以为它仅在机械技术的发展上有其贡献。我惊叹，数学有如此牢固、如此坚实的基础，而人们竟没有在它的上面造起崇楼杰阁来。相反地，古代卫道士的长篇宏论，貌似富丽堂皇的宏伟宫殿，却只是建筑在泥沙上面。他们把美德捧得极高，说它们世上无物可比，却没有为我们给出一个确切的道德标准。而被他们加上这个美名的往往只是冷漠无情、骄傲自满罢了。

我尊敬我们的神学，并且和别人一样希望能上天堂。然而有人却肯定地告诉我，人不论无知还是博学，同样都能进天堂，而指引人上天堂的真理却不是我们所能理解的。于是我也不敢妄加推理，我认为唯有具有自天而降的特殊帮助和非凡资质，才能在神学研究方面有所成就。

关于哲学我只能说一句话：我看到千百年来无数最杰出的人都在研究哲学，而时至今日，没有一个哲学上的问题是不存在争论的，所以没有一点不是可疑的。因此，在哲学研究上，我并不期望自己能比别人的成就更大。此外，既然同一问题只能有一个正确的看法，而往往又有彼此矛盾的若干意见，还有博学之人支持，于是我把仅仅貌似正确的一概看成错误的。

---

① 布列塔尼半岛地区是法国西部的一个地区（布列塔尼语："Breizh"），该地区方言很难听懂。

至于其他学科，既然它们的本原是从哲学里借来的，我断定，在这样不牢固的基础上绝不可能建筑起什么结实的东西来。所以，能由这些学问获得的名和利，都不足以令我决心去研究它。感谢上苍，我当时并不感到境遇窘迫，要拿学问去谋利，以求过上好日子。我虽不像犬儒学派①那样自称藐视荣誉，但对于那些只靠虚假的招牌取得的名声我却看得非常淡。总而言之，想到那些骗人的学说，我认为已经摸清了它们的老底。不管它是炼丹术士的包票，还是占星卜士的预言；是巫师的哄弄，还是那些自称内行，其实一无所知之人的装腔作势，我都退避三舍，以防上当。

就是因为这个缘故，一到容许我离开师长管教的年龄，我便完全放弃了对书本的研究。我下定决心，除自我或者大千世界这本大书之外，不再研究别的学问。于是趁年纪还轻的时候就去游历，走访各国的宫廷和军队并结交兴趣各异、各阶层的人，积累各种各样的经验。在命运给我安排的各种环境中考验自己，特别是思考我所经历的事情，以便从中取得教益，不断进步。我发现，在普通人的推理中，我能发现更多的真理，因为普通人是对切身的事情进行推理，如果他的判断是错误的，他便要自受其罚；然而那些坐在书斋内的学者所推论的事物，反倒不能给人以真理。因为这些都是无关实际的空论，是不产生任何实效的，对他本人几乎毫无益处；仅仅在他身上造成一种后果，就是思辨离常识越远，他由此产生的虚荣心大概就越大，因为必须花费更多心思，才能使那些空论变得更像真理。除此之外，我总是渴想学会辨别真假，以便可以认清人生正道，并且满怀自信地迈步向前。

的确，在我专门考察其他国家的风俗习惯时，并没有发现使我确信的东西。我发现风俗习惯是五花八门的，与一群哲学家自相矛盾的主张没有什么两样。我由此得到的最大好处就是大开眼界，尽管有些风俗我们觉得

---

① 犬儒学派，古希腊苏格拉底以后的一个支派，因其创始人安提斯泰尼（Antisthenes）在一个名叫居诺萨格（Kunosarges）的体育场中讲学而得名。在希腊语 Kuno 就是“狗”的意思。犬儒学派对世界不信任，对任何事物都抱消极的态度。

十分离奇可笑，但却为其他伟大的民族一致赞同、共同采纳，因此，我懂得不能一味地听从那些成规惯例，只对它们坚信不疑。就这样，我渐渐摒弃了许多错误观念，而这些错误观念足以蒙蔽我们天生的智慧，在很大程度上使我们无法听从理性。可是，在经过数年对大千世界这本书的研究并努力得到若干经验之后，我终于下定决心同时也拿我自己作为研究对象，集中一切精力选择我应遵循的道路。然而，如果我不出国门或死抠书本，就不会有这样的成功。

第二部分

那时，德国战乱尚未结束，我随部队驻扎在那里。观看完皇帝加冕仪式后，回到部队，已到冬天，我便只好留在驻地。那里没有什么社交活动能引起我的兴致，幸好了无牵挂，也没有什么东西使我分心，我便整日独自待在一个没有火炉的房间里，利用充分的闲暇跟自己的思想打交道。

这时在我脑海中出现的第一个想法是：由许多人执笔写就的篇章不连贯的著作，往往没有一个人独自完成的作品那么完美。我们可以看到，由一位建筑师一手设计和建造的房屋，往往美观宽敞；而经由多人修改而利用旧墙设法修补而成的房屋，往往要逊色许多。由小村庄经过长期发展逐渐变成都会的古城，格局通常很不匀称，不如一位工程师按照自己的设想在一片平地上设计出来的整齐城镇。虽然从单个建筑物看，古城里常常可以找出一些同新城里的一样精美，或者更加精美的建筑物，但是当一个人看到一座古老城市的建筑物的情形——房屋横七竖八、大小不一，街道弯弯曲曲、凹凸不平时，他便会觉得那里的排列完全出于偶然，而不是出自有理性思想的人工设计。

若能想到这些，我们就很容易明白，在一切时代中，各城历来都有专门官员来管理私人房屋的建造，以便增加城市的美感，但结果都不够理想。可见，只是加工别人的东西是很难达到完美的。

我也同样想到，有些民族由原来所处的半野蛮状态而逐步进入文明的过程中，因有了面对犯罪和争讼的痛苦经验，而迫不得已地逐步设立并改进他们的法律。他们的治理程度就比不上那些一结成社会就遵奉某个贤明立法者的法度的民族，得以达到完善的境地。由上帝一手制定清规的真宗教[①]，就确实精严无比，胜过其他一切宗教。

论到人事方面，我认为斯巴达曾经之所以十分兴盛，并不是因为它的每一条法律都完善，因为其中确实有许多非常古怪，甚至与道德相抵触的条例。其兴盛应归因于其法律全是由一人制定，是为着同一个目的的。

根据这一切的理由，我就认为书本内所讲论的各种科学，至少那些根据玄想形成而无事实证明的科学理论，既然是由多数人的分歧意见逐渐拼凑堆砌而成的，就不能像一个有良知的人以其自然和无偏见的判断力对当前事物做出的简单推理那样接近真理。

再者，我还想到，我们都曾经历由婴儿到成人的阶段，都不能不长期受本人欲望和教师的支配，教师们的意见又常常是互相抵触的，而且不见得每个教师的教导都总是正确，那么，我们的判断要想十分正确而可靠，是几乎不可能的事。除非我们一出世便有成熟的理性而且始终只遵循这理性而行，那我们的判断当然就要好得多了。

仅仅为了街道的美观而将全城房屋一概拆毁，根据新的设计来进行重建，这样的事不太常见。可是却常常看到许多人把自己的房子拆掉，打算重盖，也有时是为了避免房屋日久坍塌，或者房基不稳固，不得不拆。以此为例，我相信：个人打算用彻底改变、推翻重建的办法改造国家，确实是妄想；改造各门学科的实体或者改造学校讲授这些学问的固有规则，同样是荒谬无比的。

---

① 指基督教。

但是，说到多年来我所信奉的观点，我认为，倒不如立刻把它们一扫而空，以便采纳更好的见解，或者将原有的观念经过理性思考后收回重用。我坚信，用这种方法引导生活，比之仅仅固守陈旧的基础，一味地依赖年轻时轻信的那些原则的方法，一定会取得更大的成功。因为虽然我知道采取这种方法行事有各种各样的困难，但是这些困难却不是无法克服的，并不像涉及改革公众事务那样，哪怕细枝末节也是困难无比。那些庞大的体制一旦坍塌就极难扶起，甚至经历一次剧烈的动摇之后，也很难再被扶直，其倒塌必然造成很大的灾难。如果国家的法制具有缺陷的话（单凭很多国家的法律都存在差异性这一点就可断定），毫无疑问，风俗习惯可以极大地消除这些缺陷所带来的弊端，甚至无形中使大量的缺陷得以免除，或者得到改正，我们单凭精明理智是做不到那么好的。简而言之，我们宁愿容忍有缺点的制度，而不愿见到根除缺陷所带来的变化。旧体制好比盘旋山间的老路，走来走去就渐渐平坦宽阔，比之为寻找笔直的小径，而攀登岩石的顶峰、下探悬崖谷底要好得多。

因此，有些人虽不是靠出身和钱财混进官场，却躁动不安、忙忙碌碌，总是叫嚣着改革，我是绝对不会赞成他们的。如果在这本书里有任何地方能证明我受过这些愚蠢行径的毒害，我是绝对不会让它出版的。我的打算只不过是力求改造我自己的思想，使其能完全建立在我自己的思想基础之上。尽管我对自己的工作相当满意，在此呈现给大家这本小册子，但这并不表明我有意劝别人仿效我的做法。那些天生聪慧、备受上帝眷顾的人也许会有比我高明的打算，可是对于很多人来说，恐怕我这个打算已经太冒险而难以效仿了。就拿下决心抛弃自己以往的所有信仰来说，单单这一点，就不是人人都应当效仿的。世界上的人大致说来只分为两类，都不宜学这个榜样：一类人自以为高明，其实不然，他们都是仓促地下判断，又没有足够的耐性对每件事都有条有理地思考。因此，一旦可以自由地怀疑自己所持的固有信念，脱离大家所走的道路，就永远不能找到他所要走的捷径，进而迷失自己，彷徨终生。另一类人则相当讲理，也就是说相当谦虚，因而认定自己分辨真假的能力不如某些人，可以向那些人学习，既然如此，那就应该满足于听从那些人的意见，而不必苦苦寻找自身的原因了。

至于我自己，如果我一直只有一位老师，或者根本不知道自古以来先贤的思想也是有分歧的，那么毫无疑问，我就属于后一类。可是，我在大学期间就意识到，任何想法，不管多么离奇古怪，多么难以置信，都是由某个哲学家提出过的。我在游历期间就已经认识到，与我们的意见针锋相对的人并不因此就全都是蛮子和野人。相反，他们中的许多人跟我们一样运用理性，甚至比我们更善用理性。同时我也注意到，同一种人，起初具有同样的心灵，即使他自幼生长在法国或德国，但如果后来和中国人或野蛮人生活在一起，所形成的品性就会变得大不相同。连衣服的样式也是这样，一种款式十年前流行过，也许十年后还会流行，我们现在看起来就觉得奢华夸张、怪诞可笑。由此可见，我们所听信的大都是成规惯例，并不是什么确切的知识；大多数人赞成并不能证明就是真理，因为那种真理多半是出自个人发现，而不是众人发现的。所以在茫茫人海中，我竟然挑不出一个人，让我觉得他的观点还有可取之处，我感到无可奈何，只好用自己的理性来指导自己。

不过，我就像一个在黑暗中独自摸索前进的人，下决心慢慢地走，这样即使没有很大的进步，至少不会倒退。我不会一开始就大刀阔斧地把过去未经理性指引潜入我心里的一切意见完全抛弃，而是首先花费充足的时间仔细考察，为自己所要从事的工作拟出总体计划，确保用正确的方法，来认识自己力所能及认识的一切事物。

在哲学的各个分支中，我早年学过一点逻辑学；在数学方面，我也学过解析几何和代数。在我看来，这三门艺术或学问应该对我的计划有所帮助。但是经过详细的研究之后，我便发现逻辑学的三段论法等许多法则教条都只能解释我们所已知的东西。就连鲁洛的《学艺》之类也只能不加判断地谈论大家不知道的东西，而并没有对未知事物加以研究。虽然逻辑学确实包含着很多非常正确、非常出色的法则，但其中也混杂着不少有害或者多余的东西，要把这两类东西区别开来，困难程度不亚于将一块未经雕琢的大理石雕刻成一尊狄雅娜像或雅典娜像。至于古代人的解析几何和近代人的代数，都是只研究非常抽象、看来毫无实际用途的题材，此外，前者始终局限于考察图形，因而只能使人疲于想象之后才有所理解；后者一味地拿种种定律和方程式来摆布人，弄得我们只觉得纷乱晦涩、头昏脑涨，学不到什么培养心智的学问。就是因为这个缘故，我才想到要去寻找另外一种方法，可以包含这三门学问的长处，而没有它们的短处。法令繁多，每每会执行不力，一个国家律法不多却能执法甚严，却往往国泰民安。同样，用不着制定大量条规构成一部逻辑法则。所以我相信，只要我有坚定持久的信心，无论何种情况都能坚决遵循以下四条，对我来说也就足够了。

第一条，凡是我没有明确地认识到的事物，决不把它当成真的接受。也就是说，要小心避免轻率的判断和偏见。而且，除了清晰可辨地呈现在我心里，使我根本无法怀疑的事物以外，在我的判断里不包容其他任何东西。

第二条，按照可能和必要的程度把我所审查的每一个难题分成若干部分，从而逐个妥善解决。

第三条，依次思考，从最简单、最容易认识的对象开始，一点一点逐步上升，直到认识最复杂的对象，甚至将那些本质上无先后次序的事物，也给它们设定一个次序。

最后一条，在任何情况之下，都要尽量进行全面周到的考察，尽量普遍地复查，做到确信毫无遗漏。

几何学家常常运用一长串十分简易的推理完成最艰难的证明。由此我认为，人类所能认识的一切事物都是由相同的方式相互联系的，只要不把假的当成真的接受，并且一贯遵守由此推彼的必然顺序，就绝不会有什么东西遥远到根本无法企及，也不会有隐藏而不能发现的真理了。而且，从何入手，对我来说并不很难决定。因为我已经知道，要从最简单、最容易认识的事物开始。考虑到在古今一切不同学科领域探索真理的学者当中，只有数学家掌握了证明的方法，即确切而有证据的推理，我就毫不迟疑地依循了他们调查问题的规则。虽然我并不希望由此得到什么好处，只希望我的心灵得到熏陶，养成热爱真理、厌恶虚妄的习惯，但是，我并未打算去全面研究一切号称数学的具体学问。据我观察，这些学问虽然研究对象不同，却有一致之处，即全都仅仅研究那些对象之间的各种关系或比例。所以我的目标还是尽可能用最一般的形式来研究这些比例，而不论及任何具体事物，除非那种事物能使我们更容易认识它们，更不要受制于某些事物，这样，才能把这些普遍关系恰当地应用于其他一切对象。我又注意到，为了将这些关系弄明白而作进一步深入观察，有时我应该对它们一一研究，有时则只要把它们牢记于心，进行综合分析。所以我认为，为了更有效地把它们作个别研究，就应当把它们假定为线的关系，因为我发现这是最简单的，最能够清楚地呈现在我们的想象和感官面前。另外，为了能够记住它们或者放在一起综合研究，就该用一些尽可能短的数字来说明它们；用这个办法，我就可以从解析几何和代数里取来全部的优点，而将它们的全部缺点相互纠正了。

实际上，我可以大胆地说，由于严格遵守我所选择的这几条规则，我可以毫不费力地将这两门学问的一切问题弄得清清楚楚。因此在从事研究的两三个月里，我从最简单、最普通的问题开始，并以每一种所发现的真理作为帮助发现其他真理的法则，我不但解决了过去难以解决的问题，而且对尚未解决的问题，也觉得颇有把握，能够断定可以用什么方法解决以及可能解决到什么程度。在这方面，我并非夸大其词，因为大家可以想想，一种事物的真理只有一个，谁发现了这个真理，谁就在这一点上知道了我们能够知道的一切。例如一个学了算术的小孩按照算术规则做完一道加法题之后，就可以确信自己在这道题的数字之和上发现了人类才智所能发现的一切。总而言之，因为这种方法教人遵照事物的本来次序，确切地列举它的所有条件，所以本身就包含了算术规则之所以可靠的全部条件。

不过，我确实感到，这种方法最令我满意的地方还在于它可以使我很有把握地在各方面运用我的理性，虽不敢说做到尽善尽美，至少也将我的能力发挥到了最大限度。此外我还感到，由于运用这种方法，我的心灵逐渐习惯于把对象了解得更清楚、更分明。我并未将这种方法固定在某种对象上，如同成功地解决代数难题一样，我还希望能用它去解决其他学科的难题。不过，我并没有因此就去贸然地研究我在所有学科中遇到的难题，因为那样做本身就违反这种方法所规定的次序。但我注意到，一切学问的本原都应当从哲学里取得，而在哲学中我从未发现任何确实可靠的本原，所以我的第一要务便是努力建立哲学的本原。可是这件工作是世界上最重要的事情，同时又最怕轻率的判断和先入之见，我当时才 23 岁，不够成熟，所以我想应该等我到更为成熟的年纪时再去做这个工作，并事先多花些时间准备。一方面要把以前所接受的一切错误的观点完全抛弃；另一方面要积累各种不同的经验作为以后的推论的材料，同时再运用我所选择的方法不断地训练自己，以求能更纯熟地运用它。

第三部分

正如我们在着手重建住宅之前，若只是把旧房拆掉、材料备好、请好建筑师，或者我们亲自设计，并仔细绘出图纸，都是不够的。还应该另外准备一所房子，好在施工期间舒舒服服地住着。这样，当我受理性驱使而变得举棋不定时，才不至于在行动上犹疑不决。为了今后还能十分幸运地活着，我给自己定下了一套临时的道德规范，共有三四条准则，我愿意把它的内容介绍给大家。

第一条，服从我国的法律和习俗，笃守信仰①，因为这信仰是上帝所赐，我从小就受教于它。在其他任何事情上，以身边最明智的人为榜样，遵奉他们在实践上被一致接受的那些最合乎中庸、最不走极端的意见，来规范自己的行为。因为我希望对自己所有的观点进行重新审查，所以从那时起一律把它们看作一文不值。但是，我深信在过渡时期最好还是遵从最明智的人的观点。虽然在波斯和中国，会有许多跟我们这里一样很明智的

① 罗马天主教。

人，但是为了方便起见，我觉得还是效法自己周围的人更好。对我而言，要想知道他们真正的看法，必须观察他们的行动，而不能只听他们说的话。这不仅是因为如今世风日下，很少有人愿意完全吐露自己的心声，还因为不少人并不知道自己真正所信为何物。因为相信一件事和知道一件事本是不同的心理活动，两者常常分道扬镳。在那些被同样多的人接受的看法当中，我总是从中选择最中庸的。这样做，一方面是因为这种看法永远最便于实行，而且也许是最好的（所有极端的意见一般都有弊端）；另一方面也是因为一旦出错，不至于离开正道过远。如果我选择了一个极端，而本该选择的是另一个极端，那就会犯错误了。而且我认为属于极端的是所有限制我们某种自由的约定。我并不反对法律允许人们以发誓作为约定以及通过订立约束双方的合同进行约定，以防止意志不坚的人摇摆不定、反复无常，以保证达到某种正当的目的，甚至为了商业安全，制定与约定相类似的法令，却对如何实现目标漠不关心；因为我发现世间万物都处在变化之中，特别是对我个人而言，我希望让自己的判断越来越完善，而不是越来越差。倘若由于我曾经赞成过某件事，后来事情变了样我还只好说它对，或者我已停止像原来那样遵从它了，可我还必须在以后的时间里也要说它是好的，我认为那是犯了违背良知的大错。

我的第二条准则是，在行动上尽可能的坚定果断，一旦选定某些观点，哪怕它们是最可疑的，也要当作十分可靠的观点，毫不动摇地遵循。这样做是效法森林里迷路的旅行者，他们绝不能胡乱地东走西撞，更不能停留在一个地方不动，而应当尽可能地始终朝着一个方向笔直地前进，纵然在开始的时候这个方向只是偶然选定的，也不要因为一些微不足道的理由而改变方向。这样即使不能恰好走到期望的目的地，至少可以走到一个地方，总比困在森林里面强。同样，在行动中常常是不许有任何耽搁的。有一条非常可靠的真理，就是在无法辨别哪种看法最正确时，必须遵从或然性最大的看法，即便看不出哪种看法或然性大些也必须选定一种，然后在实践中去遵奉它，认定它是最真实可靠的，不再怀疑它。因为决定我们选择的理由本身就具有这些特质。此后，有了这条原则，我就不会犯后悔的毛病，不像意志薄弱且摇摆不定的人那样，没有丝毫清晰明确的选择原则，今天当做好事去办的明天就认为很坏而将其抛弃。

我的第三条准则是，永远努力征服自己，而非征服命运；改变自己的欲望，而不是改变世界的秩序。总之，要始终相信，除自己的思想外，我们根本无力支配任何东西。所以，我们对自身以外的事情尽了全力之后，凡是没有办到的，对于我们来说，就是绝对办不到的事情。单单这一个原则似乎就足以阻止我的奢望，凡是得不到的东西就不要盼望将来把它弄到手；这样，我也就心满意足了。因为我们的意志所要寻求的，本来就是我们的理智认为可以得到的那些东西。显而易见，如果我们把身外之物一律看成由不得我们自己做主的东西，那么对于不是由于我们的过失而失去的那些生来似乎应该拥有的东西，我们也就不会再因此而感到懊恼了，就如同我们不会因为中国或墨西哥的国土不属于我们而懊恼一样。这样一来，生了病也不会妄想健康，在牢中也不会奢望自由，就像不会妄想有钻石般不坏的躯体、拥有鸟儿那样可以飞翔的翅膀一样。不过我也承认，一定要经过长期训练、反复沉思，才能熟练地用这种方法去认识万事万物。我相信，古代哲学家[①]能摆脱命运的纠缠，漠视痛苦和贫困，享受快乐，令鬼神羡慕，其秘诀就在于此。因为在他们不断地、专心致志地思考自然给予他们的权限之后，终于大彻大悟，确信除了自己的思想外，没有一样东西可以由他们支配。认清这一点就可以使他们心无挂碍，对其他事物不再抱任何奢望。他们对自己的思想取得绝对支配后，他们就比其他人更富裕、更强大、更自由、更幸福。因为其他人不懂这种哲学，无论自然和命运怎样眷顾他们，他们还是不能支配一切、事事如愿以偿。

最后，为了总结这个道德准则，我曾想到检视一下人们这一辈子从事的各行各业，以便挑选出最好的一行。对于别人的行业，我不打算做出任何评论，至于我自己，我认为我最好还是继续从事自己的那一行，那就是以我给自己制定的原则为方法，用我的一生来培养我的理性，尽全力增进

---

① 指古罗马的斯多亚派哲学家。

我对真理的认识。自从使用这种方法以来，我找到了满足的源泉，觉得人生在世所能得到的快乐没有比这更美妙、更纯洁的了。凭借这种方法，我每天发现他人一般会忽视的重要真理，因此满心欢喜，对别的事情全都不感兴趣。此外，我确立上述三条准则只有一个目的，就是继续教育我自己。因为上帝既然已经赐给我们每个人一份分辨真假的天然灵明，我觉得自己一时一刻也不该只满足于他人的意见，只有打定主意在条件成熟的时候，用自己的判断去检验别人的看法。当然我也不能毫无顾忌地跟在别人的看法后面转，只希望自己不放过任何机会尽可能地找出更好的看法。总之，如果我不沿着一条路走下去，就无法抑制住我的欲望，也无法保持满足的状态。因为照这条路走下去，我认为凡是我能够获得的知识都一定可以得到，凡是我能够得到的真正的好东西也就一定可以到手。因为我们的意志是不是追求一样东西，只取决于我们的理智是把它看成好的还是坏的。有了正确的判断，就可以有正确的行动，判断越正确，行动也就越正确，即可获得一切美德以及我们能够取得的其他一切真正有价值的东西。倘若我们确定能有这样的收获，那么我们自然会心满意足了。

有了这些准则，并把它们同我所信仰的真理放在同一地位（永远在我心中占首要地位的真理），我认为，我可以放手将我的其他看法统统抛弃了。我把自己关在那间暖房里得到了这样一些思想，可是为了顺利完成我的清理工作，我觉得与其在那里闭门长住下去还不如走出来跟人们交往，所以冬天还没结束我又开始旅行了。之后的九年中，我到处游历，什么都没有做。在世界大舞台上，我不当演员，只想做个旁观者。对每一个问题我都仔细思考一番，特别注意其中可以引起怀疑以及可能导致错误的地方，这样，就把我过去思想中的错误统统根除了。我并不是效仿那些怀疑论者[①]，学他们为怀疑而怀疑，摆出永远犹疑不决的架势。恰恰相反，我的整个打算只是使自己得到确切的证据，抛弃沙子和浮土，为的是找出岩石或黏土。在我看来，这样做是相当成功的。因为我努力找出被考察命题的错误或不确定

① 古希腊晚期主张怀疑一切的哲学家。

之处，靠的不是软弱无力的猜测，而是清晰确定的推理。任何命题，不管多么可疑，总能推导出一些相当可靠的结论来，哪怕命题本身一点都不可靠，而仅仅是推理。正如拆毁一所旧房屋，人们总是把拆除的旧料留下来，利用它盖新房。同样，我断定自己的某种看法根据不足，把它取消不要的时候，我总是从各方面观察，取得许多经验，以备于建立更为可靠的观点。此外，我继续运用我已制定的方法训练自己。在一般情况下，除了按照其规则督导我的一切思想外，也会留些时间，特意用这种方法解决数学上的难题，甚至解决了一些其他科学上的难题。但是有些问题所依据的原则不够牢靠，在剔除这些原则后，就把它们弄得几乎跟数学问题差不多了。大家可以在这本书里见到许多实例，如此看来，我的生活方式表面上跟某些人没有什么分别：不做什么事情，只是快乐地、正派地过着日子，享受清闲，不知疲倦，认为这些追求是高尚荣耀的。但是，我从未放弃我的计划，不断进步、认识真理，这样做，也许比埋头苦读，或者仅仅与文人学士交往，进步要大一些。

然而，时间已经过了九年，对于学者们争论不休的难题，我仍然没有做出任何评判，也未曾开始寻求任何比流行学说可靠的哲学原理。过去曾有许多赋有卓绝的天才的人都曾经打算这样做，但我觉得他们似乎都没有成功。这种失败的先例让我认识到这是一项非常艰巨的工作，使我想到做这件工作困难很多，要不是听到人们纷纷传言，说我已经完成了这件工作，我也许还不会贸然这么快就着手干呢。我不知道这种传说的根据是什么，若是与我的言论有关的话，那一定是由于我比一般有点学问的人老实些，有啥说啥，承认自己的无知；也可能是由于我举出种种理由说明我为什么对很多别人认为可靠的看法发生怀疑，而不是因为我吹嘘哲学的某种学说。但是，天性使然，我不愿被人评价为有名无实。整整八年，我决心避开任何可能遇到熟人的场合，在一个地方隐居下来。在经历了连年战火之后，那里已经建立了良好的秩序，驻军的作用看来仅仅在于保障居民安享和平。那里人口众多，大家积极肯干，忙于从事商业，更关心自己的事情，不太在意别人的事情。住在那些人中间，我既能享受最繁华的大城市的各种便利，又能一人独处，如同置身于最荒芜的沙漠深处。

第四部分

我不知道该不该跟大家谈谈我对事情最初的想法，因为那些想法实在太玄妙、太不通俗了，未必人人都感兴趣。可是，为了使大家能够评判我打下的基础够不够坚实，我觉得还是必须谈一下。很久以前我就发现，正如前面所提过的，我们在实际行动上，有时候需要采纳一些明知很不可靠的看法，把它们当成无可怀疑的看待。可是现在我的目的是全心全意地追求真理，所以我想我的做法就该完全相反：任何一种看法，只要我能够想象到有一点可疑的地方，就都视为绝对的谬误，不予采纳，以便查实此后在我的信念中是不是只留下全然不容置疑的事物。因此，既然感官有时欺骗了我们，我就认定，任何东西都不是感官让我们想象的那个样子。既然有些人推理的时候出错，就连最简单的几何问题也会这样，做出似是而非的推理，而我自己也跟别人一样难免会犯错误，那我就把自己曾经用于证明的那些理由统统抛弃，认为都是假的。最后我还考虑到，我们清醒时的各种思想（图像）在睡梦中也照样可以跑到心里来，而在梦中所有的东西都不是真实的，既然如此，我便认定，我清醒时进入我心中的所有事物（图像）就如同梦中的幻影一样，都是不真实的。可是我马上就注意到，既然我有意将一切看成虚假的，那么执有这种思想的我绝对应该是真实存在的。我发现，“我思故我在”（cogito ergo sum）这条真理是十分确实、可靠的，怀疑派的任何一条最狂妄的假定都不能使它发生动摇，所以我可以毫不犹豫地采纳，作为我所寻求的哲学的第一条原则。

然后我仔细地研究我是什么，我发现，我可以设想我没有形体，也可以设想没有我所在的世界，我立足的地方也不存在，但却无法假设我的不存在。相反，正因为我有意怀疑其他事物的真实性，可以十分明显、确定地推出我的存在。另外，尽管我过去想象的一切其他事物都是真实存在的，只要我停止思想，我也没有理由相信自己的存在。因此我认识了我是一个本体，其全部本性或本质仅是以思考的形式而存在，而且，并不需要地点，也不需要依赖于任何物质的东西。所以“我”，这个使我成其为我的灵魂，与形体的我是完全不同的，甚至更容易被人们所认识。即使形体的我不存在，心灵的我仍然不会停止它本来的一切。

接着我就作了一般的考察，看看一个命题具有真实性和确切性的基本条件是什么。因为我既然已经发现了一个命题，知道它是真实的，我想就应当知道它何以真实。在“我思故我在”这一命题中，只有在这样的条件之下才可以保证它的真实性，就是，只有存在才能思考。因此我认为可以一般地规定：凡是能为我们非常清晰、非常明确地认识到的事物都是真实存在的。不过，我也注意到，要正确地判断什么是我们能清楚认识的东西，还是多少有些困难的。

此后，我对我怀疑的情形进行了反省，考虑到，我既然在怀疑，我的存在就不是十分完满的（因为我清楚地认识到，知道比怀疑更为完满），因此我想研究一下，我既然想到一样东西比我自己更完满，那么，我的这个想法是从哪里来的呢？我清楚地认识到，它应当源自比现实中更为完满的某些本性。至于对许许多多身外之物，诸如对天、地、光、热等世间万物的思考，我不用费多大力气就知道它们的根源。因为我既然看不出它们有什么地方让我觉得它们比我高明，便可以相信：如果它们是真实的，那么它们是依存于我的本性的，因为我的本性是有几分完满的；如果它们是错误的，那么它们就是我凭空捏造的，也就是说，它们在我心里出现是由于我的本性有某些不完善的地方。但是，在想到比我自己更完美的本质观点时，情形就不同了，因为凭空捏造出这个观念显然是不可能的。如果说比较完满的产生于比较不完满的，并且依赖于它，其荒谬实在不亚于说无中生有。同样，我是不可能自己捏造出这个观点的。那就只能说，把这个本质观念放到我心里来是因为现实中有比我更完美的本质，它本身具有我所能想到的一切完满。简而言之，它就是上帝。在此，我还要补充一点，既然我知道在一些方面自己并不完满，我就不会是世间唯一的存在（请原谅我在此自由地使用经院名词）。相反地，世间必定有比我更完美的存在让我所依赖，而且我所拥有的一切也由它而获得。如果世间只有我存在，并且不依赖于任何其他存在体，则我现在已有的所有完满，不管多么微小，都是我事实上所拥有的。同理，我应该能够从我自身得到自知缺乏的其余一切。如此一来，我自然而然就能够变得无穷无尽、永恒不变、万古不移、全知全能。简而言之，我能够拥有我在上帝身上看到的一切完满。因为根据我以上的推理，要想发挥我本性的全部能力去认识上帝的本性，只需要把我心里的看法统统拿来，看看具有它们是完满还是不完满。我深信，凡是表明不完满的，在上帝那里都没有；凡是表明完满的，在上帝那里都有。这样，我就明白了，迟疑不定、反复无常、哀愁苦怨等诸如此类的事情，在上帝那里是找不到的，因为就连我自己都很乐意去摆脱它们。除此之外，我还有许多关于可以感觉到的、有形体的物体的观念，因为尽管我假定自己在做梦，所看到的、想象到的都是假的，却不能否认我的思想中的的确确有这些观念的存在。可是，由于我十分清楚地知道理智本性与形体本性是分离的，我也观察到，所有组合都是彼此相互依赖的证据，而依赖显然是一种不完满的状态。所以，我断定，由这两种本性合成的绝不是上帝那里的一种完满，而且上帝也绝对不是两者的结合。如果世界上有某些形体、某些理智或其他并非十分完满的东西，那么，它们的存在是完全依赖于上帝的力量，离开了上帝它们连片刻都维持不了。

我打算径直去寻求其他真理。我把几何学家们的对象拿来研究，把它看成一个连续的实体或者一个空间，其长、宽、高、深延伸得无边无际，也可以分成不同的部分，这些部分可以有不同的形状和大小，并且可以随意移动或更换位置（因为这就是几何学家假定的研究对象应有的特质）。为此我研究了其中几个最简单的证明，注意到它们之所以被人们公认为十分可靠，只是由于按照我们刚刚说过的那条规则，大家都明确地理解了它们。另外，我发现，在这些证明中并没有什么东西使我确信它们的对象是存在着的。试举例，只要设定一个三角形，它的三个内角之和必定等于两个直角之和，可是我不能使我确信世界上有三角形的存在。然而，当我回头再看完满存在的观点时，却发现这个观念里已经包含了存在，正如三角形的观念中包含了三个内角等于两个直角，又或者正如球形的观念中包含了球面任何一点与球心的距离相等，甚至还要更明确。由此可见，极完满的上帝有或者存在，这一命题至少同几何学中的任何命题一样可靠。

但是，很多人觉得自己很难去认识这条真理，甚至很难认识自己的灵魂是什么。这是因为他们始终把自己的思想限制于感官上的事物，并且他们非常习惯于用想象的方法观察事物，而想象是一种用于物质性的东西的特殊思想方式。因此，凡是不能想象的东西他们就觉得无法理解。这种倾向，在经院哲学家信奉的一条格言里表现得十分明显，他们认为，凡是理性的事物必定先存在于感官中。然而，可以肯定的是，上帝的观念和灵魂的观念在感官中是根本没有的。我以为，经院哲学家们靠他们的想象来理解这些观念，恰恰好比他们努力用眼睛来听声音、闻气味；只是还有这样一点区别，视觉比嗅觉和听觉更能使我们感觉可靠罢了。然而我们的想象、我们的感官如果没有理智参与其事，并不能使我们确切地相信任何东西。

最后，在我给出种种理由之后，可能仍然还有人对上帝和灵魂的存在不很信服，那么我真切地请他们想想：有许多别的事情他们也许认为十分确定，例如人有身体、天上有星星、有地球存在，其实全都不甚可靠。因为，尽管我们对这些东西不仅相信，而且对它们的存在坚信不疑——除非谁智力有缺陷，否则没有人能够否定这些事物的存在，可是，问题一旦涉及形而上学的确实可靠，就没有充足的理由来保证完全的可靠性了。试想，当我们在睡梦中的时候，也照样可以想象到这类事情，例如梦见自己有另外一个身体、看见不同的星星、有另外一个地球的存在，而实际上，什么东西也没有。那么，我们怎样才能知道，梦中的思想不如清醒时的思想真实呢？而且梦中的思想常常是生动鲜明的，并不亚于醒时的思想，我们又怎么知道前者是假的、后者不是假的呢？即使最高明的天才，以他们最喜爱的方式研究这个问题，除非他们假定上帝的存在，否则我都不会相信他们能够找出充分的理由来消除这个疑团。因为首先，就连我刚才当做规则提出的“凡是我们能够清晰明确地认识到的事物都是真实存在的”那个命题之所以可靠，也只是因为上帝是有的或存在的，是一个完满的存在，因为我们所有的一切皆来自上帝。由此可见，我们的观念或看法，光从清楚分明这一点看，就是实在的、从上帝那里来的东西，因此它们一定是真实的。所以，尽管我们常常有一些观点或理念含有错误成分，但那只是在某些混乱不清、隐晦难辨的情况下才有的，并且这种情况来自虚无（否定的参与）。换句话说，其之所以能这样混乱模糊地存在于我们心中，是因为我们自己并不是十分完满的。因为很明显，如果说谬误或不完满是来自上帝，其荒谬并不亚于说真理、完满来自虚无。但是，如果我们不知道我们所拥有的一切真实和真理皆来自完满的、无所不能的上帝，那么，无论我们的观点多么清晰明确，我们还是没有理由确信这些观念具有真实这一完满品质的。

我们认识了上帝和灵魂，从而确定了那条规则之后，就很容易明白，我们睡着时出现的那些梦想，哪怕是在最轻微的程度上，也绝对不应该使我们怀疑自己清醒时思想的真实性。因为即使在梦中，一个人也会有一些非常清楚的想法，就如几何学家在梦中发现一些新的证明，他的酣睡亦不能阻止这些证明的真实性。至于我们梦境中最常犯的错误，是用外部感官的方式表现各式各样的对象，那对我们并无危害，这样可以引起我们对感性观念的真实性发生怀疑，因为这类观念在我们醒时也常常欺骗我们，例如黄疸病人就觉得什么都是黄的，距离很远的星星或其他形体在我们眼里就显得比实际上小得多。总而言之，无论是在梦中还是清醒时，除非有理性的证明，否则我们绝不允许我们自己轻信任何事物的真实性。还需要注意的是，我说的是我们的理性，而不是我们的想象或感官。例如，虽然我们能非常清楚地看见太阳，却不能因此断定太阳就仅仅有我们看见的那么大。我们可以十分清楚地想象到一个狮子脑袋长在山羊身子上，却不能就此得出结论说世上有这样的怪物存在。因为理性并没有发出任何指示，说我们看到的或想象的就是存在的真相。否则，完满、真实的上帝是不会将它们置于我们的头脑之中的。尽管有时候，我们在睡梦中的想象跟醒时的一样，甚至更为生动、鲜明，我们的推理却绝没有醒时那么清楚、那么完备。于是理性进一步指示我们：我们的思想不可能全都是真实的，因为我们不完满，真实的思想不能从梦中获得，一定要在醒时的真实体验中获取。

第五部分

从上述的那些基本原理所推演出的一系列真理，我本想在此一一展示。可是这样做的话，就得先谈谈众多学者还在争论的许多问题，我又不想跟他们纠缠，所以，我想最好还是不那么做，只是大致说一说那些真理，让高明的人看看有没有必要给大家细讲。我一直坚持自己已经下定的那个决心，除了之前为证明上帝和灵魂的存在的那一条原理，不再假定其他原则，任何一种看法，只要不能比几何学家以往的证明更清晰、更明白，我也就不把它当作真的接受。可是我敢大胆地说，我不仅在短时间内找到了令我满意的方法来解决哲学中经常讨论的种种重要难题，还发现上帝用这样的方法在自然界中确立的特定规律，并将这样的概念深深地印在我们的灵魂里面，使我们在充分地反省过它们以后，会毫不犹疑地相信世界上的万事万物无不严格遵守这些规律。进一步观察后，我发现这些规律是联成一气的，因此我认为，我发现了许多的真理，比我已经学到的和原来希望学到的真理，感觉更重要、更有用。

我写过一部论著，尝试把这些真理的主要部分阐述出来，不过由于种种顾虑，没有出版。因此我想，如果在此将其内容略加说明，使人知晓，那真是再方便不过了。在动笔之前，本想将我所知道的物质对象的本质方面统统包括进去，不过，正如画家一样，要想在一个平面上把一个立体的不同面都表现出来是不可能的，他们只能选择主要的一面朝向光线，其他方面都放在背阴处，使人们看正面的时候，也可以附带看到侧面。同样，我也怕论述中无法包罗我的全部思想，所以我只用较大的篇幅表达我对光的理解，尽管这样，篇幅依然很长；然后附带讲一讲太阳和恒星，因为光几乎全部来自它们；再讲一讲天空，因为它是传导光的；再讲一讲行星、彗星和地球，因为它们是反射光的；再专门讲一讲地球上的各种物体，因为它们有的是有颜色的，有的是透明的，有的是发光的；最后讲一讲人，因为人是这些东西的观察者。为了能把这些物质的多样形态更多地置于背阴之处，也为了便于我能有更大的自由说出我自己的判断，而不必对学者的意见表示赞成或反对，我决定任凭大家辩论，我只是想说说新世界会发生的事。试想上帝在某个想象的空间里创造足够的物质来建立一个新世界，这些物质的各个部分都形态各异、复杂纷乱，这样就会出现一个混沌状态，杂乱无序，如同诗人所能设想的那样。此后，除提供一些寻常的协力外，上帝不再赐予自然丝毫力量，而是让其按照上帝已建立的规则自行发展，看看会发生什么事情。根据这个假设，我首先就描述了这些物质，并试图用这种方式阐明，在我看来，除之前所说之上帝和灵魂外，世界上的任何东西，在我看来都不如物质的本性那样清楚明了、易于理解。因为我甚至明确地设定：物质里并没有经院学者们所争论的那些“形式”或“性质”，其中的一切都是我们的心灵所熟知的，谁也不能假装不知道。此外，我还对有哪些自然规律加以说明。我并不依靠别的原理，只根据上帝的无限完满进行推理，力求对一切可疑的规律做出证明，说明它们的确是自然规律，即便在上帝创造的其他世界里，也没有一个世界不遵守这些规律。接着我又证明，这混沌中的大部分物质必然按照这些规律，以一定方式自行排布，形成天空之象。其中某些部分必然形成地球、若干行星和彗星，另一些部分则构成太阳和若干恒星。说到这里，我进而谈论光这个主题，用相当大的篇幅说明，光是什么以及它如何必定在太阳和恒星中出现，它又是如何在瞬间穿过浩瀚长空，从行星和彗星反射到地球的。同样，对那些天体和星球的质地、位置、运动和各种性质，我又作了许多补充。我想这样一来，这些就足可以表明，我们这个世界的天体和星球跟我所描述的那个世界应该没有丝毫差别，至少可以一模一样。接下来，我就特别讲一讲地球，并展示给大家，虽然我已明确假设上帝并没有把重量放进构成地球的物质，地球上的各部分仍然丝毫不差地引向地心。既然地表有水和空气，那么天空和天体的构造，尤其是月球的构造如何会引起潮汐，而且在各方面都跟我们在海洋里见到的一样，还引起一种从东到西的洋流和气流，同我们在热带地区见到的也是一样；为什么山脉、海洋、泉水、河流能在地球上自然形成，矿石如何能在矿区产出，植物如何能够在田野里生长，各种常见的所谓混合物或组合物如何能够产生。由于我发现除了星球之外，世界上只有火产生光，因此我不辞辛苦，详详细细地说明了与火有关的事情——指出火是怎么产生的，又是怎么维持的，为何有时候有热无光，有时候有光无热；火如何能在不同物体上产生不同的颜色和不同的属性；火如何能够把某些物体烧化，把另一些物体烧硬；火如何能够烧毁几乎所有的东西，把它们烧成灰和烟；最后，如何根据火的密度再将它们烧制成玻璃。因为，在我看来，这一过程跟自然界发生的其他各种转化一样奇妙，所以，我特别乐意描述它。

尽管这样，我不想就此得出结论，说这个世界就是照我所描述的方式创造出来的，因为很有可能上帝最初在瞬间就把它创造完成了。不过，可以肯定的是，神学家也一致公认，上帝现在维持世界的行动，就是他当初创造世界的那个行动。因此，即便上帝最初给予世界的只是一个混沌状态，不过只要他确立了特定的自然规律，向世界提供协助，使其能照常活动，我们仍然可以相信，单凭这一点，一切纯物质的东西，是能够逐渐变成我们现在所看到的这个样子的，这跟创世奇迹并不冲突。而且，把它们看成以这种方式逐渐形成，要比看成一次成形便呈现完结、完美的状态，更容易了解其本质。

在描述了无生命的物体和植物之后，我就进而描述动物，尤其是人类。

可是，因为我这方面的知识还不够，不能用之前的那种方式来应对这类事物。也就是说，还不能从原因推断结果，还不能说明白自然是从什么元素中把他们产生出来的，以什么方式产生的。所以，我姑且假设，上帝创造的人，不论在肢体的外形上，还是在器官的内部构造上，跟我们每个人都是一样的。造人所用的物质，也同我所描述的一样，而且一开始人并没有理性的灵魂，也无任何别的东西可用来代替生长灵魂或感觉灵魂，只不过在他心里点了一把正如上面所说的无光之火。这种火的本质，我想同那些使湿草堆发热、使葡萄酿成新酒的火是一样的。因为点着那把火之后，那个身体里就可以产生各种机能。正因为基于这个假设，我仔细考察了人的身体可能拥有的功能，发现所有那些我们可以拥有的功能恰恰可以不依靠我们所有的思维能力，并且丝毫不假借于灵魂。换句话说，那些功能不必假借我们身体的哪一部分，正如前面所言，本质以特别的方式包含在思维之中。这完全可以说，无理性的动物的功能跟我们是一样的，只是我从中找不到人类的那种只依靠思想的功能，那种只属于我们人类的功能。另外，只有当我假设上帝创造了一个理性的灵魂，并按我所描述的那种特定方式把它结合到那个身体上，我才能真正发现这些功能。

为了使大家明白我在那部书里是怎样讨论这个问题的，我打算在这里说明一下心脏和动脉的运动，因为这是从动物身上可以观察到的最基本、最一般的运动，知道了它就很容易知道应当怎样看待其他各种运动。为了使大家比较容易明白我对这个问题接下来要进行的讨论，我请那些不熟悉解剖学的人，在读我的说明之前费点力气，先找一个有肺的大动物解剖开来，取出心脏摆在面前（因为它的各部分跟人的心脏都很相像），观察其中那两个心舍或心腔[①]。先看右边的一个，有两条粗血管在上与它相连，一条是腔静脉[②] (vena cava) ，这是主要的贮血器，也是脉管干支，身上许多的

① 旧解剖学名词，现今指的是心房和心室合在一起。

② 即大静脉。

静脉都是它的分支；一条是动静脉[1] (vena arteriosa)，这个名字取得不好，因为它实际上只是一根动脉，以心脏为出发点，经过心脏后，形成许多分支，布满两肺。再看左心腔，也同样连接着两条大血管，跟上面说的两根同样粗，或者更粗。一条是静动脉 (arteria venosa) [2]，这个名字也不太合适，因为它其实只是一条静脉，来自两肺，也有很多分支，同动静脉的分支相互交织，那些分支叫作气管，我们就是通过气管吸进空气的。另一条是大动脉，由心脏出发，分支遍布全身。我还要请大家仔细观察一下那十一片瓣膜，它们像十一道小阀门一样，管着这两个心腔上四个口子的启闭。三片在腔静脉的入口，不妨碍血液流入心脏的右腔，却正好使血液不能从心脏往外流；三片在动静脉的入口，其排布与前者恰恰相反，只容许右腔里的血液流入肺中，不容许肺里的血液往回流；另外两片在静动脉的入口，使血液从肺脏流入左腔，并能阻止血液回流；还有三片在大动脉的入口，可以让血液从心脏流出，但是也能防止血液的倒流。瓣膜为什么会是十一片，除了静动脉位置的本质特点外，用不着再找什么别的理由来解释。因为静动脉位置特殊，口子是椭圆的，两片瓣膜足以使其闭拢。另外三个口子是圆的，需要三片瓣膜才能闭拢。此外我还要请大家注意，大动脉和动静脉的组织要比静动脉和腔静脉坚硬、结实得多，静动脉和腔静脉在进入心脏前，先扩张开形成两个小囊，称为心耳，是跟心脏一样的肌肉构成的；心脏的温度总是高于身体的其他部分；最终，这种热度能够使流入心房的血滴迅速扩张、膨胀，就好像其他液体一点一点地流入高温容器中一样。

明白了这些以后，对于心脏的运动，我就用不着说出什么别的理由来解释了。当两个心腔没有充满血液时，血液必然就会从腔静脉流入右腔，从静动脉流入左腔，因为这两条血管是一直充满血液的，其开口又是向着心脏，所以是不能关闭的。可是，一旦有两滴血液通过，一个心腔一滴，由于两滴血液通过的进口很大，后面的血管又充满血液，血滴必然很大，

---

① 即现代所称的肺静脉。

② 即现代所称的肺动脉。

所以遇到高温会立刻变得稀薄，并且膨胀开来。这样一来，就导致整个心脏开始膨胀，同时将两条血管入口处的五片小瓣膜推至闭拢，这样就堵死了血液进入心脏的来路。这两滴血变得越来越稀薄，就把另外两条血管口上的六片瓣膜推开，血液会流出去，这样导致动静脉和大动脉的所有分支血管跟心脏几乎一起扩张起来。随后，因为进入这些血管的血液冷却，心脏和动脉会立刻开始收缩，于是六片瓣膜重新闭拢，腔静脉和静动脉上的五片瓣膜重新打开，会让另外两滴血流入，结果又使心脏同两条动脉照样膨胀起来，跟前两滴完全一样。因为流入心脏的血液先经过那两个称为心耳的囊，所以这两个心耳的运动是同心脏的运动相反的，因此心脏一膨胀，心耳便会收缩。由于有一些人不明白以数学证明的力量，不习惯于辨别真正的推理和似是而非的推理，很可能不作调查研究就贸然否定上述的说法，对此，我愿意提醒他们：我刚才解释的心脏运动是器官结构必然引起的，是只有用眼睛才可以观察到的，其热量是可以用手指感觉到的，是可以根据经验由血液的本质了解到的，正如时钟的运动是由钟摆和齿轮的力量、位置及形状引起的一样。

不过，如果有人要问，既然静脉里的血液不停地流入心脏，心脏中的血液又不停地注入动脉，为什么静脉中的血液不会枯竭，而动脉中的血液又不会太满呢？对于这个问题，只需引用一位英国医生的解释便可以答复。他在这方面有破天荒的论述，第一个告诉我们：动脉末梢有许多细小的通道，因为有这些通道，从心脏流出的血液就能进入静脉的毛细分支，重新流回心脏。这样，它的行程就是一个精确而永不停息的循环。关于这个说法，我们在外科医生的日常经验中可以找到大量证据。外科医生切开手臂静脉时，如果在切口上方用绑带把手臂不松不紧地捆住，这样的出血量比不捆要多。如果捆在切口下方，也就是捆在手和切口之间，或是在上方捆得太紧，情况就会完全相反。因为很明显，在上方不松不紧地捆住可以阻止手臂里已有的血液通过静脉流回心脏，但并不会因此妨碍新的血液通过动脉不断地从心脏流出回到手臂。这是因为动脉位于静脉下面，血管壁比较坚韧，不易挤压。还有一层原因，从心脏流出、通过动脉流到手臂的血，其要比从手臂通过静脉流回心脏的血量大。从手臂通过静脉流回心脏的血液既然由一根静脉上的切口从手臂里流出，那就必定有一些通道位于捆扎处的下方。也就是说，在靠近手臂的末端，血液可以从动脉通过那些通道流到切口处。这位医生还对他研究的血液流动作了非常充分的说明。他提出，沿着静脉有某些细小的皮膜排列在不同的地方，像小瓣膜那样使静脉中的血不能从身体中枢流向末端，而只能从末端流回心脏。此外，还有一个实验表明，只要切开一根动脉，即使这根动脉是在离心脏很近处紧紧结扎住的，而且切口在心脏和结扎点之间，身体内的血液仍会在很短的时间内全部流光，所以也不难设想，这些血液不可能来自别处而只能是从心脏中流出的。

不过，还有许多别的情况证明，血液运动的真正原因确实是我所说的那一种。首先，我们看到静脉血与动脉血是有差别的，只是因为血液经过心脏变稀了，被汽化了。所以它刚从心脏流出，也就是刚刚流入动脉时，比血液进入心脏以前，即处在静脉中时要更稀薄、更活跃、更温热。如果仔细观察还可以发现，这种差别只是在靠近心脏的地方表现得非常显著，在离心脏较远的地方则不那么显著了。其次，动静脉和大动脉的血管壁较为坚韧，这就充分表明，血液对这两条血管的冲击比对静脉的冲击更为有力。若不是静动脉中的血液从心脏流出后，只经过了肺，而变得比腔静脉里的血液更精细，更容易变得稀薄，并且在更高的温度下，与刚刚从空的静脉中流出的血液相比，也会发生这样的变化，那么，心脏左腔和大动脉为什么会比右腔和静动脉更宽、更大呢？医生如果不知道，随着血液性质的改变，心脏温度可以使血液的黏稠度变得更高或更低，变化速度也会或快或慢，他又怎么能切脉诊断呢？人们若是问，这种热度是怎样遍传到四肢全体的，我们只能说，那是因为血液经过心脏变热，再从那里带着热度流到全身，所以身体上任何部分，要是没有血液，同时也就失去了热度；虽然心脏烫得像一块烧红的铁，但是如果它不能不断地传送血液到手脚上去，它就不能使手脚保持温度。我们从这一点可以看出，呼吸的真正用途就在于往肺里运送足够的新鲜空气。血液在心脏中已经稀化，变成蒸汽，从右腔进入两肺，遇到空气就变得黏稠，重新转化成血液，然后流回左腔。唯有这样才能给心脏中的火提供燃料，这一点可以从各种情形中得以确认。我们可以看到，没有肺的动物，其心脏也是有心腔的，但只有一个心腔；腹中的胎儿不能用肺，它们腹中就有一个孔，血液可以从腔静脉流到左心腔，又通过一根管子从动静脉流入大动脉，而不用经过肺。再次，消化之所以能在胃里进行，是因为心脏通过动脉把热量传送到了胃里，同时还送去了一些流动性更强的血液，帮助分解吃进的食物。如果考虑到血液反复经过心脏，化为蒸汽，每天不下一二百次，那就很容易了解食物浆汁转化成血液的过程了。我们也没有更多必要解释营养是怎么一回事，体内各种体液是怎么产生的。只需要说，血液在稀化时带有一股力量，从心脏流向动脉末端，到达各个器官的时候，血液中某些分子会在那里停留下来，驱逐一些原有分子，占据它们的位置。由于遇到的空隙位置不同、形状不同、大小不同，所以一些血液分子能驻留在一些空隙里，有的则无法驻留。就像一些型号不同的筛子，这些筛子被打上各式各样的漏孔，可以将不同种类的谷物筛选开来。最后，最值得注意的就是元气的产生。元气好比一阵非常微妙的风，更像是一团无比纯净、非常活跃的火焰，持续不断地、大量地从心脏向大脑上升，从大脑通过神经渗透到肌肉，使全身所有部分能够运动。这样就用不着再设想什么别的原因来解释，为什么最活跃、最具渗透力的血液成分最适宜构成元气，为什么只流向大脑，而不往别处去。这只是因为，从心脏输送它们到大脑的动脉是最直的，而且，按照机械力学定律（自然规律也是如此），如果许多物质全都同时挤向一个点，而这个点又没有足够的空间容纳所有物质（血液分子从左心腔流到大脑的情况正是如此），那么强有力的物质就一定会把较弱的和不活跃的物质挤到一边，而强有力的物质会以这种方式独自到达那个点。

我在曾经打算出版的那部论著里对这一切作了相当详细的说明。随后，我又指出，人身上的神经和肌肉一定要构造成什么样子，体内的元气才能使身体运动。就像我们看到的那样，刚被砍下的头颅，尽管已经不再是活的了，但仍然还能滚来滚去，甚至啃咬泥土。大脑里一定发生了什么变化才能使人清醒、睡眠和做梦；光亮、声音、气味、味觉、温度以及外界事物的所有其他属性怎样能够通过感官在大脑里留下不同的观念；饥、渴以及其他内心的多种感觉又是怎样在脑海中产生的呢？这就必须用通觉①来解释怎样接纳这些观念，记忆怎样保存这些观念，幻想怎样用不同的方法改变这些观念，进而组成新的观念，并且用同样的方法将元气分发到肌肉里，使身体各部分用不同的方法运动，动作各式各样，合适相宜，既有关于感官对象方面的，又有关于内心感受方面的。正如我们的身体，没有意志指挥也能运动。这对一些人来说，一点儿也不奇怪。他们熟悉各式各样、千差万别的由人类制造出来的自动机或者运动机产生的运动。但是，这些机器用的只是几个零部件，这些零部件与每个动物身上大量的骨骼、肌肉、神经、动脉、静脉以及其他部件相比实在很少很少。因此这些人觉得人体也不过是上帝造出的机器。不过，比起任何人类发明的机器，人体组织更精致，运动更加灵活。如果确实有这样的机器，其外形和器官跟猴子或其他无理性动物一模一样，那么我们根本无法知道，其本性与这些动物有什么区别。可是如果有一些机器跟我们的身体一模一样，并能尽可能正常地模仿我们的行为举止，我们还是有两条非常可靠的标准，来断定它们并不因此就是真正的人类。第一条标准是：它们绝不会像我们这样使用语言，或者使用其他由语言形态构成的符号，向别人表达自己的思想。因为我们完全可以设想这样一台机器，可以发声，甚至有外力碰触改变其部件时，可以有一些相应的回应。例如在某处一按它就会问我们要它干什么，在另一处一按它就喊痛，诸如此类。但是，它绝不能将这些字句进行适当的、多样的排列来回复相应的问题，而这是最愚蠢的人都能办到的。第二条标准是：那些机器虽然可以做许多事情，做得跟我们中的任何人一样好，甚至更好，但是，仍有一些事情是它们做不了的。从这一点可以看出，它们的活动所依靠的不是知识，而只是零部件的排列。因为理性是万能的工具，

① 经院哲学用语，指一切感性的综合官能，或者感性意识。

可以用于一切场合。这些零部件则不然，一种特殊结构只能做一种特殊动作。由此可见，一台机器实际上绝不可能有那么多复杂的零部件使它模仿人类生活中的一切情景，跟我们依靠理性行事一样。而且，靠这两条标准，我们同样可以了解人与兽类之间的差别。因为特别值得提出的是，人不管多么鲁钝、多么愚笨，甚至天生笨拙，总能把不同的字词排在一起编成一些话，用来向别人表达自己的思想，而与此相反的是，其他的动物不管多么完美，多么得天独厚，都做不到这一点。这一切并不是由于它们缺少器官，因为我们知道，八哥和鹦鹉都能像我们人类一样发声，然而却不能像我们人类一样说话。也就是说，不能证明它们理解它们所发出的声音。可是先天聋哑的人则不然，他们跟兽类一样缺少说话所用的发声器官，但是他们却习惯于自发地创造一些手势，用这些手势把心里的意思传达给那些跟他们常在一起并且有空学习他们这种语言的人。这就证明禽兽并非只是理性不如人，而是根本没有理性，因为一个人学说话是用不着太多理性的。我们可以看到，同种的动物，跟人一样，彼此能力不齐，有的比较容易训练，有的比较笨。可是最完满的猴子或鹦鹉在学话方面却比不上最笨的小孩，连精神失常的小孩都比不上，所以无法想象，兽类的灵魂在本质上会跟我们的灵魂完全一样。我们绝不能把语言与表现感情的自然动作混为一谈，那些动作机器可以模仿，动物也是可以模仿的；我们也不能像某些古人那样，认为兽类也有语言，只是我们听不懂它们的语言罢了。如果真是这样，既然它们有许多跟我们相似的器官，那么它们就能够向我们表达思想，就像它们同类之间的交流一样。还有一点非常值得注意的是，虽然许多动物在某些动作上表现得比我们灵巧，可是我们看到，尽管如此，它们在其他许多事情上却一点儿也不灵巧。它们做得比我们好并不能证明它们有心思，因为，如果它们比我们中的任何人拥有更多的理性，它们会在一切事情上都比我们做得好。这一点反而证明它们并没有理性，它们的一切动作都是身体器官结构的自然反应而已。正如我们看到一架时钟由齿轮和发条组成，就能指示钟点、衡量时间，做得比我们任何人都要精准。

此后，我还描述了理性灵魂，并且指出，这个灵魂绝不能来自物质的力量，跟我所说的其他事情一样，正好相反，它显然应当是上帝创造出来的。我们不能光说，灵魂在身体中，就像舵手住在船上似的，否则就不能使身体上的肢体运动，那是不够的，它必须同身体结合得更为紧密一点，才能有同我们相似的感觉和欲望，才能成为一个真正的人。然后，我对灵魂问题稍微多作了一些讨论，因为这个问题最重要。对于无神论者的错误，我在上面已经充分地予以了驳斥。可是，此外还有一种错误最能使不坚定的人离开道德正道，那就是假设兽类的灵魂同我们的灵魂本质相同，因而以为我们跟苍蝇、蚂蚁一样，对身后事没有什么可希望，也没有什么可以畏惧的。反过来，如果我们知道，我们与动物的差别有多大，我们就会更好地理解为何我们的灵魂本性可以完全独立于身体之外，因而不会与身体同归于尽了。最后，既然看不到别的原因可以使灵魂毁灭，我们自然可以断定，灵魂是不朽的。

第六部分

那部包含这些内容的论著，从完成到现在已经有三年之久了。正当我要着手修改、准备付印时，却听说一些我非常尊重的权威人士抨击了某某人新近发表的一种物理学方面的见解①。这些权威人士的权威对我行为的影响很大，正如我自己的理性对我的思想起支配作用一样。至于那种见解，虽说我自己不一定主张它，但在他们提出批评之前，我确实没能想到在书中有什么地方能够危害宗教、危害国家。因此，如果我的理性能够证明其真实性，我是不会拒绝把它写进我的书里的。这件事使我感到惶恐，因为虽然我一向小心谨慎，但是我的见解同某个人的见解一样难免会有偏离真理的地方。任何新的看法，只要我没有得到非常可靠的证明，则不予置信。任何见解，只要有可能对他人不利，我总不肯下笔。这已足以使我改变原来的决定，不再发表我的那些见解了。因为之前我想发表的理由虽然非常有力，但是我的本性本来就不乐于写书，我立即找到了不少别的理由来为

① 指伽利略的地球运行说。

不出版此书辩解。这些理由，无论从哪方面说都颇有一些意味。因此我觉得，不但我有兴趣在这里说一说，大概读者也会有兴趣想了解一下。

对于自己心灵的产物，我向来不是很重视。多年以来，我使用我的那种方法并没有得到什么别的收获，只是彻底弄明白了一些思辨之学方面的难题，或者按照那种方法教给我的原则，努力规范自己的行为，一直没有想到自己有著书立说的必要。因为我感到，在为人处世方面，人人都是智慧满满，除了上帝所赐的万民最高统治者，或者得天独厚、满腔热忱的先知以外，普通人若能自我完善，则个个都是社会改革家。我的想法虽然使我自己觉得欣喜，但是我仍然相信，别人也有想法，他们的想法大概更能使他们满意。但是，当我从物理学上获得一些普遍观念，并且试用于解决各种难题时，我发现这些看法用途很广，跟时下流行的原理大不相同。因此我认为，若藏而不露，那就严重地违犯了社会公律，甚至与我们仰赖的人类的整体利益相背离了。因为我看到，凭借这些理念，我们可能取得一些对人生非常有益的知识，也可能发现一种实用哲学来代替经院中的思辨哲学，进而知道火、水、空气、星星、天空，以及环绕我们的其他所有物体的力量和作用。就像熟知不同匠人的各种技术一样，而后我们可以因势利导，充分利用，成为支配自然界的主人翁。我们可以指望的，不仅仅是发明数不清的技术，使我们能够毫不费力地享受地球的各种资源，最主要的是为了保持健康。健康是人生最为重要的幸福，也是其他一切幸福的基础。因为人的精神在很大程度上取决于身体器官的状况和关系，如果能找到一种方法可以使人变得比现在更聪明、更能干，我认为这只能在医学中探求了。在现今的医学当中有显著疗效的成分确实很少，但是我这样说却毫无轻视医学的意思。我相信，任何一个人，包括医学业内人士在内，都不会不承认，医学上目前所有已知的东西，与尚待发现的东西相比，可以说几乎等于零。如果我们对于无数的疾病及衰老的原因能有充分的了解，并能充分认识自然界向我们提供的一切药物，我想我们是可以免除无数种身体疾病和精神疾病的，甚至可以延长寿命。所以我打定主意，要用毕生精力来寻求一门非常必要的学问，而且我已经找到了一种途径。在我看来，任何人只要照着走，必定可以万无一失地到达目的地，除非他因生命短促或是经验不足而受到阻碍。所以我认为，要排除这两重障碍，最好的办法就是把自己的发现忠实地、毫无保留地与大家交流，激发有志之士进一步研究。依照各人的倾向和能力，从事必要的实验，把自己获得的经验告诉大众，让后人来继续前人的事业，从而把许许多多人的生命和成绩会合在一起，群策群力，我们所得到的成绩比起单干，可能要卓著得多。

我曾说过，一个人的知识越是高深，他就越是需要实验。因为刚开始研究的时候，我们宁愿只采用可以自然地呈现到我们感官中的实验，以及我们不可能忽略的实验（这样的实验，我们稍加思索都可了解），而不是关注非同寻常和深奥晦涩的现象。这样做是因为我们还不认识最通常的原因，容易被非同寻常的现象所误导，而这种现象所依靠的条件几乎总是很特殊、很细微，非常不容易被觉察的。我在这方面采取了以下的步骤：首先，把万物的普遍原则先找出来，为了这个目的，我不考虑其他的概念，只把创世主上帝作为万物的根源，只发掘灵魂深处固有的真理萌芽，从中找出原因。其次，我仔细观察从这些普遍原则中能引申出什么最为常见的结果。结果我发现天体、星宿、地球，以及地球上的水、气、火、矿等都是最常见、最简单的，也是最容易了解的。后来，我又想用这些普遍原理进而研究更特殊的事物。然而，这时候在我面前出现了很多形形色色的事物，使我感到除了地球上的物种以外，还有数不清的其他物种，如果上帝想要把它们放在地球上供我们使用的话，单凭人的思想实在分不清哪些是现存的，哪些是可能存在过的，只有我们自己利用各种特殊实验据果寻因。因此，我把感官所得的印象在心中辗转思索后敢大胆地说，凡是我所碰到的事物，我发现没有一样不能用我找出的那些本原相当方便地加以说明。可是我也必须承认，自然的力量虽然巨大无比、广袤无边，但这些本原是非常简单、非常笼统的。因此我发现，几乎任何一个特殊结果，都可以由各种途径立刻从这些原则推演出来。我通常遇到的最大困难就是难以判定这些结果究竟依靠哪种方式得来。为了克服这种困难，我认为没有别的办法，只能再次进行特定的实验，依照实验结果的不同来决定该用哪种方式。关于其他的事情，我现在觉得我已经很清楚地认识到，应该采取什么方法来进行大部分的实验以证明我的理论。不过，同时我也意识到，这些实验非常繁重，数量非常庞大，而我只有两只手，收入也少，纵使再多出几千倍也无法把一切实验做完。因此，我在认识自然方面能有多大进展，就要看我今后有多少条件来做实验了。我写那部论著就是打算使大家了解这一点，并且我明确指出这样做可以给大家带来很大的好处。所以，一切有志为人群谋福利的人，也就是所有真正品德高尚的人，而不是那些沽名钓誉、表里不一的人，我希望他们把已经做过的实验跟我交流一下，以便对我将要做的实验给予帮助。

但从那以后，又有另外一些理由使我改变了看法，觉得我应当实实在在地继续写下去。凡是我认为重要的东西，任何时刻，只要我能证明其真实性，就要原原本本地写出来，而且要仔仔细细地写，如同打算出版一样。我喜欢这个过程，这样做我可以反复推敲，彻底考察。因为，毫无疑问，我们相信，准备给许多人看的书总是会处处检查，而只写给我们自己看的书则不免马虎（常常有些东西我开始想的时候觉得很对，动笔的时候就觉得不对了）。还因为，如果一味地为自己写作，便没有机会给大家带来任何益处。这样，如果我写的东西还有点价值的话，等我死后，得到它的人利用起来就比较方便了。但是，我已下定决心，绝不同意在我活着的时候出版，以免引来反驳或争论，甚至给我招来无可奈何的毁誉，浪费我准备用于自学的宝贵时间。因为尽管人人都应当尽力为他人谋福利，而无益于世的人，则真真正正是毫无用处可言，但是我们也不能目光短浅、只顾眼前，如果高瞻远瞩，放弃一些可能有益于今人的事情，去从事一些给子孙万代带来更大利益的工作，那也是很好的。其实，我很乐于告诉大家，到现在，我只认识到很少一点东西，不知道的东西还很多很多。可是我并未绝望，认为自己很有希望，完全可以认识那些东西。因为在各门学问里逐渐发现真理的人，就如同已经开始致富的人一样，不用费多大气力就可以获得很大的收益，不像以前贫困时那样，费好大劲也捞不到什么钱。我们也可以把在各门学问中寻求真理的人们比作军队的将军，通常军队打的胜仗越多，则军队愈加强大。但是将军们在军队遭惨败时，比起攻城占地得胜时，则需要更大的智慧才能把军队统领在一起。寻求真理的人们努力克服妨碍他们认识真理的种种困难和错误，如同在战场上一样，在任何一个有点普遍性、有点重要性的问题上接受了错误的看法，就是打了败仗，要恢复原来的阵地就必须大费心机，跟有可靠的原则指导前进相比，则需要更多的技巧。至于我自己，如果说我已经发现了一些学问上的真理的话（我相信此书中所讲的内容可以证明我已经发现了一些），我可以说，这只是由于我克服了五六个重大困难的结果，也可以说是打了五六场胜仗后取得的胜利果实吧。我还可以大胆地说，只要再打两三次这样的胜仗，我的计划就可以全部实现。我的年龄现在还不算大，按照常理我还有足够的时间完成这个计划。可是我觉得，越是想好好利用时间，就越应当精打细算，好好安排。如果将我的物理学原理发表，势必会惹出许多事情，耽误我的时间。尽管这些原理几乎全都十分明了，只要了解了就会相信。虽然每一原理我都可以加以证明，可是别人的意见是五花八门的，我这些原理不可能符合每个人的看法，所以我预料到一定会引起各种反驳，经常会让我分心。

当然也可以说这些反驳还是有好处的，可以使我意识到自己的错误；如果我的思想含有某些价值，通过反驳也可以使别人更深刻地理解它。更重要的是，人多知识就广博，这可引导他人从现在起就开始利用我的原则，反过来，我也可以从他们的发现中得到帮助。但是，尽管我承认自己极容易犯错，对心里最先出现的想法是几乎从来不相信的，然而基于经验，由于旁人对我的见解可能会给予反驳，所以我并不期望从他们那里得到任何好处。因为我曾经多次受到批评，有的来自朋友，有的来自不相干的人，甚至有些是心怀恶意和嫉妒的人。我知道，我的朋友因偏袒而忽略的问题，他们都会不遗余力地加以揭露。可是，他们的反驳，几乎都没有被我忽略过。即或有，也是一些离题很远的细枝末节。所以说，在我看来我遇到的那些批评家几乎从来都没有比我自己更严格、更公正的。此外，我从来没有发现经院式辩论能把从前未知的真理阐述明白的，因为争辩的时候人人都想取胜，都想将似是而非的理论说得极其中听，很少权衡双方针对问题所提出的理由。而且，那些长期从事辩护的优秀律师，并不一定因此后来就会成为更好的法官。

传播我的思想也不会给别人带来很大的好处，因为我的思想还不完全成熟，还须添加很多东西才能用于实践。而且我可以很坦白地说，如果有谁能够将我的思想贯彻到底的话，那么这个人应该是我自己，而不会是别人。这并不是说世界上只有我聪明，比我聪明万倍的人多得很，可是一个人想要很好地把握、自如运用一样东西，跟别人学还不如自己去发现。这层道理用到这里很贴切，因为我曾经把自己的思想解释给一些非常聪明的人，听我讲的时候，他们似乎理解得很清楚，然而，若让他们复述，他们几乎都把原来的东西改得面目全非了，连我自己都不敢相信那是我的思想。我很愿意借这个机会请求后人注意，凡是未经我亲自发表的东西，千万不要听信道听途说，以为是我说出来的。后人往往将许多荒诞不经的说法加到没有著作传下来的古代哲学家头上，对此我丝毫不觉得奇怪。然而，我并不因此就以为他们的思想真的很不合理，因为我明白，他们是他们所处时代最有智慧的人，只不过那些著作传给我们时已经走样了。大家都知道，先哲们的门徒竟无一人能超越他们。我敢说，现在那些最狂热地遵奉亚里士多德的信徒，如果得到跟亚里士多德一样多的自然知识，就会觉得自己很幸福了，即使在以后永远都不能前进一步也仍然会觉得他们自己很幸福。从这一点看来，那些信徒就像常春藤一样，是绝不能爬得比自己依附的树更高的，而且常常在爬到树的顶端之后又往下爬，因为在我看来，他们也是在走下坡路。换句话说，如果他们放弃学习，那么本来明智的他们也会变得不明智了。这些人对于原著者已经明白解释过的道理，往往已经知道了却还不满足，还要拿难题向原著者求答案。其实这些难题的答案，不但原著者没说过一个词，而且也许从未想过那么多。不过他们那种研究哲学的方法倒是非常适合才智平庸的人，因为他们使用的范畴和原理都晦涩难懂，使他们能信心十足评说一切，仿佛真懂一切事情，而且能够为他们所说的任何主题进行辩护，对抗最巧妙、最有技巧的说法，不让任何人指出他们的错误来。他们这样做，在我看来就好像一个盲人一样，为了与能看得见的人打架不吃亏，就先要将对方拖入漆黑的山洞底部。可以说，我不肯发表我所使用的那些哲学原理，这些人倒是占了便宜，因为我的原理非常简单、非常明确，要是发表出来就等于把窗子打开，把阳光送到了他们跑下去打架的山洞里了。就连那些最聪明的人也大可不必急于知道那些原理，因为如果他们所要的只是能够高谈阔论，赢得博学的名声，那是很容易达到目的的，只要满足于认识真理的表象就行了。这是很容易找得到的，无须多大的困难。相比之下，要寻求真理本身只能慢慢展开，一步一步地钻研，并且只能在某些领域里探索，所以就没那么容易了。因此，这就要求我们在说到其他领域时就得坦白地承认自己的无知。如果他们并不做出无所不知的样子唬人，而是想知道那么几条真理（那几条真理当然是值得知道的），并且如果他们打算选择类似我的方法行事，那很好办，看看这篇谈话里说过的那些就行了，并不需要我再多说什么。因为，如果他们能力很强，可以取得比我更大的成就，我认为他们自己一定更有能力去发现我已经发现的一切。因为我研究事物一向是循序渐进，所以尚待发现的事物，比起我已能够发现的事物一定更困难、更深奥，他们自己去发现它一定比跟我学更痛快。除此之外，他们如果能从探索简单问题入手，慢慢地逐步探索比较困难的问题，养成循序渐进的习惯，那就比接受我的教导还要更有用。拿我自己来说，我相信，我现在所证明的一切真理，如果自幼就有人教我，并且我也毫不费力地学会它们，大概我是决不会知道什么别的真理的。至少可以说，我永远不会形成现在所拥有的习惯和能力，让我在致力于探索时，能够一直得心应手地发现新的真理。总之，如果世上有一种工作，除了创始人之外其他人都无法尽善尽美地完成，那便是我所做的工作了。

为了完成这项工作需要进行一些实验，单凭一个人的力量确实无法完成。但是，一个人在这项工作中能有效地利用的也只有自己的双手而已，此外就只有借助于匠人或者愿意受雇的人，利用他们希望得钱的心理（这是一种非常有效的方法），这样可以激励他们按照规定完成分派给他们的任务。还会有一些人出于好奇或某种想学点知识的欲望，自愿出力帮忙。可是，一般而言，这类人通常总是说得多、做得少，他们会提出很好的构想，可是没有一个能实现。毫无疑问，他们期望解释一些难题来减少他们的麻烦，或者至少通过几句恭维话和无用的演讲来证明他们耗费了不少时间。至于别人已经做过的实验（把它看成秘密的人是永远不会公开的），即便那些人愿意告知，那些实验多半也内容繁杂，有大量无用的枝节和多余成分，要想从其附加物中辨别出真理来非常困难。而且，我们会发现，几乎所有实验都描述得很糟糕，甚至错误百出（因为实验者竭力把结果描述得符合自己的原则），即便是在大量实验结果中确实有一些符合目的的东西，也须花费时间筛选，实际上是得不偿失。因此，假如世上真有那么一个人，我们很确定地知道他能有最伟大的发现，并且给公众带来莫大的利益，而且如果其他所有人都尽心竭力帮他，使他能成功地完成计划，那么依我看来，能帮得上他的也仅限于提供经费以资助他进行必要的实验，或者是阻止任何人无缘无故突然打扰他浪费他的时间，除此之外是无能为力的。此外，我个人并不敢十分自负，愿意向世人承诺将来会有什么非同寻常的成绩，也不愿异想天开，以为大众必定会对我的计划多么感兴趣。不过，从另一方面讲，我的灵魂也并没有低贱到被人认为一文不值、只能接受别人帮助的地步。

这些顾虑加在一起使我三年来不愿发表手头的那部著作，也是这个原因，我甚至下定决心，在有生之年，绝不发表任何带有纲领性的、可以让人们了解我的物理学原理的其他著作。可是从那时起，我发现有两个理由使我不得不在此拿出一些特殊的样文向大家大致说一说我的活动和计划。第一条理由是，如果我不这样做，许多人知道我以前曾有意出版几部著作，他们或许会认为，我之所以放弃出版是因为我觉得这些东西带给我的荣誉比实际应得的少。因为虽然我不会过分地希冀名利，或者，如果我可以放开胆量说的话，尽管因为与其他东西相比，我已拥有了太多的荣誉，所以只要我认定荣誉是极端令人讨厌的，我甚至就厌恶荣誉，但同时，我也从不尽力隐藏自己的行为，如同犯了罪似的，也没有采取许多防范，不让大家了解我。我认为那样做，一方面对不起自己，另一方面也给自己带来不安，还会再次违反我所追求的精神上的绝对宁静。而且，我尽管始终采取漠然态度，不求名也不求无名，然而还是不能阻止自己获得某种名声，所以我想还是应当尽力而为，至少不被别人说三道四，以免受挖苦。另外还有一条理由使我不得不写这本书，由于我需要做的实验太多，不胜枚举，我逐渐感觉我的自修计划不得不一天天推迟。如果没有他人帮助，我是不可能完成的。虽然我不敢自诩大众会对我的工作有大力的赞助，但是，我也不愿让后人发现我如此不负责任。人们总有一天会责备我太过疏忽，没有让他们知道怎样才能帮助我完成计划，否则可以给他们留下许多更好的成果，我却没有做到。

我认为选出一些题材来加以说明并非难事，这些事既不至于引起很大的争论，也不需要违背我的意愿，过多地解释我的原理。仍然应该可以清楚地说明我在各门学问中能做到什么，不能做成什么。这项工作成功与否不该由我评说，我也不能先对自己的作品评论一番，而堵塞别人的评论，但是我很乐意大家来审查我的作品。为了鼓励大家有更多的兴趣来审查，我请求不管什么人，若对我的著述有任何反驳，还请费心将意见交给本书的出版商。待出版商转达我之后，我会立刻将答复附到本书的新版里。这样读者同时看到两家之言，便更容易辨别是非了。因为我不喜欢任何冗长的答词，所以只要认识到了错误，我就会痛痛快快承认。如果我看不出错误，就只会简简单单说出我认为必要的话来为自己写的东西辩护，同时不牵涉新问题，以免从一件事说到另一件事，越说越远，没完没了。

我在《折光学》和《气象学》两篇论文开头所谈的一些东西，初看可能有些奇怪，因为我称它们为假设，似乎无意为它们提供证据。不过我请求读者耐心地仔细通读全文，我希望那些有疑虑的人或许可以得到满意的答案。因为在我看来，这些论文中的推理是相互联系的，前者与后者互为因果，反过来也互为果因，可以互相证明。大家可不要以为，我这是犯了逻辑学家的所谓循环论证的毛病。经验告诉我们，这些结果大多是非常可靠的，我根据某些原因把它们推演出来并不是以此证明它们实际存在，正好相反，结果的真实倒足以证明原因的真实。我把它们称为假设也没有别的用意，只不过想让大家明白，我认为根据前面说过的那些基本原理是能够把它们推演出来的。可是我决意不那么做，以防止某些聪明人利用这个机会，说他们是在我的原则上建立起浮泛的哲学，弄得人家以为是我犯了错误。我指的是那样的人，他们以为，别人费了20年工夫所想出的东西，只要对他们略告知一二，他们便可以在一日之内全都知道了。这类人越是聪明、越机灵，就越容易犯错误，越不能正确地认识真理。至于那些真正完全属于我的见解，我承认它们是新的，并不辩解。因为我知道，大家看清了我的推理就会发现这些看法非常简单、非常合乎常理，同大家对这类问题所能具有的其他见解相比，并无什么特别和奇怪之处。我也并不自诩为这些真理的最初发明者，只想声明，我之所以采取这些意见并不是由于别人这样说过，也并不是由于别人没有这样说过，只是因为理性向我证明了它们的真实性罢了。

如果匠人不能立刻把《折光学》里讲解的那种发明用于实际，我也不认为什么人能因此说那种发明很糟，因为一定要有熟练的技巧，才能把我所描述的那些机械制造出来、调准好，做到毫无缺陷。如果一做就成，我倒觉得非常奇怪了，这不亚于说，一个人光凭一本极好的乐谱，学了一天就能成为一个娴熟的吉他表演者。我用本国语言法语写这本书，而没有用导师们的雅言拉丁文来写这本书，是因为我希望那些能无偏见地运用天赋的理智的人，比起那些只看重古代著述的人，更能判断出我的意见是否合理。至于那些能把良知和学习习惯结合起来的人是我一心向往的公正的评判者，我相信他们绝不会只是因为偏好拉丁文，而我用本国语法语来写，就会掩耳不听我的推理。

此外，我并不想在这里细谈自己希望将来在学术上做出哪些特别贡献，也不愿拿自己没有把握完成的事情贸然向大家承诺。我只想说一句话，就是我已经下定决心，在有生之年，我愿将所有时间用于获得一些自然知识，这些知识能够使我们推出一些规则供医学使用，比一向使用的那些规则更切实可靠。其他追求则一概置之度外，尤其是那些对一些人有利，却对另一些人有害的事情。假如迫于形势我不得不这样做，我想也一定不会成功的。因此我在这里郑重声明，虽然我非常明白，声明过后，世人也不会因此看得起我。老实说，我压根也不想要世人如此看重我。我不希望任何人赐给我俗世的高官厚禄。我永远感谢那些宽宏大量，让我免受打扰、自由自在地过闲散日子的人。

英国书信集

Letters On The English

〔法〕 伏尔泰

主编序言

弗朗梭阿·马利·阿鲁埃——以其笔名伏尔泰更为人们所熟知——1694年11月21日出生于法国巴黎。他的父亲是一位富有的律师。伏尔泰少年时期就读于耶稣会创办的大路易学院，他很小就开始写诗，而且以言论自由而著称，这使得他两次被逐出巴黎，也两次被投入巴士底狱。1726年，他避居英国，在英国的两年对他后来的发展产生了巨大的影响。他回国后成了法国的宫廷史官，国王的座上宾。1750~1753年他受邀住进了普鲁士国王腓特烈二世的王宫，最终和腓特烈国王决裂。从1758年至1778年，他居住在距日内瓦不远的费尔奈庄园，在此度过了他的余生，同时创作了大量优秀作品。1778年5月30日伏尔泰在巴黎逝世。

伏尔泰的生活几乎贯穿了整个十八世纪，他也是这一时期最重要和最具代表性的文坛人物。那时所流行的文学作品多数是由他创作的，在所有作品中都展示了他卓越的才华，其中几篇作品无与伦比。除了经典的史诗《亨利亚特》以及《奥尔良少女》之外，多数都属于诙谐、讽刺类诗歌和诗集。尽管真正达到诗歌水准的不多，但体现了其丰富的诗歌写作技巧。他是那个时期最杰出的剧作家，他最成功的戏剧包括《查伊尔》、《哀狄普斯》、《恺撒之死》、《梅洛普》等。他对戏剧领域的最大贡献在于把教诲和哲理元素融入其中。他创作了《查第格》、《老实人》等许多部令人称颂的短篇小说。《路易十四时代》是他众多有关历史方面的著作中最著名的一本。在评论性文章里，他对高乃依的评论是最著名的。他在自然科学和哲学领域的兴趣将在这本《书信集》中得到一定展现，也表露了他对英国言论自由和宽容的敬仰，这也使得他竭尽全力要把它介绍给他的祖国。

查尔斯·艾略特

第一封信 谈公谊会[①]信徒

我认为像公谊会信徒这样一种有着特别教义和历史的群体，是值得一个有求知欲的人去研究的。我为了对这个问题做些探究，曾去探访过英国一位最出名的公谊会信徒。这位信徒在从商三十年之后，对财富和欲望已经知足了，就隐居到伦敦附近的乡间。

我到他隐居的地方去拜访他。这是一所小房子，但是建筑得很特别，虽然没有什么装饰，却收拾得很干净。这位公谊会信徒是一个面色红润、身体健壮的老人，从来没有生过病。因为他既没有什么不好的嗜好，也没有什么放荡行为。

在我的一生中，从未看到过如他那样高尚的、友好的、令人想与之亲近的神情。他和他教会中所有的那些信徒一样穿着两边没有折缝、口袋和

① 公谊会（Society of Friends；The Religious Society of Friends），基督教新教派。亦称“贵格会”“贵格宗”或“教徒派”“友爱会”“朋友会”。1688年，该会由福克斯创建于英国，属于属灵派基督徒。该会源自17世纪的若干宗派之一，旨在反抗国家所统治的教会与某些被认为倾向于罗马天主教教会的教义与仪式。

衣袖上没有纽扣的衣服，头上戴一顶帽檐扁平的大帽子，和我们的神职人员相仿。

他来迎接我的时候，头上戴着帽子，当他走到我的面前时，并没有通常的见面礼节，把一条腿挪到另一条腿后弯腰脱帽，他脸上爽朗而和悦的表情显得他更有礼貌。

他说："朋友，我看你是外国人，要是我能对你有什么帮助的话，请尽管告诉我。"我按照我们的习俗，向他弯腰致敬，然后迈步向他走过去，礼貌地对他说："先生，我仅仅是出于好奇。希望我的好奇心不会使您感到不愉快。如果您愿意把你们的宗教讲给我听听，我会感到荣幸之至。"他回答我说："贵国人总喜欢说恭维话，虚礼太多。但是我还不曾看到一个人有你这样的好奇心。请进，我们一块儿吃饭吧。"我又说了几句不大自然的恭维话，因为人不能一下子就把他的习惯改变过来。

我们吃的是一顿营养但又朴素的便饭。吃饭之前和吃完之后都要做一次祷告。饭后我就向这位热情的先生提出问题。我首先提出的是许多善良的天主教教徒不止一次地对加尔文派[①]信徒所提出的问题。我对他说："我亲爱的先生，您受过洗礼吗？"

这位公谊会信徒回答我说："没有，并且我的同道弟兄们都不受洗。"

我又问："怎么？该死的，您难道不是基督的信徒吗？"

他用一种平和的声音回答我说："我的朋友，用不着骂人。我们是基督徒而且尽力做善良的基督徒，可是我们并不认为在一个小孩子头上洒几滴凉水就能使他成为基督徒。"

"天哪！"我对这种不虔诚感到愤怒。我说："真该死，那么，您就忘记了耶稣基督是受约翰洗礼的吗？"

这位和善的公谊会信徒说："朋友，我再重复一遍，千万不要骂人。基督领受约翰的洗礼，但是他却从来不曾为任何人施行洗礼。我们不是约

---

① 加尔文主义，又称"归正神学"或"改革宗神学"，是16世纪法国宗教改革家、神学家约翰·加尔文毕生的主张和实践及其教派其他人的主张和实践的统称。

翰的信徒，而是基督的信徒。”

我大叫道：“啊！要是在一个有宗教裁判所的国家里，你会被烧死的。可怜的人呵！唉！托上帝的福，我为你洗礼，使你成为一个基督徒吧！”

他很庄重地回答我说：“要是为了迁就你的偏爱，只要那样做的话，我们也愿意那样做。我们不谴责任何人使用洗礼的仪式，但是我们认为那些信仰一种全圣全灵的宗教的人们，应该尽他们的可能，避免采用一些犹太教的仪式。”

我叫道：“噢！真是难以理解，怎么会是犹太教的仪式？”①

他继续说：“是的，朋友，就是犹太教的仪式。因为在今天还有许多犹太人在使用约翰的方式进行洗礼。请查一查史书，你就会知道，约翰仅仅把在他以前的那些希伯来人长时期举行的一种仪式重新恢复了，和以前玛利人中间举行的麦加②朝圣的仪式一样。耶稣很愿意领受约翰的洗礼，也跟他曾经进行过的割礼仪式一样。但是施割礼和用水施礼两种仪式都应该废除，而改为真正洗涤人的灵魂。因此，耶稣的先驱者约翰说过：我确实用水给你们施洗，但在我之后有一位能力比我更大的，我就是给他提鞋也是不配的，那一位将用火和圣灵给你们施洗。所以伟大的外邦使徒保罗曾写信给科林斯人说：基督差遣我，原不是为施洗，乃是为传福音。就是这位保罗只施洗过两个人，而且还不是出于他的本意。他为他的信徒提摩太举行过割礼。别的圣徒们也同样地给那些愿意的人举行过割礼。”

他又问：“你举行过割礼吗？”

我回答他说：“没有这个荣幸。”

他说：“那么，朋友，你是不曾举行割礼的基督徒，而我是不曾受洗的基督徒。”

---

① 犹太教（Judaism）是世界三大信仰中，最早而且最古老的宗教，也是犹太民族的生活方式及信仰。犹太教认为其教义来源是《圣经》（即《旧约》）和犹太教《圣法经传》。它制定了自己的一套宗教禁律和仪式。

② 麦加是穆罕默德的故乡，伊斯兰教徒的圣城，信徒一生中至少应该有一次到该地去朝圣。

这位虔诚的信徒就如此断章取义地引用了《圣经》上对他的教派有利的四五段话，故意忘掉了对他的教派不利的一百多段话。我没有反驳他。对于一个受迷惑的人，你要反驳他，是没有用的：不要冒冒失失地对一个男人说他情妇的缺点，也不应该对一个告状的人指出他所持理由的弱点，更不应该与一个幻想者讲道理。因此，我就转换了话题。

我问他："对于圣餐，您怎样领的呢？"他说："我们绝不领圣餐。"我说："什么！绝不领圣餐？"他说："不，我们除了心领以外，什么也不要。"于是他仍然引用了许多《圣经》上的词句。他对我讲出许多理由来反对领圣礼，并用一种动人的音调对我说明一切圣礼都是人所臆造的，并且圣礼这个词在福音书中就没有一次提到过。他说："恕我无能，我不能把我的宗教的证据拿出百分之一；但是你可在罗伯特·巴尔克莱有关我们信仰的著述中看到许多证据，这是一般人写不出来的优秀作品。和我们不同教派的对手也承认这本书是很有力的；它的论述具有非凡的说服力，这证明它多么有理论价值。"我答应他要去研读一下这本书，而我的公谊会信徒就认为我已经皈依他的教派了。

后来，他又用带着瞧不起其他教派的口吻，用几句怪话给我说明了这一教派。他说："你应该承认，当我把帽子戴在头上，又'你，你'[①]地称呼你时，你一定是忍不住要笑的。但是我想，像你这样博学的人，不会不知道在基督的时代，没有任何一个国家闹这样的笑话，用'您'来替代'你'。例如，人们对奥古斯都·恺撒[②]说：我爱你，我求你，我感谢你。即使有人称他为先生，他也不会觉得难受。只是在他以后很久，有些人想起，可以用'您'去替代'你'——仿佛它们是同等的似的。并且他们还在一些人身上僭用伟大、卓越、神圣这一类的尊号，好像一群蚯蚓用无限的尊

---

① 法文的第二人称有两种："你""您"，表示远近亲疏种种关系。"你，你"地称呼，表示亲昵，不客气。

② 盖乌斯·尤利乌斯·恺撒，公元前100年7月13日（另一说法为：公元前102年7月12日）出生于罗马，公元前44年3月15日遭以布鲁图所领导的元老院暗杀身亡。罗马共和国末期杰出的军事统帅、政治家。

敬和虚伪的褒奖向另外一群蚯蚓保证他们是后者最谦卑、最温顺的仆人。正是为了防止互相吹捧，互相奉承，所以我们才对国王和乞丐，都同样地称为‘你’，除了对人仁爱，对法律尊重、服从外，我们不向任何人致敬礼。

“我们的衣着和其他人不太一样，这对我们是一种警示——我们和其他人不同。别人炫耀着他们的尊贵，而我们只带着基督徒的谦逊。我们避开娱乐场所、剧场、赌场，因为把心灵深处填满这些琐事，而不是留给上帝，是巨大的遗憾。就是在法庭上，我们也从来不发誓，我们认为上帝的名字不该滥用在人间无谓的争执上。当我们为别人的事情到法官面前去时（因为我们教友之间是从来不打官司的），我们对真实的事件只肯定地说一个‘是’，或‘不是’，而那些审判官们也就相信了我们的话。与我们相对比的是，许多基督徒常常手按着福音，却发出虚伪的誓言！我们从来不为任何事情去打仗或去争斗——这并不是因为我们怕死，相反地，我们祈求与上帝见面的时刻到来——因为我们既不是狼，又不是老虎，也不是恶狗，而我们是人，而且是基督的信徒。我们的上帝要我们爱我们的敌人，忍受苦痛而不发出怨声，那毫无疑问，上帝不赞成我们渡过大海去扼杀我们的兄弟。而那些身着红衣的刽子手们，头上戴着两尺多高的帽子，用两根小棒在一张绷紧的驴皮上敲打出声，把公民征募起来。当战事胜利以后，全伦敦市灯火辉煌，好像天空都被万道火光烧红了似的。外面响起谢恩的歌声、钟声、琴声、响彻云霄的炮声，而我们面对着引起狂欢的残杀事件却呻吟战栗，保持沉默。”

第二封信　谈公谊会信徒

前面所写内容，就是我和那位怪人之间的谈话。但使我更惊讶的是，下一个星期天，他带我到公谊会信徒们的教堂去。

他们在伦敦有好几所这样的教堂，我所去的那个教堂在人们叫作纪念碑的那个大柱石的附近。当我和引导人走进去的时候，大家已经到齐了。在这所教堂里，大约有四百多男子和三百多女人，女人都用她们的扇子遮着脸；男子们都戴着他们的大帽子。大家都坐着，寂静无声。我从他们中间走过，却没有一个人看我一眼，这样的沉寂持续了一刻钟。最后，有一个人站了起来，脱去他的帽子，调整了几次脸上的表情，清了清嗓子以后，一半用鼻，一半用口，诵读他自以为是从福音书里摘出来的一些支离破碎的词句。这些词句无论是他自己，或是那些听众都是一点儿也听不懂的。这位丑态百出的宣讲者完成了他的美妙的独白以后，整个人群都受到了感动，都呆头呆脑地、自动地分散了。

我便问引导人说，为什么他们当中最聪明的一些人也忍受这样愚蠢的事。他说："我们必须容忍这些事情，因为我们不知道，那位站起来说话的人是受了神灵的感召呢，或是由于狂妄。在这种犹疑未定之中，我们完全耐心地听着，甚至于我们也允许妇女们说话。常常有两三位女信徒同时受到灵感，而且就在教堂里大声叫嚷起来。”

我问他：“那么，你们没有牧师吗？”

这位信徒说：“是的，没有，朋友。我们觉得这样好。”这时，他打开他的教派的一本书，用加重的语调读了下面的话：“我们怎敢在星期天，除了其他信徒之外，让某一个信徒单独来接受圣灵呢！谢谢老天，这世界上只有我们是没有牧师的。你愿意我们放弃这样好的优点吗？当我们自己有奶给我们的孩子吃的时候，我们为什么要把他丢给那些雇来的奶妈呢？这些雇来的奶妈不久就要在家里作威作福，掌起大权，欺压母亲和孩子。上帝说过：‘你们不花钱得来的，给人家时也应该不收钱。’是不是我们就依照这句话去做福音买卖，出卖圣灵，把基督徒的一个会场变成商人的一个商铺呢？我们绝不把钱给穿黑衣服的人，让他帮助我们的穷人，安葬我们的死人，为信徒布道。我们极珍惜这些神圣职务，我们不愿意推卸给别人。”

我再三追问：“但是你们怎么分辨出，你们的演讲者是不是被上帝之灵所感动的呢？”

他说：“无论何人祈求上帝用灵光照亮他，宣扬他所感悟到的福音的真理，上帝一定会给这个人灵感。”之后，他又啰啰唆唆地引用了一大套《圣经》的话来证明。

按照他的理解，没有任何基督教义不是神的直接启示。他又添上这几句值得注意的话：“当你动一动你的肢体时，是你本身的力量推动它的吗？毫无疑问，不是的。因为这一肢体常常有一些不由自主的动作，这就是那创造你的肉体的主宰在推动你的肉体。你的心灵上所感受的思想，是不是你自己创造的呢？仍然不是，因为思想来源并不由你自主，而是你灵魂的创造者在把思想给你。他既然给了你的心一些自由，就会给你的灵以应得的思想。你依赖上帝而生活、而行动，你又依赖上帝而思想。你只要睁开眼睛，看一看这种照耀着全人类的灵光，你就会看到真理，并且去把它宣扬出来。”

我情不自禁地喊出来："唉！那纯粹是马勒伯朗士[1]神父的说法了！"

他说："我知道你所说的马勒伯朗士，他是有一点儿公谊会的色彩，但是还不够。"

上面这些，就是我关于公谊会信徒的教义所了解的最重要的东西。在写给你们的下一封信里，我将告知你们公谊会信徒们的历史。或许你们会觉得，他们的历史比他们的教义还更奇怪呢。

① 马勒伯朗士（Nicolas Malebranche，1638 年 8 月 6 日~1715 年 10 月 13 日），全名尼古拉·马勒伯朗士（马勒柏朗士），法国哲学家，法兰西科学院院士。他是法国天主教会的神甫和神学家，17 世纪笛卡尔学派的代表人物。

第三封信 谈公谊会信徒

你们已经知道，自从耶稣基督降生的时候起就有公谊会信徒。按照他们的说法，耶稣本人就是第一个公谊会信徒。他们说，这个宗教差不多在耶稣死后就衰败下来，并且在约一千六百年中，这个宗教都停留在这种衰败状态之中。令人欣慰的是，总有几位隐居的公谊会信徒小心翼翼地保存着各处已经熄灭了的圣火，一直到 1642 年，圣火才在英国重放光明。

这正是一个内乱时期，大不列颠正饱受战争之苦，三四个教派都用上帝的名义互相争斗。有一个名叫乔治·福克斯的人，住在莱塞斯特郡，是一个丝织业工人的儿子。他既不会读书，又不会写字，却一心一意地要以真正信徒的身份讲道。这是一个二十五岁的青年人，品行端正，信教信得发狂。他从头到脚穿的都是皮。他从这一个村庄走到另一个村庄，大声疾呼反对战争，反对牧师。如果他只宣称反对战争的话，是没有什么危险的。但是他还攻击教会人士，这使他在德比被捕并被关进了监狱。

人们把他带到德比初级审判官那里。福克斯头上戴着皮制的帽子，站在审判官面前。一位法警在他脸上扇了一个大耳光，对他说："难道你不知道在审判官大人面前应该脱帽吗？"福克斯又把脸的另半边转过去，并请法警看在上帝的份儿上，发发慈悲，再给他一个耳光。

德比的审判官在对他审问之前要他发个誓。他对审判官说：“我的朋友，‘你’要知道，我从来不肯无缘无故地用上帝的名字。”审判官听到这个人用“你”来称呼他，就呵斥把他送到惩戒所里去，在那里鞭打他。

乔治·福克斯赞美着上帝，来到惩戒所。那里的人，严格执行着审判官的判决，不敢怠慢。当他请求那班用鞭子抽打他的人，为了他灵魂的好处，再给他几下子时，那班人感觉到非常惊讶。这班人不需要他请求，于是福克斯受到了双倍的刑罚。他虔诚地感谢他们给他的惩罚，同时向他们宣传教义。起初，他们觉得好笑；后来，他们静听他的言说。宗教的狂热好像是一种传染病，他们中间有许多人就被说服了，鞭打他的那几个人竟变成了他的第一批信徒。

他从惩戒所里被释放出来以后，带领着十多个新信徒跑到各村去宣传反对牧师，有时也被人鞭打。有一天，他被人用枷锁锁起来了，但仍竭尽全力、满怀激情地向广大人群宣扬他的信仰，最终五十多位听众改变了自己原来的信仰，其余的群众也非常同情他。人们乱哄哄地为他去掉了枷锁，又找到那个陷害福克斯令他受刑的英国圣公会的牧师，用锁过福克斯的枷锁把牧师锁起来示众。

他竟还去游说克伦威尔的士兵，使他们改变了信仰，辞去军职，还拒绝发誓。克伦威尔不喜欢这种反对战争的宗派，教皇西克斯图斯五世①也一样。克伦威尔利用他的权力去迫害那些福克斯追随者，把他们投进监狱，但是种种的迫害几乎只能用来增加新教徒。他们从监狱出来时，信仰更加坚定了，他们的后面还跟随着被说服了的狱卒。

下面的事情是最有助于扩展他的宗派的：

福克斯认为自己受到了灵感，应该和其他人说话的样子有所不同。于

---

① 西克斯图斯五世（1520~1590年在世。1585~1590年在位），意大利籍教士，原名费切切·佩雷蒂（Felice Peretti），方济各会士。出身于最底层的家庭。以严厉执法及对异教的不宽容和重建罗马而著称。

是就扭扭捏捏、装模作样地，忽而屏息无声，忽而粗声大气——就是特尔斐女巫也不能比他做得更好了。此后，他就总用这种受到灵感的说话方式，而不再像平常一样说话了。

这是他传授给门徒们的第一个恩赐——他们一心照着他们的师傅的样子装模作样；他们在感受到灵感的时候，也竭尽全力做出一副战战兢兢的模样。这样一来，他们就获得贵格会信徒[①]的称号，这个称号的意义是“战栗者”。村野小民往往摹仿他们，互相戏谑。他们战栗，用鼻孔说话，装作战战兢兢，并且相信有圣灵。他们需要有些神迹，于是他们就装出一些神迹。

创立者福克斯在一个大会场上公开地对一位治安官说：“朋友，‘你’要当心点儿，不久上帝就要惩罚‘你’虐待圣徒的罪行。”这位审判官原本是一个酒鬼，每天都要喝杯啤酒或白兰地。两天以后，他在签署一项命令——把几个公谊会信徒关进监狱的时候，突然中风死了。对于这突如其来的死亡，人们不认为是他一贯贪杯无度的结果，而认为是圣人预言的灵验。

治安官的死亡，使更多的人成为公谊会的信徒，比起千百遍的布道和战战兢兢的做作更能感召人。克伦威尔看到公谊会信徒的人数日渐增加，就以金钱引诱他们回到他那里去，但他们是不可能被腐蚀的。以致有一天克伦威尔说，这种宗教是他所见到过的唯一能够经受住金钱诱惑的宗教。

这些信徒在查理二世时代也被迫害过几次，但不是因为宗教信仰的原因，而是因为他们不愿缴纳牧师的什一税[②]、用“你”称呼官吏和拒绝按法律规定发誓。

最后，一位苏格兰人，罗伯特·巴尔克莱，在1675年写了一封《公谊会信徒辩护书》，敬献给国王。这是一部优秀的著作。献给查理二世的这部

---

① 贵格会信徒，英文为Quakers，是公谊会信徒的音译旧名。

② 什一税，什一税源起于旧约时代，后由欧洲基督教会向居民征收的一种主要用于神职人员薪俸和教堂日常经费以及赈济的宗教捐税，捐纳本人收入的十分之一供宗教事业之用。由征收什一税而建立的制度亦称什一税制，简称什一税。

万言书的内容，绝非鄙俗的阿谀逢迎，而是大胆陈述真情实事，并提出正当的建议。

在这封信结尾的地方，他向查理二世进言：“你已尝到过甘和苦，经历了兴盛和苦难，你也深知被祖国放逐的感受，你曾领受过被压制的淫威，你也感受了发号施令的威严，而且你也该懂得在上帝和人民面前，一个专制者是何等的可恨。如果，经历了这许多磨难和荣耀之后，你还是铁石心肠，顽固不化，不受上帝的感召，还把上帝给忘了——而在你失意的时候，上帝是记得你的——你的罪恶将会更深重，而对你的惩罚也将更加严厉。

“所以与其去听朝廷上那些阿谀者的逢迎，还不如听听你良心所发出的呼声，它是从来不阿谀逢迎你的。你最忠实的朋友与臣民——巴尔克莱。”

最令人惊奇的是，一个无名小卒写给一位国王的这封信，居然起了作用，对公谊会信徒的迫害就此停止了。

第四封信 谈公谊会信徒

大概就在这个时期，著名的威廉·宾出世了。他在美洲奠定了公谊会的势力——倘若人们能够尊重这种外表非常可笑的品德的话，他也能够使公谊会在欧洲受到尊敬。他是英国海军中将骑士宾的独生子。中将自詹姆士二世以来，一直是约克公爵的宠臣。

威廉·宾十五岁时在牛津读书，在那里遇见了一位公谊会信徒，这位信徒令他很信服，于是他也加入了公谊会。在大学期间，威廉很活跃，加上良好的口才、优雅的外表和迷人的仪态举止，没有多久，他就受到了一些同学的拥戴，建立起了一个公谊会青年社。他们在他家里举行集会，十六岁出头的宾已经成了这个教派的领袖。

离开中学后，他回到他那位海军中将的父亲家里。他不按照英国人的礼节跪在父亲面前请他祝福，而是戴着帽子走近他父亲，对他父亲说："朋友，看见你身体健康，我心里非常高兴。"海军中将以为自己的儿子疯了，很快他就发现儿子已经成了公谊会的信徒。他父亲用尽所有方法——就是再深谋远虑的人也想不出更多的办法了——开导他要像别人一样生活，但这个年轻人反而劝他父亲也做公谊会信徒。

最后父亲不得不退让，只要求儿子去见英王和约克公爵时把帽子挟在胳肢窝下边，不要“你”呀“你”地跟他们说话。威廉却回答说，他的良心不许他这样做。这使他父亲非常生气，就将他从家里赶了出去。这个年轻人一面感谢上帝让他在年少之时就为上帝而受折磨，一面打定主意到城里去传教，以发展更多新信徒。

不久，天主教会的神父就发现他们的集会人数在日渐减少。原来，威廉·宾年轻俊朗，非常洒脱，宫廷和城里的女人们全都虔诚地跑去听他布道。这个教派的创立者乔治·福克斯也慕名从英国内地远道来伦敦看望他。他们两人当下便决定到世界各地去传教。他们在伦敦留下足够数量的工人来照料伦敦的葡萄园后，便搭船到荷兰去。

他们两人在阿姆斯特丹的工作卓有成效。但不久，英王乔治一世的姑妈伊丽莎白·帕拉丁公主召见了他们两位。这位公主是位天资聪颖、才华横溢的人，笛卡尔曾经把他的哲学小说敬献给她。得到这位公主的召见，是这两个人的巨大荣幸，但也使他们的谦虚受到严峻的考验。

当时，这位公主已经退休，正在海牙隐居，在那里她会见了这些“朋友”——当时荷兰人都这么称呼公谊会信徒。

公主跟他俩会谈了几次，他们在她那里讲道，倘若他俩没能使她成为一个十足的公谊会信徒的话，却至少使她已离天国不远了。

朋友们也在德国传播公谊会的种子，却没有多大收获。在一个永远需要“殿下”“阁下”等辞令的国度里，人们不喜欢用“你”来称呼人。

不久后，宾得到父亲患病的消息，便回到英国，以便为他父亲送终。虽然儿子的信仰与自己不同，海军中将还是与他重新和好并且慈爱地吻了他。儿子还在劝告父亲不要接受圣礼，在临终之前做个公谊会信徒；而父亲也枉然地嘱咐儿子在袖口上钉上纽扣，在帽子上镶上金银线。

父亲死后，宾继承了大笔遗产，其中包括皇家的欠款，这是他的父亲在历次远征中垫付给皇家的。但在当时，再没有什么比皇家欠款更不可靠的了。宾不得不去跟查理二世和他的大臣们谈判，当面用“你”来称呼他们，而且谈判了不止一次。1680 年，英国政府终于决定把美洲马里兰南边一个省的主权给他，以代替欠款。于是一位公谊会信徒变成了君主。

他带着两艘军舰，满载当年曾追随他的公谊会信徒，前往他的新领地。从那时起，人们便以宾的名字，把那个地方叫作宾夕法尼亚。他在那里建立了费城，现在已非常繁华。

他到那里之后，第一步便同美洲邻邦结成了一个联盟。这项盟约，从未宣誓过，但也从未破坏过，不管是土著居民还是基督徒都恪守这项盟约。新的君主也是宾夕法尼亚的立法者，他创立了开明的法律——至今没有一条被改动过——第一条就是关于宗教的：不许因宗教而虐待任何人，把所有信奉上帝的人都当作亲人。

他所领导的政府刚一成立，就有许许多多的美洲商人移居于此，当地的土著居民也没有逃避到森林里去，而是与这些和平的公谊会信徒相处。他们越是仇恨那些征服美洲并且破坏美洲的基督徒，也就越爱这些新到来的人。没过多久，这些所谓的野蛮人都因新来的这些基督徒的温和态度，而成群结队地要求威廉·宾接受他们为臣民。

这真是稀奇的情形：一位君主，任何人都可以用"你"称呼他，并且对他谈话时也可以不脱帽子；一个政府没有牧师；一个民族没有武器；公民除了职业不同以外，人人平等；与邻邦也互不猜忌。

威廉·宾完全可以自豪地说，是他把人们谈论得最多的黄金时代带到了这个世界上，也只有在宾夕法尼亚才真正有过黄金时代。

在查理二世死后，为了他的新国家的事务，威廉·宾又回到英国。英王詹姆士，曾经恩宠过他的父亲，对于这位儿子也依然宠爱，不再把他当成默默无闻的公谊会信徒，而把他当大人物来看待。

在这一点上，英王的政策和他的偏好一致。他很想废除那些反对公谊会信徒的法律，讨好公谊会，以便能趁机引入他自己信仰的天主教。英国各个教派都看出这个阴谋，不愿上当，一致团结起来反对他们共同的敌人——罗马天主教。但是宾并不认为应该放弃自己的原则，与那些痛恨他的基督教徒结盟，反对宠爱自己的国王。

他在美洲奠定了信仰自由，在欧洲，他也不想摧毁它。所以他效忠詹姆士二世，以致大家都诬他为耶稣会修士。这种诽谤使他非常苦恼，他不得不用书面声明来公开否认。然而不幸的是詹姆士二世，沿袭了斯图亚特家族的命运，像历代英国王室一样，外表伟大，内里软弱，好大喜功，一事无成，最终丧失了他的王国。

英国各个教派都从威廉三世及其议会手中接受了它们过去不愿从詹姆士二世手中接受的同样的自由和权益。于是公谊会依仗着法律的力量，开始享有他们今天所享有的特权。宾终于见证了他的信仰在他的出生地牢牢地建立起来，之后，他便又回到了宾夕法尼亚。

他的追随者和美洲人都来迎接他，大家高兴得热泪盈眶，就像父亲回来看望儿子们一样。在他不在的时候，大家都一丝不苟地严格遵守着他所制定的法律，这是在他以前的任何立法者都没有遇见过的事。他在宾夕法尼亚住了几年，后来去了伦敦，为宾夕法尼亚人争取通商的权益。在这之后他便一直住在伦敦到暮年，最后于1718年在伯克郡的罗斯康比逝世。

我无法预料公谊会在美洲命运将会怎样，但是我看出它在英国日益衰落。在世界各地，只要允许自由意识的存在，占优势的教派就会渐渐吞并其他教派。公谊会不能做议会议员，也不能担任什么职务——因为做这些事就必须宣誓，他们却根本不愿宣誓——他们只好靠经商来赚钱。他们的孩子靠着父辈的工业发了财，开始贪图荣华富贵，追名逐利，穿绫罗绸缎，甚至以自己是公谊会信徒为耻。为了追求时髦，他们又都去做了基督教的信徒。

第五封信 谈英国圣公会

在英国这个国度，教派林立。作为一个与生俱来就崇尚自由的英国人，可以沿着他所喜欢的道路升入天堂。

尽管这里每个人都可以按照自己的方式信奉上帝，但他们真正的宗教——能够使人财源滚滚、万事如意的宗教——就是主教制宗派，称为英国圣公会或“最优越的教会”。无论是在英格兰，还是在爱尔兰，你若不是英国圣公会的信徒就难以找到一个职位。这个原因——同时也是一个最好的证据——足以说服那些非圣公会信徒“回心转意”，以致其余教派的人数不及全民的二十分之一。

英国圣公会的圣职人员保留了许多天主教仪式，特别是征收教会什一税，特别细心。他们也有虔诚的野心想做统治者。

而且，他们还尽量在他们的信徒中间激发起一种圣洁的热情来反对非圣公会派。这种热情在安娜女王晚年由托利党①执政时期还相当激烈，但激

① 托利党，英国政党之一。成立于17世纪70年代末到80年代初，代表地主贵族和教会高级僧侣的利益。在19世纪中叶改组为保守党。

烈程度也只不过是在有时候把异端宗教的教堂玻璃窗打碎罢了。因为宗教的狂热已经随着英国的内战而宣告结束，在安娜王朝，这种破坏行为只不过是惊涛骇浪之后久未平息的尾声而已。

当托利党与辉格党[1]像过去教皇派与保皇派的斗争一样，祸害他们的祖国的时候，宗教必定会参加双方政党的斗争。托利党拥护主教制；辉格党人却想把主教制取消——其实是只要当他们掌权的时候，压制住它，他们也就心满意足了。

在牛津·哈雷伯爵和鲍林布鲁克爵士为托利党人的健康而干杯的时候，英国圣公会就把他们两人看成圣公会神圣特权的庇护者。

初级圣职人员会议是一种由圣职人员组成的下议院，在当时有一些威望。它享有集会、辩论，并且不时焚毁一些反对教派的书籍的自由。然而，现今的内阁是辉格党，他们不允许这些先生们集会，将这些先生们限制在他们教区内，悄无声息地为政府祈祷——而这个政府正是这些人本来要与之捣乱的。

至于那些主教们，一共有二十六位，不管辉格党赞成与否都有权出席上议院，因为把主教们视如贵族的恶习还存在。但是他们在议院里也并不比公爵和贵族议员在巴黎的议会里更有权。在人们对国家的宣誓中，有一条誓词很能锻炼这些高贵的基督徒的耐性。

人们在誓词里要承认自己信教，因为法律规定他们必须信。没有哪一位主教、长老、正牧不自以为是由神权派立的；所以要他们承认他们完全为一条由非圣职信徒规定的可怜的法律所派立，对于他们是个令人感到侮辱的大问题。

有一位修士（古莱耶牧师）不久以前写了一本书，证明英国圣公会圣职历代相承和永远合法。这本著作在法国被禁止出版。但是您以为英国内

① 辉格党，英国政党之一，成立于17世纪70年代末到80年代初，代表商业和银行资产阶级上层分子以及一部分资产阶级化的贵族阶级的利益。与托利党轮流执政。19世纪中叶，与其他资产阶级政党合并，自称为自由党。

阁喜欢它吗？一点也不。这些可憎的辉格党人很少考虑到，主教的继承是否在他们国内曾经中断，也很少关心主教到底是在一间小酒馆里（正像有人想要如此），还是在一座教堂里行奉献成圣的。他们觉得主教由议院授权比由使徒授权更好。鲍林布鲁克爵士说，神权思想只能产生披着主教小圆衣或短白衣的暴君，而法律却可造就公民。

在道德方面，与法国圣公会圣职人员相比，英国的圣职人员要更规矩些。原因是：全体圣职人员都是在牛津大学和剑桥大学培养出来的，远离了首都肮脏龌龊的环境；他们很晚才被召担任教会圣职，这时已到了他们野心无望实现，除了吝啬再没有其他欲望的年龄了。这些职务本身，就是对于他们多年在教会和军队里服务的报酬。在英国，根本看不见年轻的主教或刚出学校的连长，牧师也差不多都是结了婚的。他们在大学里感染上一种别扭的样子，加上少有同女性来往的机会，通常使得一位主教不得不满意他自己的老婆。那些牧师有时也到小酒馆去，因为风俗习惯允许他们这样，并且倘若他们吃醉了，也还是道貌岸然的，不会遭到什么非议。

这是一群难以说明的人，他们既非圣职人员，也非在家的俗人。简单一句话，就是所谓神父，在英国是没有的，这里圣职人员全都是言行谨慎的人，而且几乎都是些学究。当他们听说在法国年轻人出名的放荡，借助于女人的阴谋，上升为高级圣职人员，公开跟女人谈情说爱，喜欢写几首恋歌，每天都有精美而漫长的晚餐，这样去祈求圣灵的光辉，而大胆地自命为使徒的继承人，便都感谢上帝，觉得自己幸而做了基督教信徒。但是正如弗朗索瓦·拉伯雷[①]大师说的，这些丑恶的异端分子，都该扔进火堆烧死。所以我决不会为他们的事去费心。

---

① 弗朗索瓦·拉伯雷（1494~1553），欧洲文艺复兴时期重要的人文主义作家之一。他出身于律师家庭，早年受僧侣教育，在僧院里就已研读古希腊文学和哲学。他对数理、医药、考古、天文、植物等都作过钻研。他猛烈攻击封建主义的基础，为资产阶级人文主义的文化和个性的发展而斗争。他的长篇小说《巨人传》是法国文艺复兴时代最著名的文学代表作。

第六封信　谈长老会信徒

英国圣公会只分布在英格兰和爱尔兰。长老会在苏格兰一直占有统治地位。长老会，也就是一种纯粹的加尔文主义，它始创于法国，但现在仍旧残存于日内瓦。由于这个教派的牧师们从他们的教堂里只能领取到非常微薄的薪金，因此，他们就不能像那些主教们那样过着奢华的生活，于是，很自然地，他们就叫嚣着反对他们所不能得到的荣耀。

你们想一想，那妄自尊大的第欧根尼[①]，怎样把柏拉图的骄傲踩在脚下——苏格兰的长老会信徒们并不亚于这位骄傲而贫困的思想家。

他们对待他们的国王查理二世要比第欧根尼对待亚历山大更厉害些。他们曾经为了国王，拿起武器反抗曾经欺骗过他们的克伦威尔，那段时间，他们每天要迫使可怜的君王接受三四次说教。他们禁止他游玩，甚至处罚

---

① 第欧根尼（希腊文 Διογνη，英文 Diogenēs，约公元前 404~前 323），又称“锡诺帕的第欧根尼”，或者戴奥真尼斯。古希腊哲学家，出生于一个银行家家庭，犬儒学派的代表人物。活跃于公元前 4 世纪，生于锡诺帕（Σινπη，Sinopeus，现属土耳其），卒于科林斯。他的真实生平难以考据，但古代留下大量有关他的传闻轶事。

他。所以不久，查理就懒得做这些学究们的国王了，他从他们的手里逃脱出来，就像一个中学生从学校逃出来一样。

一位叫卡托[①]的苏格兰长老会牧师，每天早晨都会站在一个年轻活泼的法国学生面前在神学院里高声叫嚷，而晚上，他又和妇女们一起唱诗。卡托先生的行为，使苏格兰长老会信徒认为，他是一个风流人物。

长老会信徒都伪装得举止庄重、面容严肃，戴上一顶大帽子，穿着一件短衣，外面套一件长大衣，哼着鼻音说教，并且把所有的教堂都称为"荒淫的巴比伦"[②]。因为在那些教堂里，神职人员是非常幸运的，可以有五万英镑的收入；并且在那些教堂里，民众都是相当善良的，既能容忍，又能恭敬地称呼他们为主教、阁下、大人。

这些先生们在英格兰也有一些教堂，他们把庄重和严肃贯注到了这个地方。英伦三岛境内的礼拜日正是由他们创始的，这一天禁止工作和从事任何娱乐活动，比天主教教会的严肃性加重了一倍。在礼拜日，伦敦没有歌剧、喜剧等戏剧或音乐会；即使纸牌在这些地方也是特别明确地被禁止的，只有那些有身份的人和所谓绅士才可以在这一天玩玩纸牌。其余的人们或去听布道，或去酒吧，甚至去找妓女。

虽然在大不列颠国内主教制教派和长老会教派是两个统治的教派，但还是欢迎其他的教派，并和他们相处得很好。只有他们大多数的讲道者互相憎恨，正像一位詹森派教士咒骂一位耶稣会修士那样憎恨，进而又用同样多的诚意来和平相处。

请走进伦敦的交易所去，这是比各种不同的小朝廷还更值得尊敬的地方。在那里你可以看到各民族的代理人为着人类的利益而聚集起来。在那里，犹太人、伊斯兰教徒和基督教徒，彼此相处，好像是出于同一宗教。他们只把异教徒的名号送给那些因为投机而破产的人们。在那里，长老会

---

① 卡托，戏剧中以坚持生活谨严、极力反对奢侈而著名的罗马人。

② 在宗教的语言里说：Babylone la grande prostituee（荒淫的巴比伦），等于说：Rome paienne（反宗教的罗马）。

的信徒信任浸礼教信徒，而圣公会信徒也接受公谊会信徒的诺言。从这些和平、自由的集会走出来时，有些人去犹太教的礼堂，另一些人去喝酒；这一位用大盆在圣父、圣子和圣灵的名下接受洗礼；那一位让人割去他儿子的包皮并用人们听不懂的希伯来文为他的儿子喃喃祈祷；另外一些人头戴帽子，到他们的教堂里静等着上帝给予他们灵感。——大家都是很愉快的。

如果在英格兰只允许有一种宗教存在，很可能会出现一个独裁专制的政府；要是在那里有两种宗教，它们可能要互相残杀；但如果有许多种宗教，它们却都能和平而幸福地共存着。

第七封信
谈苏西尼主义者或阿里乌斯派主义者或反三位一体主义者

这儿有一个由神职人员和几个很博学的信徒所组成的小教派，这些人既不自称阿里乌斯派主义者，也不自称苏西尼主义者，可是，他们绝对不赞成圣·亚他纳修关于三位一体这个问题的意见。他们会明确地告诉您：圣父比圣子更伟大。

您可能也听说过，有这么一位东正教主教。他为了叫一个皇帝相信同性同体，就想出了一个办法，当着皇帝的面，摸王子的下巴，捏王子的鼻子。皇帝为此很生气，正要命令随从把他扔出窗外。这位主教说："启奏我主，倘使陛下因为有人对您的儿子失敬而生气，那么，您想：圣父上帝又该怎样对待那些不肯给予耶稣基督应得的尊称的人呢？"

我上面提到的那些人认为，这位主教太冒失，他的论据根本得不出结论来，那位皇帝尽可以回答他："你要记住这一点：对我不敬有两种方式。第一种方式，对我的儿子不够尊重；第二种方式，对我本人和对我的儿子同等地尊敬。"

无论如何，阿里乌斯派不仅在英国复活了，还在荷兰和波兰都复活了。

伟大的牛顿先生尊重这种意见，支持了它。这位哲学家认为一神论的推论，比我们通常认为的更加合乎逻辑。

最坚定的阿里乌斯派学说的保护者，当属克拉克博士。这位博士，行事严谨，性情温和，深信自己的信条，热心培养新信徒。他专心从事推理和论证，对于其他的一切，一概不睹不闻，简直是一部地道的推论机器。

也就是这个人，写了一部有关上帝存在的问题的书，不易读懂，却很被人重视；他又写了另一部关于基督教的书，浅显易懂，但颇为人所轻视。

他并未参加我们的朋友所称的“可敬的废话”的论辩——即烦琐哲学的漂亮论辩。他只把最初几个世纪中所有的赞成或反对一神论的论证，收集印刷成书，让读者自己去统计赞成者和反对者，自己加以判断。

博士的这部著作吸引了许多拥护者，但却妨碍了他升为坎特伯雷的大主教。依我拙见，博士打错了算盘：与其做阿里乌斯派的牧师，倒不如当英国的大主教。

如您所见：舆论正在发生一场革命，正如帝国里的革命一样。出了三百年风头，又被遗忘了十二个世纪，如今，阿里乌斯教派又死灰复燃了。无奈时机选得不好，偏偏重新出现于这个厌烦论战和宗派的年代。这个教派还太小，没有能够获得公开集会的自由。如果它发展下去，人数壮大起来了，想来会得到这种自由的。不过在目前，人们对什么事都很冷淡，新宗教和复兴的宗教很难有发展的机会。那些所有著作都遭到禁止的作家，如马丁·路德、加尔文、萨文黎等，创立了不少的教派，传播到了欧洲大部分地区；无知的穆罕默德也为亚非创立了宗教；而牛顿、克拉克、洛克、勒·克莱这些先生们，虽然都是当时最伟大的哲学家和作家，却很勉强才建立起一个小集团，而这个小集团还在日渐缩小。

这便是所谓生逢其时！如果德·莱兹红衣主教重现于今天，无论他怎样滔滔不绝、口若悬河，使出浑身解数，他在巴黎也许连十个妇人都煽动不起来。如果克伦威尔复生，恐怕这位曾经把国王斩首而自立为君的人，也只不过会是伦敦的一个富裕商人罢了。

第八封信 谈议会

英国议会中的议员们喜欢拿自己同古代罗马人进行比较。

前不久，希朋先生在下院用下面的话语开始了他的讲演："英国人民的尊严将会受到损害"，等等。古怪的措辞引起哄堂大笑。可是，他一点也不慌乱，他以更加坚定的语气，把原话重复了一遍，这一下，大家不再笑了。

我认为：在英国人民的尊严和罗马人民的尊严之间，我看不到有共同之处，他们的政府之间更没有共同点。伦敦有个上院，其中有几位上议员被指控一有机会就出卖自己的表决权（也许怀疑错了），就像有人在罗马所做的那样：这是他们之间唯一的相似之处了。

除此之外，在我看来，不管是好的方面，还是坏的方面，这两个国家仿佛完全不相同。

在罗马，从没有看到那样可怕的宗教战争；这种可恶的事情偏偏是保留给那批以谦逊、忍耐劝人的虔诚的讲道者的。为了断定一个牧师应该把他的外衣穿在祭服之外，还是应该把祭服穿在外衣之外；为了断定那些用来占卜的神圣雏鸡应该又吃又喝，还是应该只吃不喝，从而获取预兆——

马利奥斯和苏拉、庞贝和恺撒、安东尼和奥古斯，都并没有为了这些问题而自相残杀。

英国人在他们的法庭里互相绞杀，或者为了上述那类问题互相争执，在战争中互相毁灭。有一个时期，主教制派和长老会派把这些庄重的人物给弄疯了——我想他们再也不会干这种蠢事了。在我看来，他们已经接受了残酷的教训，变得明智些了，从今往后，他们再不会有为了三段论法而互相杀戮的欲望了。

这便是罗马和英国之间一项最基本的区别，这项区别有利于英国。这是因为，在罗马，内战的结果就是奴隶制；而在英国，内战的结果却使大众都成了自由人。英国是世界上唯一抵抗君主而达到节制君主权力的国家。由于他们不懈的努力，终于建立了这样一个开明的政府：在这个政府里，君主有无限的权力去做好事，倘使想做坏事，那他就会被限制；在这个政府里，贵族们高贵而不骄横，且无家臣；在这个政府里，人民可以心安理得地参与国家大事。

上院和下院分享了国家的权利，君主享有最高权力。在罗马人那里，却没有这种平衡：在罗马，贵族和平民总是分开的，两者之间没有可以调和的中间势力。罗马元老院有那种不公的、可恶的骄傲，不肯和平民分权。为了让平民离开政府，元老院找到了一个巧妙的办法，就是不断地派遣老百姓去远征。他们把老百姓看作一头猛兽，务必把它驱到邻居那里去，唯恐它吞噬它的主人们。所以，罗马政府最大的不足就是把罗马人培养成了征服者。因为他们在自己的家里不幸福，所以他们才变成了世界的主人，直到有一天他们终于分裂而使他们自己沦为奴隶。

英国政府并非天生就有那么灿烂的光荣，也不是天生就该遭受那么悲惨的结局。它的目标并非想要取得征服他人的那种光辉的疯狂，而是要阻止人家来征服自己。这个民族不但爱护自己的自由，而且还爱护别人的自由。英国人拼命反对路易十四，他们并非轻率地对他宣战——当然没有什么其他的企图——而是因为他们觉得他野心勃勃。

毫无疑问，为了要在英国建立自由，他们付出了巨大代价。正是在血海中间，才能淹死专制政权的偶像。在别的国家里，动荡和流血并不少于英国；然而这些国家为争取自由而流的血却更加巩固了奴隶制度。

同样一件事情，在英国则变成革命，在别国只不过是一次叛乱而已。在西班牙，在巴里[①]，在土耳其，一个城市为了保护自己的权利揭竿而起。旋即就有雇佣兵来镇压这个城市，刽子手们大肆杀戮，其他的民众也被牵连受苦。法国人认为，英国政权比环绕着它的海洋更加波涛汹涌，这是真的。然而这只是在国王引起了暴风雨之时，只是在国王想掌控国家这艘大船之时，其实，他不过是一个舵手长而已。法兰西的内战比起英格兰的内战更漫长、更残忍、罪恶更多，然而在这许多内战里，没有一次是以争取贤智的自由为目的的。

在可恶的查理九世和亨利三世的年代，大家所关心的只是不要做古斯们[②]的奴隶。至于最后一次的巴黎之战，只配喝它的倒彩。我仿佛看到了学生们造反，反抗学监，只落得鞭打一顿。德·莱兹主教[③]，智勇双全，却没有好好运用他的聪明智慧。他的造反没有恰当的理由，是乱党却没有计划，是政党首领却无军队。只是为阴谋而阴谋，好像只是为了消遣而掀起内战。议院既不知道他要什么，也不晓得他不要什么。他下令招募兵丁，却又很快遣散了他们；他威胁别人，却又向人求饶；他悬赏过马萨林主教的脑袋，后来却又在隆重的仪式中祝贺马萨林主教。在查理六世时期，我们的内战是残酷的、血腥的；神圣同盟的内战是讨厌的；投石党[④]的内战是滑稽可笑的。

对于法国人来说，他们最责备英国人的地方就是对查理一世的谋杀。

---

① 巴里，是意大利南部的城市。

② 古斯是旧教领袖，也是弗兰沙二世的外戚。他和他的家族在整个16世纪，长期地与英王查理和亨利作战。

③ 德·莱兹主教是17世纪法国资产阶级政治家和作家。

④ 投石党运动，1648~1653年法国的社会政治运动，以反对马萨林政府的专制制度为目的。投石党乱大概可划分为两个时期，前期为1648~1649年高等法院福隆德运动（the Fronde of the Parlements），后期为1650~1653年亲王福隆德运动（the Fronde of the nobels）。

然而，假如查理一世获胜的话，他对待他的敌人，恐怕也不会和他的胜利者对待他有多么不同。总而言之，一方面，查理一世在战场上被击败，被俘成了俘虏，被审问过，在威斯敏斯特被判决了死刑；另一方面，亨利七世皇帝于领圣体时被牧师毒死，亨利三世为一个修士所刺，反对亨利四世的有预谋的暗杀多达三十次，其中有不少次是实施过的，而最后一次使法国失去了它的伟大的君主。来思量一下这些阴谋和事变，再加以判断吧。

第九封信 谈政府

在英国政府中的这种和谐：君主、爵士、下院议员之间的合作，是前所未有的。英国曾经长时期受奴役，它陆续遭受过罗马人、撒克逊人、丹麦人、法国人的统治。

尤其是征服者威廉曾经用铁腕政策来统治英国。他像东方的君主那样支配着他的新臣民的生命和财产。晚上八点钟一过，他就禁止任何英国人的家里有火有光，违者处以死刑。他这样做，或者认为可以预防英国人在晚上开会，或者他想用这个古怪的禁律，尝试一下一个人的权力在其他人身上可以达到怎样的程度。

事实上，在征服者威廉的前后，英国人都有议院。这些集会——那时称作议院——是由教会的专制者和称为诸侯的掠夺者们所组成的，英国人很赞赏这些议院，仿佛这些议院是公众自由和莫大幸福的捍卫者。

那些来自波罗的海沿岸的蛮夷之族，在欧洲其他地方定居下来，他们带来了轰动一时却少有人了解的国会或议院制度。当时的君主并非暴君，可正是这个原因，老百姓在可怜的奴役中过得更加悲惨。

这些野蛮民族的酋长们，蹂躏了法国、意大利、西班牙、英国之后，自立为君主。这些酋长的将军们，在这些酋长们之间瓜分了战败国的土地。因此，那些边塞总督，苏格兰的贵族、诸侯、暴君，常和他们的君主争夺从老百姓那里来的掠获物。就像一群鸷鸟对一只老鹰的斗争，为了要抢吸鸽子们的鲜血。每个民族都有一百个暴君，替代了一个善良的主人。不久，神父们也成了他们中的一员。

自始至终，高卢人、日耳曼人、英吉利岛民的命运，都操控在这些野蛮民族的巫师和酋长们的手里，这些便是诸侯的前身，不过没有像诸侯那样残暴。这些巫师自称为神与人之间的调解人。他们颁布法律，把教徒逐出教会，判他们死刑。

在哥特人和汪达尔人的政府里，主教们逐渐继承了他们的世俗权。教皇做了他们的头子，运用了诏书、教谕、修士，叫君主们发抖，以废黜他们，派人去暗杀他们为乐，竭力敛收欧洲的财富。

懦弱愚蠢的伊那斯，英格兰七王国的暴君之一，在朝拜罗马的时候，第一个屈服了，向教皇捐献：按照自己国土内的户数，每户出一个得尼埃[①](约等于现在一个法国埃居[②])。不久，整个英格兰都步了他的后尘。

英国逐渐变为教皇统治下的一个省。教皇不时派他的使臣到那里去征收赋税。最终，国王约翰意欲把自己的王国正式献给那个曾经驱逐他出教的教皇。可是，诸侯们认为这么做很吃亏，就赶走了不幸的国王约翰，另立路易八世来代替他。路易八世是法国国王圣·路易的父亲。时隔不久，他们又讨厌这个新来的人，又把他打发回法国去了。

当那些诸侯、主教、教皇这样分裂英国、奴役人民的时候，却有一些可敬的人，他们为数众多、品德最好，也是最有用的。他们由法律研究者、科学研究者、商人、手工业者组成。绝对不是残暴的人，而是被称为人民的人。我认为，他们却被上述那些人看作不如人的畜生。

那时，这些平民是不能参政的。他们都是权贵的奴隶：他们的工作、

---

① 得尼埃，法国古银币名。

② 埃居，法国 17、18 世纪流通之银币名，约等于现在五法郎银币。

血汗都归他们的主子所有。欧洲极大部分的人，和当今很多地方的人一样，是老爷们的奴隶，一种可以连同田地一起买卖的“家畜”。过了很多世纪之后，人们才意识到人权的损失，才领会到大多数人播种、极少数人收获是可恶的。——在法国，这些强盗们的势力，为我们国王的合法力量所扑灭，这难道不是人类的幸福吗？

所幸，在君主和贵族之间发生争执的时候，帝国处于震动之间时，人民所戴的镣铐或多或少松弛了。在英国，从暴君们的争执中诞生了自由。诸侯们强迫没有疆土的约翰和亨利三世承认他们所制定的宪章。宪章主要的目的，就是要叫国王们接受贵族们的制约。在宪章里，人民也得到了些好处。这么做的目的是，遇到适当的机会，这些诸侯们希望人民站到他们这些所谓的“保护人”这边来。这个被人看做英国“各项自由的神圣来源”的伟大宪章，本身就很明显地指出：被政府所承认的自由是那么少。

单单宪章的名称就证明了：国王自以为是绝对有权的，但为了证明诸侯们和神职人员本身比国王还要强大，国王才不得不放松自己的君权。

大宪章是这样开始的：“朕自愿将下列特权授予王国内的大主教、主教、修道院院长和副院长、诸侯，等等。”在这个宪章的条目中，没有提起下院，那就证明下院或者尚未存在，或者虽然存在却毫无权利。

在宪章中，详述了英国的自由人——这是令人不愉快的论证，证明有的人还不是自由人。在第三十二条中，我们看到这些所谓“自由人”还得为他们的老爷服务。这种自由还包含了很多的奴隶成分。

宪章的第二十一条，国王命令：从今以后，他的军官必须付了钱，才能强征自由人民的马匹和车辆。在人民看来，这条规定是一项真自由，因为它废除了一项最大的暴政。

亨利七世——这个幸运的征服者和伟大的政治家——他假装爱诸侯，骨子里却憎恨他们、怕他们，就想出计策，骗取他们的土地出让。他用“贱民”们在生产中累积的财富，去收买贵族们的财产和职权。而贵族们却由于挥霍而破产。最终，所有土地便逐渐更换了主人。

下院的权利变得日渐强大，而旧贵族们却日渐凋零。正因为在英国，按照法律所规定，只有拥有爵位的人才是贵族。倘若君主们不时时分封些当年他们所害怕的新诸侯，不保持爵位的总数去抵抗变得逐渐强大的下院议员们，那么，在这个国家里，就不会再有贵族阶级了。

所有这些新的贵族，组成了上院。除了从国王那里接受了他们的封号外，再没有什么了。在他们中间，虽然在封号上附有采邑的名字，但几乎没有一个人有采邑的。比如，杜赛特公爵在杜赛特郡却没有一寸土地；另一位某村的伯爵，他几乎不知道这个村庄在什么地方。他们在议院里是有权力的，但在其他地方却没有任何权利。

在这儿，您听不到人们谈论高级审判、中级审判、初级审判等民事审判或刑事审判，也听不到在一个公民的土地上的狩猎权利——事实上，这位公民也无权在自己的田地上开一枪。

在这儿，并不因一个人是贵族或牧师，他就能免交某些赋税；一切的赋税都由下院来决定，因此，下院，论地位，它是第二；论权力，却是第一。贵族们和主教们固然可以拒绝下院的租税法案，但他们无权更改任何条文——他们要么全部接受，要么全部推翻。当法案经过了贵族们的同意和国王的批准，大家就得按照法案纳税。每个人，不是荒谬地按照他的身份，而是按照他的收入来纳税；没有平民税，也没有人头税，却有土地税。在著名的国王威廉三世时期，所有的土地都估了价。

虽然土地的收入已经增加了，但是土地税一直按照旧率执行。因此，民众过得很惬意。农民们的脚不再被木屐所擦伤，他们吃白面包，穿戴也很整齐；既不怕增添牲口，也不怕盖瓦房。只怕下一年自己的税额会增加。在英格兰，有不少家产在二十万法郎的农民，很愿意继续耕种土地——正是这些土地让他们发财致富，获得自由自在的生活。

第十封信 谈商业

商业已使英国的公民富裕了起来，这为他们赢得了更多自由，这种自由又转过来拓展了商业，在这个循环中，国家的威望获得了壮大。商业渐渐地增强了海军的力量，从而使英国人成了海上霸主——现在他们拥有两百多艘战舰。

也许后人会为之惊讶：这样一个小岛，本身只有少量的铅、锡、硅藻土和粗羊毛，怎么会因为它的商业而会变得这样强大呢？——竟能够在1723年，同时派遣三个舰队，到世界上三个遥远的地区：一个舰队到被英国军队征服和占领了的直布罗陀，另一个舰队到贝尔多海港抢夺西班牙国王所拥有的西印度群岛的财富，第三个舰队到波罗的海阻止北方列强的争斗。

当意大利被路易十四吓得发抖的时候，当他的军队已经成为萨瓦和彼德蒙特地区的霸主，正准备去攻占都灵省城的时候，尤金亲王不得不从德国中部出兵去解救萨瓦公爵。亲王当时身无分文，既不能攻占又不能防守那些城市，他就向英国商人们求助。结果，在一个半小时内，这些英国商人借给了他五百万英镑！

有了这笔借款，他击败了法国人，解救了都灵城。事后，他写了一封简短的信给曾经借钱给他的商人们说："先生们，我已经收到了你们的钱，并且我自诩已用它来满足了你们的愿望。"

这一切都使英国商人感到骄傲，他们认为有理由把自己和罗马公民相比。所以，英国"贵族的弟弟"没有轻视商务。当时的国务大臣唐森德爵士，有一个弟弟，以在城市里做一个商人而心满意足。在牛津爵士统治英国的时候，他的弟弟在阿勒波做代理商人。他一直生活在那里，并且终老于该地。

然而，这种风俗早就过时了。尤其在贵族世系等级非常顽固的德国人看来，这种想法是怪诞可怕的。他们只会这样想：一位英国贵族的子弟只是一个有钱的市民，但在德国却都是亲王。我们在德国看到过，有三十多位同名的殿下，他们除了佩戴的徽章和满脸傲慢的神色以外，就一无所有了。

在法国，只要能承受得起，谁都可以做侯爵。无论什么人，只要他从外省带着大把的钱财和有拉丁字母 Ac 或 Ille 的姓氏来到巴黎，都可以说"像我这样的人，像我这样身份的人"，而且可以极端瞧不起商人。商人自己也常常听到有人蔑视他们的职业，但他要是为了这事而羞愧，那才是傻透了。

但是我不知道哪一种人对一个国家是最有用的，是一位头发上扑粉的贵族，还是一位商人？贵族明确地知道国王在几点钟起身，在几点钟就寝，自己摆出一副尊严的神色在大臣接见厅里表演着奴颜婢膝的一套；而商人则使他的国家富裕，在他的办公室里对苏拉特和开罗发号施令，并对于世界的幸福有所贡献。

第十一封信 谈种痘

在信奉基督教的欧洲，人们逐渐开始谈论，说英国人是一些疯子和狂人：说他们是疯子，是因为他们给他们自己的孩子种痘，以免孩子出天花；说他们是狂人，是因为他们心甘情愿地给自己的孩子沾染上一种一定要发而且是非常可怕的疾病，为的是防止一种不一定就发生的疾病。

英国人说："别的欧洲人都是些懦弱的家伙和失去人性的东西：他们之所以懦弱，是因为他们不敢给自己的孩子一点苦头吃；他们之所以失去人性，是因为他们让孩子冒着有一天要死于天花这样的危险。"

为了判断这场争论中到底谁更有道理，请看以下那些英国以外的人的惊恐万分的谈论——关于种痘的事。

切尔克斯族的妇女，很早以来就有给小孩子种痘的习惯。甚至在孩子六个月大的时候，就在他们的胳膊上划一道小伤口，在伤口里种上她们细心地从别的儿童身上挑出来的一种痘浆。这种痘浆在胳膊上所起的作用，等同于酵母在面团里所发生的作用。它在那里发酵，并且在孩子的血液里传播着。

种过这种人工痘的孩子胳膊上长的痘苗，又可用来供给别的孩子种痘。

这在切尔克斯是一种循环。如果当地没有痘浆，人们就会惊慌失措，就像别的地方的人遇到坏收成一样。

在其他民族看来，这是种很怪异的行为，但在切尔克斯人中却代代相传——只有一个原因：母爱和利益。

切尔克斯人很贫苦，但他们的女孩子都长得很秀美，父母在她们身上最能赚钱。他们向大领主、波斯王和那些有钱购买并且经营这种珍贵“商品”的人供应美女。他们全心全意教养这些女孩子，教她们跳极其温柔又淫荡的舞蹈，教她们学会种种最性感的技巧，准备挑逗她们未来的傲慢的主人。这些可怜的女孩子们每天跟着她们的母亲温习这类课程，就像我们的小姑娘背诵教义问答一样，根本不明就里。

但是，父母历经千辛万苦，教养好了女孩，却要眼睁睁地看着他们的希望在瞬间化为了泡影：天花在他们家里蔓延起来。一个女儿出天花死了，另一个瞎了一只眼睛，第三个病愈后有个肿大的鼻子。父母从此破产，再也没有指望了。

甚至常有这种情况：天花流行时，这种特殊的贸易会中断好几年，弄得波斯和土耳其宫廷十室九空。

一个做生意的民族总是时刻关注着他们的利益，不放过任何有利于贸易的信息。他们觉察到：在一千个人里，几乎没有一个人出过两次天花；有的时候，同一个人可能会出三四次轻微的天花，但一定不会出两次严重的。一句话，人在一生中不会真正感染两次这种疾病。他们还注意到，当天花很轻微的时候，只要穿过一层薄薄的皮肤让它发透，它就不会在脸上留下任何疤痕。从这些自然的观察中他们得出结论：倘若让一个六个月或一岁的小孩轻微地出一次天花，他不但不会因为出天花而死，也不会因为它而变成麻子，而这个孩子一生就再也不会得这种疾病了。

所以为了保全他们孩子的性命——还有美貌，他们选择让孩子早点出天花。他们在孩子身上种上一种他们找到的、发得最透的、同时又最容易发痘的痘苗，结果百试百验。

土耳其人都是些聪明人，不久以后也采用了这种方式。如今，在君士坦丁堡，没有哪一位“巴莎”[①]不给他的子女在断奶时种痘的。

有些人认为，切尔克斯人的这种习惯，是从古代阿拉伯人那里学来的，我们暂时把这一历史问题留给本尼迪克特修会[②]的学者去弄清楚吧，他必然会在这个问题上旁征博引地写出许多本十二开的大作。

我在这个问题上，想说的是下面这些话。

在乔治一世初年，有一位沃特利·蒙塔古夫人。她是一位智勇双全的英国妇女，跟着她的丈夫出使君士坦丁堡。在那里，她毫不犹豫地、大胆地给她在这个国家所生的一个孩子种了痘。她的牧师劝阻她说，这种经验不是基督教的，只能在非基督徒身上有效果。但沃特利夫人的儿子种了痘却很好。

这位夫人回到伦敦后，就把她的经验告诉了当时的英国女王加里斯公主。这位公主一向鼓励一切技艺，好为人做好事，简直是一位可爱的哲学家。她从来没有放过一次学习的机会，也从来不会放过一个慷慨施惠的机会。当她听说弥尔顿[③]的一个女儿还活着，但处境贫苦时，便立刻派人给她送去了一份很厚的礼；是她保护了那位可怜的神父古莱耶；是她愿意在克拉克博士跟莱布尼茨先生之间做调解人。

她刚一听说种痘的事，便令人在四个判处死刑的罪犯身上做试验——她挽救了这四个死刑犯两次生命：因为她不只把他们从绞刑架上救了下来，并且由于这种人工种痘的好处，他们以后也不可能再染上这种病而死去。

公主确信这次试验的效果，便命人给她的孩子们种痘。全英国人都效仿她的行为，给自己的孩子种痘。从那时候算起，至少有一万万个家庭的

---

① Bacha 或 Pacha (“巴莎”)，土耳其总督或其他高级官吏。

② 天主教会的一个隐修会，又叫本笃会，528 年由圣·本笃所创立。

③ 约翰·弥尔顿（John Milton，1608~1674），英国诗人、政论家，民主斗士。弥尔顿是清教徒文学的代表，他的一生都在为资产阶级民主运动而奋斗，代表作《失乐园》是和《荷马史诗》、《神曲》并称为西方三大诗歌。

儿童，是由女王和沃特利·蒙塔古夫人救活的，那些女孩也因为这两人而保住了她们的美貌。

据统计，世界上每一百人中至少有六十人要出天花。这六十人当中，在最顺利的年代，也会有二十人因这种病而死，还有二十人会终生留下难看的疤痕。据此计算，五分之一的人类是因为这种疾病害死的或弄丑的。

而在土耳其或在英国，所有种过痘的人，没有因此病而死的，也没有人因这种病而成为麻子。倘若痘种得透，没有人再染上第二次天花。

倘若哪位大使夫人从君士坦丁堡把这个秘密带回巴黎，就是给全民族做了一件永久有益的事。今天的道孟公爵的父亲，维尔皆公爵——原本体格非常好，非常强健——或许就不会在壮年时就去世了；苏必斯亲王——本来拥有强健的体魄——或许就不会在二十五岁时就死去了；路易十五的祖父——大太子——或许就不会在中学四年级时就被埋葬了；1723 年在巴黎死于天花的两万人或许就会还活着。

怎么！难道法国人一点都不爱惜生命吗？难道他们的女人一点也不担心她们的花容月貌吗？不是的！法国人都是些怪人！如果神父或医生许可的话，用不了十年，我们就可以普及英国的这种方法；或者两三个月后，倘若英国人厌倦了这个方法，法国人也许由于好奇而用起来。

我听说，几百年来中国人一直就有这个习惯。这是一个被全世界人公认的最聪明、最讲礼貌的一个民族。中国人种痘的方法与上面所说的不大相同，他们并不割破孩子的皮肤，而是从鼻孔把痘苗吸进去，就好像闻鼻烟一样。这种方式减轻了种痘的痛苦，但最终的效果是一样的。

这一点也可以很好地证明：要是我们在法国实行种痘，或许成千上万人的生命就会得到挽救。

第十二封信 谈掌玺大臣培根

前不久，在一个十分出名的聚会上，有人在争论这样一个陈腐而烦琐的问题：恺撒、亚历山大、帖木儿、克伦威尔等人，哪一个是最伟大的人物。

有人回答说，这个人一定是牛顿。他说得很有道理。因为倘若伟大是指得天独厚、才智超群、明理诲人的话，像牛顿先生这样一个十个世纪以来最杰出的人物，当然当得起“伟大”两个字。至于那些政治家和征服者，哪个世纪也不缺少，不过是些大名鼎鼎的坏蛋罢了。我们应当尊敬的是凭真理的力量统治人心的人，而不是依靠暴力来奴役人的人；是认识宇宙的人，而不是歪曲宇宙的人。

既然你要我谈一谈英国所出的名人，那么我就从培根、洛克、牛顿之类的人物谈起。也会谈到将军和大臣们。

我就从著名的费鲁拉姆男爵谈起。他在欧洲以培根这个名字闻名，培根是他的姓。他是英国掌玺大臣的儿子，他的父亲为英王詹姆士一世陛下任掌玺大臣多年。然而，繁忙的职务和宫廷的阴谋诡计并没有占据他的全部精力，他还是一位大哲学家、良好的史学家和出色的作家。要知道，他生在一个没有人懂得写作艺术、更少有人懂得良好哲学的时代，取得这样的成就就更令人惊奇了。同其他的伟大人物一样，他死后比生前更受人尊重——他的敌人都在伦敦的宫廷里，他的崇拜者却遍布全欧洲。

当埃菲亚侯爵引领大亨利的女儿玛丽公主来到英国，准备跟威尔士亲王结婚的时候，这位大臣曾去拜访培根。培根正卧病在床，下了床来接见他。埃菲亚侯爵对他说："您好像天使那样——人们总是听人讲说天使，相信天使超过人类，而遗憾的是没有机会见到天使。"

培根曾被人指控犯了一桩哲学家根本不可能犯的罪——说他勒索、受贿。贵族院判处培根一笔约合四十万里弗尔的罚款，并革除了他的掌玺大臣和贵族院的职位。

现在，英国人都尊敬培根，都认为他无罪。倘若您问我对他如何评价，我会引用波令布鲁克爵士的一句话——

有人在波令布鲁克面前谈起马尔巴罗公爵被人诽谤的事，叙述了公爵的一些行径，并请波令布鲁克爵士做证。波令布鲁克本是马尔巴罗公爵公开的仇敌，也许会说出更多的缺点来。但他却回答说："这是一个很伟大的人物，我简直忘记了他的那些缺点。"

我只跟您谈一谈这位掌玺大臣——培根，之所以能够受到欧洲敬重的地方。

他的一部最奇异、最精粹的著作——现今很少有人读，人们觉得这本书没有用——《新工具》，这是人们用以建立新哲学的架子，等到这个建筑物至少建筑了一部分之后，架子也就没有任何用处了。

掌玺大臣培根还不认识自然，但是他知道并且指出引向自然的道路。他很早就轻视一般大学里所称的哲学，他就他影响之所及，尽力使这些为健全人类理性而设置的团体，不再继续使用它们那些"本质""害怕空虚""实体的形式"和一切不恰当的语词来糟蹋理性。这类语词不仅被无知的人尊敬，而且十分可笑地跟宗教掺杂在一块儿，几乎成为神圣的了。

他是实验哲学之父。在他之前，人们的确曾经发现了一些惊人的秘密。人们曾经发明了指南针、印刷术、版画、油画、玻璃、镜子、用人们叫作眼镜的镜子在某种方式上使老人们恢复视力的技术、大炮用的火药等。人们曾经探索、发现和征服一个新世界。谁不以为这些卓越的发现必是一些最伟大的哲学家在一个比我们的时代更开明的时代所完成的呢？全然不是！

这些巨大的变化都是在世上最愚蠢、最野蛮的时代做出来的，这类发明几乎完全出于偶然。连美洲的发现也有很大部分“偶然”的因素在内——有人认为，哥伦布之所以决定进行他的旅行，只是听信了一个被风暴刮到遥远的卡立俾群岛的一艘船的船长的话。

人们能够走遍全球，能够用一种比真雷还可怕的“人造雷”来摧毁城市，但是他们却不懂得血液循环、空气重量、运动规律、光、星球的数目等。如果有人提出关于亚里士多德的范畴、关于事物共相或是其他此类问题的论文，他却会被人看成非凡的人物。最不可思议的和最有益的发明，并非那些最能宣扬人类智慧的发明。

一切技能都是由大部分人具有的一种机械本能而来的，绝非得之于纯正的哲学。火的发现、面包的制造、金属的冶炼、房屋的建筑、梭子的发明等，都是由于跟印刷术和指南针全然不同的另一种的需要，可是这些技艺全是由一些还处在野蛮状态的人发明的。

在那个时代以后，希腊人和罗马人岂不用了很多的机械吗？可是在他们那个时代，人们却以为天上是由许多块水晶石组成，以为星星都是一盏盏的明灯挂在天空中，有时候堕入海中。他们的一位大哲学家，做了很多研究以后，发现星星就是从地球上分出去的燧石。

总之，在掌玺大臣培根以前，没有人知道实验哲学。且在他以后，我们所做的种种物理实验几乎没有一件不在他的书里已经指示过的。他自己也做了许多实验。他了解各种不同的抽气机，从而想到了空气的弹性；他曾经为空气重量的发现做了反复研究；但这一真理却被托里切利[①]获得了。不久以后，实验物理学差不多立即开始在欧洲各地同时研究起来。这本是

① 托里切利（1608~1647），意大利卓越的物理学家和数学家，伽利略的学生。以发明气压计和认为存在真空而闻名。

培根推测到的一座隐藏着的宝库，所有哲学家，被他的预言所鼓舞，都努力发掘这一地下宝藏。但是最使我惊讶的是，在他的书里，早已用非常明白的词句，说明了牛顿先生发现的所谓的新引力论。

培根说："应该研究有没有一种磁力在地球与重物之间、月球与海洋之间、各个星球之间发生作用。"在另外一处，他又说："或者有重量的物体必然被引向地心，或者它们彼此之间互相吸引。在后一场合，物体下坠时，离地越近，互相吸引的力量显然就越大。"他又接着说："应当试验一下：同一座挂钟是在山顶上面走得快，还是在一道矿井底下走得更快；倘若向下的引力在山上减轻，而在矿井底下加重，那么似乎地球有一种真正的吸引力。"

这位哲学先驱也是一位优秀作家、历史学家、才子。他的《道德论》很为世人所称道，这些文章与其说是为给人欣赏而作不如说是为教育人而作。这部作品既没有像拉罗什福科[①]的《箴言集》那样具有讽刺性，也没有蒙旦涅那样的怀疑论学说，但读者却比后两本书要少得多。

他那部《亨利七世史》曾经被人视为杰作，但是倘若将它跟德·杜[②]的作品相比，上述观点就令我大惑不解了。

《亨利七世史》中谈到，那个原籍犹太的著名骗子手巴尔金，曾经大胆地冒名英王查理四世，受布尔勾涅公爵夫人的指使，跟亨利七世争夺王位。下面是培根自己的说法："大约在这个时期，亨利王被布尔勾涅公爵夫人的魔术的狡猾的精灵缠绕着。她从地狱招致爱德华四世的亡魂来折磨着亨利王。当布尔勾涅公爵夫人指使巴尔金的时候，她便考虑准备在天上哪一方使那颗彗星出现。她决定使彗星先在爱尔兰的天边闪耀。"

我觉得聪明的德·杜肯定不会沉溺于这种过甚的文笔里去——过去有人以为这种文笔是优美的，但是现今的人们会感到莫明其妙了。

---

① 拉罗什福科（1613~1680），生于巴黎，法国17世纪著名作家，著有《箴言集》。

② 德·杜（1553~1617），法国历史学家、法官。

第十三封信 谈洛克

再没有一个人比洛克先生更聪明、更有方法的了，再没有一位逻辑学家比洛克先生更正确的了，但他却在数学方面表现平平。他向来不愿忍受计算的疲劳和数学真理的枯燥。因为这些真理对我们的心灵所表现的，初看起来，并不是可以感受的事物。

在他以前，一些大哲学家们曾经非常肯定谈论人的灵魂是什么。但是，既然他们一点也不懂灵魂，彼此意见分歧，也就是理所当然的了。

在希腊——这个艺术和错误的摇篮，人类精神的伟大和愚蠢都被发展到了极致，人们也像在我们这里一样地理解灵魂。

人们曾经给神圣的阿那克萨哥拉[①]设立祭坛，因为他曾经告诉人们说太阳比伯罗奔尼撒[②]更大，说雪是黑的、天是石头做的。这位阿那克萨哥拉认为灵魂是一种气体，但却是永生的。

---

① 阿那克萨哥拉（约公元前 500~前 428），古希腊哲学家。

② 伯罗奔尼撒半岛，在希腊南部。

戴奥真尼斯[①]——不是那个做了伪币制造者之后成为犬儒学派的戴奥真尼斯（指前文的第欧根尼。——译者注）——戴奥真尼斯断言，灵魂是神的实体的一部分。这个观念至少是了不起的。

伊壁鸠鲁[②]认为，灵魂像身体一样，是由一个个部分组成的。亚里士多德的著作曾经被人无数次地解释过，因为他的著作是不容易理解的。倘若我们相信他的几个门徒的话，我们就会知道，亚里士多德认为，一切人的悟性都是唯一的同一个实体。

亚里士多德，亚里士多德的老师——柏拉图以及柏拉图的老师苏格拉底，都谈到了灵魂是具有形体的，是永生的。苏格拉底的司命神一定告诉过他，灵魂是什么。有人说，一个夸耀自己拥有司命神的人，一定是疯子或是骗子——这些人也未免太挑剔了。

至于我们的教父们，在最初的几个世纪，大都相信，人的灵魂、天使和上帝都是有形体的。

世人总是精益求精。根据马比昂[③]神父的说法，圣·伯尔纳多[④]谈到灵魂，说人死后的灵魂在天上是看不见上帝的，只同耶稣基督的人性谈话。然而，这一次没有人再相信他了——十字军的遭遇使他的预言失去了威信。

随后又有很多的哲学家，像“不可反驳的圣师”“巧妙的圣师”“一品天使的圣师”“普智圣师”[⑤]等，他们自信明确地认识灵魂，但却讳莫如深，好像他们只需自己懂得，不需别人懂得似的。

我们的笛卡尔，生来就是要揭示古代的谬误的，但却把那些谬误换成自己的谬误。他盲目地、自以为是地证明了灵魂和思想是同一种东西，就

---

① 戴奥真尼斯，指公元前三世纪希腊历史家拉埃尔德·戴奥真尼斯，著有《著名哲学家们的生平、学说和名言》。

② 伊壁鸠鲁（公元前342？~前270），古希腊杰出唯物主义和无神论者。

③ 马比昂（1632~1707），本笃会修士，法国作家。

④ 圣·伯尔纳多（1091~1153），法国锡多地方的修士，克莱伏修道院的创建人。著有《通信集》和《神学概论》等书。曾经为第二次十字军远征说教。

⑤ 这些都是当时神父们的绰号。

如同物质——照他说来——跟“广袤”是同一种东西。他断言，人总是在不停地思想。并且断言，灵魂在入窍时带有一切形而上学的概念，认识了上帝、空间、无限，具有一切抽象观念，总之是满腹经纶，只是非常可惜的是，灵魂一出娘胎就都忘光了。

神父马勒伯朗士，在他卓越的幻想里，不但承认天赋的观念，而且一点都不怀疑我们通过上帝来看到的一切，好像上帝就是我们的灵魂一样。

多少理论家写了灵魂的故事！有位哲人出世了，他谨慎地写下了灵魂的史实。

洛克在阐明人类的悟性的时候，就好像一位最好的解剖学家解释人体最关键的部分一样。他处处借助于物理学——有时候他敢肯定地说，也敢于怀疑——并不给我们所不认识的东西轻易下定义，但他逐渐地考察我们所想要认识的。他从一个婴儿刚一出生就研究他，一步一步紧随着婴儿悟性的进展，他研究婴儿与其他动物的共同之处和超过其他动物之处。

洛克特别关注有关他自己的思想的意识。

他说：“我承认我天生有一个粗野的灵魂，它并不随时随地都在思考，我甚至不理解灵魂总在思想比身体总在活动更为必然。我让那些比我知道得更清楚的人讨论，我们的灵魂是先于我们的身体而存在，还是有了身体之后才有灵魂。”

在这一问题上，我跟洛克一样愚蠢，我将这种愚蠢当作一种荣幸。我不相信我会永久思想，同洛克一样，我也不认为我在成为胎儿几个星期以后，就非常有学问，通晓一切事物，而一生下来就都忘记了。想象一下，我曾经在子宫里具有很多的知识，但却毫无用处，而等到我需要的时候，它们却又不翼而飞了，并且从此再也不能重新学会。这种观点在我看来是愚蠢的。

洛克在破坏了天赋观念以后，在抛弃了那种相信人永远在思想的空洞想法以后，便证明了我们的种种观念都来自感觉，考察我们的简单观念和复合观念，逐一观察人类心灵的各种活动过程，指出人们所说的各种语言是何等不完善和我们怎样在随时滥用字眼儿。

最后，洛克研究人类知识的范围——或者不如说研究人类知识的空洞。他在一篇论文中，就是在这一章就敢于说出这样的话：我们或许决不能够知道一个纯物质的东西是在思想还是不在思想。

许多神学家都认为这篇论文是一篇主张“灵魂是物质的和可死的”的无耻声明。

若干英国人，按照他们的方式来说是虔诚的，便敲起了警钟。社会上的迷信之徒如同军队里的懦弱之辈一样，无端地恐惧起来，并且到处散布恐惧的情绪。

有人大声叫嚷着说，洛克想要推翻宗教。然而这件事跟宗教并无任何关系，只是一个单纯的哲学问题。只是冷静地思考一下，这样的说法是否矛盾：物质能不能思想，上帝能不能把思想灌入到物质里去。

但是那些神学家，当有人跟他们的意见不一致时，就会说上帝被人侮辱了——这点非常像那些歪诗人，他们大声叫嚷着说戴卜莱欧[①]说国王的坏话了，因为戴卜莱欧讽刺了他们。

斯梯灵弗里特圣师获得了温和派神学家的“美名”，因为他没有断然咒骂洛克。他向洛克挑战，按照圣师的方式进行辩论，而洛克却以哲学家的方式进行辩论。哲学正是洞悉人类智慧的优缺点的学问，洛克深知他的武器的锋利，所以最终，斯梯灵弗里特圣师被击败了。

假如我追随洛克之后，来谈一个同样微妙的话题的话，我就要说：许久以来，人们就争论着灵魂的本质和它的永生。

关于灵魂的永生，无法证明。因为人们在灵魂的本质上还争论未休，没有定论。一定要彻底地了解了一个创造物，才能判断它是不是永生的。人类的理性很少能靠它本身来证明灵魂的不死，以致宗教不得不启示我们灵魂永生。所有人的共同福利要求我们相信灵魂是永生的，宗教信仰也命令我们必须相信。不需要问为什么，问题就已经解决了。

而灵魂的本质却又另当别论。灵魂的实体是什么？对宗教来说，只要

① 戴卜莱欧，法国诗人（1636~1711），即诗人布瓦洛。

品端德正就好了。灵魂就好像是交由我们管理的一座钟，但是制造这座钟的工人并没有告诉我们，这座钟的发条是用什么料质做成的。

我有身体，我思想：此外的我就不知道了。难道我要把我可以很容易地归之于我所认识的唯一的第二原因的事情，归到一个不认识的原因上去吗？学院的哲学家们打断我的话说："在身体里只能有广袤和体积，只能有运动和形态。可是，运动和形态、广袤和体积都不能产生思想；所以灵魂不能是物质的。"

全部的伟大理论，说来说去，只不过是这样："我丝毫不认识物质，我挂一漏万地猜测出它的若干属性来，然而，我不知道这些属性是否能与思想连接得上。因为我不知道，所以我断言物质不会思想。"这显然是学院式的思想方法。

洛克可以简单而明确地跟这些先生们说："至少要承认你们跟我一样无知。你们的想象也罢，我的想象也罢，都不能理解一个物体怎么能思想。难道你们懂得更清楚？不管物质是怎样一种东西，它怎么会思想呢？你们既不理解物质，也不理解心灵；你们怎敢断言呢？"

迷信者又说，为了他们的灵魂的利益，应该把想象人们单靠身体就能思想的人都烧死。但是假如他们自己犯了反宗教罪，他们又会怎么说呢？实际上，什么人敢断言上帝不可能把思想感情赋予物质而这人却没有荒谬的叛教思想呢？请看你们陷入了多么尴尬的境地，你们这样地限制造物主的权能！我们跟禽兽有相同的器官，相同的感情，相同的知觉；它们有记忆，它们也组成若干观念。倘若上帝没有能使物质具有生命并赋予情感，那么禽兽或者纯粹是机器，或者它们具有一种心灵，二者只能居其一。

我觉得差不多已经证明禽兽不能是简单的机器。以下就是我的论证：上帝给它们创造的感官恰好跟我们的一样；所以假如它们一点都没有感受，那么上帝创造了一件废品。可是，你们也要承认，上帝的创造不是无的放矢的，所以他绝不会制造那么多感官却没有一点感受，所以禽兽并不是单纯的机器。

按照你们的说法，禽兽不能有一个心灵。所以，不管你们愿意不愿意，没有别的话可说，除非说上帝把感受和知觉的能力给了禽兽的器官，这些器官都是物质的，而你们把这种能力叫作器官的本能。

哼！谁能阻拦上帝把那种感受、知觉和思想的能力——我们称为人类理性——赋予我们更敏锐的器官呢？不论你们转向哪一边，你们必须承认你们的无知和造物主的广阔无边的权能。所以你们不必再反对洛克的贤明和谦虚，他的哲学远非反宗教。倘若宗教需要的话，倒是可以以此为根据。因为这种哲学只肯定它所能清楚理解的东西，而又懂得承认自己的弱点和不足。它告诉人们，只要一研究到最初的原理就应当求助于上帝，还有什么哲学比这个更有宗教性呢？

况且，永远也不必担心任何哲学思想会伤及一国的宗教。我们的宗教奥秘虽然跟我们的证明相反，可是基督教哲学家照旧对我们的证明加以尊敬。他们都懂得理性的对象与信仰的对象性质不同。哲学家们从来也没形成一个宗教的宗派。为什么呢？是因为他们不是为人民写作的，他们也缺乏热情。

请把人类分为二十份：有十九份是由用手劳动的人组成的，他们永远也不会知道世界上还有一位洛克；在其余的那一份里，有多么少的人看书呀！在看书的人中，二十个人是看小说的，只有一个人是研究哲学的，因此能思想的人数就更少了，而这极少数思想的人是不至于扰乱世界的。

并非蒙旦涅、洛克、培尔、斯宾诺莎、霍布斯、沙夫茨伯利伯爵、科林斯、托兰德等人在他们的祖国引起了纠纷。多数倒是神学家们，他们先就有做一个宗派领袖的野心，随后他们又想当政党的党魁。这怎么说呢！把近代哲学家所有的著作都合在一块，也永远不会比从前的圣方济会修士们争论他们的衣袖和风帽时更喧嚣。

第十四封信　谈笛卡尔和牛顿

当一个法国人来到伦敦，他会发现在哲学上的东西与其他别的事物一样，变化很大。他去的时候还觉得宇宙是充实的，而现在他发现宇宙是空虚的了[①]。在巴黎，我们认为宇宙是由细微物质的旋涡构成的。在伦敦，人们却不这样认为。在我们那儿，认为是月球的压力形成海水的涨潮。在英国人那里，却以为是海水被月球吸引；所以当你们以为月球应当给我们高潮的时候，这些先生们却相信该是低潮的时候了；可惜不能证实，因为要弄清楚这一点，就很有必要从开天辟地的最初的那一刹那研究月球和海潮。

你们还可以注意到：在法国，太阳牵涉不到宇宙的问题上去；而在伦敦，它在这个问题上却有四分之一的份儿。笛卡尔派认为，一切都是由一种冲动力造成的，人们对这种冲动力一点也不了解；牛顿先生却认为，是由于一种引力所致，人们也并不清楚地了解这种引力的原因。

---

① 是指牛顿的空间概念而言。牛顿认为宇宙空间是虚空的，就像一个大匣子一样，里边可以放进许多东西。而在牛顿以前，欧洲的哲学家有“害怕空虚”的观念，认为宇宙空间是充实的。

在巴黎，把地球想象成一个西瓜；在伦敦，却以为它是两边扁圆形的。对于一位笛卡尔派学者来说，光是存在于空气中的；而对于一位牛顿派学者来说，它却是在六分半钟的时间内从太阳上来的。在巴黎，他们的化学用酸质、碱质和精细的物质做各种实验；在英国，化学却一直是由引力支配着。

事物的本质也完全两样了。灵魂的定义和物质的定义在意见上不一致。笛卡尔断言灵魂和思想是一个东西，洛克的证明却恰恰相反。

笛卡尔还断言只有广延性构成物质；牛顿又加上了体积。这么多使人烦恼的矛盾！

解决你们中间那么多的分歧并不是我们的事。①

大名鼎鼎的牛顿——笛卡尔学说的破坏者，于1727年3月逝世了。生前，他受到了他的同胞们的充分的尊敬；死后，也像一位为民造福的国王那样被隆重安葬。

人们贪婪地阅读着德·封德耐勒先生在科学院发表的一篇歌颂牛顿先生的演讲，并且有人把它译成英语。在英国，人们原本期待着德·封德耐勒先生的颂文像一篇肯定英国哲学优越性的声明，是，当人们看到他用笛卡尔来比牛顿，这使伦敦整个英国皇家学会群情激昂。他们非常不赞同这一判断，他们批判这一演说。有许多会员（他们并非具有非常高的哲学修养的人）不愿做这样的比较，因为在他们看来，笛卡尔是一个法国人。

应当承认在操行、机遇和哲学方面，这两位伟人很不相同。

笛卡尔与生俱来就有一种活跃而坚强的想象力，这使得他在私生活上、在思想方法上都成了一个奇异的人。这种想象力甚至在他的哲学著作里也表露无遗，在那里面我们随时看到巧妙而精彩的表现。因为他的天性，使他几乎成为一位诗人，而实际上他也曾为瑞典女王写了一部幕间余兴的韵文，人们为了尊重他身后的荣誉而没有把它出版。

---

① 这封信的开端，用的全是诙谐的口气，作者假意装出在笛卡尔与牛顿之间不加选择，避免一开始就使读者疑惧。——译者注

在某个时期，他曾经征战沙场。即使成为哲学家之后，他也不认为自己不应该恋爱。他和他的情妇生了一个女儿，名叫弗郎西娜，但不幸的是她夭折了，他非常惋惜。所以他也算得上是历尽了人间甘苦。

有很长一段时间，他都认为有必要长期远离人间，尤其是远离他的祖国去自由自在地探究哲理。他的想法是对的，因为他那个时代的人，对哲学都不太了解，不能为他排忧解惑，反而只能妨害他。

为了寻求真理，他离开了法国，因为在法国，真理被贫乏的经院哲学迫害殆尽；他隐退到了荷兰，然而令他失望的是，他并没有在荷兰的那些大学里找到更多的真理。在法国当人们非难他的哲学中仅有的真实命题时，他也被荷兰的伪哲学家所迫害。这些伪哲学家其实并不了解他，只因为目睹了他的光荣，他们就恨他这个人。他被迫离开荷兰的乌得勒支。有人诬告他是无神论者——这也是诽谤者们最后一着了。事实上，他曾经的确用尽敏锐的才智来寻求关于上帝存在的新证据，却被人怀疑他不承认有上帝。

因为有了这么多次的迫害，所以必然会有丰功和盛誉，所以他二者俱全。真理也悄悄透过了经院的黑暗和民众的偏见而得见天日。笛卡尔的名字终于轰动世界，在这时有人想用报酬引诱他回法国。他们向他提出一千埃居金币的年薪。他抱着这个希望回国，交付了领取特许证的款项——在当时这种特许证是出售的，但却并没有获得年金，他便又重新回到北荷兰他曾隐居的茅庐中去探索哲理了。这正是八十高龄的伟大的伽利略为了证实地球的运动，而在宗教裁判所里身陷囹圄的时代。最后，在斯德哥尔摩，笛卡尔由于营养不良、在几个与他敌对的学者和一个痛恨他的医生手里英年早逝。

牛顿骑士的境遇则全然不同。他活到八十五岁，安乐终身，在祖国受到人民的尊敬。

他最大的幸福不仅仅是生在一个自由的国度里，同时也在经院哲学的空谈被禁止、理性独受培养的时代里。世人只能是做他的学生，而无法和他比拟。

在牛顿和笛卡尔之间有一种奇怪的对照，就是在那么长的一生中，牛顿既没有弱点，也没有情欲，他从来没有接近过任何女人，在他临终时照护过他的内科医生和外科医生对我证实了这一点。在这一点上，我们尽可以敬佩牛顿，但也不应因此而谴责笛卡尔。

在英国，对这两位哲学家的评论是：笛卡尔是一位沉思家，而牛顿是一位哲人。

在伦敦，阅读笛卡尔著作的人很少，他的作品实际上已经成了无用之物；阅读牛顿著作的人也很少，因为只有很博学的人才能读懂。可是人人都谈论他们两个人；对于这位法国人，人们什么也不嘉许给他，却把一切都归功于这位英国人。有人认为假如人不再以空虚为可怕，假如人知道空气是有重量的，假如人使用了望远镜，就应该感谢牛顿。在这儿，牛顿是神话里的赫丘利[①]，无知的人常常把其他英雄的事迹都归功于赫丘利。

在伦敦，有人写了一篇针对德·封德耐勒先生的演说批评文章，在这篇文章里，竟说笛卡尔不是一位伟大的几何学家。说这话的人就是“忘恩负义”！笛卡尔从他发现几何学时起，直到他推进了几何学时止，开辟了一条伟大的道路，并不亚于牛顿在他以后所开辟的道路。首先他发现了制定曲线代数方程式方法的人。他的几何学，现今已成人人皆知的了，在他那个时代却是很深奥难懂的，任何教授都不敢尝试讲解，只有荷兰的斯库登和法国的费尔马能够懂得。

在折光学里，笛卡尔也充分应用了这种几何的精神和发明的精神，折光学成了一种新的技艺。如果说他还有所差误的话，那也是因为一个人发现了新陆地，但不能把新陆地的所有性质一下子都弄清楚的原因。在他以后的人，逐渐使这块土地肥沃起来，他们都应该要感谢他的发现。

当然我并不否认，在笛卡尔的其他著作里也有很多其他的错误。

笛卡尔将几何学作为自己在某种方式上构成的一种指南，可以把它稳妥地引导到他的物理学上去；可是他却最终放弃了这一指南而宁愿受系统精神的支配。于是他的哲学便成了一部巧妙的小说，顶多对于无知的人才

---

① 赫丘利，希腊神话中的英雄，力大无穷，做了许多难得的事。

像是煞有其事。灵魂的性质、上帝存在的证据、物质、运动规律、光的性质等都被他弄错了。他承认一些天赋的观念、杜撰了一些新的元素、创立了一个新世界，按照他的方式来创造人。然而人们都说，笛卡尔所说的人，实际上只是笛卡尔式的人，与真人相差很远，这种说法是有道理的。

他把他在形而上学上的错误发展到这种程度：以为“二二得四”是因为上帝要这样。但在他的迷误中，还有些令人赞赏的话。他弄错了，但是至少是有办法的，并且有一种前后一致的精神。两千年来那些困惑青年人的荒谬的幻想被他破除了。他教导那个时代的人怎样进行辩论，怎样使用他那些武器来反对他本人。如果说他没有做出积极贡献的话，他攻击错误本身已经值得称道。

我并不相信人们得出的结论，认为与牛顿的哲学相比，笛卡尔的哲学一文不值。前者的确是一种杰作，但后者也是一种不朽的尝试。把我们引上真理道路的人，也足以能跟始终站在真理道路上的人相媲美！

笛卡尔给“盲人”恢复了光明，这些人因而看见了古代和笛卡尔自己的那些错误。在他以后，他所开辟的道路已经广阔无垠了。罗欧的那本小书[①]在某一个时期内曾经成为一本完整的物理学。如今，欧洲各个学会的所有文献还不能构成这种体系的端倪：把这个深渊探测下去，原来是无底的。现在就要看牛顿先生在这道深渊中所挖掘的了。

① 罗欧（1620~1675），法国物理学家，笛卡尔的学生，著有《物理学概论》。

第十五封信　谈引力的体系

宇宙体系、光、几何学上的无限量以及休息时作为消遣的几何学等多个方面的发现，使得牛顿享誉世界。

我来讲给您听（尽可能不啰唆）我从这种种卓绝的思想中吸收到的一点东西。

关于宇宙的体系，长久以来一直有人在争论，是什么使得行星旋转，是什么力量使它们能够维持它们的运行轨道，又是什么使得地球上的所有物体都会落向地面。

笛卡尔的学说，经过了不断地解释和改变，为这些现象提供了一个说得过去的解释。这个解释非常简单，人人都可以懂，所以就显得更加真实可信。但是，对于哲学来说，太容易懂的事和太不容易懂的事是不能轻信的。

引力使落向地面的物体加速下坠；行星在它们轨道里的运行，绕着它们的轴心而自转，这一切都是运动。然而，众所周知，推动才能发生运动，由此可以推出：一切物体都是被推动的。可是是什么推动它们的呢？空间没有空隙，它被一种极细微的物质所填满，我们看不见它，这种物质是由西向东运动的——因为一切行星都是从西向东运行的。

所以从一种假设到另一种假设，从一种近似真实的情况到另一种近似真实的情况，人们设想出，由微细的物质而形成一种广阔的旋涡，在这里面，行星围绕着太阳运行。人们还提出了其他的设想：另一种特别的旋涡，它浮在大旋涡中间，每日围绕行星旋转。当这一切都假定了的时候，人们就以为重量[①]是出于这种日常的运动——因为大家认为这种绕着小旋涡旋转的细微物质应该比地球的转动快十七倍；假如它比地球行动快十七倍的话，它就应该有一种强大的离心力，就可以将一切物体推向地球。这就是笛卡尔学说中重量产生的原因。

在计算这种细微物质的离心力和速度之前，首先应该确定它是否存在；即使它是存在的，要说它是重量产生的原因还是错误的。

牛顿先生不容置疑地否定了这一切的旋涡：大的与小的，带着行星绕着太阳运行的旋涡以及使每个行星自转的旋涡。

首先，关于假定的地球小旋涡，我们证明了它是逐渐丧失它的运动的。我们证明了，若是地球浮在一种流体中的话，这种流体该与地球有同样的比重；而若这种流体与地球有同样的比重，则转动的一切物体都应该产生一种极大的抵抗力；这就是说，需要有地球一样长的杠杆来举起一斤的重量。

其次，关于大旋涡，就更加荒诞了。我们不能把大旋涡说和开普勒定律混同起来，后者已经被证实是真理的。牛顿指出，被假定在其中旋转的流体的运转与地球周围流体的运转的对比不同于木星的运转与地球的运转的对比。

他证明了一切行星都在椭圆形的轨道里运行，所以它们在“远日点”时彼此距离较远，而在“近日点”时彼此距离较近。以地球为例子，当它离金星和火星较近时，原该走得快些——既然包围它的流体运动的比较快，就该有更多的运动。可是，恰在这个时候，地球的运动是较慢的。

---

① 整封书信中，有些地方所用的“重量”不准确。但因为这封书信写作的年代，还没有“重力”这个专门的词汇，所以存在这种混用。——译者注

他也证明了不会有什么由西向东运行的天际物质，因为彗星穿过太空时，时而由东到西，时而由北到南。

最后，为了彻底解决这些疑问，他证明了，或者至少使之成为可能：天际无空隙是不可能的——他把真空带给了我们，而真空一直被亚里士多德和笛卡尔排斥于宇宙之外。

当笛卡尔学说中的旋涡，被上面这些理由以及其他许多理由推翻了以后，大自然中究竟有没有一个能推动一切天体，同时又构成地球吸力的秘密原则？牛顿为此感到深深的困惑。

1666 年，他退隐到剑桥附近的乡下去。一天，当他在园中散步的时候，他看到一个苹果从树上掉下来。这个现象引起了他对重量问题的思考。很多哲学家曾经长时期地徒然地研究过重量产生的原因，但普通人根本就想不到它的奥妙。

他自言自语地说："在我们的天空里，不管这些物体从何种高度掉下来，它们的坠落一定在伽利略所发现的级数里面。它们所经过的空间将是时间的平方。这个使重物下落的力量是相同的，不管重物在最高的山上，还是入地很深，这个力量没有明显地减少。为什么这个力量不扩展到月球上去呢？果真深入到那里的话，岂不更像是这种力量把月亮维系在它的轨道上，而决定了它的运动吗？但是月亮服从这个原则，不管这原则是什么，相信别的行星也服从这个原则，这样不是更合理吗？

"假如这种能力是存在的话，它的增长应该与距离的平方成反比。所以只需观察一个有重量的物体，从不大的高度落到地面的路程，与在同一时间内一个物体从月球的轨道落下的路程就可以了。为证明这件事，也只需有地球的半径与从月亮到地球的距离就可以了。"

牛顿先生就是这样分析的。但是人们当时并没有准确测量出地球的大小，当时的人们普遍相信领港者所提供的数据，他们以 60 英里作为一度[①]——其实应该以近 70 英里作为一度来计算。这种错误的算法得出的数

① 指赤道上经度一度之长。——译者注

据，不能证明牛顿先生所想的。所以他放弃了它。一个高傲的哲学家，不可能改变地球的大小去凑合自己的学说，他宁可放弃他的计划。

自皮卡尔[①]先生准确地测量出了地球大小，画出了使法国享受巨大荣誉的子午线[②]以后，牛顿先生再度考虑了自己当初的想法，他的想法和皮卡尔先生的计算结论完全符合。

这是一件多么了不起的事情，单单凭了四分之一的圆周和少许数学，居然发现了这样重要的真理。

地球的圆周长是123249600法尺[③]。这是一切引力学说的唯一根据。

人们知道了地球的圆周，知道了月球轨道的圆周及这个轨道的直径。月球在这个轨道里公转一次需时27天7小时43分，所以月球每分钟平均运动187960法尺——这些是早就被证明了的。根据已知的定理，一个物体从月球的高度落下的中心力，在第一分钟只使它落下15法尺。

现在，假设“有重量的物体会向下坠，下坠的速度与距离的平方成为反比”这条规律是真实的话，再假设，在整个大自然中发生作用的力量是同一个的话，地球离月亮既然有60个半径，一件有重量的物体向地面掉下，第一秒钟就应该降15法尺，第一分钟就应该降54000法尺。

果然，一件有重量的物体第一秒钟降落15法尺，第一分钟降落54000法尺，这个数字是60的平方乘以15。所以，物体的重量是和距离的平方成反比的。这个同一的力量使地球有吸力，又把月亮纳入它的轨道。

既然证明了月亮吸引着地球——地球是月亮运转的中心；也就证明了地球和月亮都吸引着太阳——太阳乃是它们周年运动的中心。

---

① 皮卡尔（1620~1682），法国天文学家，巴黎科学院院士，曾精确测定地球半径。第一个利用望远镜紧缺测量微小角度。

② 巴黎的圣叙尔皮斯教堂保留了一处著名的古庙遗迹。在南北中轴线上有一根铜线，那是一种古代的日晷。阳光通过南墙上的洞眼射进来，光束顺通线上的刻度逐步地移动，就可以计量时间。这根铜线被称为玫瑰线。巴黎的玫瑰线曾被定为地球的零度经线——本初子午线。1988年后，这个荣誉被英国的格林尼治夺去。

③ 古度量名，1法尺等于0.3248米。

别的行星也服从这条普遍的规律。

假如这条规律存在的话，这些行星就应该遵照开普勒所发现的规律。这一切的规律，一切的关系，实际上都由行星极其严格地遵守着。因此宇宙引力的力量使各个行星都吸引着太阳，我们的地球也一样。既然各个物体的反作用与作用成正比，必然会反过来，地球也吸引着月亮，而太阳也吸引着月亮与地球。土星的一个卫星吸引着其他四个卫星，而这四个卫星也吸引着土星；五个卫星都吸引着土星，而土星吸引着它们全体。木星也是如此，一切星球都被太阳吸引着，反过来它们也吸引着太阳。

经过牛顿先生的实验，宇宙引力的力量按照物体所含的物质的比例起作用被证实是一项真理。这个新发现可以用来证明太阳——一切行星的中心——按照行星的体积和它们与太阳的距离，成正比例地吸引着它们。

更进一步的，他计算了太阳包含多少物质，每颗行星又包含多少。他指出，由于力学的简单规律，每个天体必然在它现今所在的位置上。

他所提出的宇宙引力规律也解释了天体在运行中所有表面的不规则现象。月亮的变化成为这些规律中的一个必然的结果。此外，人们明白了为什么月亮的轨道和别的星球的轨道每隔 19 年交叉一次，而地球和别的星球交叉却需要差不多 26000 年。

这种引力最显而易见的后果是涨潮落潮。月亮离地球近时，是在满月和新月的时候；上下弦月的时候，月亮离地球远，再加上太阳的作用，就使地球上的海洋涨潮或落潮有了非常明显的理由。

牛顿的理论解释了行星的运行及其表面的不规则之后，便用同样的理论，解释彗星的运行。这些长久以来没有被认识的星体，曾经是天体中可怕的东西，是哲学家们的障碍物。这些彗星曾经被亚里士多德放在月亮之下，又被笛卡尔送还到土星之上，终于被牛顿先生安置在它们真实的位置上。

他证明了这些彗星都是固体，它们在太阳作用范围内运行，它们画出椭圆的轨道，远离中心，近乎抛物线，以致有些彗星竟然要花上 500 年以上，才能公转一次。

在 1680 年出现的彗星曾被亚雷先生以为就是在恺撒时代出现的那一颗，尤其这颗彗星，比别的彗星更能使人们看到彗星是固体和不透明的。因为它这样接近太阳，以致它离开太阳只有日轮的六分之一那么远；因此，它所受到的热度要比烧得最红的铁高两千倍。假如它是一个透明体，它就要在短时间内，被熔解，被毁灭。接着，探测彗星的运行，便开始风靡一时了。

著名数学家贝努里用他的学说做出结论：这颗彗星将在 1719 年 5 月 17 日重新出现。在 1719 年 5 月 17 日晚上，欧洲没有一个天文学家睡觉，但这颗著名的彗星并未出现。如果给它 575 年的时间再出现，可能更明智一些。

一个叫作威尔斯顿的英国几何学家——虽是几何学家，却也不失为一个妄想家——曾经非常肯定地说：洪水的泛滥是彗星所致。他的想法和古人的想法差不多，他们相信彗星永远是地球上某些大灾祸的先驱。

恰好相反，牛顿却认为彗星对地球大有好处，它们发出来的烟可以援助行星，赋予生命力。在彗星运行中，行星们吸收了太阳从彗星中分解出来的所有的小粒子。这个意见比另一个意见更可靠些。

还不止如此。倘使这种引力作用于一切天体的话，那么这种力量对于星球的各部分也能起作用。因为，假若物体按照它们的体积相互吸引，那只能按照它们各部分的数量；倘使这种力量包含在整体中的话，肯定在半个中也有，在四分之一中、在八分之一中以至在无穷小之中也都会有。

每个部分存在的力量如果不是相等的，那么星球的某些部分就会比其他部分来得重：事实上这种情况没有产生。所以，这种能力确实存在于一切物质中，存在于物质中最小最小的粒子中。

因此，可以看出，引力是推动自然界的伟大动力。

在证明了这个原则确实存在以后，牛顿在很早就预见了仅凭“引力”这个名字，人们肯定会反对的。在他的著作里，不止一处地预防他的读者攻击引力的自身，他告诉读者不要将引力与古人所说的质量混淆起来，只要认识一种中心力量按着力学的不变规律，从宇宙的这一端到另一端，对最近的物体和最远的物体起着作用。

令人感到惊奇的是，在这位大哲学家庄重严肃的抗议后，沙朗先生和德·封德耐勒先生——他们两位也值得我们称之为“大哲学家”——竟然毫不含糊地责备牛顿犯了逍遥学派幻想的毛病。沙朗先生在1709年的学院论文中、封德耐勒先生在对牛顿先生的颂词本文中，责备牛顿。

牛顿先生遭受了几乎所有的法国人、学者和其他人反复地责备。随处都可以听到的是：“为什么牛顿不用大家都很懂的‘推动’这个词，却用了大家都不懂的‘引力’这个术语？”

牛顿在回答这些批评时说：“第一，你们对‘推动’并不比对‘引力’更懂；假如你们不理解为什么一个物体导向另一个物体的中心，你们也不会想象由于什么力量使一个物体能推动另一个物体。

“第二，我不能承认‘推动’；因为，若要承认，我必须先发现果真有一种推动行星的天际物质；然而，不但我不晓得这种物质，而且我已经证明了它其实并不存在。

“第三，我用了‘引力’这个术语，只为了表达我在大自然中所发现的一种作用，一种未知原则的确定而无可争论的作用，是物质固有的属性，有待于比我聪明的人们，去找出它的原因。”

不少人坚持问道：“那么，您究竟教了我们些什么呢？”“为什么做了那么多的计算，却对我们说出您自己也不知道的东西？”

“我教过你们，”牛顿能够继续说，“中心力的机械作用使一切物体有了和它们的物质相称的重量，只有这些中心力使行星和彗星在规定的范围内活动。我给你们证实了，一切天体的重量和运动不可能有另外一种原因。因为有重量的物体按照中心力的已证明了的比例向地面下坠，而行星按照同一的比例完成它们的运行。倘使另有一种力量在这些物体上起作用的话，它就会改变它们的方向或加强它们的速度。可是，在这些物体中，从来没有一个在它的动作、速度中，有丝毫没有被证实是中心力的结果的。因此，不可能还有另外一种原理。”

如果我再让牛顿谈一回，他将很不受欢迎地说：“我所处的情形和古人大不相同。譬如，古人看到了水在唧筒里上升，他们就会说：‘水是因为害怕空隙而上升。’但是我呢，我处在这种情况下：是我首先发现了水在唧筒里上升，却让别人去费心解释水为什么上升。解剖学家首先告诉我们，手臂之所以能动，因为筋在收缩，他告诉了我们一项无可非议的真理。是不是因为他不懂为什么筋会收缩，我们对他就少感激些呢？空气弹力的原因尚未发现，但是那位发现空气弹力的人却对物理学有很大的贡献。我所发现的原动力更是隐秘，更为广泛，所以，人们应该更感激我才对。我发现了一项物质的新属性，发现了造物主的奥秘之一；我计算了它，我证明了它的诸般作用；人们对于我所给它的名称，为什么还那么挑剔呢？

“人们可以称作一种潜伏的属性的是那些旋涡，因为人们从未证明它们的存在。引力却恰恰相反是一种真实的事物，因为人们证明了它的作用，并且计算了它的幅度。这个原因的原因却在上帝心中。”

到此为止，不再向前。

第十六封信　谈牛顿的光学

17 世纪的哲学家们发现了一个新的世界。这个新世界，是我们意想不到的，所以就更难于认识。认为人们可以推测到天体遵循着什么规律来运行，光怎样发射，这在最聪明的人看来，也是一种莽撞的行为。

伽利略在他的天文学里，开普勒在他的数学里，笛卡尔至少在他的折光学里，牛顿在他全部著作里，都谈到过宇宙的动力。在几何学里有人计算无限量；关于动物体内的血液循环和植物体内的汁液流通的知识改变了我们对于自然的看法；在抽气机里出现了物体存在的新方式；用望远镜可以使很远的目标接近我们的眼睛。在许多新鲜事物被发现之后，牛顿关于光的发现，是人类好奇心所能期待的最大胆的发现了。

直到安多尼阿·德·多米尼斯的时代，彩虹一直是一道谜题。这位哲学家猜测，彩虹是由于雨水和阳光所造成的结果。笛卡尔应用了数学来解释这个自然现象，他应用了在当时非常神奇和聪明的方法来计算雨点的反光作用。他也因为这项解释而名声大噪。

但要是有人告诉他，说他把光的性质弄错了：没有任何理由相信光是一种球形物体；这种物体也没有弥漫在宇宙之中；并非是只要太阳推动它，就可以动起来，就如同一根长棍从一端推动，另一端也会动一样；说光是太阳照射出来的，并且光从太阳传到地球只要七分钟，可是一个炮弹保持它的最初速度，至少也要二十五年才能跑完这段路程。笛卡尔会怎么说呢？

假如当时有人对他说："光的直接反射作用，并非是它碰上物体坚硬部分而跳回来；物体透明也并非因为组成它的物质孔眼大。将来会有人来证明这些谬论的，他将会分析一道光线比一个灵巧的艺术家分析人体更灵敏。"他又该如何的惊讶！

这个人已出世了。牛顿只用了一只三棱镜，证明光是一束彩色光线，混合起来就呈白色。一道光线被他用三棱镜分成七道，这七道光依次映到一块白布或一张白纸上，一道挨一道，宽窄不等。第一道是赤色；第二道是橙色；第三道是黄色；第四道是绿色；第五道是青色；第六道是蓝色；第七道是紫色。这些不同颜色的光线，每一道哪怕再通过一百只三棱镜，也决不改变它原有的颜色——就像真金不怕火炼一样。为了尽量证明每道光线所带的颜色，就是我们肉眼所看见的颜色，可取一小块黄色木头，把它放在赤色光线下，这块木头立刻染上赤色；放在绿色光线下，立刻又呈绿色；以此类推，都是一样。

在自然界中，颜色发生的原因到底是什么呢？不外是物体反射某一种光线而又吸收其他光线的这种性质罢了。这种奥秘的性质又是什么呢？牛顿证明说，这只是构成物体的各个细小部分的厚薄程度罢了。这种反射又是怎样发生的呢？有人曾经以为是因为光线像颗子弹一样射在坚固的物体表面上又跳回来。绝对不是这么回事。

牛顿告诉那些哲学家说，物体不透明只是因为它的孔眼大。光是从物体内部反射到我们眼里的，物体孔眼越小，也就越显得透明。所以纸在干燥的时候就反光，涂上油就透光了，因为油充塞孔眼，使孔眼更小了。

他考查物质极度粗松的状态，每一部分都有孔眼，每一部分的各个部分又有各个部分的孔眼。他指出，在宇宙中没有一方寸紧密的物质。

我们的意识距离了解物质的究竟，有多么远的距离呀！

他这样分析了光，并且将这一发现继续向前推进。他指出用原始色来识别合成色的方法，指出这些基本光线，用三棱镜分开，能按照次序排列，是由于这些光线是按照这种次序屈折反射的缘故。光具有按照比例分裂的性质，在他以前没有人提出过。光的这种不均等折射，赤色比橙色屈折得更小一点，这种性能他命名为折光度。

最有反射性的光就是最能屈折的光。从这一点，他又指出折光和反光的原因都是这同一种特性。

这么多的神奇发现，还只是他众多发现的开端。他发现了光的颤动和震荡的奥妙。这种光线的颤动，往返不停地摆动，随着它所遇到的物体各部分厚薄不同，而透过或反射光线。他计算了当一块平透镜和一块凸透镜重叠时，为产生某种透光作用或某种反光作用，为显现某种颜色，两镜之间所需的空气间隙的大小。

在所有这些试验中，他发现了光影响物体、物体影响光各达到什么程度。

他很了解光学原理，他知道怎样运用望远镜加强光度以延伸我们视力。

笛卡尔，以一种真诚的态度，热衷于这种几乎是他亲自发明的新兴技术，他也许希望用望远镜能够窥见星球上的小东西，这些东西跟我们在地球上所能分辨的一样小。

但是，牛顿证明过，我们不能再进一步改进望远镜了。因为这种折光和折光度本身，在使物体接近我们的时候，离开原来的基本光线太远了。他在这类透镜里计算了红光和蓝光折光度相差的比例；他用我们意想不到的东西来做实验，研究镜面的形状所造成的不均状态和折光度所造成的不均状态。他发现望远镜镜头，一面凸，一面平，倘若平面朝向目标，由镜头位置和构造所产生的差度只是由折光度所产生的差度的五千分之一，所以并非镜面的形状使我们不能改善望远镜，而是由于光本身性质的原因。

这就是他为什么要发明一种用反射而不用折光来显示目标的反光望远镜的原因了。这种新式的望远镜很难制造，使用起来也不太方便；但是按英国人的说法，一只五尺长的反光望远镜的效果足以胜过一只百尺长的折光望远镜。

第十七封信 谈无限和纪年

复杂深邃的无限问题也是牛顿探索过的一条新的道路，幸好有他给我们指出了这样一条道路，我们才可以对此纷繁的领域进行探究。

在这项惊人的新发现中，笛卡尔依然是牛顿的先驱。笛卡尔在几何学方面曾经大踏步向前迈进，直向无限，但是他进到边缘时就止步不前了。

华里斯先生，在前一世纪中叶，用循环除法把一个分数变成无限级数，他是第一个提出无限级数的人。布兰克尔爵士用这一无限级数来求双曲线的平方，后来，麦卡托公布了这个求积法的证明式。大约在同一时期，23岁的牛顿发明了一个通用的方法，把人们刚刚试用在双曲线上的求积法应用到各种曲线上。

所谓微分，就是把无限代入代数式的方法。这是一种用数目精确计算、度量数量的技术，而这种数量，我们甚至不能理解它的存在。

如果有人对您说，一条无限长的线可以形成一个无限小的角；说一条直线的长度有限时是直线，若无止境地微微变更方向，便可成为一条无限的曲线；说一条曲线无止境地延长就能够变成直线，您会不会以为他在跟您开玩笑呢？

当有人跟您说有二维无限、三维无限、无限维无限，三维无限比无限的无限就等于零，您是不是也会以为他在跟您闹着玩呢？

所有这一切，乍看起来，像是极没有道理，实际上却是人类思想最细致、最广泛的努力的结果，也是发现一些当时未知真理的方法。

这种如此大胆的创作是建立在一些简单的观念上的。这和度量一个正方形的对角线、求得一种曲线的面积、求出一个普通算术里没有的数的立方根，都是有关系的。

虽然有如此多种类的无限，但这也不至于比那个最出名的命题——在圆与切线之间可以通过若干条曲线，或是另外一个命题——-物质永远可分更难想象吧。这两条真理早已为人证明，而且也并不比其他真理更可理解。

多年以来，有人为这一著名的发现跟牛顿不断地争论。虽然莱布尼茨先生在德国曾被人看作微分学的发明人，伯努利也曾以积分学的创始人自居，但是微积分创始人的荣誉仍旧应归于牛顿，其他人根本不能和牛顿比肩。

有人也曾否认哈维首先发现了血液循环现象；否认佩罗首先发现了汁液流通现象，否认哈梭克和列文虎克[1]是首先发现能够发展成人的小虫儿的人[2]，而哈梭克也曾与惠更斯争夺计算一颗恒星距离的新方法的发明。我们也不知道究竟是哪一位哲学家发现了转迹线问题。

但不管怎样，凭借这种无限几何学，牛顿达到了知识的最高峰。

我还得向您谈谈另外一本比较容易理解的著作，它依然带有牛顿在他种种研究中所有的那种创造精神。这是一种崭新的纪年学，因为在他所进行的一切研究中，他必然会改变已经为世人接受的观念。

他习惯于理清杂乱，至少想理清那些跟历史混淆的古代传说，于是便确定了一种不确切的纪年。的确，所有的家族、城市和民族都想尽了方法提早他们的起源；而且，最初的历史学家也都忽略记载年代的；古书的流

---

① 列文虎克（1632~1723），荷兰博物学家，显微镜创制者。

② 精虫。

通较之今日差上千倍，因而受到批评的机会自然也就少，人们也就可以肆无忌惮地欺骗世人了；既然有人明确地设想了一些事实，也就很可能设想年代日期。

牛顿觉得世界比纪年学者们所谈的要年轻五百年。他是根据自然界的通常现象和天文观察得出的结论。

所谓“自然界的通常现象”，指的是人类世世代代所经过的时间。埃及人最初使用了那种不大确切的计算法。当他们想要写他们最初的历史的时候，从美尼斯到塞东，他们计算为 341 代；他们没有确切的时期，故而只约略地估计每经三代就是一百年。所以，他们计算从美尼斯王朝到塞东王朝有 11340 年。

在奥林匹亚纪年法以前，希腊人也是按照埃及人的这种方法计算，甚至把各代年限稍微延长，把每一代的年数加到四十。

然而埃及人和希腊人都算错了。按照“自然界的通常现象”来说，的确是每三代约合一百到一百二十年。但是必须有三个朝代才有这么多年数。显然，常人活的时间总比国王在位的时间长久一点。所以，一个人要想写历史，但又不知道确切的年代，而他所知道的是，一个国家有九位国王，倘若他计算出九位国王有三百年就大错特错了。每一代人约有三十六岁；每个朝代约有二十年，一朝接着一朝。拿英国的三十位国王——从征服者威廉到乔治一世来说，他们一共在位 648 年，分配给三十位国王，每个国王在位二十一年半；而六十三位法国国王，一位接着一位，每人大约在位二十年。这就是自然界前后更迭的现象。所以古人弄错了，把每个朝代的时间跨度和每一代人的时间跨度等量齐观，他们把年代计算得太长了，应当从他们所计算的数目里略微减少一点才合适。

天文学的观察大大帮助了我们的哲学家，他在自己的本行内更有权力和说服力。

地球，除了每年从西往东绕日运转以外，还有一种特别的运转，直到最近还没有人知道，它的两极有一种很慢的、从东往西的逆向运动，因而它每天的位置不会对准同一方位。这种差度，短时间内可能感觉不到，但时候一久，差度就很大了。每 72 年我们会发现差了一度，也就是说差了天体全部的三百六十分之一。所以每经过七十二年，春分时的二分线经过一颗恒星，与另外一颗恒星遥遥相对。因此，太阳不在白羊宫，于希帕尔格[①]时代所在的天体方位，而与金牛宫原来的方位相对，双女宫便在金牛宫原来的方位。各宫都变动了位置，可是我们却保持着古人的说法；我们说春天太阳在白羊宫的方位，就像我们说日出日落一样，都是一种迁就习惯的说法。[②]

第一个把星座和春分、秋分线比较的是希帕尔格——一个发现星座起了某些变化的希腊人。但也可以说，希帕尔格的这种见解是从埃及人那里获得的。哲学家们把这种运动归之于各个星球；因为当时人们还远不能想象在地球上还有这样的转动，以为地球在各个方向上都是不变动的。他们以为一种天体，各个星球都依附在它上，而且以为这一天体有一种特殊运动，使它本身向着东方移动，因此，各个星球就好像每天都从东往西移动一样。在这个错误之上，他们又添上了第二个更严重的错误，他们以为他们所设想的天体，每隔一百年便会向东移动一度。所以，他们在天文计算上跟在物理学说上都弄错了。例如当时有一位天文学家就说过："在某位观察家的时代，春分线曾经在某一星座、某一星球的方位上；从这位观察家的时代直到我们的时代，春分线移动了两度；那么两度就相当于两百年，所以这位观察家生在我们两百年以前。"这样推论的这位天文学家一定是弄错了整整 54 年。这也就是为什么古人犯了双重的错误，把宇宙漫长的年代，也即整个天体运转的年代，估计成 36000 年。但是近代人知道，这种假想的运转，不外乎是地球两极的运转，运转了 25900 年。这里还要注意，

---

① 希帕尔格（纪元前 190~前 125）是古代最有名的天文学家，生于俾斯尼亚的尼喜阿斯（在小亚细亚）。他曾发现昼夜平分点的变移岁差。

② 恒星年是视太阳连续两次经过地球与某一恒星（认为它在天球上固定不动）连线的时间间隔。它是地球公转的真正周期，约为 365.2564 天。

回归年以春分点为参考点。回归年是视太阳连续两次经过春分点的时间间隔，约为 365.2422 日。由于春分点在黄道上缓慢向西移动，每年约移动 50″29′，而视太阳是自西向东运行的，所以回归年比恒星年短，每年短约 20 分 40 秒。这在天文学上称为岁差现象。

牛顿确定了地球形状的同时，也很幸运地解释了这种运转的理由。

在这一切都提出来之后，为了确定纪年，我们还要确认，现今的春季二分线在什么星球位置上与黄道相切，还需要知道有没有哪位古人曾经告诉我们在他那个时代黄道跟这道二分线在哪一点上相切。

克莱蒙·亚历山得勒说，参加阿耳戈远征的希隆曾经观察过这次著名远征①的时代的星座，他把春分确定在白羊宫中央；秋分，在天秤宫中央；夏至，在巨蟹宫中央；冬至，在摩羯宫中央。

在伯罗奔尼撒战争②的前一年，在阿耳戈远征以后很久，梅东观察到夏至点经过巨蟹宫的第八度。

那么，黄道带十二宫每宫都有三十度。希隆时代，至点都在宫的中央，也就是在第十五度上；伯罗奔尼撒战争前一年，至点在第八度上，所以偏了七度。一度相当于 72 年，所以从伯罗奔尼撒战争发端到阿耳戈远征，有 72 年的七倍，即 504 年，并不是希腊人说的 700 年。所以，拿现今的天体情况与阿耳戈时代的来比较，我们看出阿耳戈远征应该是在耶稣纪元前九百年左右而并非一千四百年左右；因此，世界比人们所设想的年代少了五百年左右。因此各个时代都往后推移了，一切都比人们所说的发生得晚。我不知道这一奥妙的学说是否能受人欢迎，人们是否肯下决心根据这类观念来调整世界纪年。也许学者们会以为把同时改善了物理学、几何学和历史学的荣誉都归之于牛顿一人身上未免推崇过甚；也许这种世界最高权威的地位伤害了别人的自尊心。所以在那时候，有些著名的哲学家纷纷攻击他的万有引力，打击他的纪年学说。随着时间的流逝，人们或许能知晓谁将获胜，但这种争论或许也会让真理越发模糊。

---

① 古希腊传说，希腊英雄弗立克佐斯跟他的弟弟亥莱同骑一只金毛绵羊渡海逃往科尔希达。这只羊的金毛由一条龙看守在那里。后来希腊英雄伊阿宋率领五十多位英雄同乘阿耳戈号船渡海远征，前往科尔希达取金毛。这就是阿耳戈远征的故事。因为这些英雄乘的船名阿耳戈号，所以就被人们称作阿耳戈。

② 伯罗奔尼撒战争是以雅典为首的提洛同盟与以斯巴达为首的伯罗奔尼撒联盟之间的一场战争。这场战争从前 431 年一直持续到前 404 年，期间双方曾几度停战，最终斯巴达获得胜利。

第十八封信 谈悲剧

当法国人还只有露天剧场的时候，英国人和西班牙人已经有了剧院。莎士比亚，被看作英国的高乃依[①]，是洛卜·德·维加[②]时代绽放的一朵奇葩。他是一个具有充沛的活力和卓绝天才的人，他创造性地发展了戏剧。但是他毫无高尚的趣味，也丝毫不懂得戏剧艺术的规律。

我可以告诉您一件非常巧合的事——但这是真实的——那就是英国的戏剧被这位作家断送了。他那些被人们称为悲剧的怪异笑剧，因为在剧中穿插了一些宏大的场面和恐怖的片断，在演出时总能获得巨大的成功。

一个人的声誉的制造者唯有时间，但到最后往往把他们的缺点变为可敬的。

两百年来，这位作家的绝大部分的奇思异想，都被认为是卓绝的；近

① 高乃依（1606~1684），是十七世纪上半叶法国古典主义悲剧的代表作家，一向被称为法国古典主义戏剧的奠基人。

② 洛卜·德·维加（1562~1635），西班牙诗人、剧作家。他是西班牙民族戏剧的奠基者，被西班牙人民誉为“西班牙的凤凰”。传说他创作了1800余部剧本，流传到现在的有400余部。他的戏剧作品，题材广泛，内容丰富。

代的许多作家，都在坚持不懈地抄袭他。但是在莎士比亚作品中那些被人称道的地方，在他们的作品中却被喝倒彩。

你可以想象，人们越看不起近代人，对于这位古人就越崇敬。人们没有觉得不应该模仿他，那些抄袭者的恶劣成绩也才使人明白，他是不可模拟的。

在极为动人的悲剧《威尼斯的摩尔人》[1]里，有个丈夫在台上杀害了他的妻子。当可怜的妇人被杀害的时候，她大声地叫着她是冤枉的。您一定知道，《哈姆雷特》中的那些掘墓人吧。他们在掘墓穴的时候还唱着小调，饮着酒，对他们偶尔挖掘到的骷髅，开着他们那一行业的玩笑。但将会使您觉得诧异的是，人们在查理二世在位时模仿这些胡闹的言行，要知道，查理二世时正是提倡礼仪和艺术的黄金时代。

在奥特韦的《被救的威尼斯》中，他把安东尼乌上议员和纳基娼妓，插进培特麦尔侯爵的可怕的阴谋里去。在他的情妇身边，老上议员安东尼乌，像一个不顾廉耻的、阳痿的老色鬼，出尽了丑态。他装作公牛和雄狗的样子，咬他情妇的大腿，引得她踢他，鞭打他。人们把奥特韦剧本里的这些做给最下流的流氓看的情节删去了。

但是在莎士比亚的《裘力斯·恺撒》一剧中，人们却保留下了布鲁图斯和卡修斯[2]两个角色带入剧中的罗马鞋匠和皮匠的下流玩笑。这是因为奥特韦戏剧中的胡闹是属于现代人的，而莎士比亚的是古老的。

您一定会不满，直到现在，那些和您谈到英国戏剧，尤其是著名的莎士比亚悲剧的人们，只会对您指出了他的错误，却从没有人译过那些足以掩盖他任何短处的动人章节中的任何一段。

我可以回答说，用散文来报道诗人的谬误是很容易的，但却很难译出他那些优美的诗篇。一切低能的文人，自称著名作家的批评者们，都把诗人的谬误之处纂辑成一本本的鸿篇巨制。但我宁可读两页可以使我们感到优美

---

① 原名：*A Moor of Venice*，是莎士比亚写的悲剧（1604），也就是《奥赛罗》。

② 布鲁图斯和卡修斯，恺撒就是被这两人刺杀的。

的作品——因为我和那些趣味高尚的人一样，在荷马和维吉尔①的十二行诗里面，比在人们对这两位大诗人所做过的一切评论中，收获更多的教益。

我已大胆地翻译了几段英国最好的诗人的作品，其中之一就是莎士比亚的悲剧。请您看在原著的份儿上，原谅复制品吧。当您看到了一篇译品的时候，请您永远想着您看的只是一张美丽图画的平庸的翻版罢了。

在这里我选择了大家都知道的《哈姆雷特》悲剧中的独白，它是从这句诗开始的："生存，还是死亡，这是个问题。"

以下便是丹麦太子哈姆雷特说的话：

且住；从生活到死亡，从存在到化为乌有
只在瞬间掠过，应该要好好选择。
残酷的神啊！如果是这样，那就请你鼓起我的勇气。
应否——屈服在侮辱着我的手下而逐渐衰老，
忍受或是结束我的不幸和命运？
我是谁？谁留我？死亡又是什么呢？
这是我痛苦的终结，也是我唯一的隐遁所在；
在一阵狂乱之后，即是安静的睡眠；
人们在长眠的时候，一切都是死气沉沉的。
但可怕的清醒是熟睡的接替。
有人在威胁我们，说什么永恒的苦恼
将紧跟着短促的生命。
啊！死亡！没法躲避的灾难！可怕的无穷尽！
一切的心只要听到你的名字就沮丧，就震惊！
唉！没有你，如何才能忍受这条生命，
怎样能祝福撒谎的教士们的伪善，
怎样能阿谀一个无耻情妇的淫荡，

① 维吉尔（纪元前70~前19），古罗马诗人。生于阿尔卑斯山南高卢曼图亚附近的安得斯村。是古罗马奥古斯都时期最重要的诗人。著有长诗《牧歌》、《爱奈特》，史诗《埃涅阿斯纪》。

怎样能俯伏在权贵之前，崇拜他的傲慢，
怎样能对那批掉头不顾的忘恩负义的朋友
表示他颓废灵魂的憔悴？
在这些极端的苦难中死亡是多么温柔啊；
然而怀疑心向我们大喝一声：“停住！”
它禁止我们的手去进行一死百了的扼杀，
而把一个战斗英雄化作一个懦弱的基督教徒，
……

请您千万不要认为我在这里已把英语的原意都逐字逐句地翻译了出来；那些做直译的人，在直译时，削弱了原文的意思和境界！在我这里人家可以说：字句虽与原文不符，而精神却能使文章更加生机勃勃。

查理二世时代的诗人德莱顿有一段著名的英国悲剧。德莱顿是一个多产但并不精益求精的作家，如果他只写了他作品的十分之一，那他可能会有极大的声誉和名望。他的作品最大的不足是想要把什么都包含进去。

这一片段是这样开始的：

当我想到生活，一切都是欺骗，
但是受到了希望的嘲弄，人们还是喜欢这种骗局。
从策划到懊恼，从放荡到欲望，
愚蠢的人总是在狂妄自大中徘徊不前。
我们从未在现实的不幸中和快乐的希望中过活，
我们只期待着生活。
据说明天，明天，将会称心如意；
而明天一到又使我们更加烦恼。
唉！这是多么的荒谬，难道让烦恼吞噬我们？
没有人愿意重复它，
我们在诅咒最初的黎明的时候，
却依然期待着即将莅临的黑夜给我们
最美好的日子所空许的幸福……

在这些截取的片段里，英国的悲剧作家们的剧本，几乎全是野蛮的、缺乏节制、没有条理、有失逼真的，但是，就是这样的剧本却在黑夜之中折射出令人震惊的光芒。这些作品文笔太铺张，太欠自然，过度抄袭希伯来作家们充满着亚洲式的夸大其词，但这种语言的矫饰和铺张堆砌，却大大地提高了精神。

著名的艾迪生[①]先生创作的非常优雅的剧本，是英国人写的第一个合情合理的剧本。他笔下的《禹狄克的卡托》就语调和诗句的优美方面来看都可算得上是部杰作。卡托这一角色，我以为确实高出高乃依在《庞贝之死》悲剧中的高乃里；因为卡托是伟大而不夸张的，而高乃里，他并不是一个必要的人物。艾迪生先生笔下的卡托，无论在任何的戏剧场合，我觉得他都是最最美丽精彩的人物，但剧本中其余的角色却很不相称。这个优美的剧本，平淡无奇地铺陈了一个冗长的爱情情节，这个情节使得剧本整个变了样，使得整个剧本了无生气，最终毁灭了它。

大约在1660年前后，许多悲剧都在胡乱描写爱情的情节，与缎带和假发一起，从巴黎流传到伦敦。正如这里一样，妇女们是剧场的装饰品，她们除了谈情说爱之外，再也不愿听其他的东西。聪明的艾迪生先生具有女人似的殷勤，使他的严肃性格服从了时代的风气，于是为了赢取欢心而贬低损害了自己的杰作。

在他以后，许多剧本都变得比较正常了，不再过于去迎合观众了，许多作家也更加规矩而不再放肆了。不少新剧本都小心翼翼，然而又因为冷淡而了无生气。直到现今，好像英国人只是为了产生一些不正常的美而生的。无比辉煌的莎士比亚戏剧中的怪异人物，比现代人的贤智更千百倍的令人喜欢。直到现在，许多天才的英国诗人就像一棵茂盛的树，野生着，偶尔地冒出千百枝嫩枝，有力地不平衡地生长着；如果您想强迫它自然的生长，而像马尔里[②]花园中的树木那样去修剪它，它就非死不可。

---

① 艾迪生·约瑟夫（1672~1719），英国著名作家。

② 法国的城市名。

第十九封信 谈喜剧

我读德·缪哈特先生在谈到英国人和法国人的通信时，很奇怪像他这样多才多艺的人，在谈到喜剧的时候，只批评了一个叫作沙德威尔的喜剧作家。而沙德威尔在他那个时代，是很被人看不起的，他绝不是正派人心目中的诗人。他的剧本有几次在演出时也曾被民众欣赏和喜欢过，但志趣高尚的人却非常蔑视。他的剧本同我在法国看过的其他众多剧本一样，令读者不满意，但却吸引观众。我们可以这样说那些剧本：

它们是全巴黎所指摘的，但又是全巴黎所爱看的。

照这样说，缪哈特先生就应该向我们谈谈当时还活着的一位杰出的作家——卫契尔莱先生，他早已被认定是查理二世的最出名的情妇的情人。这个人在最上层的社会里混了一生，完全了解最上层社会的恶习和笑话，他便使用最锋利的文笔和最逼真的色彩来描绘它们。

他曾经写过一本《愤世者》，是模仿莫里哀的那本《愤世者》而写的。卫契尔莱先生使用了最锋利和最大胆的笔调，超过了原著；他的笔调缺少了细腻的情感，但却完善了莫里哀剧本中唯一的缺点:缺少曲折变化和趣味。

英国的剧本是有趣味的，它的曲折变化是巧妙的。但卫契尔莱先生的这部作品对于我们的风俗来说，无疑太大胆了些。他讲了这样一个故事：

一位勇敢、直率但缺乏知人之明的舰长，对一个真正忠实的朋友心存怀疑，对深深爱恋他的女人不屑一顾，却将所有的信任交给一个虚伪的骗子，把自己的心给了一个最妖媚无信的女人。他深信那虚伪的骗子坚守严谨的卡托，那女人是希腊贞洁的珀涅罗珀。

不久，他要动身去与荷兰人战斗。临行前，他把全部财产都交给了那“最善良”的女人，又把这个女人托付给他“最忠实”的朋友。而那个一直被他所怀疑的朋友要和他同船出发；他所不屑一顾的女人却乔装成随员跟他出征——在整个战役中，这位舰长竟然没有发现“他”是一个女性。

在一次战役中，舰长的战舰被炸毁了，他偕同他的随员们返回了伦敦。这时他孤立无援，既没有军舰也没有钱；既不了解朋友的友谊，又不懂女人的爱情。他跑到那个他认为最可爱的女人家里去，希望拿回他的财宝和她的忠贞。但令他恼怒的是，她已经和他的“卡托”结了婚，那“卡托”并没有为他保留他的财产。

他无论如何也不相信这样一个“善良”的女人，居然会做出这种事情来。为了使这位先生相信，假正经的太太爱上了忠诚的随员，硬要和他发生关系。

在一个剧本里，正义必须得到伸张，必须有善必赏、有恶必罚，所以在最后，舰长代替了年轻的随员，同那不忠实的女人睡觉，给那背信弃义的朋友戴上一顶绿帽子。还一剑戳穿了那虚伪的朋友的胸膛，收回了他的百宝箱，又和那位一直爱恋的随员结了婚。

在这个剧本里，您会注意到穿插了一位庞伯西伯爵夫人，她是船长的亲戚，是一位爱好争论的妇人，却是舞台上最有趣、最有生机的人物，又有着最好的脾气。

卫契尔莱模拟莫里哀的另一剧本：《妇人学堂》，这一剧本同样既稀奇又大胆。

在这个剧本里，主角是一个好色的浪人，对生活在伦敦的已婚男性来说，这个人是个十足的恐怖者。他宣扬说，他在最近一次病中，外科医生把他像太监那样阉割了。他编造这个谣言的目的，就是使他放荡的行动更方便和稳妥些。

当这个“好名声”宣扬出去时，伦敦所有的丈夫们都带着他们的太太到他这里来。这个可怜的人，这时竟不知挑选哪一个好。他特别喜欢一个天真而风骚的年轻乡下女人，她给她的丈夫戴上绿帽子纯粹是出于善意，比那些老练的太太们所用的奸计要好得多。

如果你说，这种剧本不属于改良风化的一派，但至少也属于机智、富有戏剧性的一派。

范布勒是一位骑士，他也曾经写过一些有趣的喜剧，但是技巧稍差一点。这位骑士是一个放荡不羁的人，还是一位诗人和建筑工程师。他的写作和他的建筑一样，稍为粗俗了一些。我们不幸的“荷奇斯戴特之战”[①]的一个沉重而永久的纪念物——布林亨邸宅，就是他设计建筑的。要是房间的宽度和城墙的厚度是相同的话，这座邸宅也许是相当合适的。

在范布勒死后，人们在他的墓碑上写道：“我们绝不希望他感到泥土轻松了，因为在他活着的时候，他曾经那样残忍地使大地承载了重荷。”

1701 年，“荷奇斯戴特之战”爆发以前，范布勒曾去过法国一趟。他被关到巴士底监狱里了，并在那里住了一些时候，我们不知道为什么我们的政府会这样对待他，让他“享受”这种待遇。他在巴士底监狱里完成了一本喜剧的创作。让人感到奇怪和不解的是，在这个剧本里，他没有表露出任何对他曾在那里吃过苦头的国家的反对。

在所有英国剧作家中，把喜剧的荣誉提得最高的一个人，是已故的康格里夫先生。他的作品很少，但是所有的剧本都非常好。他的剧本严格遵守戏剧的规律。在这些剧本中，他用一种极细腻的手法，充分描写了人物的性格和情感。他的作品中，处处都是表面正派的人，说着正派的话，却

---

① 荷奇斯戴特 (Hochstadt) 是德国的一个地名，位于多瑙河左岸。1704 年，厄日纳亲王在这里打败了法国军队。

做着骗子的行为。这表明了他所处的社会环境，同时表明了他生活在人们所说的上流社会里。

当我认识他的时候，他已经衰老得快要死了。他有一个缺点，就是不大尊重和喜欢他的著作家的职业，而正是这个职业使他功成名就。他觉得，那些著作和他身份是不相称的。在第一次交谈中，他就对我说，只能按照生活平常的绅士身份去看他。我回答他说，他要是只是像其他绅士一样的话，我是永远不会去看他的，因为我非常反对这种虚荣。

范布勒的剧本是使人最愉快的，卫契尔莱的剧本是最有说服力的，康格里夫的剧本却是最敏锐的和最真切的。

有一点是需要我们注意的，这些聪明人当中没有任何一个人说到莫里哀的不好。只有那些不好的英国作家们才说这位伟大人物的坏话。正是意大利的那些不好的音乐家才看不起吕里①，但是，博尔奇尼②却为他主持公道并尊敬他；正如同米德看重爱尔维修③和席尔瓦④一样。

英国有名望的剧作家、诗人也有不少，比如骑士斯梯儿和西伯尔先生。西伯尔先生是一位著名的喜剧家而且又是国王的诗人，这个官衔尽管滑稽，却要付出一千银币的年金和其他许多的特权。伟大的高乃依还不曾享受过这许多特权呢。

请您既不要要求我在这里深入到我所非常赞赏的英国剧本中的细枝末节，也不要要求我向你们陈述卫契尔莱或康格里夫的一个妙语或一句笑话；在一篇译文中人们绝对不会发笑的。要是您想了解英国的喜剧，只有去伦敦，没有其他更好的方法。在那里住上三年，好好地学习英语，并且要天天去看喜剧。我不太喜欢读卜罗特和阿里斯多芬的东西，因为我既不是希腊人又不是罗马人。对于一个外国人来说，那些词句的微妙，讽刺的含义，

---

① 吕里（1632~1687），意大利人，路易十四时代的作曲家。

② 博尔奇尼，意大利人（1668~1758），作曲家。

③ 爱尔维修（1715~1771），法国文学家，启蒙思想家，十八世纪法国唯物主义哲学家。

④ 席尔瓦（1705~1739），葡萄牙的剧作家。

所有这一切，都失去了它的意义。

悲剧就不同了。悲剧里所写的只是巨大的苦难和由于历史或寓言的陈腐谬见所遗留下来的英勇粗犷的气概。《厄第普》、《伊勒克特》是属于西班牙人的，也是属于英国人，是属于我们的，正如他们是属于希腊人一样。但是好的喜剧是对一个国家的滑稽事件的有声有色的描绘，要是你没有深入地了解那个国家，你就绝不能好好地评论它。

第二十封信 谈研究文学的老爷们

在法国曾经有一个时期，美术成了国内一流人物热衷于研究的东西。尤其是廷臣们，他们虽然生活浪漫，趣味不高，热爱阴谋，崇拜偶像，但是也都混进了文艺界。

在我看来，现在的廷臣们还另有一种趣味，这种趣味和文学趣味不同——也许不久后思维的方式会转变过来——这种趣味就是，国王想怎样就怎样，想把这个国家怎样办就怎样办。

人们认为，文学在英国比在法国受到更多的尊重。这种优越情况其实是政府的组织形式所导致的。在伦敦，大概有八百多人有权公开发言，主持国家的利益；有五六千人希望能轮到他们来分享同样的荣耀；其他一切人自称为这些人的评判者，都可以发表印刷文件来说明他对于公共事物的看法。因此，整个国家都意识到了学习的必要性，所听到的都是雅典和罗马政府的事迹、行为；不管怎样也要诵读那些研究雅典和罗马政府的著作。这种研究，自然而然地就引导到文学上来了。

一般说来，人们都具有国家精神。为什么我们的官吏、律师、医师以及神职人员通常具有更多的文学修养、高尚趣味和智慧，而其他行业就不能这样呢？

正如商人需要懂得生意要怎样做一样，上述人员的地位需要他们具有这种修养。不久以前，到巴黎来看我的一位年轻的英国老爷刚从意大利回来，他曾经写过一些诗来描绘那个国家。他的文笔严谨，差不多可以和罗彻斯特伯爵、舒里欧、萨拉散和沙拜尔所写的诗媲美。

我所翻译的这首诗，很难达到原文的有力和巧妙的诙谐，因此，我不得不诚恳地请求作者和那些懂得英语的人们原谅。可是，我没有其他的方法使人们更好地理解这位英国爵士……的诗。下面就是我的译文：

那么，我在意大利看到什么呢？
骄傲，欺诈和贫苦，
请安问好一大套，却少善意和真诚，
繁文缛节多如牛毛；
这是一幕荒诞的滑稽戏。
而古代的宗教裁判所却
要我们称它为宗教，
但是在我们这里，把它叫作疯狂。

大自然，徒然怀着美意，
要把这些可爱的地方装点得更绚丽；
牧师们伸出破坏的毒手
扼杀了它的美好的礼物。
那些主教们，自称大人，
独自住在宏伟壮丽的宫殿里，
他们是一些出名的懒汉，
没有金钱，没有仆从。
对于那些弱小者，没有自由，
羁绊的苦难牵绊着他们，
他们许下了愿，

无所事事地祈求上帝，
而常常忍饥受饿地守着大斋。
这些美好的地方，由于教皇的祝福，
似乎都被恶魔们霸占了，
可怜的居民们
都被赶到天堂里去。

有人会认为，这些诗不过是出于一个异端者之手，但是有人天天翻译贺拉西或者尤维纳利斯的诗，虽然译得并不好，不幸的是他们是外教人。人们都知道，一个翻译者不必对原著者的情感负责，他所能做的就是祈求上帝改变他的信仰，为了这位英国爵士的信仰的改变我是会这样做的。

第二十一封信 谈罗彻斯特伯爵和韦勒先生

人人都知道罗彻斯特伯爵的大名，圣·代甫尔孟先生常常谈到他。他给我们介绍，罗彻斯特是一个乐天的人，是一个艳福不浅的人。而在这里我要介绍的罗彻斯特，是一位天才，一位大诗人。

他创作了许多著作，还写过几篇讽刺诗。他的讽刺诗和著名的戴卜莱欧所选的诗的题目是相同的。除了把这两位伟大的天才对相同的诗题所做的表达做一个比较外，还有什么更好的方法来提高趣味呢？

戴卜莱欧在他对人类的讽刺诗里，写到了怎样反对人类的理性：

但是，看他充满了缥缈的痴心妄想，
他自己就动摇在自身的妄想之中，
只有他才是大自然的基础和支柱，
第十重天只为他而转。
他在这里是所有动物的主人；
谁能否认他？你继续问。我啊，也许是：
这位自封的主人给动物群制定一些法律，
是动物群的君王，而君王究竟有多少？

下面是罗彻斯特伯爵在他对人类的讽刺诗里所表达的。读者必须记住，这是英诗的意译，因为我们诗律的束缚和我国语言的严谨，没法使我的译文和感情与原文完全相同：

我所憎恨的这种精神，是种完全错误的精神，
这倒不是我的理论，乃是，博士，你的理论，
这是你的轻佻的、心神不定的、傲慢自大的理论；
是一些明智人群中的傲慢的敌人，
它相信在人群与天使之间占一个中间地位，
想在人世间做它的上帝的偶像，
它相信，怀疑，争辩那些让人厌烦的微不足道的问题，
趴下，站起，跌倒，依旧不承认它的失败；
它对我们说："我是自由的"，却给我们展示它的枷锁，
它那昏花的眼睛以为是看透了太空，
去罢，可敬的狂人，福佑的狂信者！
好好地去编纂你那一大堆烦琐的毫无价值的哲学罢！
妄想和神圣谜语的始祖，
使你自己迷失的，迷宫的创造者，
去含含糊糊地解说你的神秘吧，
跑到经院派里去热爱你的妄想罢！
还有一些荒谬是关于这些虔诚的信徒们的，
他们自己寻找烦恼。
这个被幽禁的神秘者，以他的懒惰来骄人，
安静地躺在上帝的怀抱里，干什么？他在想。
不是的，你绝不是在想，无赖的人，你在睡觉，
对于人间一无用处，排到死人的行列去罢；
你的萎靡不振的精神沉溺于懒惰之中；
醒醒吧，好好地做人，跳出你的迷梦罢。
人生来是要行动的，而你却要想！

不管这些思想是真实的还是虚幻的，他的确用锋利的笔把这些思想毫无保留地表达了出来，这种笔力就使他成为诗人。

用哲学家的眼光来观察事物是我竭力避免的，同时我也极力避免在这里放下笔。在这封信里，我唯一的目的是使人认识英国诗人们的天才，所以我会继续用这种笔调来谈。

我们在法国经常听人谈到鼎鼎大名的韦勒。拉·封登、圣·代甫尔孟和培尔等几位先生都很赞赏他，但是我们只知道他的名字。他在伦敦所享有的盛誉和瓦蒂尔在巴黎所享有的盛誉一样，而我认为，他比后者更配享受到那样的盛誉。

瓦蒂尔出生时人们刚刚脱离野蛮时期，那时的人们还处于愚昧无知的时代。人们还不能够掌握他们所希望掌握的智能，人们研究语调而不去研究思想。假的金刚石要比真宝石更容易找到。瓦蒂尔生来就是一个才和情都平凡的人，却是第一个在法国文学黎明时期大放光彩的人；如果他出生在路易十四时代那些著名的大文豪之后的话，那么，可能他不会出名，也可能他会改变自己的风格，人们也许会带着藐视他的语气和态度来谈论他。

戴卜莱欧先生对他初期发表的讽刺诗给予了赞赏和肯定，这是在戴卜莱欧的自己趣味还没有完全形成的时候。他还年轻，他那样的年龄还仅仅知道从人的声誉上去评论人，还不知道从人的本质上去评论人。另外，戴卜莱欧给别人的赞词和贬词里面有很多并不正确：赛葛莱的作品没有人读，他却赞扬他；人人都背得出奎诺特的著作，他却辱骂他；而他从没有赞赏过拉·封登。

韦勒比瓦蒂尔高明些，但也并不是十全十美的。他的那些抒情作品很有感染力，但文笔却粗浅冗长，他的作品的面貌也被他那些错误思想改变。在他那个时期，英国人还没有能力准确地写作。在他的重要著作里充满着生气，而这种生气，在他的其他软弱的作品里是看不到的。

他写了一篇祭克伦威尔的祭文，虽有许多缺点，却仍被看成一部杰作。

要懂得这篇作品，就应该知道克伦威尔是在非同寻常的狂风暴雨的天气里死去的。

开始是这样的：

他死去了；结束了；让我们服从命运吧：
这一天，上天用暴风雨来警告，
在我们头顶上炸响霹雳，
报告了他的死讯。
他用最后的叹息震撼着这个岛，
多少次他的铁臂使此岛战栗。
当他军威彰显的时候，
他击碎了国王们的头颅，
使整个民族驯服地屈服于他的羁绊之下。
海啊，为他的死讯不安。
海啊，你被那感动的波涛咆哮着，仿佛在对最遥远的海岸说：
大地的恐怖者，也就是你的主人，已经死了。
往昔罗缪勒士就是这样飞上天去，
他就是在这样的狂风暴雨中离开了大地，
他就是这样的接受了好战民族的致敬，
在他活着的时候屈服他，在他死去的时候膜拜他，
他的宫殿变成了礼拜堂……

关于这篇对克伦威尔的颂词，韦勒还曾经巧妙地答复查理二世——我们在培尔的辞典里，可以看到这个回答。

按照君主们和诗人们间的习惯，韦勒向查理二世进献了一首颂诗。查理二世看后责备韦勒，认为这首歌颂自己的诗不及那首歌颂克伦威尔的诗好。

韦勒回答道：“陛下，我们这批诗人，在虚构里，比在写实里，更容易成功。”这个回答并没有像荷兰大使的回答那样老实：当查理二世抱怨人家尊重他比不上尊重克伦威尔，这位大使回答：“哦！陛下，克伦威尔完全是另外一件事。”

我并不想对韦勒或其他人的个性下注解，我只根据那些人死后所遗留

下来的著作去评定他们，任何其他的对我来说都是毫无用处的。我只注意韦勒生于宫廷之中，有六万里弗尔的年金，而他从来没有愚蠢的傲气，也没有轻易放弃他的才能。

有许多人和杜尔赛脱伯爵、罗斯哥满伯爵、两位白金汉公爵、哈黎法克斯爵士一样并不怕失去贵族的资格，他们都成了非常伟大的诗人和出色的作家。他们的著作比他们的门第更为他们争光。他们像寒士等待出头那样研究文学，他们使艺术在人民眼中变得可敬，人民在一切事情上都需要那些伟大人物来领导。然而英国人民效仿他们，却比世界上任何地方的人都要少。

第二十二封信　谈蒲柏先生和其他几位著名的诗人

我要和您谈谈柏里厄先生，他是英格兰最可爱的诗人之一，就是您在巴黎所见过的1712年的特命全权公使。在这里，我要写一些我对于罗斯康芒爵士和杜尔赛脱爵士的诗的意见——我感觉这需要写一册厚厚的书才行。经过多重困难，关于这些著作，我只给您一个极不完整的看法。诗就像是音乐，要听了才能评判。当我为您翻译这几首外国诗的时候，只能粗陋地写明这些诗的一些神韵，可是我不能完全表达其情味。

有一首英国诗，我伤尽脑筋也没法让您了解，这首诗叫作《于提百合斯》。诗的主题是国内战争和被嘲笑的公谊会信徒。这是《唐·吉诃德》和我们的《梅尼普斯式讽刺》[①]的混合物。它是所有我读过的书当中最有精思微义的一本，也是最难以翻译的。有谁会相信一本抓住了人类一切嘲笑的书，其中的思想远过于其语言而不能翻译呢？这就是因为书的内容几乎都在影射一些个别奇遇，而最大的嘲笑都落在了神学家的身上，因此能懂得他们的人为数极少；必须随时加上注解才行。但笑话一旦加上注释便不能

① 这是十六世纪后半期由许多作家编辑的著名的政治性的小册子，反对神圣同盟。

称其为笑话了：给妙语做注解的总是个蠢人。

这就是为什么才思敏捷的斯威夫特博士所著的书，在法兰西永不会被人详细了解了，人们只叫他英国的拉伯雷。他很荣幸如拉伯雷一样，是个司铎，也和他一样，嘲笑一切。可是在我看来，人们以这个名字来称呼他，犯了一个大错误。拉伯雷在他荒诞无稽而又难以理会的书中，散布了一种极度的欢乐和一种最大的放肆；他把渊博、猥亵和厌倦无聊都尽情地发挥出来了；一篇两页就可以写出的寓言佳作，却要以连篇的胡说八道来完成。只有为数不多、具有特殊嗜好和怪癖的人，才会炫耀自己能了解和佩服这些著作，其余的人只不过欣赏他的笑话而轻视他的含义而已。他被看成最出色的丑角。令人生气的是，一个有着如此奇思妙想的人竟把自己的才华浪费在那样用途上。这是个沉醉的哲学家，他只在沉醉时才乘兴写作。

斯威夫特先生是一位生活在上流社会中的、具有良知的拉伯雷。实际上，他没有前者那样乐天，可是他却有我们的拉伯雷所缺乏的理智、主张和敏锐的感观。他的诗妙趣横生，几乎是不能模仿的。那笑话正是他在诗和散文上的天分。可是，要想好好了解他，就必须到他的国家做一次短期旅行才行。

对于蒲柏先生您可能更容易形成某种看法。我以为，他是英国最漂亮的、最正确的、最诙谐的诗人。他把英国喇叭的尖锐声递减成了笛子的悦耳之音。他的诗是可以翻译的，因为极明白清楚。也因为他的题材，大部分是一般性的，用的手法也是各个民族所共有的。

在不久以后，人们就可以在法国通过雷斯纳尔修道院院长先生所做的韵文翻译，读到他那篇“论批评”的文章。

下面是我新近信笔翻译的他的一首名为“螺丝状的发卷”的诗。在此我还须再一次声明，我不晓得有没有比逐字翻译一个诗人的作品更为恶劣的事情了。

立刻，恩不利爱乐，这位忧虑的土地老公公[1]，

---

① 照犹太教神秘家说，是住在地下的地仙，看守着许多宝贝。

带着沉重的翅膀和愁烦的神情走去，
嘴里唠唠叨叨地，在寻找那深不可测的洞府，
那里，绝没有太阳所放射的和暖的光芒，
而云环雾绕的女神却在那儿寄居。
洞府的周围吹起了凄凉的北风，
凛冽阴森，发出损害健康的长啸，
给洞府的四邻带来了偏头痛和寒热病。
在屏风后面，一只富丽堂皇的沙发上，
绝没有亮光，声响，人语或风号，
那位阴晴不定的女神常常地在那儿闭目养神，
忧心忡忡，而不知为的是什么，
从来不去想它，而心神总是恍惚不定，
眼睑低垂，神色黯然，满怀忧郁。
坐在她身旁的，是个善妒的妇人，
年老的女幽灵，衰颓的老处女，
恶言中伤着她的邻人而面带忠厚，
手捧福音书而唱歌挖苦世人。
漫不经心地斜靠在堆满了鲜花的床上，
一位年轻的美女在离她不远的地方躺下：
这是装腔作势的女神，她故意捏着喉咙讲话，
听而不闻，却偷眼窥视他人，
她不知廉耻而会面红，不感快乐而能对什么都笑面如花，
认为她是给百病集于一身所折磨，
可是，在脂粉之下却显得尤为健康，
她娇弱无力地在自怨自艾，如一经巧装异饰，就欣喜若狂。

如果您在原文里读这首诗，以代替这篇拙译，您便可以比较一下在讽刺诗“乐谱桌”里关于“柔媚”的描述了。

这便是很忠实地对待英国诗人了。我也曾跟您简略地谈过一些他们的

哲学。至于他们良好的历史学家，我还没有见识过。必须是一个法国人去写他们的历史才行。也许英国人的禀赋，或者冷静，或者急躁，没有办法掌握历史的雄辩、高贵和单纯。也许还因为派别门户之见，使看法模糊不清，以致丧失了历史学家的威信：一半的人民总是另一半的敌人。

我曾经遇见一些人，他们的确对我说过，马尔巴罗爵士是个懦弱胆怯的人，蒲柏先生是个蠢材。就好像，在法国，几乎所有的耶稣会修士都会认为帕斯卡是个卖弄小聪明的人，而冉森主义者总说蒲尔大鲁神父只是个饶舌之徒一样。在有些人看来玛丽·斯图亚特是个圣洁的女英雄，但在另一些人眼里，她却是个生活腐化的人，是个淫妇，是个杀人凶犯。所以在英国，毫无历史可言，只有事实记载。现今倒是真的出现了一位高尔登先生，他是《塔西佗》的卓越的翻译者，可以很好地写出本国的历史，但是哈宾·德·督以郝先生比他早了一步。

总之，我感觉到，英国人虽然没有像我们这样良好的历史学家，但是他们一点儿也没有感到悲哀，相反他们有着非常可爱的喜剧、令人赞叹的诗和那些应该作为人类导师的哲学家们。

英国人大大利用了我国语言的著作；礼尚往来，我们在给予之后，就该轮到我们向他们要些什么了。英国人和我们的前进只比意大利人晚了一步，他们曾经是我们的导师，而我们在某种事物上也已经超越了他们。我不知道三个民族中的哪一个必须另眼相看。当然，那个能够识别他们的不同优点的人才是真正的幸运儿！

第二十三封信 谈人们对于文人应有的尊敬

无论在英国，还是世界上其他国家，对于高雅艺术的支持，都找不到像法国一样的。无论什么地方，几乎都有大学，然而只有在法国的大学，能找到对于天文学、数学各个门类、医学、古代文物搜集、绘画、雕刻和建筑的有力的奖励。法王路易十四，正因为创立了这一奖励制度而名垂不朽，而这件不朽的盛业每年仅花费了他不到二十万法郎。

我承认，我所见到的惊人的奇事之一，就是英国议院竟然愿意出二万几尼的奖金付给发现经度的人，我从未想到英国会效法路易十四对于艺术的豪华气派。

实际上，在英国，对国家有功绩可以获得其他更加光荣的报酬，这便是英国人民对于才能的尊敬——一个成绩非凡的人总能在英国获得丰厚的财富。

艾迪生先生，在法国，本可做国家学院院士；并由于一位有声势的妇女的保举，还可能得到一笔一千二百里弗尔金币的年金；也或许借口有人在他的悲剧“卡托”里，发现一些反对一个当权者的守门人的词句，而让他做些生意。而在英国，他被任命为国务大臣。

牛顿先生曾经做过王国的钱币督办；康格里夫先生曾任重要的职务；柏里厄先生曾被任为特命全权大使；斯威夫特博士是爱尔兰的元老，而他在地方上受到的尊敬远远超过总主教；如果蒲柏先生的宗教信仰使他不能获得一个职位，至少也不会妨碍他翻译荷马获得二十万法郎。

在法国，我很早就见到《哈达米斯特》的作者已经到了快要饿死的地步[①]；而法国所有过的最伟大人物之一的儿子[②]，在他开始要步他父亲的后尘的时候，若没有法贡先生早已穷困潦倒了。

在英国，最鼓舞艺术的，就是艺术所受到的尊敬：首相的画像只挂在办公室的壁炉架上，但是我却在至少二十家住宅中见到过蒲柏先生的画像。

牛顿先生不仅在世时受到了尊敬和崇拜，死后也得到了他所应得的荣耀。政治要人互相争夺执拂的荣幸。如果您走进威斯敏斯特去，人们所瞻仰赞叹的不是君王们的陵寝，而是国家为感谢那些为国增光的最伟大人物所建立的纪念碑。您在那里看到了他们的塑像，犹如人们在雅典看到索福克勒斯和柏拉图的塑像一般，我深信这些光荣的纪念碑绝不止激发起了一个人，也绝不止造就了一个伟大人物。

甚至还有人责备英国人对一技之长的酬谢的颂扬典礼大大地过分了。他们将大名鼎鼎的舞台女演员奥尔斐尔德小姐安葬在威斯敏斯特的光荣和对待牛顿先生的略为相同，这也被很多人所诟病。有些人强调，英国人之所以特别表彰这位女演员，就是为了谴责我们把库夫勒弗[③]小姐的遗骸，扔到粪土坑里去的行为太野蛮卑鄙了。

但是我可以向您保证，英国人，他们将奥尔斐尔德小姐安葬到圣·德尼，只是出于他们的偏好而已。他们决不对索福克勒斯和欧里秘特的艺术加以污蔑，那竭尽所能在他们面前朗诵其国家引以为荣的著作的公民们的

---

① 克莱皮翁是伟大的悲剧作家。虽然做了很多批评，但伏尔泰对于克莱皮翁和他的作品《哈达米斯特》，始终保持一定程度的敬意。

② “法国所有过的最伟大人物之一”，指的是法国杰出的悲剧作家约翰·拉辛。他的儿子路易·拉辛被视为一个好的诗人。但伏尔泰对他评价不高。

③ 库夫勒弗，法国著名女演员（1692~1730）。

遗体，他们决不忍心抛弃。

在查理一世时代内战的初期——一些疯狂的严肃主义者掀起了那些内战，后来他们自己却成了内战的牺牲品——有人写过许多反对戏剧演出的文章，那是因为查理一世和他的妻子——也就是大亨利的女儿——极其喜欢这类演出。

一个叫作柏里纳的医生，太过小心翼翼，他以为如果用长法衣代替短外套，定将被关入地狱，他希望一半的人民为了天主的光荣和布道去杀戮另一半的人民，便蓄意写了一本拙劣的书，攻击人们每天都在君王和王后之前演出无害于人的喜剧。他引证了犹太的律法师的判例和圣·波那望杜尔著作中的几节文字，想以此来证明索福克勒斯的《厄第普》是魔鬼的著作，而戴朗斯事实上已经被罚停止领圣体了。而且他还说，勃鲁脱斯原是个严格的冉森主义者，刺杀恺撒，只因为恺撒是大司祭，编著了一出《厄第普》的悲剧。他说，所有出席观看这次戏剧演出的人都是被罚停止领圣体，他们背叛他们的圣油礼和受洗礼。这简直是亵渎国王和王室全家。

查理一世在那个时候是英国人所尊敬的；他们决不容许有人讲这位君王被罚停止领圣体——但也正是这个君王，最后却被他们斩首了。

柏里纳先生后来被叫到星室法院去，罚他亲眼看见他的著作被刽子手焚烧，他也被割去了双耳。

在意大利，人们竭力避免污蔑歌剧院，避免惩罚塞奈西诺先生或者居兹尼小姐。至于我，我敢于要求人们在法国取缔那些印来反对戏剧演出的极坏的书籍。

因为，当英吉利人和意大利人知道了我们以最大的污蔑伤害我们最卓越的艺术，将在修士和修女那里和修道院那里所演出的一出戏剧判以轻慢宗教之罪，将路易十四和路易十五亲自扮演的戏剧横加诽谤和唾弃，将最严肃的大司法官所审阅过的，而且在一位有德望的王后之前演出的一出戏剧宣布为魔鬼的著作。

当外国人知道了这件无耻丑行，这种对王室权威的大不敬，这种人们竟敢称之为基督教的严肃性的哥特式的野蛮行为时，您想他们会对我们的国家有些什么看法呢？他们怎么能够理解我们的法律所批准的艺术，是可耻的呢？或者一项为法律所批准、为君王所奖励、为大人物所培养、为各国所赞赏的艺术，又怎会有如许的丑事恶行呢？如果有人在书店里看到勒·伯朗神父反对我们戏剧演出的雄辩放在拉辛的、高乃依的、莫里哀的伟大杰作的一旁，又会做何感想呢？

第二十四封信　谈学院

在很早以前，英国人就创立了一个科学院，比我们早得多。因为成立较早、缺乏榜样，那个学院并不比我们的学院办得更有条理。如果成立在法兰西学院之后的话，它可能会采取法兰西学院某些贤明的规章制度，并且致力于改进完善其他的规章制度。

伦敦皇家学会缺少两样对人来说最重要的东西，那就是奖励和规章。在巴黎，对于一个几何学家或一个化学家来说，能取得学院的一个席位就等于一笔小小的财富；在伦敦进皇家学会反而要出钱。在英国，不论什么人都可以说“我爱好艺术”，想进皇家学会，他立刻就可以成为会员。但是在法国，想在学院做一位学士并领取年金，仅仅是一个爱好者还远远不够，必须是一个专家，而且必须和许多人去竞争这一席位。尤其因为这些人都是为光荣，为利益，甚至为困难，和为数学的艰苦研究中所经常奉献出这种不屈不挠的精神而激动起来，这竞争就更不可轻视的了。

科学院非常聪明地把研究范围限制于自然，实际上，对于参加的五六十人来说，这是一个相当广泛的领域。伦敦皇家学会把文学和物理学这两项完全不同的学科毫无区别地掺杂了起来。在我看来，最好是有一个特别的学院专门研究文学，这样就绝对不会混乱了。而且人们也绝对不会看到，在“论一百多条新曲线”的论文旁边，还有“论罗马妇人的发式”那样的论文了。

既然伦敦学会的规章不大完善又没有什么奖励，而巴黎的学院就站在完全相反的地位，这就毫不奇怪我们学院的论文要比他们学会的论文来得高明：纪律很好和给养充足的士兵应该胜过志愿军。不错，皇家学会有了一个牛顿，但是牛顿不是由它造就的；就是它的会员也对他所知甚少；像牛顿先生这样的天才是属于欧洲所有学院的，因为所有的学院有许多东西都要向他学习。

在安娜女王统治的最后几年中，著名的斯威夫特博士草拟了一份计划，要仿照法兰西学院的样子建立一所文学院。这个计划得到财政大臣，牛津伯爵，尤其是国务员波令布鲁克子爵的支持。波令布鲁克具有在国会里随口发表精彩演说的才能，辞藻的高雅不下于斯威夫特在他的书房里所写的文章。如果计划实现，波令布鲁克将是这个学院的保护人和金字招牌。那些应该参加的人乃是他们的著作可以和英语同终始的人：有斯威夫特博士；柏里厄先生——我们在这里看他是驻法公使，他在英国的荣誉和拉·封登在我们之中的荣誉是同样的；有蒲柏先生，他是英国的布瓦洛；康格里夫先生，人们称他为英国的莫里哀；还有其他许多人，我在这里想不起他们的名字了，他们都能使这个学院在诞生之初就大放异彩。

但是女王突然去世了，英国的辉格党执政，绞杀了学院的一些保护人。可以想象，这就是文学的致命伤。这个学院的学士们可能大大超过了法兰西学院里的第一批学士，因为斯威夫特、柏里厄、康格里夫、德莱顿、蒲柏、艾迪生等人，都用他们的写作确定了英国的语文；至于沙普郎、高来代、加赛涅、法莱特、柏尔林、哥丹等法国的第一批学院学士，却是玷辱了法国，而且他们的名字已经变成了笑柄——如果一位中等作家不幸而叫作沙普郎或哥丹的话，他就必须要改换名字。

这是英国的学会所订的工作计划和我们的学院的工作计划完全不同的原因。有一天，这国家里的一位学者向我询问法兰西学院的论文，我对他说：“它绝对没有写论文，但却印刷了六十或八十卷的颂词。”他浏览了一两卷；他虽然很能懂得我们所有的名作家，却绝对不了解这样一种笔调。他对我说：“在这些优秀的演讲中我所看到的，就是一个新入院者确信他的前辈是一位伟大人物，而红衣主教黎塞留是一个更伟大的人物，司法大臣赛盖伊也是一个相当伟大的人物，路易十四就是比伟大人物更伟大的人物。学院院长答复他也是同样的话，而且再加上一句：新入院的人也很可能成为伟大人物之一，对于他这个院长来说，他不会放弃他的一份的。”

显而易见，几乎所有这些文章都不能为这个学院争光：“这是时代的过错而不是人的过错。”慢慢地就形成了这样的习惯：所有的学院学士在他们入院的时候都要诵读这些颂词——这已成为一种令人感觉厌烦的规章。

要是我们研究一下，为什么那些最有才能的人入院时会说出一大篇最拙劣的演词，缘由非常简单，就是他们想要炫耀一番。他们想在一个旧主题上推陈出新——无话可说，但不得不说，只得卖弄才学。这就使最伟大的人物成为最为可笑的人。他们不能找到新颖的思想，却要去搜罗新的花样；因而说的时候，没有思想内容，空洞乏味，就像在空嚼——饿得要死却装作在吃饭的样子。

要把所有的演讲词都印出来——这在法兰西学院里是一条规章，就是因为这样的演讲词才出名的。其实应该有一条规则：不要把那些演讲词印刷出来。

文学院提出一个更聪明也更有益的目标：搜集一些很有研究和奇怪批评的内容的论文，并把它们介绍给广大群众。这些论文已经引起其他许多国家人士的重视。他们仅仅希望在某些问题上更加深入，而且不要拓展太远。例如，他们不会重视右手优先于左手的论文和相关的其他研究，他们认为这些研究的题目虽然不可笑，但内容都是些无关痛痒的问题。

科学院在它的更艰苦和更切合实际的研究中，获得了对自然的认识和对艺术的提高。我们可以相信，这些深刻、系统的研究，精准的计算，巧妙的发明，伟大的远见，最后必然会产生让全世界受益的东西。

一直到现在，正如我们已经观察到的那样，在那些最野蛮的时代里，反倒创造了许多最有用的发明；而在那些最文明的时期，最有学识的社团所参与的都是些无知者的发明。在惠更斯先生和莱诺先生的长期争辩之后，我们知道用船身的龙骨来确定船舵的最有利的角度；但是克利斯朵夫·哥伦布并不曾想到这个角度，却已经发现了美洲。

我绝对不是从这方面得出结论说应该只坚持一种盲目的实用。那些物理学家们和几何学家们应该尽可能地把实地应用和纯理论的思考联系起来，这样会大有好处。

会不会有这种情况：给人类智慧以最大荣誉的东西往往是最没有用的东西？一个人运用数学上的四则运算，就可以做一个大商人，一个戴尔麦[①]，一个理查德·霍普金斯[②]，一个贝尔纳[③]；而一个可怜的代数学家，穷尽他一生的精力寻求那些比例的数字和不可思议的特性，反倒毫无用处，并不能使他理解什么是贸易经商。所有的技艺的情况差不多都是这样的。在这里有一个限度，超过这个限度的那些研究，只不过是为着好奇心而已：那些精巧而不切实用的真理仿佛是离我们太远的星辰，并不能带给我们光明。

对于法兰西学院来说，如果每年不去印那些颂词，而去印路易十四时代的一些优秀作品，改正那些掺杂在著作里的语法错误，那么，对于文学、对于语言、对于国家的贡献该是多么大！高乃依与莫里哀就有许许多多的错误；拉·封登的错误举不胜举；即使这些错误不能够修正，至少也应该把它们指出来。在整个欧洲，读到这些印刷的优秀作品，并将通过它们，有把握地学会我们的语文；语文的纯洁就将永远确定了。法国的那些好书，由国王出钱来精印，可以成为民族最光荣、最骄傲的纪念物之一。我曾经听说布瓦洛先生曾经提出过这种建议，而这种建议又由另一人重新提出，这个人的聪明、才智以及正确的批评是众所周知的。但是这个意见却和其他许许多多有益的意见一样，经受到了同样的命运，得到了人们的称赞却又被人们所忽略了。

---

① 戴尔麦，伦敦市长。

② 理查德·霍普金斯，查理七世的财政大臣。

③ 贝尔纳（1651~1739）是路易十四、十五时代的金融财政家。

论人类的不平等

Discourse On Inequality

〔法〕 让·雅克·卢梭

主编序言

让·雅克·卢梭，1712 年 6 月 28 日出生于日内瓦共和国的一个具有法国血统的钟表匠家庭。他没有接受过正规的教育，而且尽管他尝试过雕刻、音乐、儿童教师等众多职业却仍无法维持自己的生活。直到他的应征论文《论科学与艺术》获第戎学院奖金时，他的作家才能才得以显现。他在这篇文章中指出“科学和艺术是同财富与奢侈相并生的”。他的精彩论述“科学和艺术带来文明的堕落”使他声名鹊起。《论人类的起源》一文同样也是为应第戎学院征文而作。

后来，他致力于文学创作，并发表了两部小说：《新爱洛绮丝》和《爱弥儿》。前者被认为是写实抒情小说的先驱；而后者对我们今日的教育学的理论和实践仍有深远的影响。

1762 年出版的《社会契约论》阐述了不平等的话语权的教义，无论从历史上来看还是哲学上来说，它都是不完善的，但它却激发了法国大革命的领导人对自由、博爱、平等的追求，其影响范围也远远超出了法国。

卢梭一生最重要的作品《忏悔录》在他去世后才出版。《忏悔录》描述了卢梭的一生，但它追求的是绝对的真实，书中对作者的性格和行为的描写虽极为有趣但也因其太真实而常常使人非常不舒服。但它不愧为世界上最伟大的自传之一。

卢梭晚年患上了迫害妄想症，尽管他得到了许多朋友的帮助，却总是怀疑他们，并与他们发生争吵。这位法国最具影响的作家，于1778年7月病逝于巴黎近郊的埃尔默农维尔庄园。

卢梭在《爱弥儿》中描写了萨瓦副主教和他的信仰告白，这位副主教并非将自己的宗教原则强加给儿童，而是想寻找一条可以和儿童一起讨论宗教问题的教育之路。然而，世人都公认，这些就是卢梭自己的观点。这篇信仰告白精炼地阐述了他本人特有的对宗教信仰的态度。萨瓦被认为是融合了卢梭青年时期认识的两位副主教的特点，其中最重要的是都灵的盖姆神父，另一位是在阿纳西教导过他的加迪埃神父。

查尔斯·艾略特

第戎学院征文题目

“人类不平等的起源是什么？人类的不平等是否被自然法则所认可？”

人类不平等的起源和基础

我要论述的是人，而且，我所研究的问题启示我，必须向人们论述这种观点：害怕面对真理的人是不会提出这类问题的。所以，我不揣冒昧，应约在给我以鼓舞的智者们面前，论述人类的起源。如果不辜负这个论题和各位评判员的话，我将会感到无比荣幸。

我认为在人类中存在两种不平等：一种，我把它称为自然的或生理上的不平等，因为它是基于自然，由年龄、健康状况、体力强弱以及智力或心智的不同而产生的；另一种可以称为精神上的或政治上的不平等，因为它依靠特定的制度安排，由于人们的同意而设定的，或者至少它的存在是为大家所认可的。第二种不平等赋予一部分人特权，譬如，比别人更富足、更光荣、更有权势，甚至能让别人服从他们。

追问什么是自然的不平等的根源是无意义的，因为在它的简单定义里面，已包含了这一问题的答案。我们更不必追问在这两种不平等之间，有没有实质上的联系。因为换句话说，这就等于问支配者是否一定优于被支配者，一个人的体力或智力、才能或品德是否总和他们的权势或财富相称。这样的问题，向奴隶们提出并让他们的主人听他们讨论，也许是好的，但让一个有理性的自由人在追求真理的时候去研究，则是非常不恰当的。

因此，这篇论文所要论述的主题是要指出：在事物的发展进程中，权力何时代替了暴力，自然服从了法律；要说明到底经历了什么样的一系列奇迹，才使强者甘愿为弱者服务，人民甘心放弃已有的幸福来换取一种空想的安宁。

研究过社会基础的哲学家们都认为，有必要回归人类的自然状态，然而实际没有一个人曾经做到。有些人毫不犹豫地设想，在自然状态中的人，已有正义和非正义的观念，但他们却没有指出何以会有这种观念，甚至也没有说明这种观念对自然状态中的人有什么用处。另外有一些人谈到自然权利，即每个人生来拥有财产所有权，但却没有阐明他们对于“所有”一词的理解。还有一些人首先赋予强者以统治弱者的权力，因而就认为政府是由此产生的，却忽视了人类创造权威和政府的概念之前的漫长时期。总之，所有这些人一直徘徊于人类的需要、贪婪、压迫、欲望和骄傲这些在社会中产生的字眼，其实是把从社会中得来的一些观念，搬到自然状态上去了；他们论述的是野蛮人，而描绘的却是文明人。甚至在现代多数学者的头脑中，对自然状态的存在从未发生过疑问，然而《圣经》中，却明确说明第一个人已经直接从上帝那里接受了智慧和训诫，他本身就不曾处于自然状态；而且如果我们像每个信奉基督教的哲学家那样相信摩西①著述的话，便必须承认，即使在洪水来临之前，人们也不曾处于纯粹的自然状态，除非他们遭遇某种神奇的际遇而重新堕入其中，那又另当别论。这种矛盾的说法既经不起推敲也更不可能被证实。

所以我们首先要把一切事实撇开，因为它们与我所研究的问题无关。不应当把我在这个问题上所研究的内容认定为历史真相，而只应认为是一些假定的和有条件的推理。这些推理与其说是为了确定事物的真实来源，不如说是用于阐明事物的性质，正好像我们的物理学家，每天对宇宙形成所做的那些推理一样。宗教让我们相信：上帝自己刚把人类创造出来，就

① 摩西是犹太人的先知，摩西的论述是指《旧约》。

立刻使人摆脱了自然状态，人生而不平等，仅仅因为上帝愿意他们那样。但是宗教并未禁止我们根据人和他周围存在的事物的性质来进行推断，倘若让人类自然发展的话，究竟会变成什么样子。这就是我要回答的问题，也正是我自己想要在这篇论文里加以研究的主题。由于我的主题涉及整个人类，所以我尽量采用一种适宜于所有民族的语言，或者不如说撇开时间和地点，只想着在听我讲话的那些人。我设想自己在古代雅典的学院里，反复吟诵导师的教诲，评判员是柏拉图和克塞诺克拉特那样的人，而听众就是整个人类。

啊！人啊，不论你是何国籍，不论你有何种思想，请听吧！这是你的历史。我自信我曾经读过它，但不是在你的那些喜欢撒谎的同类所写的书籍里，而是在永不撒谎的大自然里。源于自然的一切都是真实的，如果偶有虚假，那也只是由于我于无意中掺入了我自己的意见。我所要谈论的时代已经很遥远了，而你也发生了巨大的变化！我所要给你描述的，可以说是你这一种类的生活。你们原有的品性已为你们所受的教育和所沾染的习惯所败坏，不过尚未完全毁掉而已。我觉得有这样一个时代，你们每个人都会愿意停留在那里，你也在寻找那个时代，并希望你们这些纯粹的人都生活在那里。你不满意你的现状，并预感到你的不幸的子孙后代将会感到更大的不满，所以你或许希望社会能够倒退。这种感情无异于对你的祖先的颂扬，对你的同时代人的批评，而且也会使你不幸的后来者感到震惊。

第一部分

为了正确地判断人的自然状态，必须从人的起源来观察人类，也可以说必须从人类形成的初期来研究人类。这尽管是一种很重要的方法，但我并不打算研究人类在连续不断的发展中逐步形成的构造。因此，我不准备探讨在动物的体系中人是怎样从他最初的样子，终于变成了现在的样子。我不想去研究，是否真如亚里士多德所说，今天人的长指甲最初不过是弯曲着的爪子；是否在原始状态中，人也像熊一样，周身是毛以及是否人在最初用四肢爬行，他的视线总注视地面，只能望到几步远，因而不能看到广阔的大自然因此也限制了思想的发展。我在这些问题上，只能作一些几乎近于想象的笼统的猜测。比较解剖学至今还没有多大的进步，自然观察家们也不能为任何可靠的推断提供有力的证据。这样，如果我不借助于有关这方面的超自然的知识，也不去注意人类因为将四肢用于新的用途和食用新的食物而发生的身体内外构造的变化，我只能假设，原始时期的人和现在的人一样，用双腿行走，用双手做事，目光前视整个大自然，也能看到广袤无垠的天空。

如果把这样构成的一种生物，剥去了他所能禀受的一切超自然的天赋，剥去了他在漫长的历史中获得的认知能力，也就是说，如果只观察他刚从自然中生长出来时的样子，那么，我们便可以看到人这种动物，既不如某些动物强壮，也不如另一些动物敏捷，但总体来说，人体的构造是所有动物中最完善的。我看到，只要他能找到橡果充饥，找到溪水解渴，还能在橡树下找到睡觉的地方，那他的全部需要便得到满足了。

如果大地还像以前那样肥沃，覆盖着大地的无边森林不曾受到任何刀斧的砍伐，那么，这样的大地仍然能够为所有的动物提供充足的食物和住所。生存在各种动物之中的人类，凭借他观察和学习的能力，使他获得了其他动物的生存本领，因此具有了任何其他动物不能比拟的优势。此外，人还有这样一个优点：每种动物只有它自己所固有的本能，而人本身也许没有任何一种固有的本能，但却能逐渐学会其他动物的生存能力。同样地，其他动物分别享受的种种食物大部分也可以作为人的食物，因此人比其他任何一种动物都更容易觅取食物。

由于人类自幼年就长期经历气候的多变以及季节的更替，因此不得不忍受疲劳，同时为了保卫自己的生命和捕获猎物又不得不裸体地、赤手空拳地去对抗其他猛兽，或者为了躲避猛兽而不得不迅速逃跑，所以，人便养成了一种强壮的、几乎不会改变的体质。儿童一出世就承继了父母的优良体质，并在赋予他们这种体质的环境中不断磨炼，因而获得了人类特有的生产能力。自然对待他们，恰如斯巴达的法律[①]对待公民的儿童一样，他们只留下那些生来体格健全的幼儿加以培养，使他们变成强壮有力的人，而杀掉其余体质弱的孩子。这是和我们的社会不同的，在我们的社会里，国家使幼儿成为父母的负担，因而在幼儿未出生以前，就不分优劣地把他们置于死地了。

原始人的身体，是他自己所认识的唯一工具，他把身体用于各种不同的用途。而我们由于缺乏锻炼，已不能像他那样使用自己的身体了。现代

---

① 斯巴达实行全民军事化，婴儿一出生就要接受身体检查，身体强壮的留下，身体虚弱的就要扔到弃婴场。

技术使我们已经没有原始人因实际需要而养成的那种体力和敏捷。假如已经有了斧头，他还能用手腕去折断那么粗大的树枝吗？假如已经有了投石器，他还能那么有力地用手投掷石头吗？假如已经有了梯子，他还能那么轻捷地攀援树木吗？假如已经有了马，他还能跑得那么快吗？如果一个文明人有充分的时间把这一切工具收集在自己身旁，毫无疑问，他会很容易地战胜原始人。但是，如果你有心观看一个更不势均力敌的战斗，使这两种人赤身露体赤手空拳的较量一番，你马上就会承认：一个随时全力以赴、随时准备应对一切变化，甚至本身自始至终就具备了一切力量的那一个人占着何等的优势。

霍布斯[①]认为人类天生是大胆的，争强好胜，喜欢打斗。另一位著名的哲学家[②]的想法则恰恰相反，这位哲学家认为（康贝尔兰德和普芬道夫[③]也同样地断言说）没有比在自然状态中的人更胆小的了，他一听到轻微的声音或望到微小的动作就会吓得发抖并准备逃跑。在他遇到不认识的事物时，这种情况可能发生，我也决不怀疑，他会被任何一种新奇景象吓倒，当他不能分辨这种景象到底对他本身有益或有害，也不能把他自己的力量和他要冒的危险加以比较时。但这种情形在自然状态中，毕竟是很少见的。在自然状态中，一切事物都按照单纯的方式进行着，大地上也不会发生突然的或者持续不断的动荡。可是，分散地生活在野兽中间的原始人，很早就和野兽进行过搏斗。因此，他很快就同野兽做了比较，当他逐渐感觉到他在智巧方面胜过野兽的程度，远远超过野兽在力量方面胜过他的时候，他就知道不必再惧怕野兽了。如果让一只熊或一只狼去和一个粗壮、敏捷、勇敢（所有的原始人都是这样）而用石头和棍子武装起来的野蛮人搏斗，你将会看出，至少是双方都有生命的危险，而且经过许多次这样的试验之

---

① 霍布斯（1588~1679），英国哲学家，著有《论物体》、《利维坦》等。

② 这里指孟德斯鸠参看其著作《论法的精神》第一章第二节。

③ 康贝尔兰德（1631~1718）英国人，提出万物性善说。普芬道夫（1632~1694）德国法学家、史学家，古典自然法学派的主要代表之一。

后，素来不爱相互攻击的野兽，也不太愿意对人进行攻击，因为它们终于发现人和它们是同样的凶猛。至于有些动物，它们在力量方面胜过人的程度，确实超过人在智巧方面胜过它们的程度，那么，原始人在它们面前，就同其他比较弱小的动物处于相同的境地，不过即使如此，他们也能生存下来。而且原始人还有一个优势，即，奔跑起来人和其他动物同样敏捷，并且可以在树上找到一个相当安全的避难所，当他和野兽相遭遇的时候，可以自由选择搏斗或逃避。再说，无论哪一种动物，除非在自卫或特别饥饿的情形下，好像都不是天然就好和人搏斗的，也绝不会对人表示那样强烈的反感，这种反感好像表明一种动物注定要成为另一种动物的食物。

然而人类还有另外一些更可怕的，没有适当方法可以防御的敌人，那就是幼弱、衰老和各种疾病等天然缺陷。这些都是人类弱点的不幸证据，其中前两种是各种动物所共有的，而最后一种主要存在于社会状态中的人身上。关于幼弱问题，我曾观察到，人类中母亲可以随身携带自己的幼儿，因此她喂养幼儿，就比那些必须忙碌不堪往来于觅食和喂养孩子之间的动物母亲便利得多了。固然，如果母亲一旦死亡，孩子便很有跟着死亡的可能，但是这种危险，是所有动物所共有的，因为在能养活自己之前，幼崽总有一段时间要依赖母亲。而人类的幼弱时期虽然较长，但寿命也比较长，因此，在这一点上，人和其他动物差不多是相等的，虽然在幼年发育期的长短、幼儿数目的多寡上，还存在着别的规律，但这不是我所要研究的问题。在老年时，人类活动减少，分泌物也减少，对食物的需求也随着觅食能力的下降而减少。虽然由于他们所过的生活，原始人不会得风湿病和关节炎，但衰老却是人面对的最无力解除的一种痛苦。因此，老人们终于无声无息地逝去，没有人会注意到，甚至连他们自己也不会意识到。

关于疾病，我不想重复大多数身体健康的人所发的反对医学的肤浅荒谬的言论。但是我要问一问是否有某种确凿的证据，能够证明在医学最不发达的地方人们的寿命要比医学最发达的地方的人们要短？倘若我们自己给自己造成的疾病比医学所能提供给我们的治疗方法还要多的话，那应当怎样解释呢？生活方式上的极度不平等，一些人的过度闲逸，另一些人的过度劳累；食欲和性欲的易于激起与易于得到满足；富人们过于考究的食品，供给他们增加热量的养分，同时却使他们受到消化不良的苦痛；穷人们的食物不但粗劣，甚至还时常缺乏，以致一有机会他们就暴饮暴食，因而伤害脾胃，再加上熬夜、不节制、各种情欲的放纵、体力的疲劳和精神的衰竭与各种生活条件下数不清的痛苦和焦虑掺杂在一起，使人们难享片刻安宁。这一切都是不幸的凭证，足以证明人类的大部分不幸都是人类自己造成的，同时也证明，如果我们想要摆脱这些，我们就要始终保持自然给我们安排的简朴、单纯、清净的生活方式。如果自然曾经注定了我们是健康的人，我几乎敢于断言，思考是违反自然的一种状态，而一个思考着的人必定是一种痛苦的动物。当人们想到原始人——至少是没有被我们的烈酒损坏的那些原始人——的优良体质时，当我们知道他们除受伤和衰老以外几乎没有任何其他不适时，我们便不得不相信：人类文明的发展史，就是人类的疾病史。至少柏拉图是这样认为的，他曾根据波达利尔和马卡翁两人在特罗瓦城被围时所使用过或赞许过的一些药物来推断说，这些药物所引起的各种疾病，当时尚未被人们所认识。赛尔斯[①]也说过，希波克里特[②]发明的节食疗法对于现在的人们仍是非常有用的。

处在自然状态中的人，既然疾病的来源那么少，那么，几乎不需要药物，尤其不需要医生。他们在这方面与动物差不多。从猎人那里我们不难了解，他们在打猎的时候，是否遇到过很多有残疾的动物。他们曾经遇到不少的动物受过严重的创伤但伤口已经结疤，有的曾经折断了骨头甚至是四肢，但它们无须任何外科手术，时间自会治愈伤口。除平常生活外，也无须任何护理。它们不用忍受手术的痛苦，不受药品的毒害以及忌食的折磨，但它们照样能够痊愈。总之，无论精良的医术，对于我们能有多么大的效用，原始人在生病时虽只能依靠自然，但他们除自己的疾病外，别无畏惧，他们的生存状态令人向往。

---

① 赛尔斯是罗马名医，著有《论医学》。

② 希波克里特是古希腊名医，西方医学之父，提出了体液说。

因此，我们应当避免把原始人和我们目前所见的人混为一谈。自然用一种偏爱来对待所有在它照管之下的那些动物，这种偏爱好像是在表示自然如何珍视它对这些动物加以照管的权利。在森林里的马、猫、雄牛甚至驴子，大都比圈养的更高大，有更强壮的体质，更多的精力、体力和胆量。它们一旦被驯养，便失去大半的优点。而且可以说，我们照顾和饲养这些牲畜的一切细心，结果反而使它们趋于退化。人也是这样，在他变成社会的人和奴隶的时候，也就成为衰弱的、胆小的、卑躬屈节的人。他的安乐而萎靡的生活方式完全消磨了他的力量和勇气。而且原始人和文明人之间的差异，比野生动物和驯养动物之间的差异还要大。因为自然对人和动物一视同仁，而人却通过使自己沉溺于比他们驯养的动物更安逸的生活而退化得更为显著。

所以没有衣服、没有住处、没有那些在我们看来是那么必需的一切，对原始人来说，并不是多大的不幸，这些也不会对他们的生存造成威胁。他们虽然没有毛发覆盖身体，那是因为生活在温暖的地方的他们没有这样的需要，倘若生在寒冷地带，他们很快就会利用所捕获的野兽的皮毛。他们用双脚奔跑，用双手保护自己，获取食物。他们的幼儿也许很晚才会走路，而且走起来颇为困难，但是母亲能轻易地携带幼儿，这是其他动物所没有的一个优势。在受到追逐时，动物母亲便不得不抛弃它的幼崽或放慢脚步和幼崽一起跑。总之，除非遇有我在下面所要谈到的那些情况[①]的（这些情况很可能永不发生）稀有的、偶然的会合，无论如何我们会很容易明白：第一个为自己制作衣服或建造住处的人，实际上不过是给自己创造了一些很不必要的东西。因为在此以前没有这些东西，他也照样生活，而且我们不能理解为什么他在长大以后反而不能忍受他自幼就能忍受的那种生活。

孤独的、清闲的并且时常会遇到危险的原始人，必定喜欢睡觉——如

① 在本文第一部分的最后，卢梭提出：“原始人所拥有的自我完善、社会美德和其他潜能，只有通过一系列可能不会发生的外部偶然因素才能得到发展。如果没有这些因素，人类也许永远停留在原始状态。”

同其他不大用思想的动物一样——可以说，在不思想的时候，总在睡眠，而且容易惊醒，因为自我保存，几乎是他唯一关心的事情。他必须经常锻炼攻击和防卫的能力，要么用于捕获猎物，要么防止自己成为其他动物的猎物。相反地，原始人那些享受安逸和情欲的器官必然极度不发达，与任何精致的东西都不相容。因此，他的各种感官就分化为两种迥然不同的情况：触觉和味觉极端迟钝，视觉、听觉和嗅觉则最敏锐不过。这是动物的一般状态。据旅行家们的记载，这也是大部分原始人的状态。所以我们丝毫不必感到惊讶：为什么好望角的霍屯督人能用肉眼发现海上的船只，而荷兰人用望远镜才能看得一般远；为什么美洲的野蛮人像最好的猎狗一样，能够由足迹嗅出西班牙人的行迹；为什么所有这些原始人，不因裸体而感到痛苦，能吃下大量的辣椒，并且像喝水一样饮下欧洲人的烈酒。

直到这里为止，我只从生理方面对原始人进行了研究，下面我将谈论原始人的精神和智力。

在我看来，任何一个动物都是一部精巧的机器，自然给这部机器一些感官，使它自己活动起来，并在某种程度上对一切企图毁灭它或干扰它的东西实行自卫。人也是这样的机器，但不同的是：在运作动物这部机器时，自然支配一切，而人作为一个自由主动者，在运作机器和形成性格上享有一部分权利。动物根据本能决定取舍，而人则通过自由行为决定取舍。因此，动物不能违背自然给它规定的规则，即使那样做对它有利。而人则往往虽对自己有害也常违背这种规则。正因为这样，一只鸽子会饿死在满盛美味的肉食的大盆旁边；一只猫会饿死在水果或谷物堆上，其实这两种动物，如果想到去尝试一下，并不是不能以它们所不喜欢的食物为生的。也正因为这样，一些生活放荡的人，才会沉溺于招致疾病或死亡的种种淫乐，因为精神能使感官遭受损害，当自然的需要已经得到满足的时候，意志却还提出要求。

一切动物，既然都有感官，也就都有观念，甚至还会把这些观念在某种程度上联结起来。在这一点上，人与动物不过是程度之差。某些哲学家甚至进一步主张，人与人之间的差别比人与动物之间的差别还要大。因此，在一切动物之中，区别人的主要特点的，与其说是人的悟性，不如说是人的自由主动者的资格。自然支配着一切动物，动物总是服从；人虽然也受到同样的支配，却认为自己有服从或反抗的自由。而人特别是因为他能意识到这种自由，因而才显示出他的精神的灵性。物理学也许能在某种程度上解释感觉的机制和观念的形成，然而在这种意志能力或者说选择能力，以及对这种能力的认识方面，我们只能发现一些纯精神性的活动，这些活动都不能用力学的规律来解释。

但是，尽管围绕着所有这些问题的种种疑难之点，使我们在人与动物之间的区别上还有争论的余地，然而另外有一种区分二者的差别，并且在这一点上是没有争议的，这就是自我发展的能力。这种能力是人类所共有的、与生俱来的能力，借助于环境的影响，人类通过这种能力不断地促进所有其他能力的发展。动物却与之相反，它们在最初几月就会长成它终身不变的那个样子，即使再过一千年也仍然和这一千年开始的时候完全一样。为什么只有人类会衰老糊涂呢？是不是人类因此又返还到他的原始状态呢？是不是动物之所以永远保持着它的本能，是因为它既毫无所得，也就毫无所失。而人类一旦年老或发生事故就会失去曾使他们成长的优良品质，从而堕入比动物还不如的状态呢？如果我们不得不承认：这种特殊而几乎无限的能力，正是人类一切不幸的源泉；正是这种能力，借助于时间的作用使人类脱离了他曾在其中度过的安宁而淳朴的岁月的原始状态；正是这种能力，在各个时代中，使人显示出他的智慧和谬误、邪恶和美德，终于使他成为人类自己的和自然界的暴君，这对我们说来，就未免太可悲了。奥里诺科河沿岸的居民，用木片贴在他们小孩的太阳穴上，认为这样至少可以保持小孩一部分的纯朴无知和本来的幸福。如果我们不得不把这种办法的创始者歌颂为造福人群的人物，这就未免太可怕了。

在自然的支配下，原始人仅服从于他的本能，或者更确切地说，自然为了补偿原始人在本能方面可能有的缺陷，赋予他一些能力，这些能力首先可以弥补他的缺陷，而后还可以把其提高到远远超过本能状态之上。因此，原始人最初所具有的只是一些纯动物性的能力。视觉和感觉也许是原始人最基本的能力，这与其他动物一样。直到新环境激发他的能力之前，愿意和不愿意、希望和畏惧可能是他最初的和几乎仅有的精神活动。

无论伦理学家们怎样主张人的认知的发展在很大程度上依赖于情感，同样情感也在很大程度上依赖于悟性。由于情感的活动，我们的理性才能够趋于完善。我们所以求知，无非是因为希望享受，很难想象一个既没有欲望也没有恐惧的人肯费力去思考。情感本身来源于我们的需要，而情感的发展则来源于我们的认识。因为人只在对某些事物能够具有一定观念的时候，或者是由于单纯的自然冲动，才会希望或畏惧那些事物。原始人由于缺乏各种智慧，只有自然冲动的欲望，他所追求的绝不会超过他的生理需要。在这世界上，他所知道的只有食物、异性和休息，他所畏惧的就是疼痛和饥饿。我说疼痛，而不说死亡，是因为没有动物知道死亡是怎么一回事；对死亡的认识和恐惧，乃是人类脱离动物状态后最早的“收获”之一。

如果有必要，我可以很容易的找到事实来支持我这种看法。在世界各民族中，智慧的进步，恰恰是和各族人民的天然需要，或者因环境的要求而必然产生的需要成正比的，因此也是和促使他们去满足那些需要的种种欲望成正比的。我可以指出，埃及的艺术是随着尼罗河的泛滥而产生并发达起来的。我可以追寻艺术在希腊的发展情况：各种艺术在阿提喀的沙滩和岩石间生根、发芽并长成参天大树，却无法在奥罗塔斯河肥沃的两岸上存活。我还可以指出，北方的民族一般说来比南方的民族更为勤劳，因为如果不这样他们就不能生存下去。好像自然愿意这样调整事物以使它们趋于平等，在它不愿使土地肥沃的地方就赐予那里的人们更多的智慧。

然而，即使不借助于历史上不可尽信的证据也能看出，一切似乎都在剥夺原始人改变自身境遇的欲望和手段。他的想象不能给他描绘什么，他的心灵不会向他要求什么。由于他那有限的一点需要十分容易得到满足，而他又远没有达到一定程度的知识水平，因而也没有产生更多的欲望，所以他既不可能有什么预见，也不可能有什么好奇心。他越熟悉自然，越对此习以为常。万物的秩序、时节的运转总是始终如一的。他没有足够的智慧来欣赏那些最伟大的奇迹，即使他曾观察过自己的日常生活，我们也不能设想他已有了人所必须具备的智慧。在他那什么都搅扰不了的心灵里，只有对自己目前生存的感觉，丝毫没有将来的观念，无论是多么近的将来。他的计划，也像他的眼光那样局促，几乎连一天以内的事情都预见不到。即使是现在，加勒比的土著人的预见程度，还是这样。他们早上卖掉棉被，晚上为了再去买回而痛哭，他竟连晚上还需要棉被都无法预见。

我们越对这一问题深思熟虑，便越会看出纯粹的感觉和最简单的知识之间的距离。很难想象，一个人仅靠自己的力量而不借助交流和需要的刺激就能越过这样大的距离。多少世纪过去以后，人们才能够看到雷电以外的火！在多少偶然的机会发生之后人们才学会火的基本用法！在多少次之后，人们才获得取火的技术！而且，也许这种秘诀不知曾经随着发明者的死亡而消失过多少次！我们该怎样看待农业呢？它要求那么多的劳动和预见，它还依赖于许多别的技术。很明显，只有建立了社会以后，至少是在已经开始建立了社会的地方才能够产生这种技术。而且从事农业多半不是为了从土地中获得一些无须农业也会获得的食料，而是要使土地生产一些最适合我们口味的东西。但是，假如人口过度繁衍，以致自然产品已经不足以养活他们（我顺便指出，这种假定足以证明当时人们的生活方式是非常适合人类的）；假定虽然没有炼铁厂和制造厂，耕种的工具已由天上掉到原始人手里；假定这些人已经克服了他们所普遍具有的、对于继续不断的劳动无比的厌恶；假定他们已经学会很早就预见到他们的需要；假定他们已经猜想出应该怎样耕种土地、播散种子、栽植树木；假定他们已经发明了磨麦和酿酒的技术（所有这些事情，想必是上帝教会了他们的，因为很难想象人类最初自己怎么能学会这些技术），即便是这样的话，如果他们辛勤耕耘后的收获被第一个来到并且看上这些收获的人或动物抢走，试问，谁还会那么愚蠢，肯于自寻烦恼去耕种土地呢？尤其是当他们越是需要得到劳动的报酬却越确定不能得到的时候，试问，谁还肯终生从事于艰苦的劳动呢？总之，在这种情况下，即在土地还没有被分配，也就是说，自然状态还没有消灭以前，人们怎么会愿意耕种土地呢？

如果我们假定原始人在思维上已达到现代哲学家们所说的那种巧妙程

度，如果我们也像哲学家们一样把原始人也看成一个哲学家，能够独自发现最崇高的真理，并且能够通过一系列很抽象的推理，从对宇宙秩序的热爱中，或从造物主所显示出的意旨中，创造出智慧和理性的格言，简言之，如果我们假定原始人原本就聪颖明智，而实际上，我们却发现他是迟钝而愚蠢的，那么，人类从这种不能彼此交流并随发明者的死亡而消失的智慧中能得到什么益处呢？散处在森林里并杂居于动物之中的人类能有什么进步呢？没有固定住所，不需要彼此协助，一生之中彼此也许遇不上两次，互不相识、互不交谈的人们，他们能够自我完善化和相互启发到什么程度呢？

设想一下，有多少观念的产生应归功于语言的使用，而语法对于锻炼和促进精神活动又起着多么大的作用，试想一下最初发明语言所应经历的难以想象的困难以及所应花费的无限时间。根据这些假设和前面提到的种种假设，便可以判断，要经历多少千年漫长的岁月，人类才能逐渐发展出他所能进行的这些思维活动。

在这里，我要用少许时间来思考语言起源上的一些难题，我想，在这里引证或重述一下孔狄亚克神父①对这个问题所做的研究就够了。这些研究不但完全证实了我的观点，也许还在最初启发了我。但是从这位哲学家解决他在抽象符号的起源问题上给自己提出的难题时所采用的方法来看，显然他把我质疑的问题当作了他假设的前提，即，在创立语言的人们之间，一定已经有了某种社会联系，因此，我认为在引用他的意见时，应当附加上我的意见，以便从适合于我的角度来加以说明同样的难题。首先呈现出的难题，是想象语言怎么会成为必要的。因为，原始人之间既然没有任何来往，也没有任何来往的需要，则语言的发明并不是必不可少的，那么，我们就无法设想这种发明的必要，也无法设想这种发明的可能。我同意一些人认为语言起源于家庭成员在日常接触中产生的观点。但是这种说法，不但丝毫不能解决我们的疑难，而且还可能犯那些将社会状态中的观念硬搬到自然状态中的人身上所犯的同样的错误。他们总以为一个家庭住在一

① 孔狄亚克（1714~1780）法国哲学家，著有《人类知识起源论》。

个屋檐下，家庭成员们彼此间保持着一种同我们现在一样的亲密而永久的结合，并有许多共同利益把他们结合起来。其实在原始状态中，没有住宅，甚至连茅屋也没有，也没有任何种类的财产，每个人随便找一个地方休息，而且往往只住一夜。男女两性的结合也是偶然的，或因巧遇，或因机缘，或因意愿关系，并不需要语言作为他们彼此间表达意思的工具。他们的分离也是同样很容易的。母亲哺乳幼儿，起初只是为了她自己生理上的需要，后来在她习惯之后，她便觉得小孩可爱，才会因为爱孩子而喂养他们。但是，孩子一旦长大，能够独立谋生后就毫不迟疑地离开母亲，而且除非他们永不失散，能经常见面，才不会忘记彼此。否则，他们再见面时也不能认出彼此。此外，我们还应当指明，小孩要向人表达他的许多需要，因此他想向母亲说的事情比母亲想向他说的还要多。对于发明语言尽最大努力的应当是小孩，并且他所使用的语言，大部分应当是出自他自己的创造。这样，语言的种类势必随着以语言来表达意思的人数增加而增多，加上漂泊不定的生活，使得任何用语都没有机会固定下来，更助长了这种情况的发展。那种认为是母亲教导小孩学语言，使他用来向她表达他想要的东西的说法固然足以说明人们怎样传授那已经形成了的语言，却丝毫不能解释语言是怎样形成的。

但让我们假定这第一个难题已经解决了，让我们暂且不理会在纯粹的自然状态下与语言成为必需之间的漫长时间，暂且承认语言产生的必要性，来研究语言如何能够开始形成。这是比前一难题更不易解决的难题。因为，如果说人们为了学习思维而需要语言，那么，他们为了发明语言则更需要先学会如何思维。而且即使我们能够想到发音语言是如何成为解释我们思想的约定工具的，我们仍须进一步探讨，当初对于那些不能感知的抽象物、既不能用手势又不能用声音表示出来的观念，又将约定什么样的工具来传达呢？关于这种交流思想和建立精神联系的艺术的起源，我们还难以做出任何合理的猜测。语言这一艺术如此高深，并早已远离它的起源，可是哲学家们还在一个离这种艺术的完善状态遥不可及的距离研究它，因而，没有一个人大胆到敢于断言这一艺术怎么会终于达到它完善化的境地的，即使伴随时光流逝而发生的变化对这一艺术可能不发生任何影响，纵使学者们能够摒弃所有偏见，甚至做到客观公正，纵使学术界能够毫不间断地从事这个棘手问题的研究达数世纪之久，恐怕也没有人敢作这种断言。

人类最初的语言，也就是说，在人类还没有必要用语言来劝诱大众以前，所使用的最普遍的、最有力的、唯一的语言，就是自然的呼声。因为它是在紧急情况之下，由于一种本能而发出来的，它的用途不过是在大的危险中向人救助，或在剧烈的疼痛中希望减轻痛苦，所以在日常生活中，人们并不常常使用这种呼声。当人类的观念开始发展并逐渐增多时，人们的交往也更密切，他们便想制定更多的符号和更丰富的语言。他们增多了声音的抑扬变化，并且加上了手势。手势按它的性质来说，有较强的表现力，也更少依赖于预先设定的含义。于是他们用手势来表示那些可以看见和移动的事物，用声音来模仿那些听得见的事物。但是手势除表示眼前的和容易描绘的东西以及看得见的动作以外，几乎不能表示其他事物，光线不足或事物的遮挡也会使手势失去作用。而且，手势只有引起别人注意的作用，而不能确保别人一定会注意到，所以不能普遍地使用；人们最终决定用发音的语言来代替手势，声音虽然同某些观念并没有同一的关系，但它们却更适于作为约定符号来代表所有这些观念。不过这种约定完全通过人们的共识得以实现，而对于原始人来说，他们粗糙的没得到多少练习的器官还不能适应这种情况，他们必然经历了艰难困苦才达成共识。这种代替，其本身也是难以理解的，因为要获得一致同意就必须说明理由，那么，在制定语言的时候，语言的使用似乎是已经成为十分必要的了。

我们可以合理地设想，人们最初所使用的词，比语言已经形成后人们所使用的词，在他们的心灵中意义要广泛得多。而且最初他们不晓得把词句的各个构成部分加以区分，所以赋予每一个词以一整个句子的意义。当他们开始把主词和宾词分开、动词和名词分开的时候，那已显示出非凡的天才了。名词最初只是一些专门名词，动词只有现在时态。而形容词概念的发展一定经历了更艰苦的努力。因为形容词，都是一些抽象的词，而对事物加以抽象，是一个既费力又不自然的过程。

最初每个物体，只取得一个特有的名称，不管属性和种类，因为属性和种类是最初创立名词的人所不能区分的；而所有的个体都按照它自然的样子单独反映在他们的头脑中。如果一棵橡树叫作甲，另一棵就叫作乙，因为最初人们认为这是两个不同的事物。人们常常需要很多的时间才能观察出它们的共同点。因此，人们的认识越具有局限性，他们创造的词语就越庞杂。这种分类命名的困难是不容易解除的，因为要给万物分类命名就必须认识各种事物的特性，这就需要判断和定义。也就是说，需要远比那时的人类所拥有的更深厚的自然知识和抽象概括能力。

此外，不借助词语，人就不能形成概念，而理解概念也必须通过词句。这就是动物之所以既不能形成这样的观念，也永远不能获得依存于这种观念的自我完善化能力的原因之一。当一只猴子毫不犹豫地丢下这一个坚果去摘另一个坚果时，我们能认为它明白坚果的一般含义并能用这个含义和两个具体的坚果作比较吗？当然不能。不过它看见这一个坚果，不免就想起它接触另一个坚果所得到过的感觉；它的眼睛因为接收到一定的映象，于是预示它的味觉行将尝到一定的滋味。每个概念都是纯抽象的，稍一掺上想象，概念立刻变成具体的事物了。如果你想在头脑中描绘树的一般形象，你永远描绘不成功。无论你愿意与否，你必须想象一棵树，矮小的或高大的，枝叶稀疏的或茂密的，浅色的或深色的；如果你想仅仅看到一切树木所具有的共同点，那么，你所得到的形象便不会像一棵树了。认识纯粹抽象的存在物也只能通过这一种方法，即只能求助于语言。仅仅一个三角形的定义，就可以给你关于三角形的一个真实观念，但当你想象一个三角形时，你想出的一定是一个具体的三角形。而且你不可避免地要赋予这个三角形具体的线条和特定的颜色。因此，我们必须使用词句和语言来形成概念。因为想象一停止，我们只能借助于语言来思考。那么，如果最初发明语言的人只能给他们已经具有的观念一些名称的话，则最初的名词只能是一些专门名词。

但是当最早的文法学家，用我所不能理解的方法，开始扩大他们的观念和概括词语的时候，发明者的无知必然会使这种方法的应用局限于狭隘的范围。并且，起初由于不认识属性和种类，他们创造出了过多的个体名称，而后他们又由于不能认识事物之间的差别，因而只能做简单的分类。要把分类工作进行得相当精细，就必须有比他们实际有的还要多的智慧和经验，就必须付出更多的艰苦努力和探索。如果直到今天，我们还能不断发现新的种类的话，试想应该有多少种类被那些只就最粗浅的外表来判断事物的人忽略了呢！更不用说有多少原始类别和最普通的概念被他们同样忽视了。比如说，他们是怎样设想或理解物质的、精神的、实体的、语气的、形象的以及动作的等词的呢？即使现在那些经常使用这些词语的哲学家理解这些词都颇有困难，况且这些概念本身的含义就是极度抽象的，它们在现实中找不到任何原型。

我暂且请评判员们停止阅读，仅就物质名词的创造，也就是说语言中最简单的部分来考虑一下，要使用精确的语言和固定的形式来表达想法，要使语言能满足工作的需要并且对社会产生影响，还有多少路程要走呢！请你们想想，要发明数字、抽象名词、过去式和动词的各种时态、冠词、句法，要连接词句、要进行推理、要形成言辞的全部逻辑，曾经需要多少时间和知识呢！至于我，已被越来越多的困难吓住了，我相信：单凭人类的智慧就能建立起语言体系几乎已被证明是不可能的事。我把这样一个难题留给愿意从事这种研究的人去讨论：社会的存在对于语言的产生和语言的产生对于社会的建立，究竟哪一个更为必要呢？

无论语言和社会是怎样起源的，但就以相互需要来联结人们并使人们易于使用语言这一点来看，自然几乎没有为人们提供多少社会性，而在人们为建立彼此的联系所做的一切努力中，自然也没对人有多少的帮助。事实上，我们很难想象在原始状态中，一个人对另一个人的需要会比一只猴子或一只狼需要另一只猴子或另一只狼更为迫切。我们即使承认这个人有那样的需要，那么，什么动机能使另一个人愿意满足他的需要呢；即使那个人愿意满足他的需要，他们彼此间又怎样能在条件上达成协议，这也都是不可想象的事。我知道有人常常对我们说，没有比原始状态中的人更悲惨的了；事实上如果真像我认为已经证明的那样，人类只有经历漫长的岁月后才能有脱离原始状态的愿望和机会，那我们就应当以此来控诉自然，而不是自然不幸创造出来的人类。但如果我们对所谓悲惨一词有正确理解的话，它或者是一个毫无意义的词，或者不过是指一种令人难以忍受的贫困和身体上或精神上的痛苦。那么，我很愿意有人能够说明，一个自由的、心灵安宁、身体健康的人会遭受什么样的悲惨呢？请问哪一种生活——社会的生活还是自然的生活——最易于使享受这种生活的人终于会觉得难以忍受？在我们周围，我们差不多只看见抱怨人生的人，甚至很多人情愿抛弃自己的生命，即使所有神的法律和人的法律都结合起来也无法制止这种混乱。请问，是否有人听说过一个原始人会抱怨人生或者想到自杀呢？那么，请稍稍放下我们的自尊心来判断一下，什么是真正的悲惨。相反地，如果原始人被智慧所迷惑，被情欲所困扰，总是纠缠于探索一种异己的状态，那才真是再悲惨不过的。这也可以说是出于神意的一种极为明智的措施：使人类所有的潜能只能在合适的时机才得以发展，以便使这些能力既不至于因发展得过早而成为多余的负担，也不至于因发展得过迟而不能满足后来的需要。原始人的本能即具有了生活于自然状态中所需要的一切，而要在社会中生活，他就需要逐渐发展智慧了。

最初，自然状态中的人类好像彼此间没有任何道德上的关系，也没有人所公认的义务，所以他们既没有好坏之分也没有善恶之别。除非我们从生理意义上来理解这些词，把那些对人的生存有利的性质叫作美德，而把那些对人的生存有害的性质叫作邪恶。在这种情形下，就应该把对于单纯的自然冲动最不加以抵抗的人叫作最有道德的人。但是如果我们不离开这些词的通常意义，便不应急于对这种状态做出判断，也不要固执己见，应当不偏不倚地衡量一下，是否在文明人中间，美德多于邪恶？或者他们的美德给他们的好处是否比他们的邪恶带给他们的损害还多？或者当他们逐渐学会彼此爱护的时候，知识的进步是否就足以弥补他们彼此之间的伤害？或者总的说来，是在他们既不互相畏惧又对彼此无所要求的时候，还是在他们相互依赖、彼此负有一切的义务而别人对他们无所回报时，人们感觉更幸福呢？

我们不能像霍布斯那样做出结论说：人天生是恶的，因为他没有任何善的观念；人之所以邪恶，是因为他不知美德为何物；人从不肯为同类服务，因为他不认为对同类负有这种义务。我们也不可像霍布斯那样下结论说：人有权得到他想要的任何东西，甚至愚蠢地认为自己是全世界的主人。霍布斯虽然很清楚地看出所有关于自然法的现代定义的缺点，但是他从自己的定义中所推出的那些结论便足以说明，他对这一定义的理解也同样是错误的。按照他所建立的原则来进行推理，本该得出这样的结论：因为原始状态的每个人都只关心自己的生存，这是对他人最无害的一种状态，所以这种状态最能保持和平，对于人类也是最为适宜的。可是他所得到的结论恰恰与此相反，因为他把满足无数欲望的需要，不适当地掺入原始人对自我保存的关心中，其实这些欲望乃是社会的产物，正因为有这些欲望才使法律成为必要的。霍布斯认为：恶人是一个强壮的婴儿。我们还须进一步了解，原始人是不是一个强壮的婴儿呢？如果我们承认原始人是一个强壮的幼儿，那又会得出什么结论呢？假如这个人强壮时也能依靠他人生活，那么他就可以肆无忌惮地任意妄为了。他会因母亲未及时哺乳而打她，会因弟弟讨厌而虐待他，会因别人碰撞了他或搅扰了他而咬别人的腿。但是，一个人既是强壮的而同时又依赖于人，这乃是自然状态中两个相互矛盾的假设。当一个人依赖于人的时候，他是软弱的；而他一旦强壮起来，他就要自力更生。霍布斯没有看到：我们的法学家们所主张的阻止原始人使用智力的原因，恰恰也就是霍布斯自己所主张的阻止原始人滥用自己的强力的原因。因此，我们可以说，正因为原始人不知道什么是善，所以他们也不是恶的。因为阻止他们作恶的，不是智慧的发展，也不是法律的约束，而是情感的平静和对邪恶的无知，“一个人从对邪恶的无知中得到的好处远远大于他从对美德的认识而得到的好处”。而且另外还有一个原理，是霍布斯没有看到的：由于人类看见自己的同类受苦天生就有一种反感，从而使他为自己谋幸福的热情受到限制。这种人类天生具有的同情心，在一定程度上缓减了他强烈的自尊心，或者在这种自尊心产生以前，缓减了人们对自我生存的强烈关注以及对追逐自身利益的巨大热情。我认为这是人类所具有的唯一的自然美德，就是对人类的美德最激烈的毁谤者也不得不承认它的存在，因此，我不相信会有任何非难之可怕。我所说的同情心，对于像我们这样脆弱并多灾多难的生物来说确实是一种颇为适宜的品质，也是人类最普遍、最有益的一种美德，尤其是因为怜悯心在人类能运用任何思考以前就存在着，又是那样自然，即使动物有时也会显露出一些迹象。姑且不谈母亲对孩子的温柔，在遇到危险时会奋不顾身地保护自己的孩子。就是一匹马也不愿意践踏一个活的东西。一个动物从它同类的尸体近旁走过时，总是很不安的。有些动物甚至还会把已死的同类做某种方式的埋葬；而每一个牲畜走进屠宰场时发出的哀鸣，那正表明它对看到的景象感到的可怕。我们很高兴看到《蜜蜂的寓言》[①]的作者也不得不承认，人是容易受感动而有同情心的生物。他改变了他那一向冷峻而细致的文笔，在他所举的例子中给我们呈现出一个动人的情景。他描写了一个被幽禁的人，望见囚室外面的一只猛兽，从母亲怀抱里夺去了一个幼儿。在它伤人的利齿间，咬碎了那个脆弱的肢体，用它的爪子撕开了那个尚在跳动着的心脏。虽然这件事与他毫不相干，但他仍觉得惊心动魄！目睹这种悲惨景象，对于昏了过去的母亲和垂死的婴儿都不能予以任何帮助，他又该如何的焦急不安！

这就是自然纯真的感情，它先于一切思考而存在；这就是自然的同情心的力量，即使最坏的风气也不能把它毁灭。在剧院中，我们天天可以看到一些人为了剧中不幸者的悲惨遭遇，在那里伤心落泪，其实倘若这些人自己做了暴君，还会加重对他们的敌人的虐待。正如嗜杀的苏拉，对于不是由他自己所造成的痛苦，也非常伤感；又如菲尔王亚历山大不敢去看任何悲剧的演出，怕人们会看见他和昂朵马克与普里亚莫一同叹息，但当他听到每天因执行他的命令而被处死的那么多人的呼号时，却丝毫无动于衷。

“自然既把眼泪赋予人类，就意味着它曾赐予人类一颗最仁慈的心。”[②]

---

① 1720年出版的《蜜蜂的寓言，或私人的恶性，公共的利益》一文。作者是荷兰医生曼德维尔。

② 原文为拉丁文，引自《尤维纳尔诗集》。

曼德维尔已经感觉到，如果自然不曾给人类的理智加上同情心，则人们尽管具有一切的道德，也不过是一些怪物而已；但曼德维尔没有看到，他所否认的那些美德正是从同情心理发展而来的。其实，除了对弱者、罪人或对整个人类所怀有的怜悯心外，还有什么可以称为仁慈、宽大和人道呢？所谓关怀、友谊，如果正确地去理解，也不过是对某个特定对象的持久的同情心；因为希望一个人不受任何痛苦，不是希望他幸福还是什么呢？即使同情实际上也不过是使我们设身处地地与受苦者产生共鸣的一种情感(这种情感，在原始人身上虽是模糊不清的，却是很强烈的；在文明人身上虽然有所发展，但却是微弱的)。这种说法，更充分地证实了我的观点。实际上，旁观的动物对受苦的动物所产生的共鸣越深切，同情心就越强烈。那么，十分明显，这种共鸣，在自然状态中远远比在理性状态中更为深切。产生自尊心的是理性，而加强自尊心的则是思考。理性使人关注自我，远离一切对他有妨碍和使他痛苦的东西。哲学使人孤立自我，正是由于哲学，人才会在一个受难者的面前暗暗地说："你要死就死吧，反正我很安全。"只有整个社会的危险，才能搅扰哲学家的清梦，使他从自己的美梦中清醒。杀人者在窗外肆无忌惮地杀害他的同类时，他所做的也只是双手掩住耳朵，替自己稍微辩解一下，就可以阻止由于天性而在他内心激发出来的对被害者的同情。原始人绝没有这种惊人的本领，由于缺乏智慧和理性，他总是不假思索地服从于人类的原始感情。当发生骚乱时，或当街头发生争吵时，民众蜂拥而至，谨慎的人们则匆匆走避；而制止混乱、疏散人群的正是那些所谓的暴民和市井妇女。

因此我们可以肯定地说，同情心是一种自然的情感，由于它能够缓和个人强烈的私心，所以对于人类全体的相互保存起着协助作用。正是这种情感，使我们不假思索地去援救我们所见到的受苦的人；正是这种情感，在自然状态中起着法律、风俗和道德的作用，而且这种情感还有一个优点，就是没有一个人企图抗拒它那温柔的召唤。正是这种情感使得一切健壮的原始人，只要有希望在别处找到生活资料，就绝不去掠夺幼弱的小孩或衰弱的老人艰难得来的东西。正是这种情感以"做对自己有利的事情，尽量不要去伤害别人”这句合乎善良天性的格言来启示所有的人，而不是另一句更富有理性正义的崇高格言“你希望别人怎样对你，你就该怎样对别人”，前一句格言远不如后一句完善，但也许更为有用。总之，我们与其在那些高深的论证中，不如在这种自然情感中，去探求任何一个人在作恶时，即使他对于教育的格言一无所知，也会感到内疚的原因。虽然苏格拉底和具有他那种素质的人能够通过理性获得美德，但如果人类只以人的理性为生存之本的话，那人类也许早已不复存在。

原始人没有很强烈的情欲，同时又受到同情心的约束，所以与其说原始人是邪恶的，不如说他们是粗野的；与其说他们有意加害于人，不如说他们更注意防范可能遭到的侵害，因此在原始人之间不易发生十分危险的争执。因为他们之间没有任何种类的交往，所以他们不知道什么叫作虚荣、尊崇、重视和轻蔑。他们丝毫没有“你的”和“我的”这种概念，也不知正义为何物。他们认为暴力不过造成了一些容易复原的伤害，而不认为是一种应予惩罚的侮辱。他们甚至连报复的念头都没有，除非当场机械地反抗，就像狗吞咬向它投掷的石头一样。由于以上原因，他们争执的对象，如果不比食物更令人动心的话，争执很少会成为流血的冲突。然而确实有一种比较危险的争端，还须加以说明。

在人类各种强烈的欲望中，男女相互吸引的那种情欲，是最炽热也是最激烈的。这种可怕的情欲能使人不顾一切危险，冲破一切障碍。当它达到疯狂程度的时候，仿佛足以毁灭人类，而它所负的天然使命本是为了保存人类的。如果人们沉溺于这种残暴贪婪的情欲之中变得不知羞耻、毫无节制，每天不惜流血互相争夺他们所爱的对象，人类将会变成什么样子呢?

我们首先应该承认，情欲越强烈，便越需要法律的约束。但是，这种情欲每天在我们当中所引起的混乱和所造成的罪恶已足以证明法律在这方面力量的薄弱。此外，我们还应当进一步考察，这种混乱是否是伴随着法律一起产生的。如果是的话，即使法律能够制止这种混乱，但是，如果我们要求法律来制止没有法律根本就不会存在的祸害，那未免是向法律提出最无意义的一种要求。我们首先要区分生理上的爱和精神上的爱。生理方面的爱是人人所具有的和异性结合的欲望。精神方面的爱，则是把这种情欲限定在一个特定的对象上，或者至少是以比较强烈的欲望来特别喜爱某一对象。因此，很容易看出，精神之爱具有社会意图，妇女们极力颂扬这种情感，以便建立她们的权威，使本来应该处于服从地位的女性处于统治地位。这种情感建立在对美和价值的特定认识上，而原始人不会有那些观念，也绝不会做那些比较，所以这种情感对原始人来说几乎是不存在的。因为在原始人的思想里，不会构成匀称与调和等抽象观念，所以在他的心里也不会有什么赞赏和爱慕的情感，因为这些情感也是在这些抽象概念形成后才产生的。原始人只受他的自然秉性的支配，并不能产生他无法了解的那些品位，所以任何女人，对他说来，都是同样合适的。

仅拥有胜利之爱的原始人，是相当幸福的，他们对于那些能激起人们难以满足的所谓更高级的爱情一无所知，所以他们的感情冲动不会太频繁、太激烈，他们之间的争执因而也较少，而且也不那么残酷。在我们之间造成无数烦扰的那种欲念，是不会侵袭原始人的心灵的。每个原始蛮人只是静候着自然的冲动，当他服从这种冲动的时候，对于对象并无所选择，他的心情与其说是狂热的，不如说是愉快的，需要一经满足，欲望便完全消失了。

所以，爱情也和其他一切情欲一样，只是在社会中才会变得疯狂，给人类带来灾难。此外，如果我们认为原始人为了满足兽性，而不断地相互残害，那是很荒谬的，因为这种想法与经验正好相反。例如，迄今为止最接近原始人的加勒比人，尽管他们生活在炎热地带，按气候对他们的影响来说，应该有很强烈的情欲，但他们在爱情生活上却是最安宁的，很少因嫉妒而引起纷争。

在许多种类的动物中，由于雄性争夺雌性而发生的争斗，往往使我们的养禽场涂上血迹，或者在春天的树林里争吵。在从动物推断到人时，我们首先应当排除这些种类的动物，因为自然赋予这些动物雌雄之间的对比情况显然不同于人类。在这些动物中，可以清楚地观察到两性的对比。造成雄性相斗的原因，不外是由于雌性较少，或者是由于雌性有一段时间拒绝与雄性交配。后一个原因终要归结为前一个原因，因为假使每个雌性每年与雄性接近的期间只有两个月，结果就等于雌性数目减少了六分之五。

然而，这两种情形，没有任何一种可以适用于人类。在人类中，女性数目通常是超过男性，即使在原始人当中，我们也从来不曾见过女性像别种动物那样，有发情期和排拒期。此外，在上述那些动物的若干种类中，往往整个种类同时进入发情期，于是就会有一个可怕的时期，充满普遍的狂热、叫嚣、混乱和争斗。这种时刻在人类中绝不会发生，因为人类的性欲并没有周期性。所以我们不能由某些动物因争夺雌性而进行的争斗，来推定自然状态中的人类也会发生同样的情形。即便我们能够做出这样的推断，既然这种争斗不会使那些动物灭绝，也没有理由认定它会给人类带来更大的威胁。而且，显而易见，这类争斗在自然状态中所造成的祸害，比在社会状态中所造成的祸害要少得多，尤其是比在道德尚被重视的国家中要少得多。在这些国家里，情人的嫉妒和配偶的报仇式的决斗、谋杀和更悲惨的事情每天都在发生。正是夫妻间永久忠实的义务促成通奸发生，正是那些关于贞操和荣誉的法律本身助长淫乱之风，增加了堕胎事件。

综上所述，我们可以做出这样的结论：漂泊于森林中的原始人，没有劳役、没有语言、没有住所、没有战争，彼此间也没有任何联系，他对于同类既没有任何需求，也无加害的意图，甚至无须区分他的同类。这样的原始人自给自足，清心寡欲，所以他仅有适合于这种状态的感情和知识。他所感觉到的只限于自己的真正需要，所关注的是那些必须关注的事物，他的智力发展也不超过他的幻想。即使他偶尔有所发明，也不能把这种发明传授给别人，因为他连自己的子女都不认识，技术会随着发明者的死亡而消亡。在这种状态中，既无所谓教育，也无所谓进步，下一代人不会比上一代人有所进步，每一代都从同样的起点开始。许多世纪过去了，人类依然生活在原始状态中；人类已经很古老了，但人始终还是幼稚的。

我之所以费了很多笔墨来阐述我所设想的原始状态，是因为在这一问题上有许多由来已久的错误观念和根深蒂固的成见应当消除。因此，我认为必须深入到问题的实质，通过对自然状态的描述来证明：即使是自然的不平等，在这种状态中，也不像近代学者所主张的那样真实和那样有影响。

实际上，我们很容易看清，在那些区分人与人之间的各种差别中，有许多被认为是天然的差别，其实这些差别完全是习惯和人们在社会中所采取的各种不同的生活方式所造成的。因此，一个人体质的好坏或力气的大小，往往取决于他的教养方式是艰苦磨炼还是娇生惯养的，而不是取决于他的身体的先天禀赋。智力的差别也是如此。教育不仅能使受过教育的人和没受过教育的人之间有差别，而且还随着所受教育程度的不同而增大存在于两者之间的差别。就像一个巨人和一个矮人，在同一道路上行走，二人每走一步，彼此之间的距离也就增大一些。自然状态中的原始人和动物一样，过着完全相同的单调生活，吃同样的食物，过同样的生活，便会了解人与人之间在自然状态中的差别是多么小，而在社会状态中的差别是如何大，同时也会了解，自然的不平等在人类中是如何被人为的不平等加深了的。

即使自然在给人分配天赋时厚此而薄彼，但是在人与人之间几乎不可能发生任何关系的环境中，那些得到自然偏爱的人，对于别人又有什么损害呢？在没有爱情的地方，美丽有什么用呢？对于没有语言的人，才智有什么用呢？对于不互通交易的人，欺诈有什么用呢？我经常听人说，在原始状态中，强者压迫弱者，然而这里的压迫是指的什么意思呢？一些人使用暴力来统治另一些人，后者呻吟着屈服于前者的统治之下，这正是我所观察到的现在社会的情形，但是我不理解如何能据此推断原始人也是这样，因为他们连了解什么是奴役和统治都颇有困难。一个人很可能夺取别人摘到的果实、打死的禽兽，或者侵占别人用作躲避风雨的洞穴，但他怎样能够使别人服从他呢？如果没有财产，人们之间怎么会有依附关系呢？如果有人要从一棵树上把我赶走，我可以离开这棵树到另一棵树上去，如果在某一个地方有人搅扰我，谁会阻挡我到别处去呢？有没有这样一个人，因为他不但力量比我大，而且还相当腐化、懒惰、凶恶，竟至强迫我替他觅取食物，而他自己却无所事事呢？那么，这个人就必须下定决心时时刻刻注意着我，在他要睡觉的时候，还得十分小心地把我捆绑起来，免得我会逃掉，或者把他杀死。也就是说，他必须甘愿让自己陷入无穷无尽的麻烦之中，而这种麻烦远比他自己想避免的和他所加给我的还要大得多。除此之外，他总会有放松警惕的时候，或者一个意外的声音使他回一下头，这时我只需走进树林二十步远，我的束缚就解除了，他一生再也不会看见我了。

这些细节，无须再加以赘述，每个人都会理解，只有在人们的相互依赖或者有共同的需要将他们结合起来的时候，奴役的关系才能形成。因此，如不先使一个人沦于要依靠别人才能生活的状态，便不可能奴役这个人。这种情形在自然状态中是不存在的。在那种状态中，每个人都不受任何束缚，最强者的权力也不发生作用。

上述已证明了不平等在自然状态中几乎是人们感觉不到的，也几乎对人类不存在影响。因而我还要进一步指出，在人类的智慧的连续发展中不平等的起源和进展。我已经指明原始人所拥有的自我完善、社会美德以及其他各种潜能，绝不能自己发展起来，而必须借助于许多外部原因的偶然会合。如果没有这些原因，人类则会永远停留在他的原始状态。所以，我还必须对各种不同的偶然事件进行观察和归纳，这些偶然事件也许发展了人类的智慧，同时也败坏了整个人类。在使人成为社会的人的同时，却使人变成了邪恶的生物，最终使人类从遥远的年代发展到今天的样子。

我承认，因为我要叙述的事件可能是以另一种方式发生的，所以我只能通过一些猜测来决定我的选择。但是，这些猜测都是很有道理的，因为它们是由事物本性所能做出的最接近于真实的猜测，也是我们用以发现真理所能有的唯一方法。此外，我所要从我的猜测中推出的结论，并不仅仅是猜想，因为依据我以上所建立的那些原理，不可能推导出其他的结论，其他任何别的理论也不能产生同样的结果，也不能使我得出同样的结论。

这样，我认为就无须再深入思考以下的这些问题：充足的时间如何使各种事件的发生成为可能，一些轻微的因素如何在持续不断发生作用时产生巨大的力量；某些假设，一方面我们虽然不能给予与事实相等的确实性，但另一方面我们要想推翻也是不可能的；两件被认为真实的事实，由一系列未知的或设想的中介事实联系起来的，为什么还可以用来佐证历史；如无历史可考，则应由哲学家们推理得到的事件也可用来佐证历史。最后，就变故而言，事物之间的类似性已使各种事实在类别上简化为比我们所想象的还要少得多的数目。以上这些问题就留给我的评判员们去研究吧，而一般读者则无须再加以考虑了。

第二部分

文明社会的真正奠基者是第一个把一块土地圈起来并宣言这是属于他的人，而且他还令一些头脑简单的人相信了他的话。假如有人拔掉木桩或者填平沟壕，并向他的同类大声疾呼："不要听信这个骗子的话，如果你们忘记土地的果实是大家所共有的，土地是不属于任何人的，那你们就要遭殃了！"这个人将会使人类免于陷入罪恶、战争和谋杀之中，并免去多少苦难和恐怖啊！然而，很明显，事情已经不可避免地要这样发展，不能再像以前那样继续下去了。因为这种私有观念不是一下子在人类思想中形成的，它是由许多只能陆续产生的先行观念演变而来的。人类在达到自然状态的终点以前，他们一定已经取得了惊人的发展，获得了大量的技巧和知识，并把这些技巧和知识一代一代地传授下去，使它们不断增加起来。因此，我们只有回到更早的时期，并以最自然的顺序，把那些缓慢发展的事件和陆续获得的知识综合起来。

人类最原始的感情就是感知自己的存在，最原始的关怀就是对自我的保护。土地的出产，供给他一切必要的东西，本能告诉他如何去利用这些东西。饥饿以及种种原始欲望，使他反复地经历了各种不同的生存方式，其中之一促使他繁衍后代；而这对他来说是一种盲目的倾向，由于缺乏任何内心情感，仅仅是一种纯动物性的行为，需要一经满足，两性便互不相识，而孩子本身，一旦能够离开母亲独立生存，也就与她毫无关系了。

这就是原始人的状况，在这种动物式的生活方式中，人们最初仅局限于纯粹的感觉，几乎不能利用自然的禀赋，也绝对想不到向自然有所索取。但是不久困难出现了，因而人类必须学会如何克服这些困难。树木的高大阻碍他采摘树上的果实，寻找食物的野兽和他争夺食物，还有一些凶猛的野兽甚至要伤害他的生命，这一切都使他不得不致力于身体的锻炼。他必须使自己变成一个灵巧的、奔跑迅速的和勇于战斗的人。树枝、石头等自然武器，不久就到了他的手里。他学会了克服自然的障碍，学会了在必要时和其他动物争斗，学会了同其他的人争夺食物，也学会了补偿他先前不得不让给强者的那些东西。

随着人类的繁衍、人口的增加，人们的痛苦也随之增加。土质、气候和季节的差异，必然会使人们不得不把这种差异带到他们的生活方式中去。荒年、严寒和酷暑，都能够毁掉土地上的果实，因而要求他们具有一种新的技巧。在沿海和沿河的地方，人们发明了钓线和钓钩而变成渔民，以捕鱼为生。住在森林的人们发明了弓箭而变成猎人，以打猎为生。住在严寒地方的人们，就穿起被他们打死的野兽的皮。雷电的闪烁、火山的爆发或者某种侥幸的机会使他们认识了火。这是防御冬季严寒的一种新方法。他们学会保存火种，然后又学会了生火，最后学会了用火来烤熟他们以前生吞的肉食。

人和其他动物以及人与人之间不断接触，自然而然人们会察觉到某种关系。这些关系，我们用大、小、强、弱、快、慢、勇敢、怯懦等词以及其他于必要时通过几乎无意识的对比而产生的类似观念来表示。这些关系，终于使人产生了某种思考，或者可以说某种机械的谨慎，这种谨慎会促使他为保障自身的安全而采取最必要的措施。

这种发展使人产生新的智慧，使人增加了比别种动物的优越性，而且也使人认识了这种优越性。人类设置了各种陷阱，用千百种方法去捕获它们。虽然有许多动物力量比人大，奔跑得比人快，可是慢慢地，这些动物最终被人驯服或被人类残杀。这样，人第一次对自己做了一番观察以后，便产生了最初的自豪感。这样，在他还不知道如何给各种生物划分等级的时候，他已经将自己这一种类当作最高级的了，并且他老早就准备把他个人列为同类中的第一等了。

虽然当时人与人之间的关系不像我们现在一样，人与人之间的交往并不比人与动物之间的来往更多，可是他也不会完全忽略对他的同类加以观察。时间一久，他就会看出他们之间和他与女人之间有许多相同之处，他并能据此推断出另一些尚未被他发现的相同之点。当他发现在同样情形下，大家的行动和他自己的行动都一样的时候，他便可以推知大家的方法和对事物的感觉与他自己的想法和感觉也是完全相同的。这个重要的真理，一旦印入他的脑海，就会在他的头脑中形成一种比推理更确定却更快速的直觉，促使他在与他人交往时，遵循着为了自己的利益和安全所应遵守的最好的行为规则。

经验告诉他，追求幸福乃是人类活动的唯一动力。因而他能够区分两种情况：一种是在少数情况下，由于共同利益，他可以指望同类的帮助；另一种——这是更稀有的情况——是由于彼此间的竞争，他不能信任他的同类。在第一种情况下，他和他的同类结合成群，或者至多也不过结合成某种自由的团体，这种团体并不拘束任何人，它的存续期间也不会超过促使该团体形成的那种临时需要的存在期间。在第二种情况下，每个人都只顾自己的利益，如果他认为自己有足够的力量，便公开使用武力；如果觉得自己比较弱，便使用诡计或谄媚。

人类就是这样于不知不觉中获得了一种关于相互间的义务以及履行这些义务的好处的粗浅观念。然而，也仅限于在遇到眼前的利益和显而易见的利害的时候，才会产生这种观念，因为他们毫无预见，不用说遥远的将来，甚至连第二天的事情都不会想到。如果大家在捕一只鹿，每人都知道应该忠实地守着自己的岗位。但是如果有一只兔子从其中一人的眼前跑过，这个人一定会毫不迟疑地去追捕这只兔子，即使他这样做有可能使同伴们失去一只鹿，他也毫不在意。

我们不难理解，人类这种交往所发展的语言，并不会比同样结合成群的乌鸦或猴子的语言更为细致。在很长时期内，人们普通使用的语言必定是由无音节的叫声、很多的手势和一些模拟的声音组成的。此外，在不同的地区，一些特定的发音方式（关于最初语言的制定，我前面曾经说过是不大容易解释的）会导致特定语言的产生。不过这种语言都是粗糙和不完备的，很像今天许多原始民族仍在使用着的语言一样。

由于时间的悠久，而我要说明的事物又过于繁杂多样，人类初期的进步又极其缓慢，所以我不得不在转瞬之间跨过无数世纪。因为，事物的演变过程越缓慢，对过程的描述就越应该简洁。

这些初期的进步，终于使人能够加速发展其他的能力。智慧越发达，技巧便越趋于完善。不久，人们就不再睡在随便哪棵树下，或躲在洞穴里了。他们发明了几种坚硬而锋利的石斧，用来截断树木，挖掘土地，用树枝架成小棚；随后又想到把这小棚敷上一层泥土。这就是人类第一次划时代的变革，人类建立了家庭，从此便出现了某种形式的私有制，许多的争执和战斗也就从而产生了。可是，首先建造住所的，似乎都是一些最强悍的人，因为只有他们才觉得自己有力量保护它。而弱小的人会发现模仿建造一座房子比企图把强者从那些小屋里赶走更为省事和可靠。至于已经有了小屋的人，谁也不会去占据邻人的小屋，这倒不是因为邻人的屋子不属于他所有，而是因为那小屋对他没什么用处，并且如果要占据它，难免要和居住在那小屋的家庭进行一场激烈的战斗。

人类的心灵因新鲜的环境刺激而发展，这种新的情况把丈夫、妻子、父母、子女结合在一个共同住所里。共同生活的习惯，使人产生了人类所有情感中最温柔的情感：夫妇的爱和父母的爱，每个家庭变成一个团结的小社会，因为相互依恋和自由是联系这一小社会的唯一的纽带，于是，原本具有相同生活方式的男女两性，逐渐适应了新的生活方式，妇女便经常家居，并习惯于看守小屋和孩子；男人则出去寻找共同的生活资料。由于获得了一种比较舒适的生活，两性都开始失去一部分强悍性和气力。虽然每个人单独战胜野兽的力量不如以前，但在另一方面，他们却比以前更便于集合起来共同抵御野兽了。

在这种新的状态中，人们生活简朴而独立，他们的需要很有限，并且使用着为满足这些需要而发明的一些工具，因此他们能够享有较多的闲暇，用来为自己安排他们的祖先所不知的各式各样的舒适的享受。这是人们于无意中给自己带上的第一个枷锁，同时这也就是给他们的后代准备下的最初的痛苦的根源。因为，这些享受不断败坏了人的身体和思想，并且随着这些舒适的享受成为习惯，便使人几乎完全感觉不到乐趣，而变成了人的现实需求。最后，得不到这些享受时的痛苦比得到这些享受时的快乐要大得多。人们有了这些享受不见得幸福，却会为失去这些享受而伤心。

现在我们可以比较清楚地看出，语言的使用是怎样建立起来的，或者它在各个家庭中是怎样缓慢地趋于完善的。而且还可以推测出，各种特殊的原因使语言发展变得越来越必要，从而扩大了它的使用并加速了它的发展。洪水泛滥或者地震使一些人的居住地被水或悬崖峭壁所包围；地球的运动使大陆的某些部分割裂为岛屿。我们不难想象，由于这些原因而不得不聚集在一起的人们比起在大陆森林中漂泊流浪着的人们之间，应当更容易形成一种共同的方言。因此，很可能是这样：岛上的居民经过最初的试航以后，便给我们大陆带来了使用语言的习惯。或者，至少也可能是这样：在大陆上还不知道什么叫作社会和语言之前，这两者就已经在岛屿上产生了，甚至还逐渐完善起来了。

于是，一切都开始发生了变化。那些一直在森林中漂泊的人，由于有了一个比较固定的生活区域，渐渐地互相接近起来，结合成各种集团，并最终在各个地方形成了有共同风俗和性格的特定的民族。这些民族并不是由规章和法律维系的，而是由于相同的生活方式、饮食方式和共同的气候的影响。长期的毗邻使各家庭之间发生某些联系。青年男女居住在毗邻的小屋里，最初使他们结合的那种基于自然的要求而发生的临时关系逐渐变为另一种同样亲密而更为持久的关系。人们逐渐习惯于考虑不同的对象并加以比较，于是在不知不觉中获得了才能和美丽的观念，由此便产生出偏爱的感觉。由于不断见面，于是一不相见便怅然若失。一种温柔甜蜜的感情渗入他们的心中，一点儿矛盾就会引起强烈的不满。嫉妒随着爱情而出现，情侣一旦反目，最温柔的感情就会酿成生命的牺牲。

随着观念和感情的相互推进，精神和心灵开始活跃，人类便日益文明化。联系越多，关系也就越紧密。人们习惯于聚集在小屋前面或大树周围，歌唱与舞蹈，爱情和闲暇的真实产物成为娱乐，娱乐，甚至成为男女们的日常生活事项。每个人都开始注意别人，也愿意别人注意自己。于是公众的重视具有了一种价值。最善于歌舞的人、最美的人、最有力量的人、最灵巧的人或最有口才的人会受到最多的关注。这就是走向不平等的第一步，同时也是走向邪恶的第一步。在最初的差别中，一方面产生了虚荣和轻蔑，另一方面也产生了羞惭和羡慕。新的生活引起的混乱将原始的幸福和天真生活一起终结了。

人们一开始相互品评，尊重的观念一在他们心灵中形成，每个人都要求得到别人的尊重，而且一个人得不到别人的尊重而不感到任何不快，已成为不可能的了。由此在原始人中便产生了最初的对礼貌的要求。从此，一切有意的侵害都变成了侮辱，因为，除了由于损害所产生的伤痛之外，受害者还认为那是对他的人格的轻视，而这种轻视往往比受到的伤痛本身更难忍受。这样，每个人对所遭受的轻蔑实施的报复是由别人对自己的尊重程度来决定的，所以，报复就变成了可怕的事情，而人也就变成了冷酷残忍的动物。这正是我们现在所知的大部分原始民族所处的状态。许多人没有把这些观念辨别清楚，没有注意到这些民族已经离开最初的自然状态很远，竟草率地做出结论说，人天生是残忍的，需要文明制度来使他们变得温和。实际上，再没有比原始状态中的人更温和的了。在那个时候，人被自然安排得距离动物的愚昧和文明人的不幸的智慧同样遥远，他为本能和理性同等制约，只知道防备自身所面临的威胁；他为天然的同情心所制约，不会主动地加害于人，即使受到伤害也不会想到报复。正如贤明的洛克[①]的一

---

① 洛克（1632~1704），英国哲学家，著有《政府论》、《人类理解论》。

句格言：在没有私有制的地方是没有不公正的。

但是，我们必须注意到：已经开始建立的社会以及人们之间建立的联系，要求人们所具有的性质，已不同于他们的原始体制中所拥有的性质。人类的活动已经受到道德的影响。由于在没有法律以前，每一个人都是自己所受侵害的唯一裁判者和报复者，因此适合于纯粹自然状态的善良已不适合于新产生的社会。随着互相侵害的机会日益增多，对侵害所施行的报复也就日益残酷。在那个时候，正是报复的恐怖代替了法律的制裁。这样，尽管人们越来越没有耐性，尽管人们的同情心已经减弱，但是人类能力的这一发展阶段是恰恰处于原始状态中的悠闲自在和现代的强烈的自我主义的一种中间状态，这应该是最幸福而最稳定的一个时期。我们越思考这个问题，便越觉得这种状态极不易发生变革，而且也是最适合于人类的一种状态；除非由于某种不幸的偶然事件，人类是不会脱离这种状态的。为了人类的共同利益，这种偶然事件最好永远不要发生。我们所发现的原始人，几乎都是处在这种状态。他们的事例似乎可以证实：人类本应永远停留在这样的状态。这种状态是人类的真正青春，后来的一切进步虽然都似乎使个体完美化，而实际上却使整个人类走向堕落。

当人们满足于自己粗陋的茅屋时，当人们满足于用荆棘和鱼骨缝制兽皮衣服、用羽毛和贝壳来装饰自己、把身体涂上各种颜色、把弓箭制造得更为精良和美观、用石斧做渔船或某些粗糙的乐器时，总之，只要他们还仅局限于从事那些靠一个人就可能完成的工作而不需要许多人协助的手艺的时候，他们都还过着本性所许可的自由、健康、善良而幸福的生活，他们就能继续享受着无拘无束、自由交往的快乐。但是，自从一个人需要另一个人的帮助的时候起，自从一个人发现拥有两份食物的好处的时候起，平等就消失了，私有制就出现了。这时，劳动就成为必要，广大的森林就变成了须用人的血汗来灌溉的茂盛田野，不久便可以看到奴役和贫困伴随着农作物在田野中萌芽和生长。

冶金术和农业这两种技术的发明促成了这一巨大的变革。在诗人看来是黄金和白银使人文明起来，却又使人类没落下去，而在哲学家看来这却是铁具和谷物的作用。冶金术和农业这两种技术，都是美洲原始人所不知道的，因此他们一直停留在未开化状态；其他民族，在还不能同时运用这两种技术的时候，好像也仍然停留在原始状态。欧洲之所以有着比其他地方更持久的、更高度发展的文明的最主要原因之一，或许是因为欧洲不仅是产铁最多，同时也是产麦子最为丰富的地方。

很难猜测人类最初怎样认识和使用了铁，在人们不知道其结果之前，很难设想他们就能想出从矿藏中提炼某种物质以及为了熔炼这种物质所应做的各种准备。另外，我们也不能把这个发明归因于某次偶然的火灾，因为矿藏只是在没有树木和其他植物的不毛之地逐渐形成的。因此我们可以说自然似乎竭尽全力不想让我们发现这个不幸的秘密。只有在极不常见的情况下，某一火山突然爆发，喷射出熔化的金属物质，才向看到这一切的人昭示了他们可以模仿自然，从事冶炼金属。即使如此，我们还须假定他们有足够的勇气和预见来进行那么艰难的工作，并且那么早就能推想到可以从中获取利益。这类事情只有智慧比较发达的人才能想到，而那时的人是不会有这种智慧的。

农业的原理，远在人们开始实践以前，就被人认识了。人们不断从植物中获取食物，对于自然为繁殖植物所用的方法，几乎不可能很快地获得一种观念。然而，他们也许很晚才开始经营农业，也许是因为树木和渔猎不同，树木不需要人们的特别关注也供给他们食物；也许因为人们忽视了谷物的作用；也许是没有工具来种植；也许是他们不能预见未来的需要；最后，也许是因为没有方法防止他人侵占他们的劳动成果。当他们变得更为聪明一些以后，我们可以相信，他们就开始用锐利的石头和带尖的木棒，在他们的小屋周围种植一些蔬菜或根茎类作物。这样，经过很长时期以后，他们才知道种植谷物，才能够获得从事大规模耕种所必要的工具。更不必说，要从事农业这种技术，必须愿意牺牲及时的需求来换取未来的收获。而原始人是不会有这种远见去付出这种牺牲的。因为正如我前面说过的一样，他们在早晨起来时几乎连晚上的需要都预见不到。

因此，为使人类从事农业，其他各种技术的发明就变得必要。自从必须有一些人从事熔铁和打铁工作起，就需要另外一些人来养活他们。工人的数目越增多，从事供给公共生活资料的人数就越减少，但是消费生活资料的人口并没有减少。一些人需要用农产品来换取铁制工具，另外一些人就发明了利用铁来增多生产品的秘诀。因此，一方面出现了耕耘方法和农业，另一方面出现了金属加工和推广金属用途的技术。

土地的耕种必然引起对土地的分配，而私有制一旦被承认，也必然会产生最初的公正法则。因为，要把每个人的东西返还给每个人，是以每个人能有一些东西为前提的。由于人们已经开始注意到未来，同时每个人都感觉到自己有些可以失掉的东西，因此每个人都有理由不去伤害别人，以防随之而来的报复。这种起源之所以是很合乎自然的，是因为我们不可能撇开劳动去思考私有财产的产生。除了增加自己的劳动以外，还能因为添加了什么别的东西而使人有理由将并非自己创造的东西占为己有呢？只有劳动才能给予农夫获得他耕种的土地上的产出的所有权，也是劳动使他至少到收获时占有土地本身。这样年复一年地下去，连续占有就很容易转化为私有。格劳秀斯①说过，古代人曾给赛来斯女神（谷神）以立法者的称号并把纪念她的节日命名为“黛丝摩芙里”，这表明人们通过土地的分配获得了一种权利，即所有权，这种权利和从自然法中所产生的权利是不相同的。

在这种状态中，如果人们的才能是相等的话，平等就可能会持续下去。比如，铁的使用与生产品的消费总能经常保持准确的平衡。然而，实际上没有什么能永远保持这种平衡。强壮的人劳动所得较多；灵巧的人可以从自己的劳作中获得较多的利益；聪明的人找到了一些缩短劳动的方法；农民需要更多的铁或者铁匠，需要更多的麦子。虽然彼此都同样地劳动，但有的人获得很多的报酬，有的人维持生活都有困难。这样，自然的不平等，不知不觉地随着“关系”的不平等而展开了。这种人与人之间的差别通过他们不同的境遇逐渐加大，在效果上更加显著，也更为持久，并相应地开

① 胡果·格劳秀斯（Hugo Grotius 1583~1645），古典自然法学派主要代表之一，世界近代国际法学的奠基人，同时也是近代自然法理论的创始人之一。

始影响着人们的命运。

事物发展到这种程度，其余的事便不难想象了。我无须再来描写其他各种技术的相继发明、语言的发展、才能的试验和使用、财产的不平等、财富的利用或滥用，我也不必描写与之相关的一切详细情节，这些读者自己都能轻易加以补充，我将仅仅概括这个新时期中人类的生活状况。

这时，人类的所有能力都发展了，记忆力和想象力全面展开；人们的自尊心增强了，并能进行理性思考，思维能力几乎达到了它可能达到的最完善的程度。这时，一切天赋都发挥了作用，人与人之间有了等级和出身的区别，这种区别不仅是建立在财产的多少以及每个人能影响他人的能力的大小之上，而且还建立在个人的才智、美丽、体力、技巧、价值或智慧等种种性质之上。只有这些性质才能引起他人的重视，所以，这些性质就成为人们必须拥有或起码假装拥有的东西了。

如今人们为了自身的利益，常常假装成自己原本不是的那种样子。于是，“实际是”和“看来是”变成迥然不同的两回事。由于有了这种区别便产生了浮夸的排场、欺人的诡计以及随之而来的一切罪恶。另外，从前本是自由而独立的人，如今由于无数新的需要，开始依赖别人，既不得不受整个自然界的支配，更不得不受他的同类的支配。富人需要别人的服侍，穷人需要别人的援助，不穷不富的人也不能脱离他人的支配。于是他必须不断地设法使别人关心自己的命运，让别人认为显然（其实并非如此）帮助他，会给他们带来利益。这样，就使得他对一部分人变得奸诈和虚伪，对另一部分人变得专横和冷酷，并且，当他不能使一些人畏惧自己，或者当他认为服侍另一些人对他没有什么好处的时候，他便不得不欺骗他所需要的一切人。最后，永无止境的野心，对财富的渴望，与其说是出于真正的需要，毋宁说是为了使自己高人一等的狂热，激发了人们相互伤害的险恶意图和一种隐蔽的嫉妒心。这种嫉妒心是特别阴险的，因为它为了便于达到目的，往往戴着伪善的面具。总而言之，一方面是竞争和倾轧，另一方面是利害冲突，人人都暗藏着损人利己之心。这一切灾祸都是私有制的最初结果，同时也是不平等发展的必然产物。

在人们还没有发明代表财富的符号以前，财富仅指土地和家畜，只包括人们能够占有的现实财产。而当不动产在数量和面积上增长，人们的土地彼此相邻，一个人只有损害他人才能扩大自己的财产时，那些或因软弱或因懒惰错过了取得财产机会的人，虽然没有失掉任何东西，却变成了穷人。因为他们周围的一切都变了，只有他们自己没有变，于是他们不得不从富人手里接受施舍或抢夺生活必需品。从此，由于富人和穷人彼此间各种不同的性格，开始产生了统治和奴役，暴力和掠夺。对于富人来说，他们一旦体会了统治的快乐，便立即鄙弃一切其他的快乐。并且，因为他们可以利用旧奴隶来制服新奴隶，所以他们只想征服和奴役他们的邻人。他们好像饿狼一样，尝过一次人肉以后，便厌弃一切别的食物，而只想吃人了。

这样，因为最强者或最贫者都将他们的强权和贫穷视为一种对他人财产上的权利，按照他们的看法这种权利就等于所有权，所以平等一被破坏，继之而来的就是最可怕的混乱。这样，因为富人的豪夺、穷人的抢劫以及一切人毫无节制的情欲，扼杀了自然的同情心，也使很脆弱的公正受到严重打击，使人变得悭吝、贪婪和邪恶。最强者和先占者之间发生持续不断的冲突，而这种冲突只能以战争和残杀而结束。新产生的社会因而陷入最可怕的战争状态：堕落而悲惨的人类，再也不能停下脚步，再也不能摆脱那些不幸的所得。同时他们全力以赴滥用给自己带来荣誉的种种能力，从而为自己招致恶果，并终于使自己走到了毁灭的边缘。

他被新发生的灾祸惊呆了，他固然富有了，但却很可怜，他只想逃避财富，并憎恶他不久前还在祈求的东西。[①]

人们不可能始终不考虑这样悲惨的境遇和压在他们身上的灾难。特别是富人很快就会感觉到一切费用都由他们负担的长期战争对自己是多么不利；在战争中，尽管所有人都可能为之付出生命，但只有富人会付出财富。此外，无论富人怎样掩饰自己巧取豪夺的行为，都会令人觉得那只是建立

---

① 此句引自奥维德（公元前43~18）的代表作《变形记》。

在一种不确定的、不正当的权利之上，而且财富既是用暴力得来，也能被人用暴力夺去，他们是没有任何理由可以抱怨的。即使是那些勤劳致富的人，也很难为自己的财产所有权作更好的辩护。尽管他们说："这道墙是我修建的，这块土地是凭我的劳动得来的。"人们可以反问："请问，你占地的界限是谁指定的呢？我们并没有强使你劳动，你凭什么要我们来负担你劳动的报酬呢？难道你不知道就因为你占有太多而导致别人挨饿吗？在人类公有的生活资料中，如果你想获得超出你生存所需的部分，难道你就不应该征求全体人民的一致同意吗？"富人没有为自己辩护的有力的理由和足以自卫的力量。他虽然很容易制服某一个人，却也能很轻松地被一群强盗制服。富人是以一个人对抗全体的，由于富人与富人之间的相互嫉妒，因此他们不能联合起来对抗那些因抢劫的共同愿望而结合起来的敌人。为情势所迫，富人终于想出了一种最深谋远虑的计划，这种计划是前人从来没有想到过的，那就是：联合所有的反对者，给他们灌输新的概念，为他们建立新的制度。这些制度对富人之有利正如自然法对富人之有害是一样的。

怀着这种目的，富人向他的邻居们述说一种可怕的情景：如果所有的人彼此都武装起来相对抗，那么每个人的需求和他们的财产一样会成为沉重的负担。无论是穷人还是富人都得不到安宁。在述说了这种情景之后，富人就很容易地造出一些冠冕堂皇的理由，诱导他们来达到自己的目的。他向他们说："咱们联合起来吧，好保障弱者不受压迫，约束有野心的人，保证每个人都能占有属于他自己的东西。因此，我们要创立一种不偏袒任何人的、人人都须遵守的维护公正与和平的规则，人人遵守，让强者和弱者尽相同的义务，以在某种程度上，补偿命运的不公。总之，我们不能和自己作对，而要把我们的力量汇集成一个至高无上的权力，让它通过智慧的法律来治理我们，以保卫这一团体中的所有成员，防御共同的敌人，维持我们永恒的和睦。"

其实，无须说这么多话就足以诱惑这群愚昧、容易受骗的人了，尤其因为他们之间有很多纠纷需要解决，他们需要评断是非的人；他们又有太多的贪婪和野心，没有主人他们也不能长期生存下去。于是大家都前去迎接他们的枷锁，希望这个枷锁可以保障他们的自由。因为人们虽然有足够的理智来觉察一种政治制度的好处，却没有足够的经验来预见这种政治制度的危险。而最能预见这种弊端的人，恰恰是指望从弊端中获取利益的人；而且，就是那些明智的人，也认为应该牺牲他们的一部分自由来保存另一部分自由，如同一个负伤的人砍掉自己的一只胳膊来保全身体的其余部分一样。

这就是社会和法律的起源。它们给弱者以新的枷锁，给富者以新的权利。它们永远消灭了天赋的自由，使自由再也不能恢复；它们把保障私有财产和承认不平等的法律永远确定下来，把巧取豪夺变成不可取消的权利。为了少数野心家的利益，使整个人类忍受劳苦、奴役和贫困。这样，我们很容易看出，一个社会的建立如何使其他一切社会的建立成为必要；为了对抗联合起来的力量，其余的人们无论如何也必须联合起来。每个社会都迅速膨胀，不久就充满整个地球，人们再也找不到一个角落，能够摆脱他们的枷锁，能够避开永远悬在自己的头上的利剑。市民权利既已成为公民的共同规则，于是自然法仅适用于各种不同的社会之间。在各个社会之间，它以万国法的名义出现，并由某些默认的协议加以调整，使社会间的交往成为可能，并使人类所失去的自然同情心得到补偿。因为同情心在社会中已经失去了对人类的大部分影响，如今仅存在于一些伟大的世界主义者的心灵之中，这些世界主义者打破了阻碍各民族人民交流的思想障碍，仿照创造他们的上帝的样子，把整个人类都包容在他们的仁爱之中。

然而，政治组织彼此之间的关系虽然还停留在自然状态之中，但不久便感到种种不便，使得它们不得不摆脱这种状态。而且，这种状态存在于这些庞大的政治组织之间，对大型政府之间的关系造成的破坏比对个人更大。由此便产生了那些震撼自然和违反理性的民族战争、杀戮、报复以及那些竟把杀人流血列为美德的可怕偏见。最正直的人也学会了把相互残杀当作自己的一种义务。我们终于看到成千上万的人不知道原因却自相残杀。战争中一天杀死的人数和攻占一座城市时所造成的恐怖，比在自然状态中所有时代整个地球上所杀害的人和所造成的恐怖还要多得多。这就是我们所见到的人类分裂成许多不同的社会后首先形成的结果。然而，我们还是回到政府创立的初期吧。

我知道关于政治社会的起源，有许多作者还持有其他主张，例如认为政治社会起源于强者的征服，或者起源于弱者的联合。事实上，这些都与我用于论证政府起源的论据无关。我在上文所阐述的原因，在我看来是最合乎自然的，其理由是：（一）对于第一种主张，所谓征服权并不是一种权利，所以不能据以创立任何其他权利；在征服者与被征服民族之间的关系上，除非被征服民族完全恢复了自由，自愿选择它的征服者做自己的首领，他们二者便永远处于战争状态。因为无论此前他们订立了怎样的投降条约，都是建立在暴力的基础上的，这一事实本身就注定了这条约是无效的。所以在这种假定上，既不可能有真正的社会，也不可能有政治组织，除强者的权力外，也不可能有任何法律。（二）对于第二种主张，强和弱这两个字本身的含义就是不明确的，在所有权或先占者的权利的设定与政治统治的建立之间的过渡时期，这两个字的意义倒不如用富和穷来代替。因为，实际上，在有法律以前，一个人要想使另一个与他平等的人服从自己，除了抢占他们的财产，或者把自己的财产分给他们一部分以外，是没有任何其他办法的。（三）因为穷人除了自由以外，没有什么可以失掉的东西，除非他们完全丧失了理智，否则绝不会无偿地抛弃他们所仅存的财产——自由。相反，富人对自己的财产是慎之又慎，反而是他们容易受到损害。总之，更合理的假设是：人只可能去创造对自己有利的事物，而不可能去创造对自己有害的事物。

新产生的统治机构没有稳定正规的组织形式。哲学和经验的缺乏，使人只能觉察到目前的不便；至于其他的不便，人们只在它们出现的时候，才会想到加以纠正。尽管英明的立法者尽了一切努力，政治状态总是不完善的，因为它几乎是一种偶然的产物。而且因为它开始就不健全，时间虽能使人发现它的缺点而提出一些挽救方法，但却永远不能补救组织本身的缺陷。人们只是不断地修修补补，而不能像莱格古士在斯巴达所做的那样，首先扫清地面并抛弃一切陈旧的材料，以便重新建造一座稳固的大厦。社会起初不过是由一些一般公约组织起来的，所有成员对这些公约都约定遵守，并由共同体保障每一个成员都能遵守公约。然而，经验证明了这样一个组织是多么脆弱，以及违犯公约的人又多么容易逃避对所犯过错的认定和惩罚——因为他的过错只有公众才能做证和加以裁判。于是，人们开始千方百计地逃避法律。不便和混乱继续不断地增多，这时候，人们才终于想到把公共权力冒险地委托给私人，把执行人民决议的任务委托给官吏。因此如果说人们在结盟以前，就已经选出了首领，如果说在有法律以前就已经有了法律执行者，这种荒唐的假设简直不值得认真考虑。

然而，如果认为人民一开始就会无条件地、永远地投入一个专制主人的怀抱，认为无所畏惧的和未经驯服的人们所想到的第一个维护公共安全的方法就是投身于奴隶制，那也是不大合理的。事实上，奴隶制并不能使他们免受压迫，保护他们的生命。一个人的生存要素由财产、自由和生命构成，他们为什么要给自己找出一个统治者呢？而且，在人与人的关系上，一个人所能遭到的最大不幸，就是看到自己受另一个人的任意支配，如果一个人为了保存他仅有的这些东西才需要首领的援助，他却一开始就自愿地放弃了这些仅有的东西而把它们交给一个首领，这岂不是违背常识吗？对于如此宝贵的权利的让与，首领能给他们以什么相等的代价呢？如果他以保护他们为借口，竟敢强求这种权利的让与，他们立刻就会以讽刺的口吻回答他说："敌人对我们也不过如此吧！"人民选出首领是为了保卫自己的自由，而不是为了使自己受奴役，这是无可争辩的事实，同时也是全部政治法的基本准则。普林尼曾对图拉真说："我们之所以拥戴一个国王是因为我们不想要主人。"

我们的政治家们关于热爱自由所做的那些诡辩和哲学家们关于自然状态的诡辩是一样的。他们根据自己了解的事物，判断他们未曾见过的极不相同的事物。他们因为看到一些人耐心忍受奴役，便认为人天生就有奴性。他们没有想到，自由也和淳朴与美德一样，人们只有在拥有它们的时候才感觉到它们的价值，一旦丧失了它们，便也丧失了对于它们的兴趣。布拉西达斯[①]对一位把波斯波里斯城的生活同斯巴达的生活相比较的波斯总督说："我知道你的故乡的幸福，你却不会知道我们那里的快乐。"

正如一匹被驯服了的马，耐心地忍受着鞭策和踢马刺，而一匹未驯服的马则一接近马缰辔就竖起鬣毛，用蹄击地，激烈地抗拒一样，文明人毫无怨声地带着他的枷锁，而原始人则决不肯向枷锁低头。而且，他宁愿在风暴中享受自由，也不愿在安宁中受奴役。因此，我们不能从被奴役的人们那里来判断人类的天性是倾向奴役或反对奴役，而应该从一切自由民族为反抗压迫做出了巨大的努力来进行推测。我知道前一种人只是不断地夸耀他们在枷锁下所享受的和平和安宁，他们将最悲惨的奴隶生活称为和平。但是，当我看到后一种人为了保存他们这唯一的财富（丧失了这种财富的人却十分鄙视这种财富）宁肯牺牲快乐、安宁、财富、权力甚至生命的时候，当我看到生来自由的一些野兽，因憎恨束缚向牢笼栏杆撞坏了头的时候，当我看到成千成万的赤裸裸的原始人，鄙视欧洲人的淫逸生活，只为保存他们的独立自主而甘冒饥饿、炮火、刀剑和死亡的危险的时候，我深深地感到，奴隶是不配谈论自由的。

至于父权，许多学者认为专制政治和整个社会都是由此延伸出来的。我无须引用洛克和锡德尼的论证，就可以指出：世界上没有比父权的温和与专制政治的残暴之间差距更大的了。因为父权的行使与其说是为了命令者的利益，毋宁说是为了服从者的利益。根据自然法则，父亲只是在他的子女还需要他的扶助的时候，才是子女的主人。过了这个时期，他们便处于同等的地位了，子女完全脱离父亲而独立，对父亲只有尊敬而不必服从，因为报恩只是一种应尽的义务，而不是一种他人可以强求的权利。因此，我们不能说文明社会是从父权派生出来的，而应该说父权的主要力量来源于文明社会。一个人只是在子女们聚居在他的身边的时候，才能被认为是这些孩子的父亲。父亲是自己的财产的真正主人，他的财产使他的孩子依附于他，他可以根据每个子女是否经常遵从他的意志恪尽孝道来决定每人

---

① 公元前5世纪斯巴达的一位将军。

所应继承的部分。然而，臣民则丝毫不能指望从暴君那里得到任何类似的恩惠，因为臣民自身及其一切都属于暴君所有，或者至少暴君本人是这样认为的。所以当暴君将少量财富留给臣民的时候，他们还不得不把它当作一种恩惠来接受。暴君让他们活着就是一种恩惠，剥削他们也是一种公正。

如果我们从权利出发来继续研究这些事实，我们就会发现专制政治的建立出于人民自愿的说法毫无道理可言。如果一种契约只拘束当事人的一方，一切义务都由一方来负担，而另一方毫无义务，使得受损害的只是负担义务的人，那么，要证明这种契约的效力是非常困难的。这种极不合理的制度，即使在今天也远远不同于明智优良的君主制，即使是法国的君主制也远非如此。我们可以在他们颁布的敕令中看到这一点，特别是在 1667 年用路易十四的名义并根据他的命令出版的一部著名法律中，我们可以读到这样一段文字：

因此，我们绝不能说君主可以不遵守本国的法律，因为与此相反的命题乃是万国法中的一条真理，虽然这条真理有时为阿谀者所攻击，但贤明的国王总是像国家的保护神一样来保护这一真理。如果我们能像智者柏拉图那样地说：国王最大的幸福就是臣民服从国王，国王服从法律，而法律是公正的，并且永远面向公众的幸福，那该多么合理啊！

我不想继续追问这一问题：既然自由是人最高贵的权利，那么为了取媚于一个残暴的或疯狂的主人，竟毫无保留地抛弃我们最宝贵的天赋，竟屈从于主人的意志去犯造物主禁止我们去犯的一切罪恶，这是不是使人类的天性堕落，将自己贬低到动物的水平，做本能的奴隶呢？甚至是不是对自己的创造者的一种侮辱？或许，这个崇高的造物主宁愿看到他的作品被彻底毁掉也不愿遭受如此的侮辱。如果人们同意，我就不再详细论述巴尔贝拉克的权威说法了。巴尔贝拉克根据洛克的看法，曾直截了当地表明：人出卖自己自由的极点，就是使自己屈从于一种专制权威。他接着说道：因为出卖自由就等于出卖自己的生命，而任何人都不是自己生命的主人。我所要知道的仅仅是：不怕把自己贬低到这种程度的人们，有什么权利使他们的后代也受同样的屈辱，并代替自己的后代放弃那些并非他本人赐予的幸福？对于一切值得拥有这些幸福的人来说，一旦失去这些幸福，则生命本身就成为一种负担了。

普芬道夫说，人既可以根据协议与契约把自己的财产转让与别人，同样也可以为了别人的利益而放弃自己的自由。我认为这种推理似乎并不能成立。因为，首先，我把财产让与别人以后，这项财产就变成完全与我无关的东西了，如果别人滥用它，也与我不相干；但是，人们要滥用我的自由，就不能与我无关，因为，如果别人要我去犯罪，我就不得不去犯罪，那么我就成为犯罪的工具，满怀罪恶感。此外，所有权不过是一种制度的约定，因此每个人都能够随意处分他所有的东西。但是，人类主要的天然禀赋，比如生命和自由，则不能与此相提并论，这些天赋人人可以享受，但是否能抛弃则是值得怀疑的。一个人抛弃了自由，便贬低了自己的存在；抛弃了生命，便完全消灭了自己的存在。世间任何物质财富都不能弥补这两种东西的损失，所以无论以任何代价抛弃生命和自由，都是既违反自然同时也违反理性的。而且，纵使人们能像转让财产那样，把自由让与别人，但对子女们来说，这两者之间的区别也是很大的。子女们享受父亲的财产，仅仅因为父亲将权力转移给他们，而自由是由自然赋予的，父母没有任何权力剥夺。那么，为了建立奴隶制，就必须违犯自然，同样地，为了使这种权力永存下去，就必须变更自然。法学家们既郑重宣布了奴隶的孩子生下来就是奴隶，换句话说，他们也就肯定了人生下来就不是人。

所以，我确信：政府并不是从专制权力开始的。专制权力只不过是政府腐化的结果，是政府堕落的最终形态。它使政府又返回到最强者的权力上，而政府本是为了补救这种权力而建立的。不但如此，即使政府是从专制权力开始的，这种权力本身也是不合理的，所以不能把它作为社会上的各种权力的基础，因此也不能把它作为人类不平等的基础。

我们今天暂不深入研究政府的基本契约的性质。我只依照一般意见，把政治组织的建立视为人民和他们所选出的首领之间的一种真正的契约，双方约定遵守其中规定的法律，这些法律正是联结他们的纽带。人民在一切社会关系上把他们每个人的意志集中成为一个单一的意志，所以一切表现这个意志的条款，也就成为对于国家全体成员都具有拘束力的根本法。这些根本法之一就规范着监督其他法律官员的选任和权限。这种权力可以包括维持宪法所需要的一切职权，但不包括修改宪法的权力。这一切都必须伴之以荣誉，以保证法律和执法者受到公众的尊重，并给执法者一些特权以报偿他们为把国家管理好所需要从事的艰苦工作。而执法者则负有以下的义务：他们必须按照委托人的意思行使所受托的权力，必须维护每个人能安全地享受他所有的一切的权力，而且必须在任何情形下都把公共利益放在个人利益之上。

在依据经验而做出的预见没有得到证明以前或者说在人类的知识还不能使人预见到宪法不可避免的弊端以前，这一宪法应当是较好的宪法，因为负责维护这一宪法的人们自己就与宪法的保存有最密切的利害关系。根本法是官职的设置和官员的职权的唯一依据，根本法一旦消失，官员们就丧失了他们的合法地位，人民就没有再服从他们的义务。因为国家构成的基本要素不是官员而是法律，所以当法律不存在的时候，每个人就恢复了他天赋的自由。

只要我们稍加注意，就会发现新的论据来支持以上的说法，而且就契约的性质而论，我们也可以看出这种契约并不是不可以取消的。因为，如果没有更高的权力来保证缔约双方遵守契约，或强使他们履行相互间的允诺，缔约双方仍然是他们自己的争讼的唯一裁判者，那么，只要一方发现对方违反规定或这种契约不再符合他的利益，他就随时有抛弃契约的权利。正是根据这一原理，人们才可能有解除契约的权利。然而，我们现在所要研究的就是考察人类的制度，不难了解，假如掌握一切权力并把契约的一切利益都据为己有的官员们有抛弃职权的权力，那么，因官员们的错误措施而受到损害的人民就更应当有权拒绝服从。但是，这种危险的权力必然会引起可怕的纷争和无穷的混乱。这些都足以说明：人类的政府需要一个比单纯的理性更为坚固的基础，并且为了公共的安宁，是多么需要一个神圣的意志，以便给予最高权力一种神圣不可侵犯的品质，从而剥夺臣民危险的弃权的权利。宗教即便有它的弊端，只要对人们做这样一件有益的事情，便足以使人们去皈依和信仰宗教，因为它使人类免除的重重残杀远比因宗教狂热付出的生命要多得多。然而，还是让我们沿着假定的线索继续探讨下去吧。

政府的各种不同的形式，是由政府成立时存在于人与人之间等级分化的程度的差异而产生的。如果有一个人在能力、道德、财富或声望上都是卓越的，而他独自被选为长官，那么，这个国家便成为君主政体的国家。如果有一群人都同样杰出，他们都高出别人一等，而一齐被选，那么，这个国家便成为贵族政体的国家。如果人们的财产或才能并不是那么不平均，而他们距离自然状态又并不很远，那么，他们便共同组成一个最高的政权即民主政体的国家。只有经历时间的考验，人们才能发现哪种政府最有利于他们。某一些人始终服从于法律，公民们希望保持他们的自由；而另一些人则服从于官员，臣民们由于不能容忍别人享受他们自己已经享受不到的幸福，所以他们只想剥夺他们邻人的自由。总之，一些民族产生了财富和征服，而另一些民族只有幸福和美德。

在上述各种不同的政体中，一切官员最初都是被选举出来的。当一个人的财富不比别人优越时，人们所以选举他，是根据他的功绩，因为功绩给人带来天然的威望，或者也根据他的年龄，因为年长的人处理事务富有经验，审判决断事情头脑冷静。无论是希伯来人的“长者”、斯巴达的“长老”，还是罗马的“元老院”，甚至我们所谓“领主”一词的字源上的意义，都指明在从前老人曾经受到的尊敬。然而越是老年人当选，选举就越频繁，也就越使人觉得麻烦。于是阴谋发生了、派系形成了、党派的冲突尖锐化了、内战的火焰燃起了，公民的生命终于为所谓国家的幸福而牺牲。人们于是又处于从前那种无政府状态的前夕。有野心的官员们，从这种混乱的局面中渔利，把职权永远把持在自己家族之手。而人民已经习惯于依附、安宁，再也没有能力打碎身上的枷锁时，为了确保自己的安宁，他们甘愿让人加重对自己的奴役。这样，已经成为世袭的官员们，就逐渐习惯于把官爵看作自己的家产，把自己看作是国家的主人，而起初他们只不过是国家的官吏。这样，他们也就将其公民视为奴隶，把这些奴隶当牲畜一样算在他们的财产之列，而且自称是与神齐等的王中之王。

如果我们沿着这些不同的变革来追踪观察不平等的发展，我们便会发现法律和私有制的建立是不平等的第一阶段；官职的设置是不平等的第二阶段；而第三阶段，也就是最末一个阶段，是法制权威变成专制的权威。因此，第一阶段的不平等是穷与富，第二阶段是强与弱，第三阶段是主人和奴隶。最后一个阶段是不平等的顶点，也是其他各个阶段持续发展的最终结果，直到新的变革使政府完全瓦解，或者重新回到法制状态为止。

为了解这种发展的必然性，我们没有必要考察设立政治组织的动机，而应当考察它在实际上所采取的组织形式以及那些随之而来的种种弊端。因为这些弊端使政府的设立和腐败同时成为必然。姑且不谈斯巴达这唯一的例外情形——在斯巴达，法律所关切的主要是儿童教育，莱格古士[①]为它们开创的风气实际上使法律成为多余。因为一般说来法律的约束力是弱于欲望的，只能限制人而不能改变人，所以不难证明：任何一个政府，假如它不腐化、不败坏，总是严格遵循着它所负的使命前进，那么，这个政府就没有设立的必要。在一个国家里，如果任何人都不触犯法律，任何官员都不滥用职权，那么，这个国家就既不需要官员也不需要法律了。

政治上的差别，必然会引起人与人之间的差别。在人民与官员之间日益增长着的不平等必然导致民众之间不平等的产生，并且因欲望、才能和境遇的不同而形成千百种不同的表现形态。当权的官员利用非法的权力提拔一群走狗，并把一部分权力分给他们。而且，公民们也只是在一种盲目的贪心引诱之下甘愿受人压迫。他们宁向下看，而不往上看，因此，在他们看来，统治别人比不依附于人更为可贵。他们同意戴上枷锁，为的是能反过来奴役别人。很难强使一个没有野心控制他人的人去服从于他人，即使是最有智谋的政治家也不能使那些以自由为唯一愿望的人屈服。但是不平等能轻易在野心家和懦夫之间横行，因为他们随时都在准备着冒风险，

① 莱格古士，传说中公元前 8 世纪斯巴达的国王，斯巴达的政治制度就是他创立的。

准备着依时运的顺逆，或者去统治人，或者去侍奉人，这二者对他们说来，几乎是没有什么差别的。因此，必然会出现这样一个时代，那时人民的双眼已被蒙蔽，只要统治者对一个最卑微的人说：“让你和你的子孙后代都成为贵族吧!”他立刻就在众人面前显得尊贵起来，而且他自己也觉得尊贵起来了。他的后代和他相隔的世代愈远，便愈显得尊贵。使他们成为贵族的原因越久远和越模糊不清，其效果也就越大；一个家庭里无所事事的人数越多，这个家庭也就越显赫。

如果这里是应当研究细节的地方，我很乐意解释即使没有政府的干预，在人与人之间，仍然会有声望和权威的不平等。因为人们一结成社会，就不得不互相比较，并从他们持续不断地互相利用中注意到彼此间的差异。这些差异有几种主要类型。但是，由于通常人们主要是根据财富、爵位或等级、权势和个人功绩等方面的差异来互相评价，因此我可以证明这几个方面之间的和谐或冲突是一个国家制度好与坏的最可靠的标志。我还可以指出，在这四种不平等中，个人的身份的不平等是其他各种不平等的根源，而财富的不平等是最终的不平等。因为财富是最直接有益于幸福，又最易于转移，所以人们很容易用它来购买其余的一切。通过以上的观察，我们能够确切地判断每个民族距离其原始制度的远近和走向腐败的顶点的进程。借助这一点，我可以解释那些追求声望、荣誉和特权的普遍愿望是如何在锻炼着，并使我们互相较量着我们的才能和力量；是如何在刺激着我们的欲望，并使欲望日益增多以及如何使所有的人都相互竞争、对抗，或者说都成为仇敌，它将无数野心家置于同一竞赛场上，造成无数的失败、成功和混乱。

我可以说明，正是由于每个人都有成为众人焦点和出人头地的欲望，才产生了人间最好和最坏的事物：我们的美德和我们的恶行，我们的科学和我们的谬误，我们的征服者和我们的哲学家。也就是说，在极少数的好事物之中有无数的坏事物。总之，我可以证明，人们所以会看见一小撮有钱有势的人达到了富贵的顶点，而大部分人缺衣少食、默默无闻，是因为前者只珍视弱者没有的东西，而且没有了弱者悲惨的命运，强者就感觉不到自己固有的幸福。

如果我们仅就以上各点详细地加以论述，便足以写成一部巨著。在这一著作里，我们可以通过与自然状态中的权利对比，权衡一下各种政府的利弊。我们还可以揭示由政府的不同性质及其由于时间所必然引起的变革而会呈现的不平等的各种不同形态。我们可以看到，人民大众为了反抗外国压迫者所做的一切努力，最终压迫了他们自身；我们可以看到这种压迫继续不断地在增长，而被压迫者永远不知道这种压迫何时才能停止，也不知道他们还有什么合法的途径来反抗这种压迫；我们可以看到公民的权利和民族的自由逐渐在消失，弱者的要求被看作叛乱的怨言；我们可以看到政治将保卫公共利益的荣誉只限于一小部分吃皇粮的官员；我们可以看到，征税的必要因此产生，在重税压迫下意志沮丧的农民即使在太平年月也会抛弃田地，扔掉犁铧，揭竿而起；我们可以看到各种混乱荒唐的荣誉法规也出现了；我们还会看到国家的保卫者迟早会变成人民的敌人，不断地拿起武器指向自己的同胞。最终，会出现这样一个时期，人们会向他们的统治者说：

> “如果你命令我把利剑刺入我父亲的胸膛，
> 刺入我怀孕的妻子的腹中，
> 我终究要完成你的命令，
> 尽管我的双手在反抗。”①

从财富和社会地位的极端不平等中，从多种多样的欲望和才能中，从各种无用且有害的技术和肤浅的科学中，产生出大量的偏见。这些偏见同时违反了理性、幸福和道德。我们可以看到：掌权者费尽心机破坏民众的联合，在民众之间制造分裂。他们给社会一种和睦的假象，而实际上是在散布分裂的种子；他们使各等级的人们因权力、利益的矛盾而相互猜疑和憎恨，以加强他们的统治。

正是在这种混乱和动荡中，暴政逐渐抬起它的丑恶的头，吞噬一个国

① 此段引自古罗马诗人卢坎的诗集《卢坎诗集》。

家里一切善良和健全的东西，最终践踏着法律和人民，并在共和国的废墟上建立起它的统治。这最后一次变化以前的时期，必然是一个骚乱和灾难的时期。但是最后，一切都被这恶魔吞噬，人民既不再有首领，也不再有法律，而只有暴君。从这时起，再也没有品行和美德可言。因为凡是属于暴政统治的地方，谁也不能希望从忠贞中得到什么，也不容许有任何其他的主人。只要暴君一发令，正义和职责就黯然失色。最盲目的服从乃是奴隶们所仅存的唯一美德。

这里是不平等的终点，一个封闭圆圈的终极点，一切又与开始的起点重合。在这里一切的人都是平等的，因为他们同样一无所有。臣民除了君主的意志以外没有别的法律，君主除了自己的欲望以外，没有别的规则。这样，善的观念、公正的原则又重新消失了。在这里一切又都回到强者法则，因而也就是回到一个新的自然状态。然而这种新的自然状态与最初的自然状态不同，因为最初的自然状态是纯粹的自然状态，而新的自然状态乃是过度腐化的结果。但是，这两种状态之间在其他方面的差别则是非常小的，而且政府契约已被专制政治破坏殆尽，以致暴君只在他是最强者的时候，才是国家的主人；当他被驱逐的时候，他连抱怨的权力都没有。民众暴动杀死或推翻君主，与暴君前一日任意处理臣民生命财产的行为是同样合法的。暴力支持他，暴力也推翻他。一切事物都是这样按照自然的顺序进行着，无论这些短促而频繁的革命的结果如何，任何人都不能抱怨别人的不公正，他只能怨恨自己的过错或不幸。

如果细心的读者想发现和追溯这些曾把人类从自然状态引向文明状态，但却已经被人遗忘和迷失了的道路，根据我刚才指出的那些中间状况，将我因时间匆促而省略了的，或者因想象力所不及而没有想到的那些状况一一用思考把它恢复起来，他们一定会惊讶这两种状态之间的差距是多么巨大。正是在事物的这种缓慢的发展过程中，他们将可以找到哲学家们所不能解决的伦理上和政治上的无数问题的答案。他们将会发现在不同的时代，人也是不同的，第欧根尼[1]之所以找不到人，是因为他想在他同时代的人中找一个已经不存在的那个时代的人。他就会明白，加图之所以与罗马和自由同归于尽，是因为生错了时代。如果他早生 500 年，他一定统治了整个罗马，这位最伟大的人恐怕是会震惊世界的。总之，读者们将会理解，人类的心灵和情欲是如何在不知不觉的变换中变更了他们的本性。也就是说，为什么时间一久我们的需要和我们的乐趣的对象都有了改变；为什么在原始人逐渐消逝的时候，社会——在贤者看来——只为我们提供了一个由做作的人和肤浅的欲望组成的集合体，而这样的人和欲望乃是所有新生关系的产物，在自然状态中没有任何真正的基础。我们对这一问题的思考已完全被观察所证实。原始人和文明人的内心深处与行为倾向是如此的不同，以致造成给文明人至高幸福的东西，反而会使原始人陷于绝望。原始人仅喜爱安宁和自由，他只愿自由自在地过着闲散的生活，即使斯多噶派的淡泊也比不上原始人对身外之物的淡漠。相反地，文明人则终日勤劳，而且他们往往为了寻求更加勤劳的工作而不断地流汗、奔波和焦虑。他们一直劳苦到死，甚至有时宁愿去冒死亡的危险，来维持自己的生存，或者为了追求永生而自绝于世。

文明人会逢迎自己所憎恶的权贵和自己所鄙视的富人，不遗余力地去博得为那些人服务的荣幸；他们骄傲地夸耀自己的卑贱，夸耀那些人对他们的保护；他们以充当奴隶为自豪，言谈之间，反而轻视那些未能分享这种荣幸的人。一个加勒比人会如何评价那种繁重而令人羡慕的工作呢？这种悠闲的原始人宁愿经历多次残酷的死亡，也不愿过这样一种生活。这种生活的可怕，纵然有施展其抱负的快乐，也往往不能得到缓和！而且那个悠闲的原始人要了解如此劳神的目的何在，在他的头脑中就必须先具有“权利”和“荣誉”这些词汇的意义；就必须知道有一种人相当重视世界上其余的人对他们的看法，他们的幸福和满足更多地来源于别人的评价。实

---

① 第欧根尼，又名戴奥真尼斯，Diogenes（公元前 404~前 323），出生于一个银行家家庭，是古希腊犬儒学派哲学家。他曾白天打着灯笼上街，寻找“诚实的人”。

际上，原始人和文明人的这一切差别的真正原因就是：原始人过着他自己的生活，而文明人则终日惶惶，只知道生活在他人的意见之中。也可以说，他们对自己生存的意义的看法都是从别人的判断中得来的。这里，我并不想追问，为什么会产生对善恶的漠不关心，纵然我们有许多谈论道德的卓越文章；为什么在一切都归结为现象的时候，一切都变为人为的和造作的：荣誉、友谊、美德，甚至恶行也不例外，从这一切中，我们终于发现了炫耀自己的秘诀。我也不想追问，为什么我们总问别人自己是怎样一个人，而从不敢拿这一题目来问自己。因此在众多的哲学道理、人性和崇高的格言中，我们只有一种浮华的欺人的外表，拥有荣誉却没有道德，会思考却没有智慧，耽于享受却没有幸福。我认为只需要证明以下两点就够了，即，上述情况绝不是人类的原始状态，社会的精神以及社会产生的不平等改变和破坏了我们所有的本性。

我已追溯了不平等的起源和发展、政治社会的建立和必然产生的种种弊端。我所论述的这些事物，是尽量靠推理从人类的本性中推演出来的，并未借助于那些从一开始就赋予君主以神圣权威的神圣教义。根据我的说明，我们可以断言，在自然状态中几乎没有任何不平等。由于人类能力的发展和人类智慧的进步，不平等才获得了它的力量并成长起来，最终在私有制和法律建立之后，被确立为永恒的合法现象。此外，我们还可以断言，仅为实在法所确认的精神上的不平等，每当它与生理上的不平等相抵触时，便与自然法则相冲突。这种不相称充分决定了我们对流行于一切文明民族之中的那种不平等应持什么看法。因为，无论人们给不平等下什么样的定义，孩子命令老人，傻子指导聪明人，少数权贵挥霍无度，而大量的饥民则缺乏生活必需品，都显然是违反自然法则的。

一个萨瓦省牧师的信仰告白

A Savoyard Vicar

〔法〕 让·雅克·卢梭

原出版序言

大约在30年前，有一个年轻人，他抛弃了自己的国家，流浪到了意大利。在那里，他穷困潦倒，悲苦凄凉。他本来是一个加尔文派的教徒，但后来，他一时糊涂，觉得自己是个流落异乡的落魄之人，身无分文，举目无亲；为了生存下去，他改变了自己的宗教信仰。人们就把他安置在一个专门收留新教徒的寓所中，其实，修建这样的寓所就是专为接纳那些改变信仰的人的。在这里，他获知了一些宗教上的纷争，并且因此在他脑海里生出了前所未有的质疑。这样的疑问使他第一次意识到他所做的事情是多么的恶劣。他被教授了一些奇怪的教理，亲眼看见了一些怪异的习俗；他发觉自己最终会成为这一切的牺牲品。他开始想方设法逃离。但是，不但没成功，还遭到了更为严密的看管。他如果口出怨言，人们就惩罚他。落在这群暴虐的人手中，他发现自己因为不愿意犯罪反而被当作罪人来处理。

一个毫无社会经验的年轻人第一次遇到这种强暴和不公正的事情时，心中是多么的愤怒，有头脑的人都能体会得到，而且都能够理解这位年轻人的不幸。他眼里流着愤怒的眼泪，心里憋着燃烧的怒火。叫天天不应，告地地不灵。世上也没有一个人能听他诉说冤屈。他所遇到的都是那些专干坏事的歹徒和他们的狗腿子，他们嘲笑他不跟他们同流合污，极力唆使他学他们的样子。要不是一位诚实的基督教牧师有事到那个寓所去，找到一个机会秘密地给他出主意的话，他也许就完全葬送在那里了。那个牧师自己也很穷，需要大家的帮助，而这个正被压迫中的年轻人则更需要他的帮助，尽管因此可能为自己招来凶恶的敌人，但牧师还是毫不迟疑地设法帮助这个年轻人逃跑了。

但这位年轻人刚逃脱了灾难却又陷入了贫穷，白白地同命运争斗了一番。有一阵子他确实认为自己是战胜了它，刚刚遇到一点点好运的时候，他就忘记了他的痛苦和他的恩人。他这种忘恩负义的行为不久就受到了惩罚，他那些不切实际的梦想都完全破灭了，他虚度着青春年华，他那些浪漫的想法把他一切的计划都毁了。一方面他没有足够的才能和办法去战胜自己人生路上遇到的诸多困难，既不知道克制自己又做不来坏人，另一方面他又有诸多自己无力企及的渴求。因此，他又重新陷入了先前困苦的境地，食不果腹，居无定所，快要饿死的时候，他才想起了他的恩人。

他又回到他的恩人那里去，受到了很好的接待。那位牧师一看见这个可怜的年轻人就回想起他做过的一件好事，这种回忆在一个诚实善良的人心中始终是很快慰的。这个牧师天生就很仁慈，富有同情心，他以自己的痛苦去体会别人的痛苦，优裕的生活也没能麻木他的心肠，总之，知识的熏陶和豁达的德行使他的天性更加善良，他诚挚地欢迎这位年轻的迷途羔羊。牧师把他安置下来，还把自己不多的生活必需品分给他一起使用。不仅这样，那个牧师还教育他、安慰他、鼓励他，教他怎样苦苦撑持，耐心地渡过逆境。你们这些有偏见的人啊，可曾想到这样的事情会出现在一个牧师的身上，会出现在意大利？

这个诚实的牧师是一个贫穷的萨瓦人。他年轻的时候因为开罪主教，被迫离开家乡，越过阿尔卑斯山，另谋生路。他智慧、博学，又长得俊秀，很快就得到了别人的垂青。他被推荐到一个很有身份的家庭去做教师。但他宁愿贫穷也不愿依附于人，同时，他也不擅长应付那些阔气的人和事，因此，他并未在那个家庭待多久。然而在离开那里的时候，他仍然受到人家对他的尊敬。他行为高尚，备受人们爱戴，因此，他一心想重新赢得主教的青睐，回到主教身边，并请主教让他在山区做一个小小的牧师，在那里他可以平静安闲地度过他的一生，这就是他最辉煌的宏愿了。

他自然而然地关心起这位流落异乡的年轻人并对他产生了兴趣，他认真地分析他的性情。他发现，不幸的命运已经使得这个年轻人心灰意冷，他所经历的耻辱和轻蔑让他完全丧失了继续奋斗的勇气。人世间的种种不平和残酷，人性的堕落和道德的沦丧已经使得那受伤的自尊变成了对这个世界的憎恨。他认为宗教是自私的面具，而神圣的崇拜变成了虚伪的盾牌。在空洞无聊的争论中，天堂和地狱只不过是用来玩弄的口舌和文字，人们的欢喜和悲苦只不过就是他们嘴边不断重复的空洞的辞藻。对上帝的庄严朴素的观念已经被人们胡乱的想象歪曲得不成样子，而且，当发现要信仰上帝就必须抛弃上帝所赋予的理性的时候，他就对人们的冥想和之所以冥想的目的同样地报以轻蔑的态度。由于他对事物的真相缺乏认识，也不愿意费心去了解它们发生的原因，因此他变得非常愚昧无知，同时，他又非常自大，深深地看不起那些看起来知识比他丰富的人。

忘记了宗教，就会忘记一切做人的准则。这个浪子的心灵在这个过程中已经走得很远了。他其实并不是一个天生的坏孩子，但是不幸的命运和对信仰的动摇逐渐地泯灭了他原本善良的天性，并很快地把他拖上了毁灭的道路，使他沾染上了坏人的行径和无神论的观点。

这样一种几乎是不可避免的邪恶，还没有达到不可收拾的地步。这个青年人并不是完全没有受过教育，他也有一些知识。而且，他正值青春，沸腾的血液已开始使他的心灵趋于活跃，不为狂烈的感官所奴役。天生的廉耻心和怕羞的性情长期地约束着他，使得他的心灵依然纯洁得像一张白纸。他所见到的那些彻底堕落和不体面的恶行，不仅没有刺激反而遏制了他的想象力。在很长的时期内，他之所以能够保持天真完全是由于他对事物的憎恶而不是由于他自己的德行；如果在更令人迷醉的引诱之下，天真的心就会败坏。

牧师看出了这种危险，并且想到了拯救的办法。尽管困难重重，但他不退缩。他愉快地投身在这个工作中，并决心要把它进行到底，决心要让这个他从罪恶中拯救出来的人恢复美德。

为了这个目的，他坚定地开始了他的计划。满怀着崇高的向往，他不仅希望倍增，而且还想出了许多不辜负他满腔热情的办法。不论结果怎样，他都相信他的时间不会白白地浪费。当一个人一心一意做好事的时候，肯定他最终是会成功的。

他首先努力取得这个新皈依的人的信任，他不吹嘘自己对他的恩惠，也不强迫他做这样或那样的事情，不向他唠唠叨叨地说教，并放下自己的身段，思他所思，想他所想。当人们看见一个严肃的圣人自己愿意去做浪子的伙伴，看见美德为了战胜恶习而不得不忍受恶习的侵袭时，心灵该是有何等的触动呀！当那个年轻人糊里糊涂地来向他说一些乱七八糟的心事的时候，他用心地听着，让年轻人说个痛快；除了不赞同坏事以外，他对年轻人所说的一切都显出浓厚的兴趣；从不冒冒失失地责备年轻人，以免打断年轻人的话头，使年轻人感到难过。发现牧师在倾听自己，年轻人很高兴，便乐意把心中的话都说出来了。这样，年轻人把自己所做的事情从头到尾地都讲清楚了，而他还以为一点也没有说咧。

把这个年轻人的情感和性格仔细地研究一番之后，牧师认为，虽然从年龄上看不能说他是一个无知的人，但是他已经完全忘记他应当知道的一切事情，由于命运多舛而蒙受的羞辱，扼杀了他心中真实的善恶观。一时的无知和愚钝就能夺去灵魂的生命，当一个人成天为生活奔波的时候，他是很难听到内心的呼唤的。为了挽救这个道德濒死的年轻人，牧师首先开始唤起他的自尊和自爱，牧师给年轻人指出，只要善于利用自己的才能就可以获得美好的前程，用别人的良好行为唤醒年轻人心中敦厚的热情，并激发年轻人对那些品行良好的人的崇拜。为了使年轻人在不知不觉中摆脱那种疏懒浪荡的生活，牧师就请他抄写一些书籍中的要点，假称自己需要阅读这些摘录的语句，从而培养年轻人感恩的高尚情操。通过这个方法，牧师也间接地利用那些书籍去教育年轻人，使年轻人自己能充分地看重自己，而不自暴自弃地认为自己是一个一无是处的人。

从一件小事情上就可以看出这个仁慈的人尽管在表面上没有进行教育，然而他是多么巧妙地使他的学生在不知不觉中摆脱了堕落的境地。这位牧师廉洁谨慎，人人皆知，备受尊重，很多人宁可把他们乐捐的东西交给他而不交给城里富裕的牧师。一天，有人拿一些钱给牧师请他去分给贫民，而那个年轻人也厚着脸皮说自己是穷人，请他分一点钱给他。“不，”那个牧师说，“我们已经成了弟兄，你就是我家里的人，我不应该拿这笔钱供自己使用。”然后，他从自己私人的口袋里把年轻人所要的钱掏出来给年轻人。像这类的诸多教训，那些道德尚未彻底败坏的年轻人是很难不铭记在心的。

我用第三人称来讲，已经讲得不耐烦了，这样小心的做法完全是多余的，因为，亲爱的朋友，你们已经觉察到这个不幸的逃亡异乡的人就是我自己。我相信，我现在绝不会再像青年时期那样的胡闹，因此我敢于承认我以前所做过的一些荒唐事，而那个把我从堕落的境地中挽救出来的人，他的恩情，是值得我在这里加以赞扬的，哪怕因此会给我带来一点羞辱。

我印象最深的是：这位可敬的老师在他的个人生活中，始终保有高尚的德行和仁慈的心地，不虚伪，不优柔；他总是说话坦率，言行一致。我从来没有看见过他追问他所帮助过的那些人是不是做晚祷，是不是常常忏悔，是不是在指定的日子里守大斋，是不是守小斋；他也不强迫他们答应他类似这样的条件，然而，要是不履行这些条件的话，他纵然饿死，也休想其他的信徒来帮助他的。

看到这些，我明白，在他面前，我完全用不着装模作样，表现出一个刚刚皈依的人的那种热心；在他面前，我毫不隐瞒我的种种想法，也从来没有因此就受到他的责难。我有时候想：他是发现我对我小时候所信奉的宗教不甚在意，所以不过问我为什么这样不在意我后来所信奉的教派，因为他认为我这种轻蔑的态度不是一个教派问题。但是，当我有时听见他会赞同与天主教教义相反的教理，不在乎它的一切形式的时候，我又有些迷惑了。要是我曾经有那样一次看见他对他表面上似乎不大重视的仪式随随便便应付了事的话，我也许就认为他是一个虚伪的基督徒了；但是，由于我深深知道即使无人在场的时候，他的行为也和在公开场合一般无二，恪尽牧师的职责，所以我就不知道应该怎样判断这些矛盾的现象了。在他的生命中，曾经有个过失让他失去体面并再也不能彻底弥补，但除去这仅有的一次过失，他的生活堪称楷模，他的行为无可指摘，他的话诚恳并合乎情理。我和他朝夕相处，对他的尊敬与日俱增。他多不胜数的善举最终赢得了我的心。我迫不及待地想知道是什么样的信仰和原则能使人始终如一地过着这样奇异的一生。

这个机会等了很久才到来。因为在他向他的学生灌输自己的信仰之前，他得先在他学生的心灵中播下理智和善良的种子，并使这些种子在学生心中生根发芽。他碰到的最棘手的事是如何去除我身上的傲慢和愤世嫉俗，那是对世上的富人和幸运儿的一种痛恨，好像他们都是牺牲了我才发财走运的，好像他们的所谓幸福都是从我这里夺过去的。青年时期的狂妄的虚荣心碰到羞辱的钉子，使我更易于爆发愤怒的脾气；我的老师殚精竭虑地使我恢复了我的自尊心，然而这种自尊的心理反而使我骄傲起来，觉得世人比以前更加邪恶，我更看不起他们，更恨他们。

他并不直接打击我这种骄傲，而只是努力阻止这种骄傲使我冷漠残暴；他也不消减我的自尊，而只是让我不要因为自尊就看不起邻人。他常常揭开虚假的表面，给我指出在其掩盖下的真正的丑恶，从而使我对我的同伴的过失深为惋惜，使我怜悯他们的苦楚，同情他们而不是妒忌他们。由于他对他自己的弱点深有体会，因此对别人的弱点极为同情，认为世人都是他们自己的罪恶和别人的罪恶的牺牲者；他发现穷人在富人的桎梏之下呻吟，而富人又在偏见的桎梏之下呻吟。

“相信我，”他说道，“我们的幻象不仅不能掩盖我们的痛苦，反而会增加这种痛苦，因为它们使得我们去珍惜那些毫无价值的东西，让我们觉得我们的生活中什么都缺，但实际上，要是没有那些幻象，我们就不会觉得我们缺少什么。心灵的宁静，在于把所有一切扰乱这种宁静的东西都不放在眼里。时时都注重生活安逸的人，是最不会享受生活的人；而一个人如果汲汲于谋求幸福，他往往会落得极其不幸。”

“啊！”我沉痛地叫道，“你把事情描写得多么黯淡呀！如果我们要抛弃一切的话，我们为什么要来到这个世界呢？如果我们一定要抛弃幸福的话，那谁又能知道幸福是什么呢？”

“我知道。”这个虔诚的牧师回答道，其声调令我惊异。

“你！”我说，“你运气这样不好，这么贫穷，流落异乡，遭受迫害，你幸福吗？如果你真的幸福，那你做了些什么让你得到了这种幸福呢？”

“我的孩子，”他抱了抱我，接着又说道，“我愿意告诉你。就像你把一切都告诉我一样，我也会把我的一切都告诉你，我将向你讲述我一切的悲喜，因此，你将要看到的，即使不是真实的我，至少也是我自己心目中的那个我。当你听完我整个的信仰自白的时候，当你详细了解我的内心世界的时候，你就可以知道我为什么认为我自己是很幸福的，如果你也有和我一样的想法的话，你就会明白应当怎样做才能获得幸福了。”

不过，这些有关信仰的话是一时也说不完的，要向你陈述我关于命运和人生价值的看法是需要一些时间的，让我们找一个合适的机会安安静静地谈一谈吧。

因为我急于要他告诉我。于是，我们便约定第二天早晨交谈。天刚亮，我们就动身了。他把我带到城外的一个小山上，山脚下波河的水蜿蜒地流过肥沃的河谷，远处是阿尔卑斯山巨大的山脉，旭日的光芒笼罩着整个原野，树木、丘陵和房屋沐浴在阳光中，美极了。也许，上帝是要用这美丽的景象来烘托我们的话题吧。我们在那里默默地观赏了一会儿，我的导师，我的恩人，就开始无比真诚地向我讲述他的那些信仰和故事了。

我的孩子，我不会给你讲什么渊博的学问或艰深的道理。我不是一个大哲学家，而且也不想做大哲学家。但是我多少有点常识，而且一直很热爱真理。我不打算同你争论，更不想费心说服你，我只是向你陈述我心中朴实的想法。我只希望你一边听我谈话，一边也问问你自己。如果我错了，我也是无心犯错，因此，并不是什么大是大非的错误。如果我的想法是对的，那也会经历理性的考问，你我都有共同的理性，并且都同样热切地倾听着理性的呼唤，因此，我们的思想是可以产生共鸣的。

我生来就是一个贫苦的庄稼汉，注定要干农活。但是，家里人认为，如果我去做牧师并以此为生的话，要好得多，因此就想了一个办法，让我去学牧师。当然，不管是我还是我的父母都没想到要借此去探寻美好的、真实的、有用的学问，我们所想到的只是去学一些做牧师所需要的基本知识。别人要我学什么，我就学什么；别人要我说什么，我就说什么。后来，顺理成章地，我就做了牧师。但是，不久我就清晰地意识到，在答应我自己不做俗人的那一刻，我就许下了我无法履行的诺言。

人们告诉我们说，是非之心根植于人们的偏执，然而我的经验告诉我，是非观始终是遵循自然法则的。它不顾一切人为的法则和规定，我们要想禁止做这样或那样，完全是徒然的；只要我们所做的事是那井然有序的自然所允许的、所安排的，不管理性是多么强烈地制止，我们都不会感到懊悔。啊，我的好孩子，现在大自然还没有来启发你的官能，愿你长久地停留在这幸福的状态，因为在这种状态下，自然的呼声就是天真无邪的声音。你要记住，在它还没有教你以前，你提前去做，远比抗拒它的教导更违反它的意旨；因此，为了能听从自然的召唤而不做错事，你得学会了解自然所给予的种种暗示。

我一直把婚姻看作最重要、最神圣的自然法则。由于放弃了结婚的权利，所以我决心不亵渎婚姻的神圣；不管我受了什么样的教育和读了什么样的书，我始终过着有规律的简单的生活，我的心灵始终还保持着原始的智慧的光辉，世俗的流言没有使它遭受蒙蔽，贫穷的生活让我远离了那些罪恶的引诱。

然而，正是我所坚守这一点给我带来了厄运，因为我不愿侵犯别人的权利，所以我所做的错事被人发现了。我于是受到了惩罚，被革了职。我之所以有这样的遭遇，不是因为我缺乏自制力，而是因为我顾忌太多，迟疑不决；从人们针对让我蒙羞的那件事所做出的种种责难来看，我发现犯了错逃避惩罚的方法往往是去犯一个更大的错误。

对于一个善于思考的人来说，一点点这样的经验就可以使他产生很多的想法。在这些伤心的经历中，我发现我原来关于正义、诚实和其他种种关于做人的义务的观念与现实是如此的相悖，因此我开始一点点地抛弃我原来的思想，终于，我心存的观点所剩无几，不成体系。对一些明显的道理我也感到疑惑，以致最后弄得我不知道究竟该有怎样的想法才好，落到了你现在的这种境地。所不同的是，我的怀疑是年岁日益增长的结果，要想消除它也是最不容易的。

笛卡尔说为了追求真理我们必须要怀疑，而我就处在那种怀疑和不定的状态中。然而，这种状态因为太令人焦虑不安，除了懒人和恶人，其他人在这种状态下是维持不了多久的。而我也尚未堕落到竟然乐于处在这种状态的地步，因为一个人如果爱他自身多过爱他的财富的话，他就能保持他善于思考的良好习惯。

我默默地思考着人类悲惨的命运，我看见它在人类偏见的海洋上随波漂浮，找不到方向，人们的欲念像暴风般地吹打着它，而它唯一的领航人不仅缺乏经验，而且连航线都不知道，不知道从什么地方来，也不知道到什么地方去。我经常告诉自己说："我热爱真理，我追求真理，可是我找不到真理，请给我指出来吧！真理在哪里？我要紧紧地拥抱真理！可是它为什么要躲躲闪闪，不让一个崇敬它的急切的人看见呢？"

虽然我常常遭遇比这大得多的痛苦，但我的生活从来没有像在这段混乱不安的时期中一样的闷闷不乐。在这段时间里，我反反复复地对这样也怀疑，对那样也怀疑。就算经过长久的冥思苦想，我所得到的也不过是一些模模糊糊不能肯定的东西，对我为什么存在和该怎样履行职责的矛盾的看法。

我想不出一个人要怎样才能成为一个真正的怀疑论者。这样的哲学家，也许是从来没有过，如果有的话，他们也会是最不幸的人。如果对我们应当知道的事物表示怀疑，会对人的心灵造成困惑。而我们的心灵是不能长久地这样困惑下去的，它在不知不觉中要做出这样或那样的决定，它宁可受到欺骗，也不愿意什么都不相信。

使我更加困惑的是，教育我成长的教会是一个武断的教会，在那里，容不下任何一丁点的怀疑。因此，只要我否定了一点，我就否定了其他的一切东西，同时，为了不接受那样多荒谬的看法，我就把那些合理的看法也通通摈弃了。当人们要我完全相信什么的时候，我就会什么都不相信，所有这一切都使我不知道怎样办才好。

面对这样的情况，我请教了许多哲学家，我阅读他们的著作，我研究他们的各种看法，我发现即使在他们所谓的怀疑论中，他们也都很骄傲、很武断、很自以为是。他们无所不知，然而他们的话却毫无根据，他们还互相嘲笑奚落，最后这一点是所有的哲学家都有的。所以我觉得，这一点也就是他们唯一说得正确的地方。他们得意扬扬地攻击别人，自己却没有足以自卫的能力。如果仔细研究一下他们所说的道理，他们的道理都是用来驳斥别人的；如果问他们赞成哪一个人的说法，每一个人都会说他赞成他自己；他们是为了争论才凑合在一起，所以听他们的那一套说法，是不可能解除我的疑惑的。

我想，看法之所以如此的千差万别，首要原因是人类在自身的理解能力上存在缺陷，其次是由于人类有种骄傲的心理。我们没有一个标准去衡量这个庞大的系统，也无法知晓其中各种各样的联系；我们既不知道前因，也不知道后果；我们甚至连我们自己都没弄明白，我们既不清楚自己的本性，也不清楚我们该遵循的准则；我们不知道我们究竟是一个简单的存在还是一个复杂的生物。我们被一些奥妙莫测的神秘的东西重重包围，而我们无法感知这些神秘的东西。我们以为我们拥有认识它们的智力，然而我们所拥有的只不过是想象力。每一个人都努力地用自己的方式走过这个想象的世界，然而没有一个人知道他选择的那条道路是不是能达到他所想达到的目标。然而，我们仍然希望了解一切，寻个究竟。只有一件事情我们不愿意做，那就是，承认我们对无法了解的事情是十分的无知。我们宁可碰碰运气，宁可相信事物的幻象，也不愿意承认我们当中没有一个人能够理解事物的真相。这个世界是一个无边无际的整体，我们只是其中很渺小的一分子，这个整体的广袤远远超出了我们的认识，我们被造物主安置在这里，徒劳地争论着有关这个世界的一切，想要弄清楚这个世界和我们同这个世界的关系，那更是不可能了。

但是，就算哲学家们有一天发现真相，但他们当中哪一个人又对发现真理感兴趣呢？每一个人都知道他那一套说法并不比别人的说法更有依据，但是每一个人都硬说他的说法是对的，因为那是他自己的。在看出真伪之后，他们中也没有哪个人会抛弃自己原来的错误的论点而采纳别人所说的真理。哪里找得到一个哲学家能够为了自己的荣誉而不欺骗人类呢？哪里去找在内心深处没有显扬名声的打算的哲学家呢？只要能出人头地，只要能胜过同他相争论的人，他哪里还顾得上真理不真理呢？最重要的是提出与众不同的观点。在信仰宗教的人当中，他是无神论者，而在无神论者当中，他又装作信仰宗教的人。

经过这样一番思考之后，我的第一个收获是我认识到：我将只探询那些我一来就感兴趣的东西，对其他的一切则不闻不问。除了必须知道的事物以外，对其他与我无关的事情一律不操心。

我还了解到，哲学家们不仅没有解除我的不必要的怀疑，反而使那些纠缠在我心中的怀疑成倍地增加，一个也得不到解决。所以我只好去请教另一个导师，我对自己说："请教内心的光明，它至少不会像其他人一样误导欺骗我，或者，至少我犯的错误是我自己的，而且，追求我自己的梦想，再堕落也不至于像听信了他们的谎言一般的堕落。"

自打我出生以来，接二连三有几种思想深深地影响过我，我认真地把它们都回顾了一遍。我发现，尽管它们当中没有哪一个能足够的清晰明确，让人一见就能信服，但它们或多或少地都具有一种可能性，因此，我内心关于是非的尺度才或多或少地倾向于它们。基于这一点，我撇开所有的偏见，不偏不倚地把所有这些观念都做了一个比较。我发现，最重要、最普遍的观念也就是最简单、最合理的观念，只要把它陈诉于最后面，就可以取得大家一致的赞同。我们可以设想一下，所有哲学家，不管是古代的还是现代的，对力量、偶然、命运、必然、原子、有生命的世界、活的物质以及各种各样的唯物主义的说法都事先做了一番透彻的、离奇古怪的研究，而在他们之后，著名的克拉克终于揭示了生命的主宰和万物的施予者，从而擦亮了世人的眼睛。这一套新的说法是这样的伟大、这样的安慰人心、这样的崇高、这样的适合于培养心灵和奠定道德基础，而且同时又是这样的动人心弦、这样的光辉灿烂、这样的简单，难怪它会得到人们的佩服和赞赏。在我看来，它也不像其他的那些说法那样艰涩难懂、荒唐可笑。我认为，所有这些观点中都存在无法解释的疑问，因为人的理解力有限，也不能够把所有的疑问都加以解答。也没有一种依据是绝对权威、完全正确的。然而，他们所提出来的依据却是千差万别的！既然我上面提到的那个观点已经把这一切都解释清楚了，并且人们对它的质疑也最少，我们为什么不接受这一种说法呢？

我的全部的哲学就是对真理的热爱，所以我采用了一个简单易行的研究方法，遵循常识，远离那些空洞无益的争论。我用这个法则又一次检验我所学过的知识，我决心不把那些我完全接受的知识看成理所当然、不言而喻的，并把似乎同它们有必然的联系的知识作为真理来对待。而对于其余的知识，我则对它们持保留态度，既不否定也不接受，既然它们没有实用的价值，我就决心不费心思去研究它们。

然而，我究竟是谁呢？我有什么权利去评判事物呢？又是什么东西在决定我做出判断呢？如果这些判断是来自我所获得的种种印象并且受到我的这些印象的影响的话，那么，我进行的这番探讨就只是白白浪费我的精力。因此首先必须研究审视我自己，了解自己所采用的研究方法，了解自己用起这些方法来有多大的把握。

首先，我是存在着的。我有感官，我通过我的感官而有所感受。这就是击中我内心使我不能不接受的第一个真理。我对我的存在是不是有一个特有的感觉，或者说，我是不是只通过我的感觉就能感到我的存在？这就是我直到现在还无法解决的第一个疑问。因为，我连续不断地受到我的感觉的影响，这些感觉要么直接来自事物，要么来自我的记忆。我怎么就能知道“我”的感觉是不是独立于这些感觉之外的，是不是不受它们的影响呢？

我的感觉既能使我感知我的存在，可见它们是来自我体内的，不过它们产生的原因存在于我的身体之外。不论我接受与否，它们都要影响我，而且，它们的产生或消失全都不由我做主。这样一来，我就清清楚楚地认识到我体内的感觉和它们产生的原因（即我体外的客体）并不是同一个东西。因此，不仅存在着我，而且还存在着其他的实体，即我感觉的对象，即使这些对象不过是一些观念，这些观念也并不就是“我”。

我把我所感觉到的在我体外对我的感官发生作用的东西都称为“物质”；在我看来，物质的所有分子都将结合成单个的实体，所以我把物质的分子称为“物体”。这样一来，我认为唯心论者和唯物论者之间的一切争论都是毫无意义的，他们所说的物体的表象和本质之间的区别完全是想象的。

现在，不管是对宇宙的存在还是对我自己的存在，我都是深信不疑的。之后，我要进一步思考我感知的对象；当我发现我有能力把它们加以比较的时候，我觉察到我赋有一种活的力量，而这种力量是我以前所不知道的。

知觉，就是感觉；比较，就是判断；判断和感觉不是一回事。通过感觉，我觉得物体是一个个孤立分散地呈现在我的眼前的，其情形也像它们在大自然中的情形一样。可是，当我比较这些物体时，我就把它们挪动了，或者说，就像它们在移动一样，互相叠加或彼此并排，方便我们指出它们的异同，同时再概括它们的关系。依我看来，能动的或聪慧的生物的辨别能力是能够使“存在”这个词具有一种意义的。那些只有感觉的生物中是没有这种能够进行比较和判断的智力的，它们本质上也没有这种能力。这些生物缺乏主观能动性，它们可以单独地感知每一种客体，并且甚至能感觉出由两个物体合成的整体，但是，它们却不能把客体一个一个地联系起来，放在一起加以比较，因此，就更无法对它们进行判断。

同时看见两种物体，这并不等于说就了解了它们的关系或找到了它们的差异；同时看到几个互不相关的物体，也不等于数清了它们的数目。我的脑海里可以同时浮现出两个概念，一根长棍子和一根短棍子，我没有把它们加以比较，也没有经过思索来判断这根棍子比那根棍子短。就如同我看了下我的一只手不经过计算就知道有多少根手指一样。[①]“长一点、短一点”这类比较的观念，以及“一、二、三”等数目的观念虽然只能在我有所感觉的时候才能产生，但是它们却不是感觉。

有人告诉我们说，有感觉的生物能够借各种感觉之间的差异把它们互相加以区分，这种说法是需要解释一下的。当感觉是互不相同的时候，有感觉的生物可以凭它们的差异而区别它们；当它们是互相近似的时候，有感觉的生物之所以能够区分它们，是因为它觉察到它们是互相独立的。否则，在同时发生的一种感觉中怎样去区别两个相等的事物呢？它必然要把那两种东西混淆起来，看做同一个东西，特别是按照一种说法来看更是这样，因为这种说法认为空间的表象感觉是没有外延的。

当感知到两种不同的感觉时，我们不仅会在我们的头脑中留下各自单

---

① 孔达米纳曾讲过一个人，他数数字时常常是必须看着自己的手指数，即便这样，他也只能数到数字三，连数字五都数不到。

独的印象，而且也会留下它们共同的印象。但不能因此就说我们已经感觉到了它们的关系。如果对这种关系的判断只是一种感觉，而且这种感觉仅仅来自客观对象本身，那么我们的判断就不会出错误，因为我所感知的是我确实感觉到了的东西，所以绝对不会有差错。

那么，我为什么会搞错这两根棍子的关系，特别是搞不清楚它们是不是相像呢？例如，当短棍子只有长棍子的四分之一那么长的时候，我为什么会以为它有长棍子的三分之一那么长呢？形象（即感觉）为什么同标本(即事物）不相符合呢？究竟哪一个是真实的物体呢？之所以出现这种情况，是因为进行判断的时候我是主动的，而进行比较的时候我的活动出了错误，我的理解力在判断关系的时候混淆了错误和对客观事物的真实的感觉。

除此以外，我认为，如果你曾经想过的话，还有一点是一定会使你感到惊奇的，那就是，如果我们在运用我们的感官方面完全不积极主动的话，那么，事物之间是不会有任何联系的。我们无法认识到我们所摸到的物体和我们所看到的物体是同一个东西。我们要么一点儿也感觉不到我们体外的任何东西，要么就会感觉到是五种可以感知的实体，而没有任何办法可以辨别出它们原来是同一个东西。

我心灵中这种能够归纳和比较自己的感觉的能力，你可以把它叫作“注意力”“思维力”，或者称它为“自我反省的能力”也好，反正，你爱怎样称它就怎样称它。它始终存在于我的身上而不是我所感知的事物身上。而且，尽管只有在事物留给我印象的时候我才能产生这种能力，但能够产生它的，唯独我自己。我有没有感知，虽不由我做主，但我可以或多或少地研究我所感知的东西。

因此，我不是一个消极被动的有感觉的生物，而是一个主动的有智慧的生物；不管哲学家们对这一点怎样评说，我都会因我能够思考而感到万分荣耀。我只知道真理是存在于事物中而不存在于我对事物进行判断的思想中，我只知道在我对事物所做的判断中，“我”的成分愈少，则我的判断愈是接近真理。因此，我之所以采取多凭感觉而少凭理智这个准则，正是因为理智本身告诉过我这个准则是正确的。

现在，我对我自身以及我的能力已经有足够的信心了，我于是开始观察我周围的事物。这一观察让我胆战心惊，我发现我被投入了这个巨大的宇宙之中，迷失在了一片无边无际的生物的海洋里，我不知道这些生物究竟是什么样子，也不知道它们之间有什么关系，更不知道它们和我有什么关系。

我通过感官所发现的一切东西都是物质，我就是通过我感知出的特性来推论物质的本质的，正是这些特性使我发现物质，而且这些特性是同物质分不开的。我看见它时而运动，时而静止；这种静止应该说是相对的静止，但因为我们可以感知运动的程度，所以我们可以清楚地察觉到物质所处的静止状态。或许这种感觉太明显了，有时我们甚至把相对静止的状态误认为是绝对的静止了。如果物质可以绝对静止的话，那运动就不是物质的基本特性了。那样，我就又可以推定无论静止或运动都不是物质的基本特性。然而运动是一个动作，是静止状态不存在了引起的结果。因此，在没有什么东西对物质发生作用的时候，它是静止的；正是因为这个缘故，静止或运动都是可有可无的。因此，物质最自然的状态是处于静止的。

我发现物体有两种运动，即，因他物的影响而发生的运动和自发的或随意的运动。在第一种运动中，动因是存在于运动的物体之外的，而在第二种运动中，动因是存在于运动的物体之内的。然而我并不因此就认为像钟表这类东西的运动是自发的，因为，如果没有外界的东西使发条对钟表起作用的话，发条就无法开动机器和转动指针。同样，我也不同意人家所说的液体的运动是自发的，更不同意说什么使液体产生流动性的热的流动是自发的。

你也许会问我动物的运动是不是自发的；我告诉你，这我不晓得，不过，用类推的方法看来，可以说它是自发的。你也许还要进一步问我怎么会知道有一些运动是自发的，我告诉你，是我感觉到的。我想动动我的胳臂，我就可以动动它，这里除我的意志以外，就不需要其他任何直接的原因。谁要是想提出一个什么理由来使我不相信我身上的这种感觉的话，也是办不到的，因为它比一切证据都更为显明，你也完全可以证明我不存在。

如果人的活动不是自发的，那么世界上发生的事情也通通不是自发的，我们要想找出它们运动的原动力，是不是就更加困难重重了呢？我个人的看法是这样的：物质的自然状态是静止的，它本身是没有任何动力的，当我看见一个运动着的物体的时候，我马上就会想到它要么是一个有生命的物体，要么是因为有其他物体的影响。我心里是根本不承认无机体可以自行运动或驱使其他物质运动的。

然而这个肉眼可以看见的宇宙是物质的，是由散乱而无生命的物质组成的，就其整体来说，它并不像一个有生命的物体那样各部分连在一起，有组织、有共同的感觉。我们作为这个整体的一分子，也丝毫感觉不到是在这个整体之中。这个宇宙是运动着的，它的运动不像人和动物的自发运动那样自由，它井然有序、快慢均匀的运动是受着固定不变的法则的约束的。所以，这个世界并不是一个能自行运动的巨大的动物，它的运动来自某种外在的原因，尽管我不知道这种原因，但我深信一定有个这样的力量。我每一次看到太阳运行的时候便不由自主地想有一种力量在推动它，如果是地球在旋转的话，我简直觉得我能看见那只转动它的手。

如果必须接受一些看起来同物质本身没有明显联系的普遍法则，那么我们的探寻该从何处开始呢？这些法则既抽象又不真实，建立在一种神秘的、不为我们所知的东西的基础上。经验和研究让我们知道了运动的法则，但这些法则只指出了结果，却不能展示其原因；它们不足以解释世上的一切事物和宇宙的运行。笛卡尔用几个骰子构成天和地，但是他不能使骰子动起来；如果不借助旋转运动的话，他也无法使它的离心力发生作用。牛顿发现了万有引力定律，但是，如果只有这个引力，宇宙马上会收缩成一块，因此在这个定律之外，他还要加上一种力才能说明天体的运动。笛卡尔能够告诉我们，是什么物理的法则在使他的旋涡体旋转吗？牛顿能给我们指出，是谁的手把行星投到它们轨道的切线上的吗？

运动的首要原因不存在于物质内部，物质接受运动和传送运动，然而它不产生运动。我愈是对自然力的作用和反作用的互相影响进行观察，我愈是认为，它们仅仅是一个结果接一个的结果，我们应该追溯到某种意志中去，把它作为首要原因。因为，如果假设一连串数不清的原因的话，那就等于假设没有任何的原因。总之，如果一切的运动不是因为外力而产生的话，那就只能是来自一个内部的、自发的动作；没有生命的物体虽在运动，但不是在活动，任何真正的运动都是有意志的。这就是我的第一个原理。我相信，有一个意志在使宇宙运动，使自然具有生命。这是我的第一个定理，或者说我的第一个信条。

我不知道意志是怎样产生物质和肉体上的活动的，但是我在我自己的身体中体验到它产生了这种运动。我想做什么，我就可以做什么；我想移动我的身体，我的身体就移动起来；但是，谁要是说一个没有生命的静止的物体能自行活动或产生运动的话，那便是不可理解的，而且也是从来没有见过的。我是通过意志的活动而不是通过意志的性质去认识意志的。我把这种意志看作运动的原因；如果认为是物质产生运动的话，那就等于说运动是没有原因的，其实就是什么也没说。

就像我不能想象我的感觉是怎样影响我的心灵一样，我也不能想象我的意志是怎样使我的身体运动的。我甚至不知道在这两个神秘的事物中，为什么有一个显得比另一个易于解释。而且，不论是在我主动探索的时候还是被动接受的时候，我都完全不能理解这两种东西是用怎样的方式结合在一起的。怪不得，哲学家们干脆抛开这一点，把两者混为一谈，好像用这样不同的方式，把两种不同的物质作为一个单独的主体比作为两个主体更好解释似的。

不错，我所推定的定理是有点模糊的，然而它终究说出了一个道理，而且也没有背离任何理性和经验。我们对于唯物论也能这样说吗？如果说运动是物质的本质，那么，它就同物质是不可分的，它在物质中始终保持同样的程度，在物质的每一个部分中始终是那个样子，它不可传导，它既不能增加也不能减少，而且，我们根本就不能设想有任何静止的物质，这几点难道还不明白？如果有人告诉我说，运动并不是物质不可或缺的，然而是必然的，我认为，这个人是企图换一个说法来拉拢我，就算这种说法更容易让人接受，也是很容易驳斥的。因为，要是物质的运动来自物质的本身，则它是物质的本质；要是它来自外在的原因，那么物质就只有在外部动因作用的情况下才必然运动。谈到这里，我们又回到第一个问题了。

普遍的和抽象的观念是人们产生大错误的根源，形而上学的呓语从未帮助人们发现过一个真理，相反，它让哲学充斥了许多的谬论，只要我们剥去那些谬论的华丽辞藻，我们马上就会为那些曾有的谬论感到羞耻。请你告诉我，我的朋友，当别人向你谈论什么充斥整个大自然的未知的力量的时候，你的心中会不会因此产生很准确的概念呢？他们以为用“宇宙力”“必然的运动”这一类含糊的字眼就可以阐明什么东西，其实他们什么也没有阐明。所谓运动，也就是从一个地方移到另一个地方的意思；没有哪一种运动是没有方向的，因为一个单独的个体是不可能同时向四面八方运动的。所以，我们要问物质运动的必然方式是什么呢？构成物体的物质，其运动是不是快慢均匀的？换句话说，每一个原子是不是有它自己的运动？按照第一个观念，整个宇宙就会是不可分割的一大块；按照第二个观念，它就会成为一种稀散而不凝合的流体，即使其中两个原子要结合起来也是绝不可能的。所有物质运动的共同方向是什么呢？它是做直线运动还是圆周运动呢？是上下运动还是左右运动呢？如果物质的每一个分子有它特殊的方向，那么，造成这些差别的原因又是什么呢？如果物质的每一个原子或分子只能够绕着它自己的中心旋转，那么，任何一个原子或分子都无法脱离它的原位，从而就不可能有传导运动，何况这种圆周形运动也需要遵循一个确定的方向。凭抽象的办法说物质在运动，这无异于是在说毫无意义的废话；如果认为它有既定的运动，那就需要推定决定这种运动的原因。我举出越多特殊的事例，那么，就有越多的新的原因需要我来解释，这样，我永远也找不到一个指挥它们的共同的动因。我想不出物质与物质间的偶然接合中有什么既定的秩序，也想不出这种结合的本质是什么，所以，在我看来，比起宇宙的大同和谐，宇宙中的那些杂乱无章让人更难以想象。我完全知道，世界的结构是不能完全被人们所理解的，但是，如果一个人想要解释它，那他必须要用人们所能理解的方式去陈述。

如果说从运动着的物质中，我发现了意志是第一动因的话，那么，物质是按一定规律运动这一事实就让我发现存在着一种智慧，这是我的第二个信条。进行活动、比较和选择，是一个能动的有思想的实体的行为，这种实体是存在着的。如果你问我它存在于什么地方，我会告诉你它存在于旋转的天体中，存在于我自己的身上，存在于草原上那些吃草的牛羊身上，存在于那些飞翔的鸟儿的身上，甚至在那块掉落在地上的石头上，在被风刮走的那片树叶上。

尽管我不知道这个世界的最终的方向，但我能判断其中物质的秩序，因为，我只需要在各部分之间加以比较，研究一下它们之间的协作和关系，看一看它们产生的总的结果，就足以能判断其秩序了。我不知道这个宇宙为什么会存在，但是我时时在观察它怎样变迁，我不断地注意到与之有关的所有的紧密的联系，因为，正是通过这种联系，组成宇宙的各个实体才能互相帮助。我就像一个第一次看见打开了表壳的表的人一样，虽然不懂得机器的用途，但仍然在那里不断地赞美它构造的精致。我不明白这样的机器有什么用处，但是我发现每一个零件都做得恰到好处，与另一个零件配合得完美无瑕；我佩服那个工人工艺的精良，我深深地相信，所有这些齿轮之所以这样协同一致地转动，是为了一个共同的目的，不过这个目的我无法看出来罢了。

让我们把各种各样特殊的目的、方法和关系拿来比较一下，然后再倾听内心的信念。哪一个心智正常的人会在这些证据面前还拒绝接受它呢？任何一个没有偏见的人都会看出显然存在的宇宙的秩序表达了至高的智慧。任你怎样诡辩，人们也看得出万物的和谐以及每一部分为了彼此的存在而进行的紧密配合。你尽可以给我讲一些关于化合和偶合的理论，但是，如果你不能使我信服，即使把我说得哑口无言，也是没有用的。我内心自发的信念始终要驳斥你，这是我控制不住的，你能消除我这种感觉吗？如果有机体在取得固定的形状以前，是以各种各样的方式偶然结合起来的，如果它先有胃而未同时有嘴，先有脚而未同时有头，先有手而未同时有胳臂，先有各种不能自行维持的各种不完备的器官，那么，为什么这种残缺不全的东西我们一个也没有看见过呢？为什么大自然竟要把自己禁锢于一些它也不能首先遵从的法则里呢？说事物在可能产生的时候便产生，这我是一点也不觉得奇怪的；说困难的事情多做几次就能做成，这我也是同意的。但是，如果有人来告诉我说，把铅字随随便便一摆，就能做出一部完整的《伊尼特》，对于这样的谎言，我根本就懒得去对证，花工夫去戳穿。也许有人会说我忽略了偶然的次数，这种偶然的机会要有多少次才能有一次真正的结合呢？在我看来，只有一次，我断定，尽管与之相对，可能有无限次的数量，但都不是偶合产生的结果。此外，化合和偶合只能产生跟化合元素性质相同的产物，组织和生命绝不是由原子的胡乱结合而产生的，化学家在制造化合物的时候，决不能使那些化合物在坩埚里产生感觉和思想。

我在读纽文提特的著作的时候，很感惊异，而且几乎生气了。这个人怎么会想到写一本书就能阐明那些显示造物主的大智大慧的自然界的奇观呢？他那本书即使同地球一样厚，也未必能把他的主题论述透彻；而要是进入细节的话，我们就会错过世上最大的奇观——万物的和谐统一。单拿有机生物的产生这一个问题就足以穷尽人类的智慧，而大自然为了使不同的物种不致混淆而设置在它们之间的不可逾越的障碍，更是明确不过地表明了它的意图。它不满足于秩序的建立，它还要采取一定的方法使任何东西都不能扰乱这个秩序。

在宇宙中，每一个存在都可以在某一方面被看作所有一切其他存在的共同中心，它们排列在它的周围，以便彼此互为目的和手段。人们对不计其数的关系感到迷茫，然而这些关系的本身却没有一个是混乱不清的。要想从原子的杂乱无章的运动机制中归纳出这种奇妙的和谐的现象是多么的荒谬可笑呀！这个巨大的整体的各部分关系中显现的意图是统一的，有些人却否认这一点，但是，尽管他们使用了抽象、对等、普遍原则和象征的词汇，却掩饰不住他们是在乱吹牛皮；不论他们怎样说，我都没法不去想象有一种智慧在安排万物的系统，我没法想象这个世界，如果没有一种智慧的力量在安排，怎么会这样有条不紊、秩序井然。我也不相信被动的和死的物质能产生活的和有感觉的生物，偶然的机会能产生有智慧的生物，没有思想的东西能产生有思想的生物。

所以，我认为世界是由一个充满力量和智慧的意志统治者的，我看见它，或者说我感觉到了它，我是应该知道它的。但是，这个世界是无始无终的呢，还是由谁创造的？万物是独一无二的只有一个本原呢，还是有两个或几个本原？它们的性质是怎样的？这些我都不知道，可我也不认为我有必要去知道。只有在这些知识对我有意义的时候，我才努力去寻求它们；而在此以前，我是不愿意思考什么空洞的问题的，因为它们将扰乱我的心灵，既无助于我的为人，而且也超过了我的理解能力。

你始终要记住的是，我不是在传播我的见解，我只是把它陈述出来。不管物质是永恒的还是被创造出来的，不管它的本原是不是被动消极的，总之整体是一个，而且表现了一种独特的智慧，因为我发现这个系统中的东西没有一个不是经过安排的，不是为着达到共同的目的的，即，维持现在和既定的秩序。这个有思想和能力的存在，这个能自行主宰的存在，这个推动宇宙和安排万物的存在，不管它是谁，我都称它为“上帝”。我在这个词中归纳了我所有的“智慧”“能力”和“意志”这些观念，此外还使它具有“仁慈”这个观念，因为这个观念是前面几种观念的必然的结果。但是，不能够因此就说我对我以这个字眼称呼的存在知道得很清楚；它远离我的感官和智力，我越去想它，便越感到迷惑；我的确知道它是存在的，而且知道它是独立存在的。我知道我的存在是依附于它的存在的，而且就我所知道的一切事物来说，也同样是依附于它的存在的。我在它创造的万物中看见了它，我觉得它在我的心中，我发现它在我的周围。但是，当我想就它本身来思考它的时候，当我想寻找它在什么地方，想知道它是什么样子，想知道它是什么东西构成的时候，它就逃避我，我困惑的心灵便什么也看不到了。

正由于这个原因，除非是受到上帝和我的关系的感召，让我不得不思索上帝的本质的时候，我是绝不会进一步探讨上帝的本质的。要探讨上帝的本质是件很斗胆的事情，即便是一个很聪明的人，他也会觉得如临深渊似的战战兢兢，并且自知他没有深入探讨这个问题的能力，因为，有辱上帝的事情，不是心中不想，而是把上帝想象错了。

通过发现上帝的一些特征，我可以相信他的存在。而后，我回头来观察我自己，想要弄清楚我在他所规定的事物的秩序中处于什么样的位置。关于这一点，我也是有能力加以研究的。我发现，由于我属于人类，所以无可争辩地占据头等位置，因为，人类具有意志并能够使用实现意志的工具，而其他物体只能靠身体本身，所以比起人类周围物体对人类的影响，人类对它们的影响力要大得多。同时，由于人类具有智慧，所以只有人类才能够对一切事物进行考察。在这个世界上，除了人以外，哪一种生物能够认识一切其他的生物，能够估计和预料它们的运动和后果，能够把共同的存在的意识和它自己的存在的意识联在一起呢？如果说只有人类才能够把一切事物同自己联系起来，那么，认为一切都是为人类而设置的又有什么可笑的呢？

因此，人的确是他所居住的地球上的主宰，因为，他不仅能驯服一切动物，不仅能通过他的勤劳把事物按照适合他生存的方式来设置，而且在地球上也只有他才知道该怎样按照自己的需求来设置，只有他才能够通过思索而占有他不能到达的星球。请告诉我，地球上还有什么动物会使用火和观赏太阳。怎么！既然能观察和认识一切生物和它们的关系，既然能意识什么叫秩序、美和道德，能思索这个宇宙和摸着那统治这个宇宙的手，能喜爱善良和做善良的行为，怎么还会把自己看作野兽！卑贱的人啊，其实，是你自己糟糕的哲学降低了你，把你弄得同野兽一个样子，否则的话，你想自我贬低也是贬低不了的，因为你的天才将揭露你所说的那些原理的荒谬，你仁慈的心将戳穿你所讲的那种教条的虚伪，而且，甚至在你滥用你的才能的时候，你也会在不知不觉中看出你的才能是很优秀的。

至于我，我是不支持任何一种说法的。我，一个朴实的人，既不抱狂热的朋党之见，也没有做哪一派人的首领的野心，我对上帝给我安排的位置感到满意。除了上帝之外，我认为再也没有比人类更高级的了；如果要我在各种生物的行列中选择我的位置的话，我除了选择做人以外，还能选择别的吗？

然而，这种想法，与其说让我骄傲，不如说让我感动；因为这种地位并不是由我选择的，它不能算作一个尚未存在的人的功劳。当我看出我的地位这样优越的时候，怎能不庆幸我自己占有这个光荣的地位，怎能不颂扬那把我安置在这个地位的手呢？自从我这样看待自己以后，我对人类的创造者就有了一种感恩和祝福之情，而且，由于有了这种情感，我便逐渐对慈悲的上帝怀有最崇高的敬意。我崇拜他至高无上的能力，我感激他的恩惠。这种对上帝的崇拜是我的天性使然，我不需要别人来教我。我既然爱我自己，难道不自然而然地对保护我们的人表示尊敬，对造福我们的人表示爱戴吗？

不过，当我后来观察我作为人类个体在人类中的地位并研究之间的关系，从而研究人类社会的各种等级和占据那些等级的人的时候，我又对眼前的这种现象感到很吃惊。我以前见到的秩序在哪里呢？我发现，大自然是那样的和谐，那样的匀称，而人类则是那样的混乱，那样的无序！万物是这样的彼此配合、步调一致，而人类则道德混乱、无有宁时！所有的动物都很快乐，只有动物的头领才是那样的悲惨！可是，人却不是那样。智慧呀，你的规律在哪里啊？上帝呀，你就是这样治理世界的吗？慈爱的神啊，当我看到这个世上充满罪恶的时候，你的能力用到什么地方去了啊？

我亲爱的朋友，你相不相信正是由于这些悲观的看法和明显的矛盾，我的心灵中才形成了我以前一直没有寻找到的关于灵魂的崇高观念？当我思索人的天性的时候，我在人的天性中发现了两个截然不同的本原，其中一个本原促使人去研究永恒的真理，热爱正义和美德，进入智者怡然沉思的知识的领域；而另一个本原则使人堕落，使他受到自己的感官和欲念的奴役；正因为这些欲念的激发，抑制了来自他第一本原的高尚和宽宏大量。当我觉出我被两种矛盾的力量牵制和困扰的时候，我便能自然地推理出人不仅仅是一个简单而独立的个体，人有意志，但也可以不行使意志，我感觉到我既是自由的，又是受奴役的；我知道什么是善，并且喜欢善，然而我却又在做坏事；当我听从理智的时候，我便能够积极有为，当我受到欲念的支配的时候，我的行为便消极被动；当我屈服的时候，我感到最痛苦的是，我明知我有能力反抗，但是我却没有反抗。

年轻人啊，你一定要对我的话深信不疑，你会发现我绝对没有欺骗你。如果说意念是偏见的产物，那我当然是错了，而公认的道德标准也无法证明。但是，如果承认爱自己甚于爱一切是人的一种自然的倾向，如果承认最基本的正义感是人生而有之的，如果承认这些的话，谁要是再说人是一种简单的生物，那就请他解释一下这些矛盾，他解释清楚了，我就放弃自己的观点，承认他是一个实体。

你要注意的是，“实体”这个词我一般是用来指赋有某种原始性质的存在的，不包括任何特殊的或再次的变异。因此，如果说我们所知道的一切原始的性质能够结合成一个存在，我们就应当承认只有一种实体；但如果说有些性质是互相排斥的，那么，有多少种互相排斥的性质，便有多少种不同的实体。这一点，你可以思考一下；至于我，不论洛克怎样说，我只消认识到物质是延伸的和可以分割的，我就可以相信它是不能思想的；如果哪一个哲学家来告诉我说树木有感觉，岩石有思想，他那狡猾的论断或许会让我有些尴尬，但我却不禁要把他看作一个怀有恶意的诡辩学家，因为他宁可说石头有感觉，也不愿意说人有灵魂。

假定有这样一个聋子，因为他的耳朵从来没有听见过声音，便否认声音的存在。为了让他意识到他的错误，我在他眼前放一个弦乐器，悄悄地演奏另外一个乐器，而只让前面的弦动，并告诉这个聋子说：“这是声音在使弦颤动。”“不是，”他回答道，“弦之所以颤动是因为它本身，所有一切物体都有这种颤动的性质。”

“那么，”我又说道，“请你使其他的物体也这样颤动给我看一看，或者，至少给我解释一下这根弦颤动的原因。”

“我做不到。”聋子又回答道，“不过，这是因为我想象不出这根弦是怎样颤动的，我既然是一点概念都没有，我干吗一定要用你所谓的声音来解释它呢？这无异于要我对一件模糊不清的事实，用更加模糊不清的原因去解释。要么你就使我对你所说的声音有所感觉，否则我就要认为它根本不存在。”

关于人类的思维能力以及人类理解力的本质，我想得越多，便越认为唯物主义者的那番理论和这个聋子的理论是相像的。事实上，他们听不到那些内在的声音，尽管这声音清晰明白地向他们说道：“机器是根本不会思想的，不管是运动还是形状都不能够产生思想；在人类的身上有某种东西在力图挣断那些束缚它的纽带：空间不能束缚人的心灵，对于人类来说，就算是整个宇宙也是不够大的。他的情感，他的欲望，他的焦虑，甚至他的骄傲，都来自另外一个本原，这个本原是独立于他认为束缚了他的那个狭小的身躯的。”

没有哪一种物质的存在其本身是能动的，而我则是能动的。同我争论这一点毫无作用，因为这是我感觉得到的，这种感觉使我更相信这一推理，而不是其他和它相悖的理论。我有一个身体，其他的物体对它发生作用，而它也对其他的物体发生作用，这种相互作用是无可怀疑的；但是我的意志是不受我的感官的影响的，我可以表示赞同也可以表示反对，我可以选择屈服也可以选择战胜，我内心非常清楚我什么时候按照我的意志行事，什么时候屈从我的欲念的支配。我时刻都有意志的能力，但不一定时刻都有执行意志的能力。当我迷惑于各种诱惑的时候，我就按照外界事物对我的刺激行事。当我反省我这个弱点的时候，我就听从我的意志的指示。我之所以成为奴隶，是由于我的罪恶；我之所以自由，是由于我的良心的忏悔。只有在我自甘堕落，让肉体的本能倾向淹没了灵魂良知的声音的时候，我心中这种自由的感觉才会消失。

我对意志的所有认识都来自我的感觉。至于说智力，我对它的认识还不十分清楚。如果你问我是什么原因在决定我的意志，我就要进一步问是什么原因在决定我的判断，因为这两个原因显然是一个；如果我们认为人在进行判断的时候是主动的，知道他的智力无非就是比较和判断的能力，那么，我们就可以懂得他的自由也是一种类似的能力，是由智力中演化出来的能力；他判断正确了，他就选择善；他判断错误了，他就选择恶。那么，是什么原因在决定他的意志呢？是他的判断。是什么原因在决定他的判断呢？是他的智力，是他的判断的能力；决定的原因存在于他的自身。除此以外我就不知道了。

我虽然是自由的，但还没自由到竟然不希望我自己幸福，竟然愿意自己受到损害。不过，我的自由也仅仅如此，我只希求那些适合于我的东西，或者在没有外力干涉我的决定时，那些看起来适合于我的东西。能不能因为我只能作为我而不能作为另外一个人，因为我不能抛弃那些我的生存所必需的东西，便说我不自由呢？

一切行动的本原在于一个自由的存在所拥有的意志，除此以外，就再也找不到其他的解释了。没有意义的词汇，不是“自由”而是“必然”。认为某种行为，某种结果，不是由能动的本原产生的，那等于是在说这是没有原因的结果。要么是说根本就没有原动力的存在，或是一切原动力都没有任何的前因。没有自由，这世上有意志这样的东西吗？因此，人在他的行动中是自由的，而且在自由行动中是受到一种无形的实体的激励的，这是我的第三个信条。根据这三个信条，你就可以很容易地推论其他，因此，我就不再一一地讲了。

既然人是主动的和自由的，他就能按他自己的意愿行事；他一切的自由行为都不能算作上帝有系统地安排，不能由上帝替他担负责任。上帝绝不希望人滥用他赋予人的自由去做坏事，但是他并不阻止人去做坏事，其原因或者是由于这样柔弱的人所做的坏事在他看来算不得什么，或者是由于他要阻止的话，就不得不妨碍人的自由，从而因为损害了人的天性而导致更坏的结果。上帝使人自由，不是让他做坏事，而是让他自己选择，弃恶扬善。上帝赋予了人做出正确选择的才能，正确使用它赐予人的各种能力的才能。但是，上帝也对这种能力施加了极其严格的限制，使人不至于滥用这种自由和能力从而扰乱整个世界的总的秩序。人做了坏事，就自己承担恶果，对世界上的万物并无影响，并且，也无碍于整个人类的生存。要是抱怨上帝为什么不禁止人类作恶就等于是抱怨他为什么要给予人类如此优良的天性，抱怨他赋予人类道德，让人类的行为能变得高尚。

最大的快乐就是对自己感到满足，正是因为应得到这种满足，所以我们才生在这个世界上，才赋有自由，才受到各种欲念的引诱和良心的约束。还能要求上帝为我们做些什么呢？他会不会使我们的天性中产生矛盾，会不会奖励那些不能为恶的人去为善呢？为了防止人变成坏人，是不是就要剥夺他的所有能力让他仅剩下本能从而和畜生无异呢？不，我绝不会指责上帝，说他按他的形象来创造我的灵魂，使我能像他那样自由、善良和快乐！

我们之所以落得这样可怜和邪恶，正是由于滥用了我们的才能。我们的悲伤、我们的忧虑和我们的痛苦，都是由我们自己引起的。精神上的痛苦无可争辩的是我们自己造成的，而身体上的痛苦，要不是我们的邪恶使我们感到这种痛苦的话，是算不了什么的。大自然之所以使我们感觉到我们的需要，难道不是为了维持我们的生存吗？身体上的痛苦岂不是我们的身体机制出了毛病，让我们要想法补救的信号吗？至于死亡……坏人不是在荼毒着我们的生命并且同时也正走向他们悲惨的命运吗？谁愿意自始至终这样生活呢？死亡就是解除我们所做的罪恶的良药，大自然不希望我们永远这样遭受痛苦。在蒙昧无知的状态中生活的人，所遭遇的痛苦是多么少啊！他们几乎没有患过什么病，没有起过什么欲念，他们既预料不到也意识不到他们的死亡；当他们意识到死的时候，他们的苦痛将使他们希望死去，这时候，在他们看来死亡就不是一件痛苦的事情了。如果我们满足于我们现在这个样子，我们对我们的命运就没有什么可抱怨的；我们为了寻求一种空想的幸福，结果却使我们遭遇了千百种真正的灾难。谁要是遇到一点点痛苦就不能忍受的话，他肯定是要遭受更大的痛苦的。当一个人由于生活没有节制而搞坏他的身体的时候，他就想用医药使他恢复健康。这样，在他本身的痛苦之外，又加上了一种新的痛苦，而这种新的痛苦，对他来说，更大、更可怕。对要到来的死亡的恐惧反而会加速死亡的来临。越想逃避死亡，死亡就越如影随形。因此，我们这一生是吓死的，而且在死的时候还把我们因违背自然而造成的罪恶归咎于自然。

人啊，别再问是谁作的恶了，作恶的人就是你自己。除了你自己所做的和所受的罪恶以外，世间就没有其他的恶事了，而这两种罪恶都来源于你的自身。普遍的灾祸只有在秩序混乱的时候才能发生，而自然是井然有序的，这种秩序是无法打破的。个别的灾祸只存在于遭遇这种恶事的人的感觉里，但人之所以有这种感觉，不是由大自然赐予的，而是由人自己造成的。任何一个人，只要他不经常想到自己的痛苦，不瞻前顾后，他就不会感觉到什么痛苦。只要我们不让我们的罪孽日益发展，只要我们不为非作恶，那一切都会好起来的。

只要一切都是好的，就没有不正义的事情。正义和善是分不开的，换句话说，善是一种无穷无尽的力量，是自爱之心的必然结果，而这种自爱之心，是一切有自我存在意识的生物不可或缺的。我可以这样说，无所不能的人类把他的存在延伸于万物的存在中。他不断地运用自己的力量去创造、去保存。然而，他对那些尚不存在的事物是不发生作用的；上帝不是逝者的上帝，而是生者的上帝。他如果做出损害人类的事的话，那么他自己也会受到伤害。一个无所不能的存在是只愿意做好事的。可见，一个灵魂至善、力量至强的人，必然也是一个极正义的人；否则他本身就会自相矛盾，因为，我们所谓的“善”，就是因为热爱秩序而创造秩序的行为；我们所谓的“正义”，就是因为热爱秩序而保存秩序的行为。

人们说，上帝对他所创造的生物没有任何亏欠。而我则认为，他欠着他在赋予人类生命的时候所承诺他们的所有东西。使他们具有善的观念，而且使他们感觉到对善的需要，这就等于是许下了要把善给予他们的诺言。我越审视自己的内心，我越明白刻在我灵魂中的这句话：“行事正义，你就可以得福。”然而，现在的情形却不像这句话所说的样子；坏人命运亨通，而正义的人却一直受压迫被践踏。当我们的希望终成泡影，可想而知，我们的内心会生出怎样的愤怒！良心终于反叛，对创造它的上帝沉痛地喊道：“你欺骗了我！”

“我欺骗你，这句话说得真鲁莽！是谁教你这样说的？你的灵魂被毁灭了吗？你已不继续存在了吗？啊，布鲁图！我的儿子！在结束你高贵的生命的时候，不要给它蒙上了污点，不要让你的光荣和希望都随着你的身体遗弃在菲利普斯的战场。当你即将获得你自己的美德的报偿的时候，你为什么要说‘德是一点价值都没有的’呢？你以为你就要死了，不，你要活下去的，然后我才会履行我应许你的一切诺言。”

也许，人们根据那些没有耐心的人的怨言就说，上帝应该在他们应该得到报偿之前就给予他们报偿，他必须预先支付他们的美德的价值。不，不是这样的，我们首先要为人善良，然后才能得福。在获得胜利以前，我们不能强索奖励；在工作以前，我们不能硬讨工资。普卢塔克说：“在神圣的竞技中得胜的人，并不是一进入运动场就算是胜利了的，他们必须跑完了他们的路程之后，才能把荣冠戴在自己的头上。”

如果灵魂是无形的，它一定比我们的身体存在的时间更长；如果它比身体存在的时间更长，那就证明上帝是无可怀疑的。除了坏人得意好人受压的情形，我没有其他的证据，但就仅仅这个证据，也能让我对此毫无怀疑。在宇宙万般和谐的情景中，出现了这样一种刺目的不调和的现象，使我竭力要寻出一个答案来。我要对自己说：“就我们而论，并非一切东西都是同生命一起结束，死了后，一切就都要回到原来的秩序的。”的确，也许我自己要问到这样一个疑难：“当一个人所有的可以感觉得到的形骸都消灭之后，这个人到哪里去了？”当我了解到有两种实体的时候，这个问题在我看来就不难解决了。答案很简单：在我的肉体活着的时候，由于我只是通过我的感官去认识事物，因此，所有不触及感官的东西都逃脱了我的注意。当肉体和灵魂的结合瓦解之后，我想，肉体就消灭了，而灵魂则能保存。肉体的消灭为什么会导致灵魂的消灭呢？恰恰相反，由于两者的性质极不相同，所以结合在一起的时候，它们倒是猛烈地互相冲突；而结合一旦告终，它们都各自返回天然的状态：有活力的能动的实体收回了它以往用去推动那没有生命的被动的实体的力量。唉！我从我所做的错事中清楚地体会到这个道理，一个人在一生中只不过是活了他的生命的一半，要等到肉体死亡的时候，他才开始过灵魂的生活。

但是，那是什么样的生命呢？灵魂是不是本来就是不生不灭的呢？以我有限的智力，实在想象不出任何无限的东西；我应该是否定它们还是肯定它们呢？我不知道。我对我无法想象的东西能讲得出什么道理来呢？我相信，灵魂在肉体死亡之后还能存在一定的时间，以便能顺应天意，维持万物良好的秩序，不过，谁知道它能不能永恒呢？我完全能够理解肉体是怎样因为各部分的分离而消失的，但是我无法想象一个进行思想的存在也这样的消失；由于我想象不出它怎么能够死亡，所以我就假定它是不死的。既然这个假定能够给我慰藉，而且没有什么不合理的地方，我为什么不敢接受它呢？

我感觉到我有灵魂，通过我的思想和情感，我知道这一点。我虽然不知道它的本质，但是我知道它是存在着的。我不能推论我现在还没有的观念，我清楚地知道，我这个存在的身份只有通过记忆来延续保存，为了保证是同一个我，我必须记住我曾经是怎样存在过。而在我死后，我却无法回忆起我生前的一切，我有过的观点，我做过的行为。我毫不怀疑，这样的回忆有一天将使好人感到庆幸，使坏人感到痛苦。在这个世界上，有千百种强烈的欲念淹没了内在的情感，瞒过了良心的责备。道德在这个世界遭受的委屈和羞辱使人感觉不到道德的美。但是，一旦我们摆脱了肉体和感官带给我们的幻觉，我们就能沐浴在上帝崇高的思想里，聆听他带来的永恒的真理，一旦自然秩序的美触动了我们的整个灵魂，让我们能虔诚地把我们做过的事情和该做的事情加以比较，良心的呼声就会找回它的力量和权威。这时候，由于行善而产生的纯洁的欢乐，由于堕落而产生的痛苦的悔恨，将决定每个人预先给自己安排好的命运。我的朋友，你不要问我幸福和痛苦还有没有其他的根源，这我并不知道。我所设想的那个根源就足以给我窘迫的今生带来安慰，并且期盼来世。我的意思并不是说善良就会得到任何特殊的报偿，因为，对于一个品质卓越的人来说，除了能按他卓越的性情生活以外，还有什么比这更好的报偿呢？然而，我敢肯定，他们一定是快乐的，因为他们的上帝，一切正义的神，既然给了他们这样的感觉，就不会让他们感到痛苦，而且，因为他们没在这个世上滥用他们的自由，他们就不会因为他们的过失而弄错他们的归宿。因此，他们今生虽然遭受了苦难，但他们来生是会得到补偿的。我这个看法，不是依据人的功绩而是依据善的观念得出来的，因为我觉得这种观念同神的本质是分不开的。我必须指出：万物的秩序是自始至终严格维持的，而上帝的一切行事也是永恒不变的。

你也不要问我坏人所受的痛苦是不是无止境的，这些我不知道，我也丝毫不想用这些无用的问题来困扰自己。坏人的结果怎样，同我有什么关系？我对他们的命运毫不关心。我也不大相信对坏人判处的痛苦是永无终止的。

如果最高的正义之神要报复的话，他就要在今生报复。世上的各民族啊，你们和你们的过错就是他的使臣。他利用你们的灾难去惩罚那些酿成灾难的罪人。在你们表面上极其隆盛的时候，凶恶的欲念给你们的罪恶带来的惩罚，表现在你们欲壑难填的心在遭受妒忌、贪婪和野心的腐蚀。何必到来生去找地狱呢？它就在这个世界上的坏人的心里。

只要停止我们那一时的需要和疯狂的欲望，我们的欲念和罪恶也就结束了。纯洁的心灵能沾染什么邪恶呢？既然没有什么需要，他们怎么会成为坏人呢？如果他们不再去想那些粗俗的物质追求，他们就会把他们的快乐寄托于对人生的沉思上，一心一意地向往善良；一个人只要不继续坏下去，他哪里会有永久的痛苦呢？

以上是我初步的想法，不过还没有花工夫去做出结论。

啊，仁慈的上帝，不论你的旨意如何，我都是很尊重的。如果你要永久地惩罚坏人，我的这些理由也会在你公正的裁判前偃旗息鼓。但是，如果随着时间的推移可以让这些可怜的人消除他们心中的悔恨，如果他们的罪孽也有终止的时候，如果有一天大家都可同样地得到平安，那么，我也将为此而赞颂你。坏人不也是我的弟兄吗？我也受到了无数次引诱去学他们的样子，参与他们的罪恶！啊！我多么希望他们能摆脱痛苦的深渊，鄙弃那些和痛苦相伴的邪恶，多么希望他们也像我这样快乐。我不会妒忌他们的快乐，相反，我会因他们的快乐而感到更快乐。

起初，我对上帝这个无限的存在的观念是有限的、不完全的，正是因为我对上帝所做的一切的思考，对他晓谕我的有关他的那些特性的研究，我才逐渐拓宽和完善了对上帝的认识。但是，这个观念越是崇高，它就同人那孱弱的理性越不相配。随着我在精神上越来越靠近那永恒的光明，它的光辉就使我头晕眼花，感到惶惑，使我不得不抛弃那些曾经帮助我去想象它的世俗的观念。上帝已不再是有形的和可以感觉的了，那统治世界的最高智慧并不就是世界的本身，我徒然花费我的心思去想象他不可想象的本质。当我想到是他把生命和活力赋予那能动的活的实体去统御有生命的形体的时候，当我听到人家说我的灵魂是神的灵魂，说上帝也是一个神的时候，我就憎恶这种亵渎神的本质的说法，因为这种说法好像认为上帝跟我的灵魂是一样的，属于同一性质的，好像认为上帝并不是唯一的绝对的存在，不是唯一能够真正行动、感觉、思考和行使自己意志的存在，好像我们的思想、感觉、活力、意志、自由和生命不是得自他的。我们之所以自由，正是因为他希望我们自由；他那无法解释的实体对于我们的灵魂，就像我们的灵魂对于我们的肉体是一样的。我不知道他是否创造了物质、身体、灵魂和世界。创造的观念在我是模糊的，是我的智力所不能理解的。不过，我既然能想象他，我就可以相信他：我知道是上帝创造了宇宙和万物，并赋予它们完美的秩序。毫无疑问，上帝是永恒的，然而我的心灵能不能理解永恒的观念呢？但我为什么要用这些字眼来迷惑自己呢？我所推想的是：先有上帝，而后有万物，上帝和万物一起共存，而且，即使将来有一天万物都消失了，上帝也会继续存在。要说有什么一个我无法想象的存在赋予其他的存在以生命，这在我是模糊而不能理解的，但是，如果说“存在”和“虚无”能互相转换、合二而一的话，也显然是矛盾的，也明明是荒谬的。

上帝是智慧的，但是，他以什么方式展现他的智慧呢？人因为能够推理而显得聪明，而大智慧却不一定需要推理。它不要什么前提，也不要什么结论，甚至连命题都不要；它纯粹是直觉的，它既能认识已经存在的事物，也同样能认识可能存在的事物；所有的真理在它看来只是一个概念，所有的地方在它看来只是一点，所有的时间在它看来只是一瞬。人的力量要通过工具才能发挥作用，而神的力量则能自行发挥作用。上帝是万能的，因为他能行使意志，他的意志就是他的力量。上帝是善良的，这是再明显不过的了：人的善良表现在对同胞的爱，上帝的善良表现在对秩序的爱，因为他正是通过秩序来维持一切的存在和使每一个部分和整体连在一起的。上帝是公正的，这是我深信不疑的，这是他的善良的结果；人类不公正的行为是人造成的而不是他造成的；道德的混乱，在哲学家看来是上帝不存在的明证，但在我看来恰恰表明了上帝是存在的。人的公正表现在给予每一个人应得的东西，而上帝的公正表现在要求每一个人对上帝曾经赋予他们的能力付出相应的代价。

然而，发现那些我尚无绝对的观念的神的特性是因为我理性的力量。不过我虽然肯定这些特性，但是我并不懂得这些特性，所以实际上是等于没有肯定任何东西的。即使我对自己说，上帝是这个样子，我感觉到他，体验到他，这也是徒然的，因为我并没有更好地理解到上帝怎么会是这个样子的。

总之，我越是去思考他无限的本质，我就越不理解这个本质。但是，它确实是存在的，我知道这一点就够了，因为我越不理解它，我反而越崇敬它。我谦卑地向他说：

"万物之主啊，我之所以能够存在，是因为你存在；我这样不断地思考你，为的是使我明白我的根本。要想最恰当地运用我的理性，最好的办法莫过于使它听从你的旨意：感觉到我柔弱的体质臣服在了你的伟大的光芒中，我的心灵是多么的喜悦呀！"

在那些可以感知的客观事物给我的印象中，在那些最初引导我从经验中判断万物的思想的指引下，我得出了最重要的真理。获知这些真理后，我所要做的就是从其中找出哪些准则可以用来指导我的行为，哪些规律我必须遵循，才能按照把我降生在这个世界上来的神的意图去完成我在世上的使命。由于始终追逐我自己的方式，所以这些规律我并不是从高深的哲学中引申出来的，而是在我的内心深处发现的，因为大自然已经用不可磨灭的字迹把它们写在那里了。我想做什么，我只问我自己：所有一切我觉得是好的，那就一定是好的；所有一切我觉得是坏的，那就一定是坏的；良心是最善于替我们决疑解惑的。所以，只有当我们的良心闭塞的时候，我们才需要那些狡猾的诡辩。首先应当关心的是自己，然而内心的声音一再地告诉我们说，损人利己的行为是错误的！有时，我们以为是在遵照自然的驱使，而实际上我们是在违抗自然；我们一方面听从它对我们感官的指导，而另一方面却轻视它对我们良心的指导；主动的存在在服从它，而被动的存在却在命令它。良心是灵魂的声音，欲念是肉体的声音。这两种声音往往是互相矛盾的，这不是很奇怪的吗？我们应该听从哪一种声音呢？理性欺骗我们的时候太多了，所以我们有充分的理由怀疑它的决断；而良心从来没有欺骗过我们，它是人类最真实、最可靠的向导；它之于灵魂就如本能之于肉体①；按良心去做，就等于是服从自然，就用不着害怕迷失方向。（说到这里，我的恩人看见我要打断他的话头，马上就接着说）这一点很重要，让我进一步把它解释清楚。

我们的行为之所以合乎道德，在于我们本身具有判断的能力。如果善是真实的，那么，它既存于我们内心深处，也存于我们的行动中。而善的品行最重要的回报之一就是我们意识到我们做了正义的事情。如果说道德

---

① 尽管现代哲学只认可那些它可以解释的东西，然而，它还是承认有这种难以捉摸的能力存在。它把这种能力称为本能，认为是本能引导动物在没有任何经验的情况下完成一个行为。根据其中一个最伟大的哲学家的说法，本能是一种不假思索的习惯，却又来自对事物的感知。从他对本能发展方式的阐述，我们可以得出结论：孩子对事物的感知比成人对事物的感知更敏捷，这个理论听起来有点奇特，还需要进一步验证。然而，我现在还没开始对此的研究，我看到我的狗追逐一只鼹鼠而并不是真正想吃它，但是它仍然有极大的热情；它耐心地一连几个小时守在那儿；而且，当鼹鼠一钻出地面，它马上就把它抓住了，抓鼠技巧表现得那样专业、那样熟练。狗做这一切，仅仅就是为了咬死一只鼹鼠，它没有经过任何训练，也没有谁告诉它鼹鼠就在那个地下。所有这一切，我想知道，该用什么词去定义呢？更重要的是，我还想问下，为什么我第一次威胁这只狗时，它马上就仰面躺下，伸出它的双脚恳求我。这是最能博我怜悯的姿势，然而也是最危险的姿势，如果我冷酷一点，狠狠踹它几下的话，以它这种姿势，它肯定会丧命的。小狗可不可能已经学会了道德的观念呢？它会不会有仁慈和宽容的概念呢？是什么使它认为把它完全交给我主宰我就不会生它气了呢？这并不我胡编乱造的，每一个人都看得到，任何狗在这样的情况下都会做同样的事情。让那些否定、轻视本能这一观念的哲学家用我们的逻辑、我们的知识来解释一下这个现象吧。嗨！让他们解释吧，如果能给出一个令任何一个有常识的人都满意的答案，那我对此也没啥可说的。

的善同我们人的天性是一致的，则一个人只有为人善良才能达到身心两健的地步。如果它们不是一致的，如果人生来就是坏人，那么，他不败坏他的天性，他就不能停止作恶，而他所具有的善就将成为一种违反天性的病根。如果人生来是为了要像狼吞噬动物那样残害他的同类的话，则一个人为人仁慈的话，反而是败坏天性了，正如豺狼一发慈悲，反而是失去狼性了。这样一来，我们就必然要悔恨我们做了合乎道德的事情了。

年轻的朋友啊！现在再回头来谈一谈我们自己，让我们放弃个人的偏见，看一看我们的意向将把我们带到什么地方。什么最能使我们舒心，是他人的痛苦呢，还是他人的快乐呢？在行善和行恶之间，我们选择做什么更快乐呢？做什么能够在事后给我们留下最美好的印象？你看戏的时候，最关心戏中的哪一种人？你喜不喜欢看作奸犯科的事呢？当你看到犯罪的人受到惩罚，你会不会流泪呢？人们说："除了我们的利益以外，其他一切对我们都没有什么关系。"然而，恰恰相反，正是温存的友情和仁慈的心在我们遭受痛苦的时候能安慰我们。而且，甚至在我们欢乐的时候，如果没有人同我们分享欢乐的话，我们也会感到孤寂和苦闷。如果人的心中没有一点道德，那么，他怎么会对英雄的行为那样崇敬，怎么会对伟大的人物那样爱慕？这种道德的热情同我们的个人利益有什么关系呢？我们为什么愿意做自杀的卡托而不愿意做胜利的恺撒呢？剥夺了我们心中对美的热爱，也就剥夺了人生的乐趣。如果一个人的邪欲把这种优美的情感窒息在他狭隘的心中，如果一个人只一味地想着自己而置他人于不顾的话，他就再也感觉不到什么叫快乐了，他冰冻的心再也不会摇曳快乐的火花，他的眼里再也不会流出同情的泪水，他再也无法快乐了；这可怜的人再也不会有任何感觉了，他已经死了。

但是，不论这个世上邪恶的人有多少，像这种除了个人的利益之外，对一切公正善良的事情都无动于衷的死尸般的人还是很少的。不义之事只有在做它的人能从中得到好处时才会乐于去做。在其他情况下，人们都是希望无辜的人能够获得保障的。譬如，当我们在街上、在路上，看到凶恶和不平之事时，我们的心中马上就会激起一阵义愤，从而使我们挺身而出，去保护受伤害的人。不过，我们受到了一种强制的义务的约束，法律不允许我们自己去行使我们保护无辜者的权利。相反，当我们看到慷慨仁慈的行为时，我们会对此多么的敬慕呀！谁都会在心中想：“要是我也能那样做。”两千年前的某一个人是好或是坏，当然与我们没有多大的关系，然而我们对远古的历史仍然是那样的关心，好像它们都是发生在我们这个时代的一样。卡提利纳犯下的种种罪恶同我有什么关系呢？是不是因为我怕成为他恶行的受害者呢？那么，为什么我会感到他那样的恐怖呢？就好像他和我们生活在同一个年代一样。

我们之所以憎恨坏人，并不仅仅是因为他们的恶行会带给我们伤害，而且也因为他们是邪恶的。我们不仅希望我们自己幸福，而且也希望他人幸福；当别人的幸福无损于我们的幸福的时候，它便会增加我们的幸福。所以，我们会情不自禁地对不幸的人表示同情；当我们看到他们的苦难的时候，我们也为他们感到痛苦。即使最坏的人也不会完全丧失这种本能，因此，他们的行为往往自相矛盾。抢劫行人的匪徒见到赤身裸体的穷人也还拿衣服给他穿，最残忍的杀人者见到晕倒的人也会把他扶起来。

我们常常听说，即使你是偷偷地犯下了罪行，你也会被悔恨淹没。而受良心的谴责从而使那些罪行大白于天下的例子更是屡见不鲜。唉！我们中有谁不熟悉这种时时萦绕耳畔的声音呢？我们根据经验来陈述它，我们很想停止这种使我们极其不愉快的心灵之音。但让我们服从自然吧！我们就会知道它是在多么亲切和蔼地对待我们，只要我们听从了追随它的良心的召唤，我们就会发现见证自己高尚的行为是这世上最愉快的事。坏人常常恐于正视自己，所以他们常常逃避。他总是四处搜寻能娱乐他的东西，他一旦不能挖苦和取笑别人，他就会陷入忧伤中，他唯一的快乐就是嘲笑侮辱他人。相反，好人的内心是十分恬静的，他的笑满是愉悦，不带一丝恶念，因为他自身就是他快乐的源泉。无论是独处还是在人群中，他都是同样的愉悦。他的快乐不是从他周围人的身上得到的，相反，他是把他的快乐传递给他们。

看一看世界上的各民族，并浏览古今的历史，在许多不合乎人情的怪诞的礼拜形式中，在千差万别的风俗和习惯中，你到处可以发现相同的公正和诚实的观念，到处都可以发现相同的道德原则，到处都可以发现相同的善恶观。古代的邪教塑造了一些最邪恶的神，这些神将会以最残忍的罪行来惩罚世人，这些神所描述的最大的快乐是行恶和对欲念的满足。但是，邪恶即使具备了无上的神威，降临到人间也是白白走一遭，因为道德的本能不能让它进入人类的内心。人们虽然赞赏丘比特的放荡，然而对芝诺克拉底的克制仍然十分钦佩；贞洁的卢克莱修敬拜无耻的维纳斯，勇敢的罗马人供奉恐惧的神，他祈求那杀害父亲的神保佑，而自己却一声不响地死在他们自己的手里。最可鄙的神竟受到最伟大的人的膜拜。圣洁的自然的呼声，胜过了神的呼声，它好像要把一切罪恶和罪人都驱逐到天上去，所以在世上才受到尊重。

因此，在我们的灵魂深处生来就有一种正义和道德的原则；尽管我们有自己的准则，但我们在判断我们和他人的行为是好或是坏的时候，都要以这个原则为依据，我把这个原则称为良心。

我到处都听见一些所谓的智者在闹闹嚷嚷地议论这句话，他们都异口同声地说这是幼稚的错误，是教育的偏见！在人的心灵中只蕴藏着由经验得来的东西，而我们完全是根据我们获得的观念去判断其他的事物的。不仅如此，他们甚至还敢去否认那些各个民族都普遍承认的东西；为了反驳这个人类一致认同的观点，他们还找了一些难于理解、只有他们才知道的个别的例子；好像整个人类天然的特性都会因其中一个不具有就全部都没有了一样，好像出现了一个穷凶极恶的人，整个人类就都不存在了一样。多疑的蒙台涅要费尽心思到地球的一个未知的角落去寻找一种违背正义观念的习惯，这究竟有什么用处呢？宁愿相信最不可靠的旅行家的话，也不相信最有声望的论著家的话，他究竟又得到了什么答案呢？世界上的各个民族，尽管在其他方面各有不同，但在这一点上大家都共同归纳了这样一个一致的看法，所以，能不能单单凭我们无法理解的地区原因所形成的一些奇怪的习惯，就可以把这个看法完全推翻呢？啊，蒙台涅，你自己夸你为人坦率，说的都是真理，要是一个哲学家真能坦率地说实在话，那就请你老实地告诉我，在这个世界上，哪一个地方的人把遵守自己的信念，把为人慈善和慷慨，看作罪恶，而且，在哪个地方，好人是受到轻视，而不忠不信的人反而受人尊敬的呢？

人们说，每一个人都是为了他个人的利益才赞助公众的福利的。那么，为什么好人要损自己而利大众呢？难道说牺牲生命也为的是自己的利益吗？毫无疑问，每一个人都要为自己的利益而行动，但如果不谈道德问题的话，私利的驱使是可以解释坏人的行为的。这样解释，别人就不会再进一步追问了。这种哲学太可怕了，因为它将使人畏首畏尾地不敢去做善良的事，它将使人拿卑劣的意图和不良的动机去解释善良的行为，它将使人不能不诬蔑苏格拉底和诋毁雷居鲁斯。这样的看法即使在我们中间有所滋长，自然的呼声和理性的呼声也会不断地对它们进行反驳，绝不让任何一个抱有这种看法的人找到一个相信这种看法的借口。

我不打算在这里讨论形而上学，因为它超出了我和你的理解能力，所以讨论一阵子也没有什么用处。我已经向你说过，我并不是想同你讲什么哲学，而是想帮助你去审视你自己的内心。就算整个大洲的哲学家都说我错了，只要你觉得我讲得很对，我就心满意足了。

为此，你只要能够分辨我们从外界获得的观念和我们原本的自然的情感就够了，因为，我们是先有感觉，而后才有认识的；由于我们的求善避恶并不是学来的，而是大自然赋予我们的，所以，我们的好善厌恶之心也犹如我们的自爱一样，是与生俱来的。良心的作用并不是判断，而是感觉：尽管我们所有的观念都得自外界，但是衡量这些观念的情感却存在于我们的本身，只有通过它们，我们才能认识自己身上的好和坏，才能知道哪些事该是我们追求的，哪些事该是我们要避免的。

对我们来说，存在就是感觉。毫无疑问，我们的感知力是先于我们的智力而发展的，我们是先有感觉，而后有观念的。不管我们是为什么原因存在的，但它为了使我们生存延续，便让我们具备了与我们的天性相适合的情感；至少，这些情感是天生的，这一点谁也不能否认。

就个人来说，这些情感就是对自己的爱、对痛苦的忧虑、对死亡的恐惧和对幸福的向往。但是，如果我们可以毫无疑问地肯定说人天生就是合群的，或者至少是可以变得合群，那么，我们就可以断定他的合群绝对需要他具有其他的一些天生的情感，这种情感让他能与他的同类息息相关，因为，如果单单考虑物质上的需要的话，无疑散居比群居更好。

这种亲人和同伴的关系形成了我们的道德体系，良知正是从这种道德体系中产生的。知晓善，并不等于就热爱善；人并不是生来就知道善的，但是，一旦他的理智使他认识到了善，他的良心就会使他爱善，这就是我所说的与生俱来的情感。

因此，我认为我们完全可能把独立于理智之外的良知的最直接的本原解释为我们天性的结果，退一步说，就算不能够这样解释，也不是说这样的解释完全没必要。因为，在举世公认这一看法的情况下，有些人否认这一切，可惜，他们却无法提供证据证明它不存在，他们只是硬说没有这个本原；而我们断言它的存在，至少从起点来说就不比他们差，何况我们还有来自我们内心的证据，何况良心的呼声也在为它自己辩护。如果判断的光芒在一开始使我们眼花缭乱，让我们看不清楚我们要看的东西，那就等我们微弱的目光恢复过来，变得锐利的时候再看。这时候，我们在理智的光辉下马上就可以看出那些东西在大自然最初把它们摆在我们面前的时候是什么样子；说得更确切一点，那就是，我们一定要保持天真，少弄玄虚；我们必须具备的情感，应当以我们内心最初经验的那些情感为限，因为，只要我们的潜心研究不走入歧途，我们的这些情感最终是会恢复的。

良心呀！良心！你是圣洁的本能，永不消逝的天国的声音。是你在妥妥当当地引导人类——聪明和自由然而却蒙昧无知的人类，是你在不偏不倚地判断善恶，使人形同上帝！是你使人的天性善良、行为道德。没有你，我就感觉不到我身上有优于禽兽的地方；没有你，我就只能按我没有条理的见解和没有准绳的理智可悲地做着一桩又一桩的错事。

感谢上帝，我们才摆脱了这种可怕的哲学的玄虚，我们没有渊博的学问也能做人，我们才无须浪费我们一生的时间去研究伦理，因为我们已经以最低的代价找到了一个最可靠的向导指引我们走出这浩大的偏见的迷津。

但是，单单存在着这样一个向导是不够的，我们还需要认识它和跟随它。既然它向所有的人的内心都发出了呼声，那么，为什么只有极少的人才能听见呢？唉！这是因为它向我们讲的是自然的语言，而我们所经历的一切事物已经使我们把这种语言全都忘记了。良心是腼腆的，它喜欢安宁和清静，世人的喧嚣惊吓了它。有人认为它产生于偏见，其实偏见是它最凶恶的敌人；一遇到偏见，它就要躲避，或者缄默不语。它的声音被闹闹嚷嚷的声音完全压住，所以人们听不到它的声音。各种偏执披着良知的外衣，以良知的名义指挥人们犯下滔天大罪。因为总是被拒绝、被轻慢，它不再呼唤我们，也不再回答我们的任何问题；我们当初花了多少气力把它赶走，现在就要花多少气力把它请回来。

在我进行探索的时候，有多少次内心的冷漠折磨得我筋疲力尽！有多少次不安和憎恨潜入我的思绪，荼毒我的思想，让它们无依无靠！而我迟钝的心对真理的热情也逐渐减退。我对自己说："我为什么要辛辛苦苦地去寻找那并不存在的东西呢？道德上的善纯属虚无的妄想，有什么比感官的享受更令人快乐呢？"人一旦丧失了使灵魂快乐的欣赏能力，是多么难于恢复啊！要是从来就没有过这种能力的话，要想具备，那就更加困难了！如果一个人竟可怜到没有做过一件使他回忆起来对自己感到满意，而且觉得没有白活一生的事情，那么，这个人可以说是缺乏认识自己的能力；而且，由于他意识不到什么德行最适合于他的天性，因此他只好一直做一个坏人，感到无穷的痛苦。不过，你相不相信在世界上能够找到一个人竟然堕落到心中从来没有产生过善念的呢？这种善念是这样的自然和诱人，所以不可能永久地抗拒它；而且，只要它留下了一次快乐的回忆，就足以使它不断地呈现在我们的心中。不幸的是，这种善念在最开始是很难付诸行动的，一个人可以找到千百种理由来违背他心中的想法；由于不必要的谨慎，我们只能把这种善念保留在内心而不表露出来。要挣脱这种束缚，需要有巨大的勇气。为善之乐就是对善举的奖励，一个人要配得上这个奖励，才能获得这个奖励。

再也没有比道德更可爱的东西了，但是，我们必须拥有它才能发现它的可爱。当我们开始拥抱它的时候，它就会像神话中变幻无定的海神，幻化出千百种可怕的形象，只有紧紧抱着它不放的人，才能最后看出它本来的样子。

如果没有新的光明照亮我的心灵，如果没有真理来确定我的主张，指引我的行为，让我能表里如一、始终一致，那么，面对主张公共利益的自然情感和只顾自己利益的理智，我终生都将在这二者取其一的绵亘的道路上徘徊，做着恶，心里又喜欢善，无时无刻不处在矛盾中。

有些人想仅仅凭理智来形成道德，这是不可能的，因为这样做，怎么会有坚实的基础呢？道德就是对秩序的爱，是这样说的。但是，能不能够或者应不应该把这种爱置于我对我自己的幸福的爱之上呢？我倒是希望他们给我举出一个又明白又充实的理由让我更喜欢这样做。实际上，这种伪真理不过是一种文字的游戏罢了；因为，我也可以说，罪恶也是对秩序的爱，不过这种秩序的意义不同罢了。哪里有情感和智慧，哪里就有某种道德的秩序。不同的是：好人为了众生的秩序而约束自己，而坏人则是为了自己的利益而施虐众生。坏人凡事以自己为核心，而好人则坚守分寸，绝不逾越。所以，他依照上帝的意志——我们共同的中心——来确定他的位置，他依照他同类的意志——很多个同心圆——来确定他的位置。如果说没有上帝的话，那就只有坏人才懂得道理了；至于好人，不过是一些傻瓜罢了。

啊，我的孩子！真希望有一天你觉察到人类思想的空虚，尝到欲念带来的苦头，终于发现那光明的道路，发现那一生辛勤的代价，发现那你原本以为是绝无希望的幸福的源泉离你是如此之近，到那个时候，你就会感觉到你终于解脱了你身上的沉重的负担。

自然法则要求我们应尽的一切义务，已经由于人类种种不公正的行为，在我们的心中消失殆尽，然而，现在永恒的正义又重新让它们复苏了，把它们又重新带回到我的心中，而且，要看着我们去一一地履行。我意识到我是那至高的上帝的作品和工具；上帝向往着幸福也做着让人幸福的事，他也希望我的意志同他的意志协同一致，希望我恰当地运用我的自由，而创造我的幸福。我遵循他所建立的秩序，我深深地相信我有一天会喜爱这个秩序，从中找到我的幸福；因为，还有什么事情比感觉到自己在一个至善至美的体系中有一定的地位更幸福的呢？我受到了痛苦的折磨，但是，由于我想到它转瞬就会过去，想到它是来自我身外的一个物体，所以我耐心地忍受着。如果我私底下做了一件好事，我知道也是有人看见的，我把我今生的行为看作我来生的保证。当我遇到不公平的事情时，我对自己说，治理万物的公正的上帝会补偿我所受到的损失的；我身体上的需要和我生活上的贫困，使我认为我能够忍受死亡的来临。这样一来，在我临终的时候，我要挣脱的束缚反而会少些。

我不知道我的灵魂为什么会受制于我的感官，被我的肉体所束缚，而受它的奴役和折磨，我也不敢冒失地探寻上帝的旨意，我只能够小心谨慎地作一些揣测。我对自己说，如果人的精神一直是那样的自由和纯洁，那么，对那个早已建立的秩序，那个无论如何也改变不了的秩序，做出一副崇拜和遵从的样子，这能算什么功德呢？当然，他可以获得幸福，但是，他却不能达到幸福的最高境界，还缺乏道德的光辉和良知的见证；在这种情形下，他最多不过是像天使那样，当然，毫无疑问，一个有德行的人有一天会比天使好很多。既然他的灵魂被一条力大无边的锁链牢牢地束缚在一个无法长生的身体里，那么，如何保住那副躯体，就是他的灵魂时时刻刻都关心的事，这样就使他的眼前利益同万物的总的秩序相矛盾。否则，灵魂是能够看清并且欣赏这种秩序的。在这个时候，只要他能正确地运用他的自由，那就马上成了他的功劳和福报，如果他能抵御尘世的欲念和保持他意志最初的纯洁，那么，他就替自己准备了无穷的幸福。

即使我们今生处在卑贱的境地中，我们原本的性情也是不会变的，我们的罪恶都来自我们自身，所以我们怎么能埋怨我们受到了它们的折磨呢？我们为什么要拿我们自己带来的罪恶和我们自己武装起来的戕杀我们幸福的敌人来责备上帝呢？啊！只要我们不放纵，我们就能成为一个好人，就可以自由自在地过着高洁的生活，就可以快快乐乐地没有懊悔。那些说自己是迫不得已才去犯罪的人，不仅是作了恶，而且还撒了谎。他们怎么不明白他们所抱怨的弱点是他们自己造成的？怎么不明白他们当初的堕落是起源于他们的意志？怎么不明白由于他们自己愿意受引诱，所以到了最后想要抵抗也抵抗不了，只好投降了呢？毫无疑问，到了这个时候他们也无法从脆弱和邪恶的泥潭中爬出来了，然而，当初他们掉进去的时候不是因为他们自己的过错吗？唉！如果在他们的习惯尚未形成，在他们的思想刚刚开始萌芽的时候，我们就告诉他们应该知道的事物，使他们对未知的事物有所鉴别，如果他们积极求知，并不是为了炫耀于人，而是为了使他们变得聪明、善良，使他们在恪尽天职的时候感到快乐，那么，哪怕是在整整一生的时光中，他们也会很容易地控制自己和自己的欲念！这种学习看起来很艰难，因为，当我们想接受这种教育的时候，我们已经沉沦在罪恶之中，已经变成欲望的奴隶了。在我们还没有分清善恶以前，我们就定了一个判断和估价的标准，并且在以后就拿这个错误的尺度去衡量一切事物，因此对任何事物都不能给予正确的评价。

在人生中有这样一个年龄，到了这个年龄，心虽然是自由的，但已经是迫切不安地渴望得到他尚不了解的幸福了，他带着一种好奇的想法去寻求这种幸福；由于他受到感官的迷惑，最后竟使他把他的目光倾注于他的幻象，以为是把它找到了，其实那里并没有他所寻求的幸福。就我的经验来说，这种幻象是持续了很长的时期的。唉！我认出它们的时候，已经是太晚了，已经不能够把它们彻底摧毁了，只要产生这种幻象的肉体还存在，这些幻象就要一直延续下去。不过，它们再也不能够引诱我了，再也不能够毁坏我了。我已经看出了它们的真正的样子，我虽然在追随它们，但也在轻蔑它们；我不仅不把它们看作我的幸福的目标，反而把它们看成达到幸福的障碍。我渴望我能快快地摆脱这肉体的束缚，成为一个真正的“我”。那时，再也没有物质的参与，我也不会再矛盾重重。那时候，我只需依靠我自己就能取得我的幸福；不久之后，我想我就可以成为这样的人了，因为现在我已经觉得一切痛苦都无足挂齿，已经觉得这个生命差不多是同我的存在没有关系了，已经觉得要取得真正的幸福，完全取决于我自己。

幸福、坚强和自由是我向往的状态，为了尽早达到这个状态，我肃穆沉思，磨炼心智。我对这个宇宙的秩序静静地思索，其目的不是用虚假的学说去解释它，而是为了不断地欣赏它，为了对那个睿智的创造者表示崇敬，因为在这个世界上，随处可见他的踪迹。和他在一起，我有了交谈的能力；和他在一起，我所有的能力才能浸染上他的神圣的思想精华，我蒙受着他的恩惠，我感谢他和他的赐予，可是我并不对他有所祈求。我对他还有什么要求呢？要求他为我去改变事物的进程，要求他显现有利于我的奇迹吗？自然的秩序由他的智慧所建、由他的力量所维系，既然我应该爱这个秩序胜于爱一切的东西，难道说还要希望他为了我就打破这个秩序吗？不，这种冒失的祈求应当受到惩罚而不能得到应许。我也不再向他要求为善的能力，我为什么还要向他索取他已经给了我的东西呢？他不是已经给我以良心去爱善，给我以理智去认识善，给我以自由去选择善吗？如果我做了坏事，我是找不到任何借口的；我只能说我做坏事，是因为我愿意做坏事。如果要求他改变我的意志，这无异于是要求他去做他早已要求我做的事情，无异于是要求他替我干活，而我去领取工资；对我自己的命运不满意，就等于是不想做人，就等于不要我而要其他的东西，就等于是希望秩序混乱和灾祸来临。正义和真理的源泉，慈爱的上帝啊！由于我信赖你，所以我心中最盼望的是你的意志得到实现。当我把我的意志和你的意志联合起来的时候，我就能够做你所做的事情，我就能够领受你的善意；我深信我已经预先享到了最大的幸福——善良的行为的奖励。

我对他唯一的要求，说到要求，我还是有一点应有的羞怯的，我要求他，或者，确切地说，我等待他裁判的唯一的事情，就是，如果我误入歧途，请他纠正我的错误。诚恳地说，我不相信我是绝对没有错误的；当我以为我的看法是最正确的时候，也许我这些看法恰恰就是很荒谬的；因为，有谁没有自己的看法呢？又有多少人是样样都看得准呢？使我误入歧途的幻象虽然是来自我的本身，但只有上帝一人才能驱散它。为了追寻真理，我能够做的事情我都做了；不过，真理之源太高了，如果我没有力量再向前行进，能怪我错了吗？这时候，难道它不应该走到我的身边吗？

那善良的牧师热情地说完了这一番话，他很激动，我也很激动。我好像听到了圣明的奥菲士在唱他最美妙的赞歌，在教导人们要敬拜神灵。虽然我觉得可以向他提出许多相反的意见，但是我一个也没有提，其原因并不是由于这些意见有欠稳妥，而是由于它们将令人感到迷惑，何况我内心的倾向是赞同他的哩。他是本着他的良心向我讲述的，因此我的心也好像在叫我要相信他告诉我的这些话。

“你刚才向我阐述的这些见解，”我向他说道，“在我看来是很新颖的，我说它新颖，不是指你阐明的那些你所信奉的东西，而是指你所叙述的那些你不知道的东西。我觉得它们讲的是一神论，即自然的宗教。这种宗教，基督徒企图把它同无神论即不信教的主张混为一谈，其实这两者的宗教观点是截然相反的。不过，就我目前的思想状况来看，要完全接受你的观点，变得像你一样睿智，是很有难度的。但我将会认真地把这些记在心中，那样，至少可以获得和你一般的真诚的心。以你的事例看来，指导我行为的应该正是这种内心的感觉；而你亲自告诉过我，这样的感觉在被长期压抑而变得沉默不语之后，要再把它寻回来，却不是一时半会儿可以办得到的。我将把你所说的话牢记在心，并加以深思。如果在深思之后，我也像你这般对此深信无疑的话，我便从此以后都只聆听你的教导，终生做你的门徒。因此，请你继续教导我；我应当知道的东西，你只向我讲了一半，请你再向我讲一讲神的启示，讲一讲《圣经》，讲一讲我从小就迷惑不解的那些艰深的教理。因为我既无法理解它们，也无法相信它们，不知道是应该接受还是不应该接受。”

“好，我的孩子，”他一边拥抱我，一边说道，“我会把我所想到的东西都告诉你，知无不言，言无不尽；不过，要我对你毫无保留，首先，你得愿意听我的。到现在为止，我向你所讲述的只不过是我认为对你有用的东西，只不过是我全心全意信仰的东西。而我接下来要探讨的东西将会异常难懂；对我来说，它神秘难测，令人迷惑。因此，当我接触这些东西时，我内心也有着怀疑和不安。我每做出一个结论，心内都是惶恐不安的。所以，我向你讲述的，不是我的看法，而是我的疑虑。如果你自己有更坚定的看法，我倒要犹豫一下是不是要把我的看法告诉你。不过，就你目前的游移的思想情况来说，像我这般思考问题对你是有好处的。此外，你不一定要把我所讲的这些话统统视作权威，你应当用你的理智来判断，因为，坦白地说，我也不知道我是对还是错。一个人很难在他发表议论的时候时不时地使用很肯定的语气断言。不过，请你记住：我在这里所断言的，完全是我诸多的理性的质疑。真理需要你自己去寻找，对于我来说，我所能承诺的就是我对你的那一片赤诚。”

“你会发现我所探讨的只是对自然宗教的信仰，然而奇怪的是，我们还需要有另外的信仰！我是如何发现这种需要的呢？我按照上帝赋予我的心灵的光明和他启发我的内心的情感侍奉上帝，我还有什么可供责备的呢？道德是何种样的纯洁，哪一种信仰的体系对于人类更有作用，比它的创造者更不朽，这些我穷尽我的能力也推论不出来的东西，是否能从现行的教义中推论出来呢？谁能告诉我，为了上帝的荣光，为了社会的幸福，为了我自己的利益，除了完成自然法则赋予我的天职以外，我还需要承担起什么其他的职责呢？请再告诉我，崇奉一种新的信仰，一种不是自己崇拜的宗教产生的信仰，又能生出怎样的美德呢？我们对上帝的顶礼膜拜完全来自理性。你看一看那自然的景象，听一听那内心的呼声，上帝岂不是把一切都摆在我们的眼前，把一切都告诉了我们的良知，把一切都交给我们去判断了吗？还有什么东西需要由人来告诉我们呢？由人来启示，是一定会贬低上帝的，因为他们将把人的欲念说成是上帝的想法。我认为，狭隘的教义不仅不能阐明伟大的上帝的概念，反而让我们对这一概念迷惑混沌；不仅让上帝的概念在世人心中变得不可思议的神秘莫测，而且还制造了无数荒谬的矛盾，使人变得十分骄傲、偏执和残酷；不仅不能在世上建立安宁，反而酿成人间的烧杀。我自己虽然在自问这一切有什么用处，但是得不到回答。虚伪的宗教让我看到的尽是世人的罪恶和人类的痛苦。

有人告诉我说，要有一种启示来教育世人按上帝喜欢的方式去敬拜上帝，为了证明这一点，他们拿出了他们所制定的盛行于世界各地的各种各样稀奇古怪的礼拜形式来。然而他们不明白，礼拜形式之所以千奇百怪，正是由于启示的荒唐。只要各国人民想利用上帝说话，那么，每一个国家的人都可以叫上帝按他们自己的方式说他们自己想说的话。如果人人都只倾听上帝对自己的内心所说的话，那么，在这个世界上便只有一种宗教了。”

应该统一敬拜上帝的形式，这一点我很赞同，不过，这一点是不是就重要到非要借神所有的一切权能来规定不可呢？我们不能把宗教的仪式和宗教本身混淆起来。上帝所要求的敬拜是心中的敬拜，只要这种敬拜是至真至诚的，那就是一致的了。如果一个人认为上帝会对牧师所穿的衣服感兴趣，对他说话时候的措辞感兴趣，对他在祭坛上所做的姿势，对他的各种跪拜样子都感兴趣的话，那上帝就太滑稽可笑了，这样想的人简直就是发疯了。唉！我的朋友，跪拜有什么意思呢？不管你多么挺拔地高高地站着，你仍然是离不开地面的。上帝所希望的，是人们在精神上由衷地对他敬仰，这是一切宗教、一切国家和一切民族都应有的一个天职。至于外表的形式，即使是为了井然有序而应该一致的话，那也纯粹是一个规矩上的问题，根本就用不着什么启示。

我开始并不是从这些问题着手思考的。由于受到教育的偏见的驱使，受到常常使人妄自尊大的自负的迷惑，我微弱的思想欲达到那至高的存在，因此，我愚蠢地用我卑微的思想去接近上帝。我企图缩短他在他的天性和我的天性之间留下的无限远的距离。我希望和他更直接的心灵相交，希望得到更特别的教导；我不想把上帝看得同人一个样子，我想获得一些超自然的光；我希望获得一种独有的信仰，我希望上帝把他跟别人没有讲过的话都告诉我，换句话说，我希望我比别人更好地理解来自上帝的启示。

审视我所得出的这个论点，这个论点是所有信徒追随光明的信仰所具备的共同出发点。我认为自然宗教的教义就是整个宗教的原理。我综览散落在这世上的各种不同的教派，看它们互相攻击，说对方是胡言乱语。

我问：“到底哪一个教派是对的呢？”

每一派都回答说：“我这个教派好，只有我和我这派人的想法才对，其他各派都错了。”

“你怎样知道你这一派好呢？”

“因为上帝这样说过。”

“谁告诉你上帝这样说过？”

“我的牧师，他知道得很清楚。我的牧师教我这样信仰，我就这样信仰。他向我保证说，所有同他的说法不一样的人都在撒谎，所以我就不听他们的话。”①

怎么！我心里想道：真理不都是一个样的吗？难道说真理对一个人来说是真理，而对另外一个人来说就成了谬误了吗？如果走正道的人和陷入歧途的人用同一种方法，那么，哪一种人的功劳或过错更多呢？他们的选择是基于偶然，把过错推在他们身上是不公平的，这样做，等于是对一个人之所以奖励或惩罚，是因为他出生在这个或那个国家。谁胆敢说上帝是这样裁判我们的，那简直就是在污辱他的公正。

要么一切的宗教在上帝看来都是好的，都是他所喜欢的，否则，如果他预先给人类选定了一个宗教，如果人类不相信他所选定的宗教就要受到惩罚的话，上帝就会使那个宗教具有一些鲜明而确切的标记，以便使人类能够辨别它是唯一的真正的宗教。因此，这些标记在任何时候或任何地方，无论是老是幼、是智是愚，是欧洲人还是印度人、非洲人或野蛮人，都同样可以明明白白地看出来。

如果在世界上有那么一个宗教，谁不信仰它谁就会受到无穷的痛苦；又如果在这个世界上的某一个地方，有那样一个人诚心诚意地信奉它，但却从来没有被它的证据说服，可见这种宗教的神是最不公正的、是最残忍

---

① 有一个高尚而睿智的牧师曾说过，他们所有人都声称他们的教义不是来自人类，也不是来自任何生物，他们的教义是来自上帝。但是，客观坦率地说，这种说法毫无意义。不管他们是如何宣讲的，他们始终用的是人类的方法。看一看他们第一次采用的方法吧，生他们、养他们的民族、国家和地方决定了这一切。而对我们来说，有哪个人没经过洗礼呢？我们在出生之前就有了犹太人、土耳其人和基督教徒的区别。我们信奉的宗教并不是我们自由选择的。看看我们的生活和我们的行为与它是那样的不一致，看看我们在最小的事情上都与它背道而驰。——查伦《论智慧》

的暴君。因此，我们要真心诚意地去寻求真理，我们绝不能让一个人因其出身而得到什么权力，绝不能让做父亲的或做牧师的人具有任何权威，我们要把他们从小教给我们的一切东西付诸良心和理智的检验。要让我的理性承认那些它无法判断的事物的真实性完全是徒然的。让骗我的人爱怎样说就怎样说好了，反正要我扔掉我的理性，就必须要他们说出是什么理由。

通过对宇宙的观察和正确地运用我的能力而学到的全部神学，都概括在我向你讲的这一番话里了。要想知道得更详细，那就要借助于特殊的手段。这些手段不能是人的权威，因为大家都同我一样是人，一个人天生就知道的一切东西，我也是能够知道的，何况别人也会像我一样犯错误，即使我相信他的话，其原因也不是由于那句话是他说的，而是由于他证明了他那句话是对的。因此，人的见证归根到底也只是我自己的理性的见证，也只能是上帝为了让我认识真理而赋予我的自然的手段。

真理的使徒，我不能单独判断的事物有哪些是需要你告诉我的？

上帝已亲自说过了，请你听他的启示。

这是另外一回事。上帝已经说过了！这句话的意思实在是很笼统。他向谁说的？

他向世人说的。

我为什么一点也没有听见呢？

他已经委托别人向你传达他的话了。

我明白了：是人来向我传达上帝的话。可是我希望听到他亲口说出的话，这样做，既不多花费他的力气，而我也可以免受别人的欺骗。有没有说过保证我不被别人欺骗？说过，因为他已用奇迹向他的使者表明了他所负的使命。奇迹在哪里呢？在书里。谁做的书？

人做的。

谁看见过这些奇迹？

人。

为什么做证的总是人！总是有人来向我传达他人所讲的话！在上帝和

我之间怎么有这样多的人呀！我们总是陷于观察、比较和证验的状态中。啊！要是上帝不叫我受这些麻烦的话，我敬奉他的心哪儿会这样不虔诚呢？

我的朋友，你看，我谈到这里的时候，已经涉及多么可怕的问题了；我必须具备多么渊博的学识才能追溯那遥远的古代，才能考察和对证一切预言、启示、事实和传播在世界各地的宣扬信仰的不朽著作，才能确定它们的时间、地点、作者和经过！我必须要有多么正确的鉴别能力，才能把真实的和假造的文献加以区分，才能把反驳和答辩的言辞以及译文和原文加以比较，才能判断证人是不是公正、是不是具有良知及智慧，才能知道其中是不是有所删节和添加，是不是有所调换、更改和伪造，才能挑出其中的矛盾，才能判明我们向对方提出证据确凿的反驳材料时他们保持的沉默，才能判明他们是不是知道我们的这些看法，才能判明他们对我们的看法是不是加以足够的重视和愿意回答，才能判明书籍是不是普及到我们都可以阅读，才能判明我们是不是也足够真诚，能让他们的书在我们当中流传，并让他们完全保持他们强烈的反对的意见！

只要承认所有这些不朽的著作是无可争议的，跟着就要进而证实这些著作的作者确实负有上帝的使命；必须知道因果的法则和偶然的可能，才能判断哪些预言没有奇迹就不能实现；必须知道原话的精神，才能辨别其中哪些是预言，哪些是辞令；必须知道哪些事实符合自然的秩序，哪些不符合自然的秩序，才能指出一个狡猾的人能够把一个纯朴的人迷惑到什么地步，把聪明的人惊吓到什么地步；必须揭示一个奇迹的特征和可靠性，其目的不是宣称我们的信仰，而且为了说明谁如果怀疑就应当受到惩罚；必须把真的和假的奇迹加以比对，找出其可靠的规律，以便对它们加以识别；最后还必须说明为什么上帝好像喜欢捉弄人的信心，好像是故意不采用直接的说服手段，却偏偏要挑选一些其本身都十分需要加以证验的手段去证验他所说的话。

就算高尚的上帝愿意屈尊让一个人去传达他神圣的意志，但是，在整个人类尚不知道哪个人配做这样一个人的时候，就硬要人们听从他的话，这合理吗？这恰当吗？就凭他在少数几个浑浑噩噩的人面前表演的一点善心、几场壮举，而其他的人只是耳闻，并未眼见，就认为他是值得信赖的。这样做是不是正确呢？无论在世界上的哪一个国家，如果我们都相信那些普通百姓和见地浅薄的人嘴里所说的那些他们亲眼见到过的奇迹，那么，每一个教派都是一个好教派；这样一来，世上的奇迹将会数不胜数，甚至比自然事件还多。而在一切奇迹里头，最大的奇迹也许就是，在那个国家尽管有被迫害的狂信的教徒，但始终没有出现过任何的奇迹。

只有大自然中亘古不变的秩序才能给人们很好地展示上帝的意志，如果真有许多例外的情形的话，那我就不知道该怎样解释了。就我来说，我笃信上帝，所以，要我相信那些同他极不相称的奇迹，是不可能的。

假如有一个人慷慨激昂地来告诉我们这些，你怎么办呢？

他说：世俗的人们啊，我现在向你们宣布至高的上帝的旨意，你们要把我的话当作那派遣我来的上帝的话来听，我要命令太阳逆行，星辰移位，山峦消沉，河流上涨，我要命令地球换一个样子。

看到这些奇迹，谁还能不马上把他看作自然的主宰呢？

而大自然是绝不听命于骗子的，他们的奇迹只能在十字街头、穷乡僻壤表演，甚至在一室之中表演，只有在这些地方他们才能骗得少数轻信的观众上他们的当。

谁敢向我说一说需要有多少亲历现场的证人才足以使一个奇迹令人信服？奇迹是为了证明你教义中的真理，但如果它们自身也尚须证明的话，那么这样的教义又有什么用处呢？反而不如不做得好。

对宣讲的教义也需要加以最严格的考察，因为，有些人说上帝喜欢在这个世界上施行奇迹，而魔鬼有时候也会模仿，所以，即使见到的奇迹已经经过了很好的证验，我们也不能就很快地下结论。而且，既然法老的巫师甚至敢当着摩西的面做出摩西奉上帝的命令才做出的奇事，那么，当摩西不在的时候，他们怎么会不以同样的名义说他们具有同样的权威呢？因此，用奇迹证明了教义之后，又必须用教义来证明奇迹[①]，以免把魔鬼的奇迹当作上帝的奇迹。你觉得这个多方分析法如何呢？

这个教义既然来自上帝，那么就应当具有上帝的神圣的特征；它不仅应该澄清盲目的理性在我们心中留下的混乱的观念，而且还应当给我们提供一整套包括宗教和道德在内的体系，这套体系应该合乎上帝的特征，因为我们只能通过这些特征去体会上帝的本质。所以，如果这种教义告诉我们的尽是一些荒谬而不合道理的东西，如果它使我们厌恶同胞，惧怕自己，如果它给我们描绘的上帝是那样的易怒、妒忌，动不动就要报复，而且又是那样的不公正，那样的憎恶人类，那样的好战好斗，时刻准备着要毁灭和摧残人类，时刻在那里说要给人以折磨和痛苦，时刻在那里夸口他对天真无辜的人也要进行惩罚，那么，我的心是绝不会去亲近那样一个可怕的上帝的，我自己是决不会抛弃自然宗教而去皈依那种宗教的。

我将对那个教派的人说：

“你们的上帝不是我的上帝。”无论哪一个上帝，如果他只选择一个民族而排斥其他的人类的话，他就不是人类共同的父亲；如果他让大多数的生灵注定要遭受永恒的痛苦的话，他就不是我心中的慈悲善良的神。

---

① 这一点在《圣经》当中有几处都专门提到，尤其是在《申命记》第八章，它说：如果一个先知，他用各种奇迹，试图说服你改信其他的宗教，并且他的预言也都通通实现了，这时候，人们不仅不应该相信他所说的，相反，人们要用石头把他砸死。因此，当圣雅各伯（耶稣十二位宗徒之一）试图用预言和奇迹来劝说人们改信其他宗教而被异教徒处死时，我看不出他们有什么错。因为，按照公正的道理，他们也可以把这些加诸我们身上。那么，在这种情况下该怎样做呢？只有一件事可做，那就是诉诸理性，不要去管什么奇迹了。奇迹这种东西最好从来都不要用到，也不要用这些令人眼花缭乱的、似是而非的东西来迷惑我们本来良好的感知了。什么！我在宣讲基督教义的时候也使用了这些东西吗？如果真是那样的话，我们的上帝也是有责任的。它向那些意志薄弱而又愚昧的人许诺，说他们也能往至天国。然而，如果需要那么多的巧妙安排才能让人们了解并信奉他的教义，他又如何能站在圣山上讲述他神圣的箴言，把福音传到那些贫瘠的心灵里呢？所以，如果你证明我的理性应该听从那个人的指示，那当然很好。但是，为了要证明给我看，你必须首先让我能够理解。首先要让你的论证能与我贫弱的智力匹配。否则，我是不会承认你就是上帝真正的使者，你反复向我们述说的就是他的教旨的。

我的理性告诉我教义应当是清晰明白、让人一看就懂的。如果说自然宗教有什么不足之处的话，那就是它用了一种晦涩的语言来向我们讲述他伟大的真理。既然语言是晦涩的，那么，为了让我们能相信他，他留给我们心灵的启示就应该更清晰、更容易被我们感知。并且，这样的启示不要超出我们的理解能力，以便我们能对它们加以思考。因为，信念之所以坚定不移，正是由于经过了理解；所有宗教中最好的宗教一定是最为清楚明白的；对我宣扬宗教的人要是让这一宗教带上矛盾和神秘的色彩，反而会使我对那个宗教发生怀疑。我所敬拜的上帝，不是一个黑暗的上帝；他既然赋予我理解的能力，便决不会禁止我利用这种能力；因此，谁要我抛弃我的理智，谁就是在侮辱创造理智的神。真理的传播者不会压抑我的理智，他只会启发我的理智。

我们把所有人类的权威抛在一边，看没有这种权威，一个人怎样能通过宣讲就让另一个人去信奉他那些不合理的教义。我们假设这两个人正在为此争论，让我们听一听他们怎样用在这种场合惯常使用的语言为自己辩护。

教理主义者："理性告诉你说整体比部分大，可是我代表上帝告诉你，是部分比整体大。"

唯理主义者："你是什么人，竟敢说上帝会出尔反尔？我该相信谁啊，是相信那通过理性来教导我永恒真理的上帝，还是相信你这个借他的名义向我发表谬论的人？"

教理主义者："相信我，因为我得到的神谕比较确实；我一定会向你证明是他派我来的。"

唯理主义者："怎么！你要向我证明上帝派你来驳斥他自己说过的话？你能拿出什么样的证据使我确信上帝要通过你的嘴对我说话，而不是通过他赋予我的理解力向我讲话的？"

教理主义者："他给你的理解力！看看你是多么渺小，又是多么的可笑呀！你的话让你显得很不虔诚了！你的理智已经由于罪恶而堕落了！你已经被它引入歧途了！"

唯理主义者："上帝派来的人呀，你也不过是一个大恶棍，把自己的傲慢说成是神圣使命的证据。"

教理主义者："怎么！你一个思考哲理的人怎么能如此骂别人呢！"

唯理主义者："有时候也骂啊，因为圣人已经做出了骂人的榜样。"

教理主义者："哦！我才有骂人的权利，我是代表上帝的。"

唯理主义者："在利用你的特权以前，最好是先把你的凭证拿出来看一看。"

教理主义者："我是有真凭实证的，天地都可替我做证的。现在，请你仔细地听一听我的论证。"

唯理主义者："你的论证！你的话是没有通过思想的。你说我的理性欺骗了我，这岂不是等于否定它可以帮你说话吗？谁不愿意服从理性，谁就不应该利用理性来说服他人。因为，假使在论证的过程中你说服了我，我怎么知道我之所以接受你的话，不是由于我那个因为罪恶已经堕落了的理性让我相信的呢？而且，除开它们企图加以驳斥的那些道理外，你所提出的证据，你所阐述的道理，哪一个是比这更清楚的呢？要是部分大于整体这个说法是可以相信的话，那么，我们也可以认为精确的三段论法是一派谎言了。"

教理主义者："那根本是两回事！我的证据是无可辩驳的，它们是超自然的。"

唯理主义者："超自然！这是什么意思？我不懂。"

教理主义者："它指自然秩序中的变化、预言、奇迹和各种各样的奇事。"

唯理主义者："奇事！奇迹！这些东西我从来没有见过。"

教理主义者："其他的人替你看见过了，证人多得很……各国人民都可做证……"

唯理主义者："各国人民都见证！这是不是也是超自然的呢？"

教理主义者："不是。不过，既然大家都异口同声地这样说，这也就是无可争辩的了。"

唯理主义者：“除了理性的原理以外，其他再也没有什么东西是无可争辩的，全世界人们都见证了也不能证明说它就是真理而不是谬误。再说一次，我们要看一看超自然的证据，因为人类的见证并不是超自然的啊。”

教理主义者：“啊，你这个离经叛道的家伙！很明显，你是无法理解上帝的恩泽的！”

唯理主义者：“这不是我的过错；因为，照你的话说，一个人首先要了悟上帝的恩泽，然后才能要求恩泽。现在既然没有得到，就请你给我讲一讲吧。”

教理主义者：“唉！我正在讲着哩，可是你不听。你对预言有什么看法？”

唯理主义者：“我认为，首先，正如我没有看见过什么奇迹一样，我也没有听到过什么预言。其次，我不相信任何预言。”

教理主义者：“魔鬼的仆人！为什么预言你都不相信呢？”

唯理主义者：“因为，要我相信它，它就必须具备三个条件，而这三个条件是不可能连在一起的。这三个条件是：要使我亲自听到预言；要使我亲自见到事情的经过；要给我清楚地证明这件事情同预言的符合绝不是偶然的。因为，即使预言比几何学的定理还精确和明白，但是，既然随便做出一个预言就有实现的可能，则它即使实现，严格说来也不能证明那个事情就是作预言的人所预言的。所以你现在可以看出，你所谓的超自然的证据、奇迹和预言是怎样一回事了。这完全是因为他人相信那些东西，你自己就相信那些东西，这完全是使人的权威凌驾于那启发我的理性的上帝的权威之上。如果我心灵中所怀抱的永恒的真理也是假的话，那我就再也不能相信什么东西了。我不仅不相信你是代表上帝向我说话，而且甚至连上帝本身存不存在我都无法确定。”

我的孩子，你看，要得出一个共同的一致的看法需要先解决多少困难啊！而且这还不是全部的困难咧！在那许多彼此相悖、彼此排斥的宗教中，只有一种宗教是正确的，如果其中确有一种宗教是正确的话。为了找到这种正确的宗教，只对其中的一种宗教进行研究，那是不够的，必须把所有的宗教都拿来研究一番。而且，不论什么问题，如果我们还没有弄清楚，就不应该否认别人的说法。必须把反对意见和相关证据加以比较，也必须了解相对各方的反对意见和他们各自的辩词。我们越是觉得一种说法说得很对，我们就越是应该研究为什么有那样多的人不能发现它是对的。

如果认为仅仅听一方的学者的意见就能够了解对方的论点，那就想得太简单了。哪一个神学家敢说他是公正诚实的？哪一个人不是采取削弱对方的手段来进行辩驳的？每一个人在自己这一派的人当中都是很出色的，不过，在自己一派的人面前虽然议论风生、扬扬得意，但要是他把同样的话说给对方听，那他就会出大丑了。

你想从书中获得这些信息吗？那你得具备多大的学问呀！要学会多少种语言呀！要翻查多少典籍呀！要读多少书呀！谁来指导我进行选择呢？在任何一个国家，针对一个问题，要想找到一本陈述对方观点的好书，那是很困难的，至于要找到所有教派的好书，那就更加困难了，而且，即使找到了，也马上会有人指出这些书的错误，认为它们不值一看。没有人为之辩护的东西始终是错的，所以，如果你用自信的口吻来陈述那些根本站不住脚的道理，而用轻蔑的口吻来陈述那些证据确凿的好道理，你就可以轻而易举地把后者一笔抹杀。此外，再没有什么东西比书籍更欺骗人的了，再没有什么东西能比它们更不忠实地表达作者的情感了。如果你想根据博胥埃的著作去了解天主教的信念，那么，你在我们当中生活一段时间之后，你就会发现你这种想法是大错而特错的。正如你所看到的，他用来反驳新教徒的那种教义，根本就不是他向一般人所讲的那种教义，博胥埃所写的书和他在讲坛上所讲的道理是大不相同的。

为了要正确地判断一种宗教，便不应当去研究那个宗教的教徒所写的著作，而应当到他们当中去实地了解，从书本上研究和实地去了解是有很大的区别的。每一种宗教都有它自己的传统、意识、习惯和成见，这些东西就是它的信仰的精神，必须把它们联系起来，才能对这种宗教进行判断。

有多少伟大的民族既不刊印他们自己的书，也不阅读我们的书啊！他们怎能判断我们的看法呢？我们又怎能判断他们的看法呢？我们嘲笑他们，而他们也轻蔑我们；我们的旅行家把他们作为笑料，而他们的旅行家只需到我们这里来走一趟，他们也会把我们作为笑料的。哪一个国家没有圣明贤达、忠厚诚实、仁慈博爱的人呢？他们为了拥抱真理而把真理作为他们一生唯一所求。然而，每一个人都是按自己的信仰去认识宗教的，认为其他各国所信的宗教都很荒谬。其实，外国的宗教并不像我们所想象的那样怪诞。换句话说，我们在我们的宗教中听到的道理也不一定像我们所看到的那般有理。

在欧洲我们有三种主要的宗教。其中的一种宗教只信奉一种唯一的天启，而另一种宗教则信奉两种天启，第三种宗教则信奉三种天启。每一种宗教都在那里憎恶和咒骂另外两种宗教，指责它们盲从、狠毒、顽固和虚伪。任何一个公正不偏的人，如果不首先衡量一下它们的证据，不听一听它们的道理，敢对它们进行判断吗？只信奉一种天启的那种宗教，是最古老的，而且似乎是最可靠的；而信奉三种天启的宗教，是最新的，而且似乎是最始终如一的；至于那信奉两种天启而否认第三种天启的宗教，也许是最好的宗教，不过，它当然也受到种种指责，因为它的前后矛盾一眼就能看出来。

在讲述这三种天启的时候，所有的经书都是用信教的人所不认识的文字写的。犹太人不懂希伯来文，基督徒不懂希伯来文和希腊文，土耳其人和波斯人都不懂阿拉伯文，而现今的阿拉伯人自己也不说穆罕默德所说的那种话了。用大家根本就不懂的语言去教育人，这种方法也太愚笨了吧！有人也许会说："这些书都已经翻译出来了。"回答得真好！不过，谁能保证这些书的译文都是忠实的呢？或者，他们是不是按照忠实的原则来翻译了？既然上帝肯同世人说话，他为什么要人来替他翻译呢？关于这个问题，谁能给我一个满意的回答？

我绝不相信一个人所必须知道的东西经书上全都有了，我也不相信一个人由于看不懂经书或者找不到懂得经书的人，就会因为这样一种并非出自本心的无知而受到处罚。说来说去还是书！真成书癖了！我之所以这样反复地谈到经书，是因为欧洲被经书充斥，是因为欧洲人在把经书看做必不可少的东西的时候，没有料到在这个世界的四分之三的土地上还有人压根儿没有看见过经书哩。所有的书不都是人做的吗？一个人为什么要在读过经书之后才能懂得他的天职呢？在没有经书以前大家又是凭什么办法知道他的天职的呢？要么，他自己去领悟他的天职，要么他就完全不知道了。

我们的天主教徒在大谈其教会的权威，然而，其他的教派必须罗列多少证据才能证明它们的教义，天主教徒也必须同样地罗列多少证据才能证实他们具有这种权威。所以，这样地闹嚷一阵有什么用处呢？教会说教会有做决定的权利，这就体现了教会的权威！从这一点出发，我们将讨论更多的问题。

你可知道有许多基督教徒在煞费苦心地仔细研究犹太教在哪些事情上对他们提出非难吗？如果有人对犹太教所非难的事情略有所知的话，那也是从基督教徒的著作中知道的。好一个了解对方的论点的办法啊！不过，怎么办呢？如果有人敢在我们这里发行一些公开替犹太教辩护的书，我们就要惩罚书籍的作者、出版者和发售的书店①。为了要始终说自己是对的，就得采取这个既简便又可靠的办法。要反驳不敢说话的人，那是很容易的。

我们中间可以同犹太人进行交谈的人也不可能获得更多的信息。可怜的犹太人知道他们的命运是操在我们的手里的；在我们施行的暴政之下，他们已经变得很胆怯；他们知道尽管基督教是讲仁慈的，但做起那些残酷、不公平的事情来的时候也是很过分的；他们既然怕我们指摘他们亵渎神明，还敢说什么话呢？贪婪唤起了我们的激情，而这些犹太人都很富有，他们也没什么可供别人指责的。他们中最博学睿智的人也是最谨慎稳重的。你可以使某一个穷苦的人背弃他的宗教，拿钱收买他去诋毁他的宗教；你可以叫几个拾破烂的人出来讲一番话，他们将为了讨好你而对你屈服；你可以利用他们的无知和怯懦而制服他们，而他们中的博学之士也会悄悄地讥

① 关于这一点，可以举出上千个例子，但下边这个是最有说服力的。16世纪，教皇曾下令烧掉所有的犹太人的书籍。其中有一个著名而又博学多才的神学家仅仅因为在那个时候提出他的观点，说对那些和基督教义无关的书籍，可以把它们当作宗教以外的东西保留下来，就惹上了杀身之祸。

笑你们的无能。但是，在他们能安全地表达自己的观点的时候，你们以为也可以这么容易地对付他们吗？在巴黎神学院，一提到救世主的预示，就显然是指耶稣基督。但是，在阿姆斯特丹的犹太的法学博士们中间，一提到救世主的预示，就同耶稣基督毫无关系了。我认为，只有在犹太人有了一个自由的国家，有了经院和学校，可以在其中毫无顾虑地进行论辩的时候，我们才可以正确地了解犹太人的论点。只有在这种时候，我们才能知道他们有些什么话要说。

在君士坦丁堡，土耳其人可以述说他们的观点，可是我们则不敢述说我们的观点；在那里，就轮到我们向人家拜下风了。我们强迫犹太人遵奉他们不十分相信的耶稣基督，如果土耳其人也学我们的榜样，强迫我们遵奉我们根本就不相信的穆罕默德，我们能不能说土耳其人做得不对？能不能说我们做得有理？我们按什么公平的原则来解决这个问题呢？

世界上有三分之二的人既不是犹太教徒，也不是伊斯兰教徒或基督教徒；有千千万万的人从来就没有听说过摩西、耶稣基督和穆罕默德！能否认这个事实吗？能说我们的传教士走遍了世界的各个地方了吗？这个问题很容易解答。然而，我们的传教士可曾深入到迄今还没有一个欧洲人去过的非洲的腹地呢？可曾拜访过远离海岸的鞑靼民族，他们是马背上的游牧民族，到现在还没有同外国人接触过，他们不仅没有听说过教皇，甚至还不晓得什么叫大主教，请问我们的传教士可曾骑着马去寻找过他们？传教士们是否走遍了辽阔的美洲大陆，那里常常整个民族的人还一点不知道另一个世界的人已经来到了他们那个世界。在日本，我们的传教士曾经因为自己的行为而永远地遭到驱逐，他们的先驱被当地好几代的人都当作表面热心而实际是想悄悄篡夺那个帝国的狡猾的阴谋家，请问我们的传教士现在还到不到那个国家去？传教士们可曾走进亚洲各国的国王的王宫向成千上万的奴隶宣扬福音？那个地区的妇女究竟是什么原因始终不能听到任何一个传教士向她们讲道？她们会不会因为与世隔离而全都进入地狱？

但是，就算福音真是传遍了全世界，我们还是无法解决问题。在传教士到达一个国家的前夕，一定有人听不到他讲的福音就死去了。那么，我们应该对这个人做些什么呢？在这个世界上，只要有那样一个人，没听到传教士宣讲的福音，那么，单因这一个人所提出的异议，就足以抹杀对其他四分之一的人类的宣讲。

假设传教士确实现身向远方的民族宣讲基督福音，他们所说的话有哪些是可以单凭他们的言辞而不需要确凿的证明就能为那些民族所接受的？很有可能他们中的一个就会很理智地对传教士说：

你向我宣称两千年前在世界上极其遥远的地方有一个神在我不知道叫什么地名的小城里降生和死亡；你告诉我说，凡是不相信这个离奇传说的人都将受到惩罚。

这些事情非常奇怪，所以不可能叫我仅仅凭一个我不认识的人的权威就马上相信！

既然你那位上帝一定要我知道那些事情，他为什么要使那些事情发生在一个离我很远的地方呢？难道说一个人不知道陌生的地面上发生的事情就算是犯了罪吗？我怎能猜想另外一个半球上有一个希伯来民族和耶路撒冷城呢？你还不如要求我知道月球上发生的事情呢！

你说，你来告诉我，但是你为什么不来告诉我的父亲呢？你为什么要因为这个善良的老人不知道这些事情就说他有罪呢？他这样一个极其忠厚、极其仁慈、一心追求真理的人，应不应该因为你迟迟没来告诉他而永受惩罚呢？

请你公正地站在我的立场替我想一想，我应不应该单单凭你的证词就相信你所说的那些匪夷所思的事情，就认为许多不公正的事情同你向我宣讲的公正的上帝的旨意是一致的。

请你让我去看一看那出现了许多在此地闻所未闻的奇迹的遥远的国度吧，让我去了解一下耶路撒冷的居民为什么会把上帝当成一个强盗和杀人犯。

你也许会说他们不知道他就是上帝。那么，我，只从你的口中才听说过上帝，又怎么能相信呢？

你也许接着就会说，他们已经受到了惩罚，已经被赶得四分五散，已经受到压迫和奴役，而且，从此以后，他们当中就没有任何一个人再回到那个城市了。

当然，他们是罪有应得，不过，今天的耶路撒冷的居民对他们的先辈钉死耶稣这件事情是怎样看的呢？他们不也在否认这件事情吗？而且他们也同他们的祖先一个样，不把上帝当作上帝来看。

怎么！上帝是死在那个城里的，但是，那个城中过去的和现在的居民都不知道他，都不把他当上帝！而你竟要我这个两千年之后才出生的，居住在离这个城市两千里之外的人，能够相信上帝！

你难道不知道吗？你虽然把这书视为神物，但我却一点也不懂，所以，要我信奉它，我必须从其他人而不是你口里弄清楚它是什么时候写的，哪一个人写的；它是怎样留传下来，又是怎样到达你的手中的；在它那个国家，人们是怎样评价它的。我应当弄清楚，那些人虽然也像你这样十分了解你给我讲的这一番道理，但为什么会把这本书弃如敝屣呢？你要知道，我必须到欧洲、亚洲和巴勒斯坦去亲自考察一下，除非我是疯子，否则，在没有考察以前我是不会听信你所讲的话的。

我不仅认为这些话很有道理，而且认为，所有一切明智的人在这种情况下都要这样说的，如果那个传教士在没有证实自己的证据以前就急于想教导他，让他皈依的话，那么，这个传教士一定会被赶得远远的。

我认为，任何一个天启都会遭到以上驳斥的。这种驳斥比驳斥基督教教义的时候还要有力。由此可见，如果真正的宗教只有一种，如果所有的人都应该信奉这种宗教，否则就注定要遭受苦难的话，那么，大家就需要以毕生的时间把所有的宗教都加以深入地研究和进行比较，就需要游历信奉各种宗教的国家。没有哪一个人可以不尽他做人的首要的职责，没有哪一个人有权利委托他人替他做出判断。所以，无论是以手艺糊口的工匠，还是不识字的农民、羞涩娇弱的少女或者几乎连床都不能下的病人，都应该无一例外地进行研究、思考、辩论，都应该周游天下、寻求真理。这样一来，就再也没有什么人能安然定居了，在全世界处处都可见到朝圣的香客，不惜巨大的花费和长途跋涉的劳苦，去亲自比较和考察各个地方所信奉的宗教了。

因此，就再也没有什么人去从事各种手工、艺术、人文科学和社会职业了；除了研究宗教以外，就再也没有什么东西可研究的了；一个人即使是身强力壮、争分夺秒、善于思维、长命百岁，到了晚年他也很会迷惑，不知道到底是信哪一种宗教才好；要是在临死以前，他能够明白他这一生应该信什么宗教的话，那也算是非常非常好了。

那么，你用这个方法曾经努力地小心谨慎了吗？而且，你尽量不在你同类的权威面前显得太过自信。然而，这样做，恰好是纵容了这种权威。如果说一个基督徒的儿子不经过一番公正无私和深入细致的考察就信奉他父亲所信奉的宗教，是做得对，那么，为什么一个土耳其人的儿子信奉他父亲所信奉的宗教就做得不对呢？

我敢断言，对于一个稍有常识的人，所有一切不容异教的人对这个问题的回答都无法使他满意。他们中有些人虽然被问得理屈词穷，他们也宁愿说上帝是不公正的，宁愿把父亲犯下的错加诸他们无辜的孩子身上，也不愿意放弃他们的野蛮残暴的教义。而另一些人采取的是另外一种方法：只要见到一个道德尚好的人，尽管他非常愚昧，他也会仁慈地派出一个天使去教化他。想出这样一个天使来，真是个好主意！他们拿他们异想天开的东西来愚弄我们还觉得不够，还要让上帝也感到他自己需要使用他们发明的东西。

所以，我的孩子，你看，当每一个人都自以为是，都认为只有他说得对而别人都说得不对的时候，骄傲和不容异说的做法将导致多么荒唐的事情。

我以我崇拜的祥和的上帝为证，以我要向你宣讲的上帝为证，我进行探讨的时候我的心是真诚的，而当我发现我这番探讨将永远得不到任何结果，发现我已经掉入了一个茫茫的海洋不知所措的时候，我便又回来了，依旧按我原始的观念保留我的信仰。我绝不相信：我不成为那样博学的人，上帝就要罚我承受无边的痛苦。因此，我合上了所有的书。

自然这本书呈现在每一个人的眼前。正是这本宏伟的著作让我学会了怎样崇奉它的作者。任何一个人都找不到什么借口不读这本书，因为它用的是人人都懂得的语言，讲的是人人都懂的道理。

即使我出生在一个荒岛，即使我从没看见过其他任何人，即使我一点也不知道曾经在世界那个角落里所发生的那些事情，然而，只要我能运用和发展我的理性，只要我能好好地使用上帝赋予我的固有的本能，我就可以自己认识上帝，学会怎样爱他，怎样膜拜他的力量和美德，怎样追求他所希望的善，怎样正确地履行我在世上的天职。难道说人们的学问对我的教益比它对我的教益还大吗？

谈到天启，如果我能够更善于推理或者有更多的学问的话，我也许能意识到它蕴含的真理，意识到它对那些幸而能理解它的人的用处。不过，虽说存在很多证实它的证据让我无从反驳，但另一方面我也看到了很多反对它的质疑，对于这些质疑，我也同样无法否认。不管是支持还是反对，两方都有充分的理由，我既不能承认它，也不能否认它，真不知道该怎么办好。因此，我决定，我只否认一点，人有必须相信天启的义务，因为，这个所谓的义务和上帝的公正是格格不入的，而且，这不仅不能帮助我们扫除阻挡我们得救的障碍，反而成倍地增加了那些障碍，让我们中的绝大多数人被困于这个难关中。所以，在这个问题上，我将始终保持一种敬而疑之的态度。我不敢自诩我绝无错误，或许，其他更能干的人能够就那些我无法得出结论、做出决定的问题得出他们的结论，做出他们的决定；那也无妨，我推演这些道理，是为自己，而不是为他们。我不指责他们也不模仿他们：他们的判断也许比我的判断更正确，不过，如果说我的判断和他们的判断不一致的话，那也不能责难我。

我还要坦率地告诉你：《圣经》是那样的庄严，它使人由衷赞叹，心生敬意；《福音书》是那样的神圣，完全说服了我的心。你看哲学家的书，尽管是那么的洋洋大观，但同这本书比较起来，那些书显得多么平庸、多么不值一提呀！像这样一本既庄严又朴实的书，是人写得出来的吗？书中故事中的人，哪能是一个凡人？他的语气，你觉得像一个狂妄的信徒或是野心勃勃的宗派人士吗？他的语气是多么温柔、多么纯洁呀！他的宣讲是多么的循循善诱呀！他的行为准则是多么的高尚！他的话是多么的深刻呀！他的回答是多么敏捷、巧妙和中肯啊！他对他的欲念是多么有节制呀！世间哪里有这样一个人，或者说，哪里有这样一位哲人，能够这样毫不怯弱和毫不矜夸地生着、死去？柏拉图曾描绘他心目中的好人，把他说成一个虽一生蒙受罪恶的种种羞辱，但却是理应享受美德的奖励的人，他所描绘的正是耶稣基督所具有的特征，两者间的相似之处是那样的明显，以致所有的神父都可以感觉出来，都不会弄错。要把索福隆尼斯克的儿子和玛丽的儿子相比，那个人要多么糊涂、多么先入为主呀！他们之间的差别是多么大呀！苏格拉底在死的时候没有遭遇痛苦，没有蒙受羞辱，因此可以很容易地把他的品行坚持到了最后。要不是因为他死得从容而使他一生受到尊敬，我们大可认为苏格拉底虽然是那样的睿智，但终究是一个诡辩家。有些人说他创立了道德，其实，在他之前已经有人把道德付诸实践了；他只不过是把人家所做的事情加以叙述，把他们的榜样拿来教育人罢了。在苏格拉底还没有阐明什么叫公正以前，阿里斯蒂德为人已经是很公正了；在苏格拉底还没有说爱国是人的天职以前，李奥尼大已经为他的国家而牺牲了；在苏格拉底对做事严谨表示赞扬以前，斯巴达人已经是做事很严谨了；在苏格拉底还没有下道德的定义以前，在希腊已经有很多德行高尚的人了。但是，耶稣在他同时代的人中间，到哪里去找这样高尚纯洁的道德呢[①]？这种道德，只有他才给我们带来过，只有他才以身作则地实践过。在最疯狂的行为中，我们听到了最智慧的声音，最英勇纯朴的美德给人类最卑贱的人带来了荣光。苏格拉底在死的时候还能安详地同朋友们谈论哲学，所以他这种死法是最轻松的；至于耶稣，他临死的时候还在刑罚中呻吟，受尽了一个民族的侮辱、嘲笑和咒骂，所以他的死是最可怕的。苏格拉底拿着那杯毒酒的时候，向那个流着眼泪把酒杯递给他的人表示祝福；而耶稣在万分痛苦中还为屠杀他的残酷的刽子手祈祷。不错，如果说苏格拉底的一生是圣人的一生，他的死是圣人的死，那么，耶稣的一生便是神的一

---

① 耶稣登山宝训中对摩西的德行的宣讲——马太福音第五章。

生，他的死便是神的死。

我们能不能说《福音书》里的故事是虚构的呢？我的朋友，它一点都不是虚构的。苏格拉底的事迹虽然大家都不怀疑，但它的真实性不如耶稣的事迹那样证据确凿。其实，这样的假设，仅仅是转移了问题，而没有解决它。说这本书是由几个人合编的，比说这本书是以一个人的事迹为其主题加工出来的，更令人难以相信。犹太的著述家无法使用这样的语气和寓意，而《福音书》中的那些真实的人物是这样的伟大、这样的吸引人和这样的无法仿效，以致撰述这些人物的作者比书中的主人翁还令人惊异。尽管如此，在《福音书》中还是有许多让人难以想象的事情，还是有许多违背理性的事情，这些事是所有的智者不能想象、不能接受的。遇到这种种矛盾，你怎么办呢？我的孩子，你始终要虚怀若谷；对你既不能理解又不能否认的东西，你要默默地尊重；对那唯一知道真理的伟大的上帝，你要谦卑。

这些都是我心中不由自主的疑问，不过这些疑问并不使我感到痛苦，其原因有二：一则是它们不涉及实践中的重大问题，因为我十分坚持我应尽的天职，所以我真诚坦然地敬奉上帝。二则我只追寻那些我必须要知道的指引我行为的东西。至于说到教义，由于它们既不能影响人的行为和道德，还使许多人深受折磨，所以我对它们是一点心思都不花的。我把各种宗教都同样看作有益的制度，它们在每一个国家都制定了各自统一的公众膜拜的形式，它们在每一个国家都找到了它们存在的理由，这些理由包括，这个国家的风土人情、政治体系、民族精英、天时地利，或各种其他的原因，导致他们选择喜欢这种宗教而不喜欢那种宗教。只要大家在那些宗教中能真心地敬奉上帝，我便认为它们都是好宗教。真正的崇拜是心的崇拜。只要是真心诚意的崇拜，不论崇拜的形式怎样，上帝都是不会拒绝的。当我信奉的宗教叫我服务教会的时候，我就尽可能准确地恪尽教会给我的职责，如果在某一件事情上我明知故犯地不尽我的职责，我的良心就会谴责我。正如你所知道的，我的教职被停止了一个很长的时期之后，通过德·默拉勒德先生的力量，我才重新获得教会的许可，担当牧师，以维持生活。

以前，我做弥撒的时候是很马虎的，因为，即使是最严肃的事情，只要做的时间长了就会逐渐地变得草率起来了。然而，自从我明白了这些新的道理以后，我就毕恭毕敬地做弥撒了：我认真地体会至高的上帝的威严，体会他的存在，体会人类心灵的贫弱，对它的创造者是那样的无知。当我想到我要按一定的方式把人们的祈祷带给他的时候，我便仔仔细细地做礼拜，我十分留心地诵读原文；我全神贯注，即使是一个字或一段仪式也不遗漏；当我接近贡献圣体的时刻，我便聚精会神地按照教会和庄严的圣礼所要求的种种步骤去奉献神灵；面对着那至高的智慧，我竭力消除我的理性。我对自己说："你是什么人，竟想衡量那无限的权能？"我恭恭敬敬地念诵圣礼的赞辞，我衷心相信，只要我心怀至诚，它们就会产生它们的效果。不管这不可思议的奥秘结果怎样，我都不怕在末日审判的时候会因为我在心中亵渎过它而受到惩罚。

尽管我的职位最低，但是，既然以这种圣职为荣耀，那么，那些使我不配担当这崇高职责的事情，我都不做，我都不说。我要向世人谆谆宣讲道德，我要时时勉励他们为善；如果可能的话，我要尽量地以身作则。能不能使他们觉得宗教可亲，不是我能决定的；能不能让他们对真正有用和人人都必须相信的教义具备坚定的信念，也不是我能决定的。不过，上帝一定不许我向他们传讲那些迫害异教徒的残酷的教义，一定不让我使他们憎恶邻人或诅咒他人，教他们说："不入教会，就永不得救！"①如果我的职位更高一点，我不这样做就会给我招来一些麻烦；不过，我的职位太低了，所以没有什么可担心害怕的，我的职位再降也不会降得比现在更低的。不论发生了什么事情，我是绝不侮慢公正的上帝，绝不会毁谤圣灵的。

我很久以来就抱有掌管一个教区的志愿，而现在我还是抱有这种志愿，

① 耶稣登山宝训中对摩西的德行的宣讲——马太福音第五章。敬奉上帝的天职里绝没有包含违背德行的东西，它绝不会使人去迫害人。教人残酷地对待彼此的教义是一种可怕的教义，它会给整个人类带来伤害。认为政治上的宽容和信仰上的宽容有区别，这是幼稚的，也是可笑的，因为它们始终如影随形，承认一个，就得承认另一个。

不过我没有得到这种职位的希望罢了。我的朋友，我再也找不到比做教区牧师更美的事情了。正如一个好的官吏是正义的使者一样，一个好的牧师就是慈爱的使者。一个教区牧师绝不会做坏事，如果他不能随时亲自动手去做好事，那么他恳求别人去做，也是可以的，只要他学会怎样赢得人家的尊敬，他就会做到这一点。

唉！在我们这个山区里，只要我能掌管一个贫穷的教区，服务于善良的人，我就很高兴了，因为我觉得，我可以为我教区中的人创造幸福。我并不能使他们个个都成为富人，然而我要同他们一块儿过穷苦的生活，我要替他们消除比穷困更难忍受的污辱和轻蔑；我要让他们学会平等、和谐地共处，并学会热爱和珍视这些东西，因为平等能够消除贫困，帮助人们忍耐贫穷的日子。当他们发现我虽然不比他们富裕，然而我仍然对我的生活感到很满足的时候，他们就懂得安于他们的命运，像我一样满足于自己的生活。

在我讲道的时候，我将少讲教会的精神而多讲《福音书》的精神，因为《福音书》中的教义不仅简单、寓意高尚，而且谈到宗教行为的时候少，谈到慈善行为的时候多。

在教导他们应当做什么事情以前，我要尽我的力量以身作则，多做好事，那样，他们就能看到我是言行一致了，看到我是怎么说的，就是怎么想的。

如果在我的教区或附近有新教徒，我在施行基督徒的慈善方面，会对他们一视同仁，同对我本教区的教徒一般无二。我将教他们相亲相爱，教他们把彼此看作兄弟姐妹，教他们尊重一切宗教，教他们在各自的宗教中安宁地生活。

我年轻的朋友，我方才已经把上帝在我心中鉴察到的信仰向你原原本本地讲过一遍了。你是头一个听我做这番自白的人，也许，你也是唯一能听到我这样自我表白的人。

如果我对我自己的观点有更大的把握的话，我对你说话的语气会更肯定的。但是我是一个既无知又容易犯错的人，我已经毫无保留地把我的心都打开给你看了，我把我认为确实可靠的事情都照实告诉你了：我有怀疑的地方，我也照实告诉你了；我有我自己的看法的地方，我也告诉了你我自己的看法。并且，我还告诉了你我怀疑和相信的理由，我能做的也只有这些了。现在要由你去判断了，用你的真心去做、去感知吧！无论人们的态度是喜欢还是厌恶，是崇拜还是鄙视，这些都是须臾之间的事，很快会过去的。你只要说你认为真实的东西，做你认为正确的事，因为，最重要的事情终究是忠实地履行自己的天职。在我的看法中，你信服的就接受下来吧，其余的就抛掉好了。不管你最终将会信奉何种宗教，你要记住，人类的权威无法撼动宗教真正的神圣使命。世上没有哪一个宗教可以不包含道德高尚的义务。上帝的神坛修筑在正直不阿的心灵中。无论在哪一个国家、哪一个教派，爱上帝胜于一切，爱友邻如爱自己，这就是自然法则的根本，是宗教圣职的归宿。

《利维坦》第一部分《论人类》

Of Man

〔英〕 托马斯·霍布斯

主编序言

托马斯·霍布斯于1588年4月5日生于英格兰威尔特郡的韦斯特波特(现今马姆斯伯里的一部分)。他的父亲是英国圣公会的一名牧师。霍布斯在牛津大学摩德林学院接受教育并于1608年完成学业。除了一段很短的时间外，从毕业直到1640年，霍布斯都寄居于德文郡伯爵家做家庭教师兼秘书，并多次陪伴德文郡伯爵二世和后来的三世游历欧洲大陆。期间，他也结识了许多著名的欧洲哲学家和科学家，包括笛卡尔、伽桑狄和伽利略。据说，他还做过培根的文书助手。

在长期国会期间，霍布斯因害怕在其书稿中广为流传的关于哲学论述的观点而受到迫害，他逃到巴黎。在国外期间，他出版了著作《论公民》，其中包含了后来体现在《利维坦》中的政治思想。1646年，霍布斯被任命为未来的国王——查尔斯二世的数学老师。但在1651年《利维坦》出版后，他被逐出宫廷，并回到了英国。

霍布斯在其他方面的论述大多都处于争议之中，尤其是在一些数学问题上，他总是能引起争论。霍布斯生活在害怕自己异端理论可能带来迫害之中，但受到了国王的庇护。于1679年12月4日去世。

霍布斯的著作，在他所在的年代产生了不小的骚动，然而他的对手却比他的弟子更惹人注目。不过，他却对斯宾诺莎、莱布尼茨、狄德罗、卢梭等思想家产生了显著的影响。19 世纪兴起的功利主义运动，引起了人们对他的哲学思想的研究。

霍布斯是一个无所畏惧而又片面的思想家，他以无限的活力和清晰的风格提出了自己的观点。近期对霍布斯的评论谈到："霍布斯是一个天生的伟大游击队员，为自己激烈的观点战斗，他是哲学上极具智慧的巨擘……他讨厌错误，因此驳斥它，他背负使命走入真理的圣殿。"

查尔斯·艾略特

原出版序言

“大自然”是上帝用以创造和治理世界的艺术。也像许多其他事物一样，这门“艺术”被人的艺术所模仿，从而能够制造出人造的动物。由于现实中生命只是肢体的一种运动，它起源于其内部的某些主要部分，那么我们为什么不能说，一切像钟表一样因发条和齿轮而运行的“自动机械装置”也具有人造的生命呢？那么它们的心脏无非就是发条，神经只是一些线圈，而关节不过是一些齿轮，这些零件如它的创造者所企图的那样，使整体得到活动。艺术则更高深一些，它还要模仿“人”这个大自然所创造的有理性且最精美的艺术品。因为被称作联邦或国家（拉丁语为 Civitas）的这个庞然大物，“利维坦”是用艺术创造出来的，它只是一个人造的人。虽然它远比自然人身高力大，却是以保护和防卫自然人为其目的。在“利维坦”中，主权是使整体得到生命和活动能力的人造的灵魂；官员和其他司法、行政人员是人造的关节；用以紧密连接最高主权职位并推动每一关节和成员执行其任务的赏和罚是人造的神经，这同自然人身上的情况一样；一切个体成员的资产和财富是实力；人民的安全是它的事业；向它提供必要知识的顾问们是它的记忆；公平和法律是人造的理智和意志；和睦是它的健康；动乱是它的疾病，而内战是它的死亡。最后，用来把这个政治团体的各部分最初建立、联合和组织起来的公约和契约也就是上帝在创世时所宣布的法令："我们要造人！"

要描述利维坦这个人造的人的本质，我会考虑：

首先，利维坦本身及其制造者，这两者都是人；

其次，利维坦是由哪些契约怎样产生的？统治者有什么样的权利、权力或权威？什么东西可以维护其存在或者使其消亡？

再次，什么是基督教联邦？

最后，什么是黑暗王国？

关于第一，近来有一句被滥用的话，说智慧不是通过阅读得来的，而是通过了解人得来的。因此，那些大多数不能证明自己聪明的人总爱在人背后相互进行恶意攻击，以向人展示他们从别人身上了解到的东西和他们的"智慧"。然而近来也有另一个人们还不理解的说法：人们要想真正了解彼此，首先便是要认识自己，但是他们得不畏痛苦并不断地尝试。这句话并不意味着支持有权势者对地位卑微的人所持的野蛮态度，也不意味着鼓励低下阶层的人对地位高于自己的人的那种不逊举动。却是教导我们，一个人的思想感情和另外的一个人的思想感情相同，当他审视自己和自己的言行、思考、构思、推论、希望以及恐惧等的时候，他也应该了解和知道在相同的情形下其他人类似的思想情感。我说的感情相似，在渴望、恐惧、希望等方面对所有的人来说都是一样的；而不是指感情对象的相似，那些所渴望、所恐惧、所希望的等：由于每个人的素质及所受的教育千差万别，所以只有探究人心的人才能了解那些被伪装、欺骗、造假和谬论掩盖并混淆得难于被人了解的人心的性质。虽然有时我们能够通过人的行为来判断他的意图，但是没有将他和我们自己的行为做比较并区分具体的情形，我们很可能因为彼此之间过多的信任或者过多的差异做出错误的判断。因为做出这个判断的人可能是好人也可能是个坏人。

然而要一个人通过他人的行为来了解别人不免显得牵强，这更多的局限于与他相熟的人，那毕竟少数。将来要统治一国的君王必须了解自己内心，不是这个和那个特定的人，而是整个人类：尽管这很难做到，难过学会一门语言或者科学。但是当我明晰而系统地论述了我自己的了解办法后，留下的另一个困难，只需考虑他自己内心是否还是那么一回事。因为这类理论是不容许有别的验证的。

第一章 论感觉

关于人类的想法，我首先会单独地研究他们，然后从他们之间的关联或者他们相互之间的依存上去研究。单独去考虑，每一个想法只是我们身外事物的某种表象或外观或者偶性，它通常被称为对象。人的眼睛、耳朵和身体的其他部分发生作用，并且由于发生作用的方式各不相同，产生出各种多样性的表象。

这些表象的根源便是我们所谓的意识。因为人头脑中的概念都是首先全部或者部分地从这些意识的器官中产生，其余则是从这根源中派生出来的。

认识感觉产生的自然原因对目前的讨论来说不是十分必要，对此我在其他地方已经著文加以详细论述。但为了使我目前的方法每部分都得以充实完整，在这里还是把这个问题做一个简略的叙述。

意识产生的原因是外部事物或对象对每一感觉的器官施加压力。有的是直接的，比如味觉和触觉；有的则是间接的，比如视觉、听觉、嗅觉。这种压力通过身体的神经以及其他经络和薄膜向内传导至大脑和心脏，引起抗力，或者反压力或心脏自我表达的倾向。这种倾向由于是外向的，所以看来便好像是外在之物。这一假象或幻象就是人们所谓的意识。对眼睛来说这就是光或形成图案的颜色，对耳朵来说这就是声音，对鼻子来说这就是气味，对舌和腭来说这就是滋味。对身体的其他部分来说就是冷、热、软、硬和我们通过知觉感知的其他性质。所有这些被称作可感知的性质都存在于造成他们的对象之中，它们不过是对象借以对我们的感官施加不同压力的许多种各自不同的物质运动。在被施加压力的人体中，它们也不是别的，而只是各种不同的运动，因为运动只能产生运动。对我们来说它们的表象则是幻象，无论在醒的时候还是在梦中都是一样。像压、揉或敲击眼睛，我们会产生一个光的幻象，压耳朵会产生噪音一样，我们所看到或听到的物体通过它们那种虽不可见却很强大的方式，也会产生同样的结果。

但基督教世界各大学哲学学派却根据亚里士多德的某些文句对感觉的产生教授着另外一种学说：视觉的产生是因为物体向各个方向散发出一种可见的物质，用英语可讲为可见的形状、表象、相或者可视的存在。眼睛接收这些东西就形成了视觉。至于听觉产生的原因则是物体向各个方向散发出一种可被听到的物质，即可闻物质，其传入耳朵就形成了听觉。不仅如此，他们还说至于理解产生的原因则是物体散发出一种可理解物质，也就是一种可以被理解的存在，它进入我们的大脑并形成理解。我这样讲并不是否定大学的作用，只是因为我将讨论大学在国家中的作用，所以必须一有机会就提及他们中的很多观点需要加以修正，比如他们那些经常出现却无意义的说辞。

第二章　论想象

当一个物体静止时，除非有其他物体扰动它，否则这个物体会永远保持静止，这是一个没有人怀疑的真理。但当一个物体运动时，除非其他物体阻止它，这个物体将永恒地运动下去。尽管原因是一样的，即万物都不会自我改变，后一个说法却不容易得到认同。因为人们都是根据自己来衡量其周围的人及万事万物。人们自己在运动后发生疼痛和疲乏，于是便认为每一种其他物体都会逐渐产生运动厌倦，并自动寻求休息。他们很少考虑到，人类在自己身上发现的寻求休息的欲望，是不是存在于另一种运动之中。因此，经院学派便说：重物体之所以下降，是由于他们有着寻求休息并在最适当的位置上保持其本质的欲望；这样便把怎样才有利于自身的保存这种（连人类也无法具有的）知识与欲望荒谬地赋予无生命的物体了。

当一个物体开始运动，除非有其他物体阻止，它将永远地运动下去；无论什么物体阻止它，都不会立即完全消除它的运动，而是逐渐地使其消失。正如我们在水中看到的，风虽然停止了但是波浪仍持续很长一段时间；当人们看见或梦见东西的时候，自己内部各部分产生的运动也是一样。因为在物体没移开之后，或者把眼睛闭上，我们仍旧保留了所看到物体的一个影像，不过它比我们看到它时更模糊。这就是拉丁人所谓的“想象”，通过看到的影像而来。他们还把这个名称运用到其他感觉方面，只是这并不正确。希腊人则把它叫作“幻象”，表示“假象”之意，对所有的感觉都适用。因而，想象就是逐渐消失的感觉，在人类和其他一些生物上都有，清醒时和入睡后都存在。

人在清醒时感觉的消失并不是感觉中所发生的运动的消失，只不过是模糊了而已。正如阳光掩盖了星光一样，其实星的可见性质在白天发生的作用绝不比夜间差。然而因为我们眼睛、耳朵和其他感觉器官接受外界事物的多种冲击时，只能感受到占优势的作用，因此当阳光占优势时，我们就不会再感受到星星的作用。物体从我们的眼前移开时，尽管我们仍然保留它的印象，但是其他物体在时间上随之出现，并对我们发生作用，使过去的影像变得模糊、微弱，其情形就如白天嘈杂声中人的声音一样。因此，人看见和感觉任何对象之后，时间愈长，人的想象就愈弱。由于人身体的不断变化，使在感觉中活动的部分逐渐归于无效，所以时间、空间的距离对我们有着相同的作用。就如我们眺望远方，只看到一片朦胧，那些小的地方也无法看清；也像声音愈远愈弱，我们对过去的想象经过长时间之后同样会削弱。比如，我们会忘记一些城市里看到的具体的街道，一些具体场合中的具体的举动。这种逐渐消失的感觉，当我们表达事物本身（我的意思是幻想本身）时，我们称为“想象”，正如我们之前所说的。但如果所指的是衰退的过程，意思是感觉的消退、衰老或成为过去时，我们称为“记忆”。所以，想象和记忆就是同一回事，只是由于考虑的不同而有不同的名称。

记忆多或者记住许多的事物就被称作“经验”。想象仅限于以前被感知的那些事物，这种感知可以是一次完成或者多次逐步地完成。前者是按原先呈现于感觉的状况构想整个客体，称为简单的想象，就如一个人构想他之前见过的人或马一样。另外一种想象则是复合的，就如把曾经看到的人的影像和马的影像合并在一起，在我们的头脑里构想出了人首马身的怪物。因此，当人把自己的影像和他人相同的影像结合在一起时，就像一个爱小说的人把自己想象为赫尔克里士或亚历山大一样，就是一种复合想象，确切地说这仅是心理的虚构。虽然人们都清醒，但他们也会因感觉中强烈的印象而产生其他的想象。例如注视太阳之后，这种印象在很长一段时间也会在我们的眼前留下一个太阳的影像。又如长时间聚精会神地注视几何图形后，人们虽然清醒，也会在黑暗中觉得有线条和角度的影像出现在眼前。这种幻想通常不会被谈及，所以它并没有特有的名称。

睡眠中的想象叫作“梦”。这类的想象就像其他的想象一样，是以前就全部或者部分地存在于感觉之中。由于感觉之中，大脑和神经这些必要的感觉器官在睡眠中都很麻木，不易被外界事物的行动所触动，因此人睡眠时不会产生想象，仅仅是人体内各部分的骚动所引起的反应。这些体内部分由于和大脑以及其他器官有联系，所以他们骚动不宁时就会使关联部分发生运动，于是过去在这些器官上所形成的想象就会像在清醒时一样出现；只是由于感觉器官这时处于麻木状态，没有新对象以更强烈的印象来支配和遮掩它们；于是，在这种感觉的静止状态中，梦境必然会比我们清醒时的思维更为清晰。因此，感觉与梦境便不容易被严格地区分开，许多人甚至以为这种区别是不可能做出的。就我个人说来，自己在做梦时并不像清醒时那样经常想到同一些人、同一些场所、同一些对象和同一些行动；同时在梦中也不像在其他时候一样能记得很长一系列连贯的思想；而且，在清醒时我往往能看出梦境的荒谬，但在做梦时则永远也想不到在清醒时思想的荒谬；当我考虑到这一切时，我对于自己在做梦时虽则自以为清醒，但在清醒时却能知道我没有做梦，就感到满意了。

梦境是由身体内的某些部分骚动不宁而引起的，不同的骚动不宁必然引起不同的梦境。因此睡眠时受寒会梦到恐惧，产生一些可怕事物的想象和印象，大脑至体内部分的运动和体内部分至大脑的运动是并行的。同样，在我们清醒时愤怒会引起身体的某些部分发热；因此，睡眠时这些部分发热会引起愤怒，并会引起大脑产生一个敌人的想象。同样的道理，在我们清醒时人类天赋的爱情会引起欲望，欲望引起体内特定部分发热；在我们睡眠时这些部分大量发热会引起曾经出现过的爱情的想象。总而言之，我们的梦境都是我们清醒时想象的重现，当我们清醒时运动是由一端开始，在梦境中则由另一端开始。

梦境和清醒时的思想之间最难的区别是不自知地入睡时的情形。很容易发生在充满着恐怖思想，良心不安的人身上。他们没有上床或解衣就睡着了，就像坐在椅子上打盹那样。因为一个辗转反侧，按住性子入睡的人心中出现什么古怪而不寻常的幻象时，是难以不把它当成梦境的。我们从书上读到玛尔库斯·布鲁图（他的性命原为尤里乌斯恺撒所救，并受宠于恺撒，却谋杀了恺撒）怎样在腓利比城与奥古斯都恺撒交锋的前夕看到一个恐怖的幽灵。历史学家们通常都认为那是幽灵显形，但考虑当时的实际情况，就很容易判断出，那不过是一个很短的梦而已。当时布鲁图孤坐帐中，郁郁不乐，由于对自己的鲁莽行动感到恐怖而心烦意乱；所以在寒冷中入睡的情况下，是不难梦见使他最感害怕的事情的。这种恐惧逐渐使之惊醒，也必然会使幽灵逐渐地消失。由于不能确信自己已经入睡，布鲁图无从想到这是梦或是其他什么事情，而只能认为那是幽灵显形。这本来不是什么罕见的偶然现象，因为凡是胆小和迷信、头脑里满是恐怖鬼故事的人，即使在完全清醒的时候，如果一个人独处在暗处，便也会产生同样的幻觉，自以为看见了幽灵和鬼魂在墓地里徘徊。其实这不过是他们的幻觉而已，否则就是有人作奸犯科，利用这种迷信恐惧心理夜晚化装外出，到别人不易识破他们经常出没的地方去装神弄鬼。

过去由于不知道怎样把梦境以及其他强烈的幻觉跟视觉和感觉区别开来，产生了崇拜林神、牧神、女妖等的异端邪教。如今一些无知愚民对于神仙、鬼怪、妖魔和女巫的魔力的看法也是这样产生的。谈到女巫，我不认为她们那些巫术有什么真正的魔力；但我却认为由于她们自欺欺人地自以为能做这种魔法，再加上她们能蓄意为恶的思想，她们所受到的惩罚是公正的。她们那一行近乎一种新的宗教，而不称其为一种技能或学识。我认为人们是有意被灌输或者顺从关于神仙鬼怪的看法，以便让别人相信符咒、十字架、圣水以及此类装神弄鬼的人的虚造出来的东西都有用。然而毫无疑问，上帝能够显灵制造异象。但基督教的信仰并没说上帝会经常这样做以致使人们对这种事情的恐惧比对自然规律的停止和改变的恐惧更大(上帝是能够停止和改变自然规律的)。相反的，险恶的人以上帝是无所不能的作借口，明知都是虚假的，但只要这对他们有利便会非常胆大妄为地瞎说一通。这时候，聪明人对他们所说的一切只相信到正确的理性能判明其为可信的程度。如果这种鬼怪的迷信恐怖都被消除，随之又将占梦术、假预言以及那些狡猾不轨之徒根据这些搞出的愚弄诚朴良民的许多其他事情予以取缔，那么人民就会远比现在更能克尽服从社会的义务。

这正应该是经院学派所应该多做的事情，但他们却滋长上述邪说。因为不清楚什么是想象或感觉，他们只会传授自己所学到的那些理论。有些人说想象是自动产生的，并没有原因。还有一些人则说，想象通常是从个人意志中产生的，而善念是由上帝吹入（激发进入）体内的，恶念是由魔鬼吹入的；或者说善念是由上帝注入（灌输）的，恶念是由魔鬼注入的。有人说感觉接收到事物的感象，并把它们传给一般意识，一般意识再传给想象，想象传给记忆，记忆传给判断，就像把一个事物从一个人传给下一个一样，说了很多的话，但是什么也没让人听明白。

我们通常所说的理解，是指语言或其他意志符号在人或任何其他有构思能力的动物心中所引起的想象，这是人和兽类都具有的。比如狗在接受训练之后，就能理解主人的呼唤或呵斥，其他许多兽类也能这样。至于人类特有的理解，则不仅是理解对方的意志，而且还能根据事物名称的顺序和前后关系所形成的断言、否定或其他语言形式理解对方的概念和思想。这个意义上的理解，我随后就会讲到。

第三章　论思维的推理或思路

我所理解的思维推理或思路就是为了和语言讨论有所区别，而被称为心智活动的一系列互相连贯的思想。

当人思考一件事情的时候，随之而来的思想并不像表面看起来那样完全处于偶然。并不是每个思想都随随便便地相连接。对于过去我们不曾全部或部分感觉到的事物，我们不会产生想象。所以如果类似的过程没有在我们的感觉中出现过，我们也不会产生从一个想象过渡到另一个想象。原因在于，所有的幻象是我们体内的运动，是运动在感觉中的残余。这些运动在感觉中一个个紧接相连，在感觉消失之后仍然会连接在一起。前一个感觉再次出现并占据优势地位，后面的一个由于被驱动事物的连续性而紧接着出现。就如平整桌面上的水，任何一个部分被手指划过，水就会流向被划过的那个方向。但由于感觉中连接在同一个被感知的事物后面的，并不确定是那个事物，于是当我们想象某一事物时，很难预先肯定下一步将要想象的事物是什么。可以肯定的是，这个将要被想象的事物曾经与该事物相互连续。

思维推理或者心智活动可分为两种。第一种是没有方向的，没有一定的目的和变化无常的。这种思维推理没有激情，不以自身作为某种欲望或者激情的目标或范围来控制或引导后续思维。在这种情形中，思维被当作一种徘徊，就像在梦里一样互不相干。一个人无所事事默然独处不在意任何其他事物时，一般就是这种思维状态。尽管他的思想就像任何其他时间一样活跃，但却失去了和谐，就像任何一个人去弹一把走调的琵琶时发出的声音或者一个不识音律的人弹一把不走调的琵琶发出的声音一样。然而即使在这个时候，人们往往也会找出它的思路和这些思想的相互依存关系。比如在论及我们今日的内战时，有什么会比突然问起一个罗马银币价值几何更不相干的事情呢？但我却认为，其间的联系十分的明显。因为想到战争就会想到国王被俘献给敌人，进而想到基督被出卖，并进一步想到出卖基督的那三十块罗马银币。从这一思想出发就很容易提出“一个罗马银币价值几何”这个存心不良的问题。这一系列思维都发生在顷刻之间，因为思维是极为敏捷的。

第二种思维则更为恒定，它被欲望和目的所控制和调节。我们渴求或者恐惧的事物给我们形成的印象更强烈和持久，以至于可能妨碍我们的睡眠或使我们惊醒。欲望会使人想到曾经产生的满足欲望的方法，并进而想到获取这种方法的方法。这样连续下去，直到我们能力所能及的某一起点为止。在我们的思绪开始徘徊的时候，这种印象强烈而时常出现在心中的目的就会立刻被拉回原来的思路上来。古希腊七贤曾观察过这种情形，并提出了熟虑终末的格言，这个格言在今天看来也显过时。意思是说，在一切行动中，都要经常注意自己所想要的事物，并在达成目的途中用以指导自己的思想。

第二种恒定思维推理可分为两种。一种是当我们寻求某种想象的结果产生的原因或方式时形成的序列，这是人类和兽类都共有的思维推理。另一种是当我们想象某一事物，寻求它可能产生的一切后果时产生的思维推理。即当我们想象遇到某事时，我们该怎样应对处置所形成的思维推理。这种思维推理仅仅在人类身上才有。因为这种追本溯源，预知未来的思维是那些只具有饥、渴、怒、情欲等肉体激情的兽类无法拥有的。总而言之，在心理讨论被目的所调配的时候，它只是一种探求和发明的能力，拉丁文中称为洞察力或洞见力，也就是探究过去、现在事物之间因果联系的过程。当人寻找他遗失的物品时，他的思维回到他遗失该物品的时间和地点，追溯他自己究竟在什么时候和什么地点还曾有这个东西。换言之，追溯到某一特定的时间和地点来开始寻找。更进一步，他的思维反复回到相同的时间和地点来找出什么动作或其他什么状况引起他物品的遗失。我们称这一思维过程为记忆或者回忆。因为是我们以前行为的探察，在拉丁文里又叫作回想。

有时候，人们知道需要搜寻的一个确定的地点，然后他的思维把这个地点的每个部分都搜寻一遍。这个过程好比一个人清扫整个屋子来寻找丢失的珠宝，或者猎犬跑遍整个猎场来寻找猎物，诗人寻遍整个字母表来找出韵脚。

有时候，人们期望知道一个行为产生的后果，他便想到过去类似的行为以及该行为产生的后果，并假设类似的行为和结果也将会发生。就如他预测一个罪犯可能的判决结果时，他要追溯他以往见过的类似罪行及其判决一样，他的思维推理是：罪行、警察、看守所、法官和绞架。这种思维推理被称作预见、审视、远见，有时也称智慧。由于难得将所有情况观察周全，这种推测并非全然正确。但可以肯定的是，一个人对过去事物的经验比别人多多少，他也就比别人谨慎多少，相比别人其预测的误差也就少多少。自然界中存在的只有现在，过去的事物仅存在记忆中，而未来的事物则根本不存在。未来的事物仅仅是思维将过去行为的序列应用于现存行为序列而形成的假设。经验最丰富的人所做出的假设最为肯定，但也不是完全肯定。即便结果与我们的预测相符，就这种我们称为审慎的本性而言，它也仅仅是一种假设。因为预见未来事物的能力，只有让未来事物按其意志发展的神才具备。只有神本身才能以超自然的方式预言。最好的预言家应该是最好的预测者，最好的预测者是对要预测的事物做了仔细研究的人，因为他用于预测的各种迹象最多。

事物的迹象是结果的前提。恰好相反，当类似的结果已经事先被观察到时，迹象就是前提的结果。迹象愈是更多地被观察到，则其愈肯定。因此，在任何一种方面，经验最多的人用以预测未来的迹象也掌握得最多，其也最为谨慎。虽然也许有不少的年轻人持相反的意见，但其谨慎超过该项事务中新手的程度，是新手无法以天资或机智的长处来弥补的。

然而，人类和兽类之间的区别并不在于审慎。有些一岁大的动物比一个十岁大的孩子观察的事物更多，并能更加谨慎地追踪它所需要的东西。

审慎是从过去的经验来对未来做出的假设，也有根据过去而非未来的事物来对过去的事物做出的假设。如果一个人曾见到过一个繁荣的国家逐渐遭受内战之苦并最终变成废墟，那么当他见到一片废墟的时候就会猜想到这片土地上曾经发生过类似的战争和曾经有过的繁荣。但这种猜测和对于未来的猜测同样的不肯定，它们仅仅是在个人经验之上做出的猜测。

就我能想到的情形来说，除了以上所述的思维推理之外，人类便再也没有其他与生俱来的、只需用五官来进行的心理活动了。以下将讲到那些看起来人类所专有的能力都是在文字和语言被发明之后通过后天的勤奋学习来获得的。对大多数人来说这些都是通过教导和训练得来的。除去感觉、思维和思维推理之外，人类的大脑再没有其他的运动了，即便人类的这些官能可以通过语言和后天习得的方法提高到一种高度，从而使人类有别于其他生物。

我们所想象的事物都是无限的，所以没有任何事物的观念或概念是可以被称作无限的。没有人能够想象出无限大是多大，也不能想象出无限的速度、无限的时间、无限的外力和无限的权力。当我们提到什么事物是无限时，仅仅表明我们无法确定这个事物的终极和范围，这显示出我们的无能为力。因此，称“上帝”之名不是让我们去想象上帝具体的模样，而是为了使我们尊敬上帝，因为上帝是不可思议的，其伟大和力量不可想象。正如我之前所讲，我们想象的一切首先是部分或者全部地被感官所感知，可以说人所有的思维都是来源于感官。因此，任何人想象某一事物时，他首先得想象它存在于一个地点，并有确定的大小，由几个部分组成。当然，他也不能想象一个事物存在于某一个地点，同时又存在于另一个地点；也不能想象两个或者更多个事物会一次同时存在于同一个地点。因为从来就没有这类的事物存在，它们也不会出现在感觉当中。这些只是利用了别人的信任，从骗人或者被骗的哲学家和经院学者那里盗用过来的荒唐话，毫无意义。

第四章 论语言

印刷术的发明与文字的发明比起来，虽然极具智慧，但不是那么影响深远。对于谁是发现文字使用的第一人，还是无人知晓。人们说这个首先将文字传入希腊的人是腓尼基王阿基诺尔的儿子卡德摩斯。这项有益的发明延续过去时光的记忆，连接分散在全球的各个遥远地区的人类。此外，这项发明也是困难的，因为它源于对测试者舌头、软腭、嘴唇和其他言语器官运动的仔细观察，并依靠这个去造出不同特征的文字并记住它们。但是它们中最高贵和有益的发明是语言，它包括名字或名称及其连接。根据语言，人们记录他们的想法，回忆已经过去的想法，并相互陈述他们的想法以及相互使用语言进行对话。没有语言，人类就会像狮子、熊、狼一样，没有自己的国家、社会、公约和和平。第一个创造语言的人是上帝本人，他指示亚当，在看到万物时如何去命名它们。对于这个问题《圣经》中只讲了这么多。但让他不断地用不同的名字命名不同的造物已经让他够受了，因为他会遇到不同的造物并利用这些造物，通过这种方式，也足以让他慢慢地了解这些造物。所以，随着时间的推移，他就会掌握许许多多由他发现的认为有用的语言，虽然没有像演说家或哲学家需要的语言那样丰富。

因为，除此之外，我在《圣经》中没有直接或者间接地收集到这些事实：上帝告诉亚当有关图形、数字、度量、颜色、声音、想象和关系之类的名称，更不用说那些非常有用的词和语言如普遍、特殊、肯定、否定、疑问、祈使、不定式等，尤其是那些经院学派用了表示存在、意向、本质之类毫无意义的词。

然而亚当和他的后代所得到和补充的这种语言又在巴比塔全部失去了。那时由于他的背叛，上帝让每个人都忘记了他先前的语言。他们被迫分散到世界的各个地方，所以现在的语言的多样性正是以这样的方式逐步从他们身上产生的，并且在一段时间后在各地变得更加丰富。

语言的一般用途是将我们心理言语转化为口头言语，或将我们思维推理转化为语言推理。那样做有两个目的，第一个是记录我们思维推理。因为思维推理容易被遗忘，如果遗忘后，我们就不得不从头思考。但通过语言，思维因为有了标记项被再次唤起。所以命名的第一个用途就是充当记忆的标记或记录。另一个目的是：当许多人使用同样的词去指代他们构想或者思考的每一件事物时，我们可以通过它们相互之间的关联和顺序，如他们想象或想到的是什么，也表明他们渴望、害怕或热衷于什么。对于这一用途，它们被叫作符号。语言的特殊用途有这些：第一，记录我们通过深思发现的任何事的原因和可能产生的结果。总的来说，就是获得学术知识；第二，展示我们获得的知识给其他人，也就是商议和互教；第三，使他人知道我们的意愿和目的，这样或许可以相互帮助；第四，通过玩弄我们的词去愉悦我们自己和他人，仅为了无害的娱乐和点缀。

与这些用途相对应的有四种语言的滥用。第一，人们对词语的意义摇摆不定，记录了他们错误的想法，记录了他们从未想象过的概念，因此欺骗了他们自己；第二，当他们隐喻地使用词语（即他们不按规定的方式运用词语），靠那种方式欺骗了他人；第三，他们用词语宣称那些并非他们意愿的想法为他们的意愿；第四，用词语相互伤害。自然赋予了生物牙齿或角或手去伤害敌人，人类被赋予词的滥用去伤害他人。

语言有助于原因和结果的记忆在于给它们以名称和衔接。

在这些名称中，有一些是针对某个唯一的事物的专有名词，像“彼特”“约翰”“这个人”“这棵树”这些词。还有一些词是许多事物所共有的，像“人”“马”“树”——它们中的每个词虽然都只是一个名词，但却是若干个具体事物的名称。这一切的总和叫作普遍。在世界上除了名词就没有普遍的事物了，因为每一个被命名的事物都是单一的个体。把一个普遍名词安置到许多种事物上去，是因为它们在某些方面存在着相似性。一个专有名词只能使我们想起一个事物，而普遍名词可以使我们想起许多事物的任何一个。

并且，在普遍名词中，有些范围大，有些范围小。较大的包含较小的名词，还有一些名词范围相等、相互包含。就比如，“身体”这一名词的意义比“人”这个词更广泛，“身体”一词包含“人”一词。“人”和“理性”这两个词的范围相等、相互包含。但是这里我们必须注意到的是一个名词不像在语法上的那样被理解为仅仅是一个词。有时候，通过曲折不平的方式许多词被结合在一起。比如，在这些词中，“一个在行动上遵守他本国法律的人”仅仅是一个名词，它相当于“公正”一词。

通过这些意义或大或小的名词的添加，我们就把心中构想的事物序列的计算转变成名称序列的计算。例如，如果一个人生来就又聋又哑并一直又聋又哑，他就不会使用语言。如果在他眼前放一个三角形，旁边放两个直角（比如一个正方形的两个直角），他或许通过默想，发现这个三角形的三个角之和等于在它旁边的那两个直角之和。但如果再放一个与前一个三角形形状不同的三角形在他面前，他若不重新再想就不会知道这三个角之和是否等于那两个直角之和。而一个会使用词的人，当他发现这种相等关系不因边的长度或其他任何在三角形中的特殊条件都成立时，只要边是直的，角有三个（只要满足这两个条件），他就可以叫它三角形，可以大胆地下这样一个普遍的结论：这样角的相等关系适用于所有的三角形。并会用这些普遍的词条记录他的发现：每个三角形的三个角之和与两个直角之和相等。因此把一个特殊事例中发现的结果作为一个普遍规则记录和记忆下来，免除了我们心里对时间和地点的计算，并且使我们从一切心理劳动中解放出来（除了第一次心理劳动外），使那些我们当时当地发现是真实的事物在所有的时间和地点都真实。

在词语记录我们思维的过程中，数数是最明显的。一个天生的傻子记不住数字的次序，比如数字一、二、三。他观察钟摆的每一声敲打，并伴着钟声点头，或者伴着钟声说“一下”“一下”“一下”，但决不知道钟敲几点了。似乎曾经有一段时间，那些数字的名称还没投入使用，人们就不得不使用他们的其中一只或者两只手的指头去计算那些他们想计算的事物。此后，现在在任何民族中的数字就只有十个，一些民族只有五个，数完了就要重新开始数。一个能够数到十的人，如果他不按次序背诵它们，就会迷失他自己，不知道什么时候能够数完。他更不能够进行加、减和其他的一切算术操作。所以，没有词的话，就没有计算数的可能性。更别说量值、速度、力和其他等。关于这些词的计算对人类生存和发展是必需的。

当两个名词被连接在一起成为一个序列或断言（比如，“一个人是一个生物”或“如果他是一个人，他就是一个生物”）时，如果后一个名词即“生物”，包含了前一名词即“人”的一切，那么这个断言或序列就是真实的，否则就是虚假的。“真实”和“虚假”都是语言的性质，不是事物的性质。没有语言的地方，就没有真实也没有虚假。但可能有错误，比如当我们预计某些事情不会发生，或怀疑某些事情已经发生的时候。在任何情况下，这个人不能够被称作不真实。

由于在我们的断言中，真实在于名词的正确排序，一个寻求精确的真实的人需要去记住他用的每个词代表什么，根据词意去放置它。否则，他将发现他自己像一只被粘在树枝上的鸟，陷入庞大的名词群中，越挣扎粘得越紧。几何学是上帝赠予的唯一科学。人们从几何学中开始定义词的意义。他们把意义的确定叫作“下定义”，被认为是人类计算的开始。

据此我们可以看出，对于任何一心追求真实知识的人来说，检查以前作者的定义是极有必要的；如发现定义是随便下的，就要加以修正或自己重定。因为定义的错误在计算进行时会自行增值，并会引导着人们得出荒谬的结论。这些他们最终还是会看出来，但要是不从荒谬结论的根源重新算过，他们就不能免于荒谬。于是迷信书本的人就会像有些人一样，只把许多小数目加成大数目，不考虑这些小数目到底算得对不对；最后发现错误显著时，还一心相信原先的基础，总搞不清楚，而只是浪费许多时间在账簿上来回翻找。这情形就好像一些鸟，从烟筒进到一间屋子里后，发现自己被关了起来，由于没有那样聪明，也认不出从哪条路进来的，于是便对着玻璃窗透进来那种非真实的光线乱扑。所以语言的首要用处便在于名词的正确定义；这是科学上的一大收获。语言的首要滥用则在于错误的定义或没有定义。一切虚假或无意义的信条都是从这里来的。这也使那些从书本的权威中接受教育，而不运用自己的思考的人赶不上无知无识的人，其程度正与具有真知的人优于无知者一样，因为无知是真正学识与谬误学说之间的中点。自然的感觉和映像是不至于荒谬的。自然本身不会发生错误。人们的语言愈丰富，他们就愈加比普通人聪明或癫狂。没有文化的人不可能杰出的聪明；同时他们要不是由于疾病或器官结构发生病态使记忆受了伤害，便也不可能突出的愚笨。因为语词是聪明人的筹码，他们只用来计算；但却是愚笨者的金钱，他们根据亚里士多德、西塞罗、托马斯或任何其他学者的权威来估价这些金钱。

所有可以列入或进行计算，并可以相加成和相减成差的一切都是名词的主体。由于不同的偶性同一种事物可能进入计算，为了表示这种差异，这种名词就有各种不同的偏离原意的解释和变种。这种名词的变种可以分为四大类：

第一类是物质名词。一种事物可能由于物质或物体而加以考虑，如有生命的、有知觉的、有理性的、热的、冷的、被移动的、静止的等。物质或物体一词便是通过他们被理解的。

第二类是抽象名词。事物也可能由于物质或物体而加以考虑；好比由于“被移动的”“如此之长”“是热的”等偶性而被考虑时便是这样。在这种情形下，事物本身的名称只要稍加改变或使之稍微偏离原意，就可以成为我们所考虑的偶性的一个名词。比方说对于“有生命的”将“生命”列入考虑；对于“被移动的”，将“运动”列入考虑，“长”和“热”也同理。所有这些名词都是使一种物体或物质与另一种物质或物体相区别的偶性和特性的名词，人们称为抽象名词；因为它们不是从物质中演绎出来的，而是从物质的计算中抽绎出来的。

第三类是我们看到的颜色或听到的声音等这类所谓幻象名词。我们也将自己的身体上据以做出上述区别的性质考虑进去；例如当我们看见、听到任何东西时，我们所考虑的不是这东西本身，而是它在幻象中的视见、颜色或听闻、声音。这些都只是我们通过耳朵对它所产生的幻象和概念，于是这一类便是幻象名词。

第四类是修饰名词的词和语言的名词。我们通常把名词本身和语言加以考虑并给上名称，比如一般的、普通的、特殊的、歧义的等。而肯定、疑问、命令、叙述、三段论法、说教、演讲等以及许多其他这类的名词则是语言的名词。

以上所说的便是各种肯定名词的全部。它们被用来表示自然界存在的东西；或人类心理假想为存在的或想象出是存在的物体；或对物体而言，存在或假想为存在的固有性质；或表示词语与语言。

另外还有一些名词称为否定名词，是表示某一语词不是所说事物的名称的符号，如无物、无人、无限、不可教的、不可能的等。它们虽然不是任何事物的名词，但由于使我们能否定运用得不正确的名词，所以在计算、纠正计算或回忆以往的思维时仍然有用处。

除去上述肯定和否定名词，所有其他的名词都是无意义的声音片段。共分为两类：一类是没有定义的新出名词。经学者和陷入迷津的哲学家造出了大量这类名词；另一类是把两个意义矛盾而不相一致的名词放在一起造成的名词，如无形体的物体或无形体的实体等以及许多其他这类的名词。因为不论何时当任何断言虚假时，构成断言的两个名词放在一起形成一个名词后根本不可能表示任何事物。比方说，如果“四角形是圆的”这一断言是虚假的，那么“圆四角形”这一词语便不可能指任何事物，而只是一个声音片段。同理，如果说美德可以倾注或吹入这句话是虚假的，那么“倒入的美德”“吹入的美德”等词语便和“圆四角形”同样荒谬而无意义。

当一个人听到任何一句话而接收这句话的词语以及其连接结构所规定表达的思想时，就说明他理解了这句话。理解只是语言所造成的概念。那么，如果说语言是人类所特有的，那么理解也便是人类所特有的。这样说来，荒谬和虚假的断言如果是普遍的，便不可能有人理解。关于说明人类心理的欲望、反感、激情等词语以及其用法与滥用等，等到讨论完激情时再谈。

由于同一事物不可能使所有人发生相同的感情，也不可能在所有的时候使同一个人发生同一种感情，所有在人们一般的讨论中，使我们感到愉快与不愉快的事物的名词即影响感情的事物的名词其意义便是不固定的。由于所有的名词都是用来表示概念的，而所有情感又都是概念，所以当我们对同一类事物的感受不同时，就很难避免名词方面的分歧。原因在于我们所感受的事物的本质虽然相同，当由于体质结构的不同和意见的偏执使我们在接受事物时发生差异，所以便使每一种事物都掺杂了我们自己不同的感情色彩。因此，一个人在推理时必须注意语词的使用。我们使用的语词除具有实物本事的意义外，还带着我们的个人感情在内，比如德与恶等名词便是这样。一个人所谓的智慧，另一个人会称为惧怕；一个人所谓的公平，另一个人会称为残酷；一个人所谓的大方，另一个人会称为浪费；一个人所谓的庄重，另一个人会称为愚笨等；所以这类的名词从来就不能作为任何推理的真正根据。比喻或隐喻也是这样；但比喻和隐喻的危险性较小，因为它们已经公开表明本身的意义是不确定的。

第五章 论推理与学术

当一个人进行推理时，他所做的不过是在心中将一组数相加获得一个总和，或者是在心中将一个数减去另一个数获得余数。要是这个过程是用词语来表达，他则是在心中把各个部分的名词序列合成一个整体的名词，或是从一个部分的名词求得另一部分的名词。除了加减以外，人们在数字等方面还用乘除等其他运算方法，但这些运算法实际上是一回事。因为乘法就是把相等的加在一起，而除法则是将一个数能减多少次就减多少次。这些运算法并不仅局限于数字方面，而是可以适用于全部相加减的事物上。因为正像算数家在讲数字的加减一样，几何学家在线、形、角、比例、倍数、速度、力与力量等方面也讲加减；逻辑学家在词语序列、两个名词相加成为一个断言、两个断言相加成为一个三段论法、许多三段论法形成一个证明以及从一个三段论证的总结或结论中减去一个命题以求出另一个命题等方面，也同样讲加减运算。政治学家把契约加起来以便找出人们的义务，法律学家则把法则和事实加起来以便找出个人行为中的是与非。总而言之，在任何事物中，只要存在加减就存在推理。

在这种意义下，推理就是计算，也就是将公认的标示或表明思想的普通词汇相加减，构成序列。这里所谓的标示是我们自己进行运算时的说法，而所谓表明则是向别人说明或证明我们计算时的说法。由此我们可以定义或是推论，在心里推论其意义是什么。

在计算方面，没有经过锻炼的人必然会出错，甚至是教授也不例外。其他推理问题也是这样，最精明、最仔细和最老练的人都可能出错而推论出虚假的结论。然而推理就如同算数，始终是一门确定不变的学问。但任何一个人或一些人的推理都不能构成确定不移的标准，正如一种计算方法并不因为有很多人一致赞同就是正确答案一样。因此，在推论中发生争论时，意见不同的双方应该主动把仲裁人的意见当作正确的推论结果并服从。否则，他们就会争斗不休，或是成为没有定论的悬案。所有上述各种情形都会出现在任何一种辩论中。有时一些人认为自己比其他人更聪明，宣称要用正确的推理来进行裁定，但他们所追求的却只是根据自己的推理来决定事情，而不是别人的推理。他们所做的，只是当激情取得支配地位时就得出正确的推理，从而在他们自己的争论中由于自称正确而暴露出他们缺乏正确的理性。

推理的用处和目的从这些定义和含义开始，由一个结论推出另一个结论，而不是去找一个或少数几个跟名词的原始定义和确定含义相去很远的总和及真理。因为如果据以推理的一切论断不确定，那么最后的结论也一定不确定。就像一个家长在算账一样，如果他只是计算所有账单上的总数，而不管每一张账单是怎样计算出来的，也不管买来的是什么。他这样做，等于把账目全部接受，并且完全相信每一个算账人的技术和诚信，是不会要任何好处的。在所有其他事物的推理中也是这样。因为一个人信任作者，就把他的结论全接受了，而不去考查其推理过程是否无误，那么这人就只是白费力气，什么也没学到。

在一些事物中，推理是可以不用词语进行的。比如我们见到某一事物后，就会推论它之前是什么，或后来会变成什么时，便是这样的情形。一个人像这样进行推理时，如果他认为可能出现的情形没有出现，便发生了错误。这种错误，即使是最谨慎的人也在所难免。但如果我们用一般意义的词语进行推理并得出一个虚假的一般推论，虽然人们通称为错误，但实际上却是荒谬或无意义的语言。因为错误只是假定过去或未来的事物时所发生的骗局。这种事物虽然在过去或未来不存在，但却不可能被发现。然而当我们做出一个断言时，除非它是正确的，否则其可能性便无法想象。那些除了声音外什么也想象不出的词语便是所谓的谬论、无意义或无稽之词。因此，如果有人向我大谈“圆四角形”“干酪具有面包的偶性”“非实质的实体”“自由臣民”“自由意志”或不受阻挠的自由以外的任何自由时，我都不会说是他发生了错误，而是说他的言词毫无意义，即荒谬。

在前面的第二章我讲过，人类有一种优于其他动物的能力，即当我们想象某事物时，往往会探寻其结果以及可能的效果。现在我要进一步指出，人类还能够将探寻到的事物的结果概括为定理或公理等一般法则。换句话说，他不但能在数字方面推理或计算，而且还能在其他所有能相加减的事物方面进行。但这种特点却又由于另一种特点而逊色，那便是荒谬言词。这种特点仅为人类特有，并为哲学家所惯用。西塞罗曾评价这些哲学家：“世界上再没有比哲学家的言辞更为荒谬的言辞了。”因为哲学家在进行推理时，没有一个是从他们采用的名词的定义或概念开始的。而这正是几何学所使用的推理方法，也正是可以得出无可争辩的正确结论的方法。

造成结论荒谬的原因有以下七种：

一、我认为是不讲究方法。在这种情形下，他们的推理不是从定义出发，就好像不懂得一二三就开始计算一样。所有的物体都可以由我在前一章中所提到的各种不同的考虑计算在内。这些考虑也有各种不同的名称。于是在用这些混乱而又联系不恰当的名词来构成论断时便产生了种种不同的荒谬之词。这样便有了第二种原因。

二、将物体的名词与偶性张冠李戴。就像有人说“美德是被灌输的”那样，其实除了物体以外没有任何东西可以被灌入或是吹入任何另一种东西。

三、把我们身外物体的偶性的名词赋予我们本身的偶有属性，比如有人说的“颜色存在于物体中”“声音存在于空气中”等便是这样。

四、将物体的名词赋予名词或语言。有人说“有些事物是普遍”“一个生物是一个种属”等便是这样。

五、把偶性的名词赋予名词或语言。有人说“一种事物的性质就是它的定义”“一个人的命令就是它的意志”等便是这样。

六、使用隐喻、比喻或其他修辞学上的譬喻而不用正式的词句。比如在日常生活中，尽管我们知道路本身不会走，但我们依然可以说“这条路通往这里、那里”；尽管我们知道格言本身也不可能言说，但我们依然可以说“格言说这个、说那个”等。但在进行推理或探寻真理时，类似的表达则是不允许的。

七、无意义的名词的存在。这些名词都是不加分辨的方式从经院学派那里学来的，例如“体位同化”“永恒的现在”等。

在推理或探寻真理的过程中，如能避免以上七种情况，一般是不容易陷入谬误之中的，除非是这一过程太过冗长——可能会把前面的东西忘掉。就人类的天性而言，所有人都能推理，而且在遵循一定原则的情况下也能推理得很好。试问谁会在推理过程中犯了错，而一经指出，还会愚蠢地坚持该错误呢？

据此，我们可以看出，推理能力既不像感觉和记忆那样与生俱来，也不像审慎那样仅凭经验即可获得，他往往是通过后天的艰苦训练得来的。在这一过程中，首先是给事物冠以恰当的名称，即用名词给其下定义，其次是使用恰当的方法把一个名词和另一个名词连接起来形成论断，然后再形成三段论证，即一个论断与另一个论断的连接，直接获得相关问题的全部因果关系。这就是所谓的学识。感觉和记忆只是关于过去的既成事实和知识，学识则是探讨事物之间真实的因果关系的知识。依据科学知识，我们就可以知道不能做什么、能做什么和能做到什么程度。

虽然，孩童在不会运用语言之前尚不会进行推理，但因为他们将来会具备这种能力，因此仍然被称为理性动物。大部分成年人虽然也会使用一些推理，如在一定程度内的数字计算，但在日常生活中，推理对于他们的用处却不大。在日常生活中，人们管理自己的事物并不是根据推理和科学知识，而是根据各自的经验、记忆和习惯等，毕竟，学识距离人们的生活太过遥远。对于几何学他们认为还可以理解，至于其他科学，他们就不知所云了。然而与那些满脑子荒谬观念的人相比，不懂科学，全凭经验行事的人情况还是要好些，也比较高尚。他们不懂事物之间真实的因果联系而使自己误入歧途，其受伤害的程度，远没有那些信赖虚假法则，把与事实相悖的原因当作自己热心追求的东西的人来得严重。

总的来说，清晰的语言表达是人类的心灵之光，推理则是人类前进的步伐，学识的积累是人类发展的路径，而整个人类的利益则是目的。与之相反，隐喻、无意义和含混不清的语词如同鬼火，建立于其上的推理只能是在无边的荒漠中迷走，其最终将导致争斗、叛乱或屈辱的产生。

经验的积累形成审慎，学识的积累形成学问。审慎和学问尽管可以统称为智慧，但拉丁人却始终对二者加以区分，他们把前者归结于经验，把后者归于科学。

学识的证据，有些是肯定无误的，有些则不确定。一个人自称对任何一种事物具有学识而又能传授这种学识，也就是能清晰地对其他人说明其中的真谛，那便是肯定的。如果只有某些特殊事情和他自称具有的学识相符，而且他所说的必然要出现的情形，在许多时候也证明不是这样的话，那他便是不肯定。而所有审慎的证据都是不确定的，因为要通过经验来观察事物，并记忆所有可能影响事物的因素是不可能的。但在任何情况下，如果人们放弃了自己天赋的判断力并且缺少科学知识的指引，只把所谓的权威或一些例外情况下的陈词滥调当作指南，那么便足以证明这些人是愚蠢的，他们都将被嘲笑为迂腐。

第六章 论自觉运动（通称激情）及表达的术语

动物有两种特有的运动：一种称为“生命运动”，从出生开始，贯穿于整个生命之中，从未间断。例如血液的流动、脉搏、呼吸、消化、营养、排泄等。这些运动不需要想象的帮助。另一个叫“自觉运动”，即是按你心中首先想到的方式运动，如行走、说话、活动、肢体的运动。感觉是人的器官和内在部分的运动，是由我们听到或看到的事物造成的。幻想是这些事物运动后留下的痕迹。这点已经在第一章和第二章提到过了。因为行动、话语等自觉行动都依赖于事先出现的“走哪里去”“走哪条路”和“去做什么”等的想法。这表明这些构想是自觉运动出现的开端。虽然自然人感觉不到运动，但是事物却在无形的运动，或是因为他们太小而不能为人感知。即便我们想象不到这类运动但是它确实存在。即使是这个空间小的不能再小了，但那也是较大空间的一部分。它的运动首先要经过这个空间。在人身体里的这种运动的微小开端在没有变现为走路、说话、击打等看得见的运动之前，总称为“意向”。

当该意向趋向于引起它的某种事物时，就称为“欲望”和“愿望”，这些都是一般的词。前者往往只限于对事物的“欲望”，也就是“饥饿”和

“口渴”。当意向远离这些事物时，它就统称为“嫌恶”。“欲望”和“嫌恶”这两个词都来自拉丁文。它们都意味着运动，一个是接近，一个是隐退。希腊文中这两个词的意义都是一样的。自然本身就把这些真理展示给人们。经院学者们发现纯粹的行走和运动，没有任何一点情感，但是它们又必须承认其中的某种运动，于是把这种运动称为隐喻式的运动。这只不过是一些荒唐的说辞。因为这些词都是隐喻的，事物和运动是不能叫隐喻式的。

人们想得到的东西就称为他们所爱的东西，而嫌恶的东西则称为它们厌恶的东西。因此，爱与想得到的东西便是一回事，只是想得到的始终是想象而不存在的事物，而爱最常见的说法是指对象存在的事物。同样的道理，嫌恶所指的事物是不存在的，而厌恶的对象则是存在的事物。

欲望和厌恶有些是与生俱来的，如对食物的欲望、排泄的欲望以及其他不同的欲望都是一样。排泄的欲望也可以称为对体内所感受到的事物的嫌恶，这样更恰当。其余的欲望则是对具体事物的欲望，是根据经验来的，是由于本人和其他人的经验而得来的。因为我们对于自己不知道的事物或是不相信有的事物，除开尝试以外便不可能有更多的愿望。然而嫌恶是不会脱离于事物本身所产生的，而对于不知道是否损于我们的事物也可以具有。

对于某一事物我们既不能产生“欲望”，也不会产生“嫌恶”的情感，就叫做“轻视”。任何人的欲望对象，就本人来说，都可以是“善”；相应的，他厌恶的对象就称为“恶”，而他轻视的对象称为“无价值”或“微不足道”。善、恶等微不足道的词语都是和使用者有关，而且会因时、因地、因人而不同，从来就没有一个共同的标准。

拉丁文中善和恶的词义比较接近，但又不完全相同，那便是“美”与“丑”。前者指那些表面上看起来“善”的事物。但在我们的语言中，没有相应的词来表达这两种意义。对于“美”，不同的事物我们用漂亮、可爱等来表达；至于丑，根据具体的情况用厌恶、恶心等来表达。这些词运用恰当时，都只是表示善或恶。所以，善有三种：第一种暗示性的善，谓之美；

第二种是效果显示出来的善，谓之令人高兴；第三种是方式、方法的善，谓之有效、有利。恶也有三种：第一种是暗示性的恶，谓之丑；第二种是效果显示出来的恶，谓之令人不快；第三种是方法的恶，谓之无害、无益。

朝向或回避对象的欲望或嫌恶这种运动的表象或感觉，就是我们所谓的愉快或不高兴心理。这种我们叫作欲望的运动，似乎强化、促进了生命运动。因此，那些促进、强化生命运动的事物被恰当地称为令人愉快的事物。相反，那些阻碍或干扰生命运动的事物，则被称为令人不快的事物，或者就叫烦恼。

这样说来，愉快和高兴便是善的表象和感觉，不高兴或烦恼则是恶的表象和感觉。因此，一切欲望和爱好都多少伴随一些高兴，而一切憎恨或嫌恶则多少伴随一些不愉快和烦恼。愉快和高兴有些是由于现实对象的感觉而产生的，可以称为感觉的快乐。这一类的愉快，包括听觉、嗅觉、味觉和触觉方面的一切愉快事物。另一些快乐则是由于预见事物的结局所引起的预期而产生的。不论这些事物在感觉上愉快或不愉快都是一样的。这类愉快便是得出这类结论的人的心里愉快，一般称为快乐。同样的情形，不愉快有些是感觉方面的，则称为痛苦；另一些则是对结果方面的，被称为悲伤。

出于不同的考虑，我们把激情分别称为喜、怒、哀、乐、欲等。接下来，我们来讨论一下这些激情。

有信心去实现的欲望叫希望，反之叫失望。害怕某事物伤害自己而对其产生的嫌恶叫畏惧，反之叫勇气。至于突然爆发的勇气，就叫愤怒。常存希望叫自信，常存失望叫自卑。因强权暴行而使人受到伤害，此时所引起的愤怒叫义愤；当这种伤害是有意而为之时，则会产生愤慨。希望他人好的欲望称为仁慈或是善意；如果说这种欲望是普遍存在的，那我称为人善良的天性。

对财富的欲望称为贪婪。虽然贪婪本身应加以谴责，但还是可以容忍，这取决于追求财富的方法，但贪婪这个词永远是一个贬义词。因为追求财富的人，不会乐意别人和自己一样拥有对财富的支配权。对职位或权威的欲望叫野心。这一名词也由于上述同样的理由而包含贬义。对那些达成目的没有太大帮助的事物的欲望以及对既定目的影响不大的事物的畏惧，都称为怯懦。卑微情况下的怯懦有两种，根据其是否被人喜欢叫可怜或是寒碜。

对小利小弊的轻视称为豪迈。面对伤害和死亡所表现出来的豪迈是勇敢，而在财富的使用上表现出来的豪迈则称为慷慨。

在交往相处中表现出来的爱意，称为亲切；仅仅为了愉快感而产生对他人的爱，称为情欲；回味、回想过去的愉快而产生的爱称为乐趣；专爱一人而又想专受其爱，谓之爱情；专爱一人而不能专受其爱所致的情感倾向，则是嫉妒；施害他人，使之谴责自己所做的某种事情的欲望谓之报复。

想要知道为什么及怎么样的欲望谓之好奇心。这种欲望只有人才有，所以人之有别于其他动物还不只是由于他有理性，而且还由于他有这种独特的激情。其他动物身上，对食物的欲望以及其他感觉的愉快占支配地位，使之不注意探知原因。这是一种心灵的欲念，由于对不知疲倦地增加知识感到快乐，所以便超过了短暂而强烈的肉体愉快。

头脑中假想出的，或根据公开认可的传说构想出的对于无形的力量的畏惧谓之宗教。如果所根据的不是公开认可的传说，便是迷信。当所想象的力量真正如我们所想象的一样时，便是真正的宗教。不理解原因或状况的畏惧谓之恐慌。其实，最初发生这种畏惧的人，对于原因总是有一些理解的，只是其余的人一个个都认为旁人知道为什么，于是跟着别人一哄而散罢了。因此，这种激情只存在于一群乌合之众或一大群人中。

因对新奇事物的理解而产生的快乐谓之欣羡，这是人类只有的情绪。因为它激起探知原因的欲望。因构想自己的权势与能力而产生的快乐就是所谓自荣的欣喜心情。这种心情所根据的，如果是自己以往行为的经验，便与自信相同。但如果仅是根据他人的几句好话，或仅是自己假想一套以自得其乐，便是虚荣。

自认为缺乏权力而产生的悲伤谓之沮丧。假想或自以为具有明明知道在自己身上不存在的能力的虚荣心理是青年人最容易产生的，而且受到英雄人物的历史和故事的助长，这种心理往往会由于年龄和工作而得到纠正。

突发的自豪感是让人发笑的激情，这种现象不是由于使自己感到高兴的某种本身突发的动作造成的，便是由于知道别人身上有什么缺陷，觉得自己高人一筹所造成的。而这种人，往往是能力最少的人。他们不得不以“比下有余”的想法来安慰自己。怯懦便是由此而来。伟大的人物认为帮助他人是自己的本分，使自己免于耻笑，并且善于与贤能之人比较。

与之相反，骤发的沮丧则是引起哭的情绪。这是由于骤然失去希望的东西或力量的后盾等意外情形所造成的，主要表现在依靠外界帮助的人身上，如妇女、儿童。因此，有人因友人而哭，也有人因报复不成反遭和解而哭。但是哭和笑这些突发的情形，在习惯之后就消失了。没有人会再因老掉牙的笑话发笑，也没有人会为已经过去的灾难哭。

发现能力上的某种缺陷而悲愤谓之羞愧。对年轻人来说，羞愧是热爱名誉的表现，这是值得称赞的；对老年人来说，羞愧是热爱名誉的表现，但是并不值得表扬，因为它来得太晚。

蔑视名誉是厚颜的表现，因缺乏力量而产生的悲伤称为沮丧，但为他人的苦难而悲伤谓之怜悯。想象类似的苦难也可能降临在自己身上所引起的感同身受的情绪是同情。所以，怜悯和同情是相通的。

轻视他人的灾难或无动于衷谓之残忍，这是由于自己的幸福有保障而产生的。因为我认为任何人对别人的大灾难感到幸灾乐祸，而又不是出于自身其他目的是不可能的。由于竞争者在财富、名誉或其他好事方面取得成功而感到忧愁，同时又奋力自强以图与对方相匹敌或超过对方谓之竞争；但如果同时力图排挤和妨碍对方谓之嫉妒。

对于同一件事，做与不做的各种好坏结果连续交替在一个人心中出现，以致让人时而向往，时而嫌恶，时而希望能做，时而又害怕尝试，那么直到该事情完成或被认为不可能的时候，在这一过程中所产生的一切欲望、嫌恶、希望和畏惧的总和谓之斟酌。当被斟酌的事物已经完成，或已被认为不可能时，任何斟酌便可谓终止了。因为直到这时以前，他一直保持着根据自己的欲望或嫌恶去做或不做该事物的自由。意志是意愿的行为，而不是意愿的能力。兽类具有斟酌，便必然也具有意志。根据以上所说的就可以看出，由于贪婪、野心、情欲或对该事物的其他欲望而开始的行为固然是自愿的行为，由于嫌恶或惧怕不采取行动的后果而开始的行动也是自愿的行为。对于激情和思想的表达形式有的相同，有的不同。首先，所有激情都可以用陈述性的语言来表达，如“我爱”“我怕”“我愿意”等。但有些激情却有自己独特的表达方式。除非是它们在用来表达本身所根据的激情以外，还用来做出其他推论。否则这种方式便不是断言。斟酌还用假定式的语言来表达。这种表达方式的正式用法是表示假定及其结论，例如:“如果做好这一点，那么这一点就会随着出现”等。但有些激情却有自己独特的表达方式。斟酌一般用虚拟语气来表达，这和推理的语言没有区别，只是推理通常选用一般性词语，而斟酌绝大部分用特定词语。欲望与嫌恶的表达是祈使句式。如“做这个”“不许做那个”等。如果强令对方做或不做某事，便是命令；如果不是强制性的，则是祈求或建议。虚荣、义愤、怜悯和报复等所用的语言是祈望式的。除上述之外，我没有发现激情的其他表达方式。有人说，诅咒、发誓、辱骂等也是有关激情的语言，然而那只不过是舌头的习惯动作罢了。

如上所述，喜怒哀乐等语言形式是我们表达激情的方式。但是，我们还应该想到，在有些时候，有些表达并非出于表达者的意愿。即使出于自愿，激情岂是语言所能穷尽的？因此，激情的最好的表达在于面部表情、肢体动作以及我们通过其他方式所知道的这个人内心的情感意愿。在斟酌中，斟酌对象的好坏结果引起了人们的欲望与嫌恶。因此斟酌对象的复杂使得想要获得“善于斟酌”的名声变得困难。因此，那些最善于斟酌的人通常能为旁人提出最好的建议。

一个人如能持续成功地获得自己向往的东西谓之福气。因为生命本身就是一种运动，所以人心灵的永久宁静是不存在的，而且无私无畏的生命也如同没有感觉的生命一样是不存在的。

人们用以表达事物的善德语言形式谓之赞美；用以表达威力与伟大的

语言形式谓之推崇；用以表达自己对他人有福的论断的语言形式，古希腊人称为 μακαρισμos，我们自己的语言中还找不到相对应的词。到此为止，我已经充分讨论了激情的问题。

第七章 论讨论的终结或决断

受求知欲所限制的一切讨论，不论是实现了还是放弃了，最后都有一个终结。在讨论的环节中，无论是在哪儿中断的，都会有一个终结。

如果这种讨论仅仅是精神上的讨论，那它就由有关某一事物将存在或将不存在，或者是已经存在或尚未存在的思想交替出现而构成。所以无论你在哪儿打断他的讨论链，给他留下的便是：某事物将存在或将不存在，或者已存在或尚未存在的假设。这一切都是观点。在善恶的斟酌中交替存在的欲望，就与在探索过去与未来的真理中交替存在的观点是一样的。在斟酌时的最后一个欲望叫作意愿，而在探索中出现的最后一个观点称作“判断”“决断”或“最后断定”。正如在善恶问题方面交替出现的欲望所形成的整个的一连串称为斟酌一样，在真假问题方面交替出现的观点所形成的整个的一连串就称为怀疑。

在任何讨论中，人们不可能以对过去或未来事实的绝对认知为终结。因为对事实的认知最初依赖感觉，以后依赖的便是记忆了。在前面的有关章节所提到的，由事物之间的真实的因果联系所构成的一系列知识，就是所谓的学识。但这种学识不是绝对的，而是有条件的。没有人可以通过讨论知道这一事物或那一事物已经存在或将要存在，这就是绝对的认知。他可以知道的是，如果此事物存在，则彼事物一定存在；或者，如果此事物将会存在，则彼事物也将一定会存在，这就是有条件的认知。他知道的不是一种事物与另一种事物相连所形成的序列，而只是同一个事物的一个名词与另一个名词所形成的序列。

所以，在讨论中，以语义出发，通过语词之间的联系形成一般的论断，再由一般论断形成三段论法时，最后所得出的就称为结论。这种由结论所表达的思维便是一般意义上的有条件的科学知识，或关于语词序列的知识。如果讨论最初的基础不是定义，或者定义没有正确地连成三段论法，那么此讨论最后形成就是意见。然而这种意见是荒谬无意义的，让人无法理解的。当两个人或者更多的人知道了同一个事实，便称为互相意识到，也就是共同知道这一事实，那么他们彼此或对第三方都是最好的见证人，所以古往今来最为声名狼藉的恶行便是违背良知意识说话，或是威逼利诱别人这么做；因为良知的要求历来都是人们最关注的。后来人们把这个词用于对自己隐私或隐秘思想的认识。于是，善于辞藻的人用文学的语言说“良知是众目睽睽的见证人”。还有一些人偏爱自己貌似新奇实则荒谬的观点，美其名曰“良知”，并顽固不化地坚持自见，尽管他们清楚那仅仅是个人想法而已。

如果讨论不是从定义开始，那么就是从自己或另外一个人的某种观点开始。对于这另一个人，我们相信其认识真理的能力以及不行欺诈的正直胸怀。此时，讨论所关涉到的更多是人本身而不是事，而这一决断也就称为相信和信任。所谓信任是指人而言，而相信则同时涉及人和他所说的话的真实性。因此，“相信”一词之中便包含着两种看法，一种是对这人所说的话的看法，另一种是对这人的品德的看法。信任或信赖、相信某人，所指的是同一回事，也就是认为某人诚实的意见。但相信所说的话则只是指关于这一段话是否真实的意见。而应当指出的是“我信”一语，除开在神人著作中，是从来不用的，这点和拉丁文中的相信和希腊文中的相信也一致。在其他著作中都代以“我相信他”“我信靠他”“我信赖他”等语。

在拉丁文中则为相信他、信任他；在希腊文中为相信。教会方面对这种语词的特殊用法使人们对基督教信仰的正确对象问题发生了诸多争论。

但宗教信条方面的“信”所指的不是对某个人的信赖，而是对教义的承认和相信。因此，当我们根据说话者的权威及其影响而不是事物本身或自然理性来断定任何言论的真实性时，我们信赖的便是说话的这个人，我们信任的对象便是他所说出的且被认可的话。因此，当没有得到上帝的直接启示，而认为《圣经》上的文字就是上帝的言论时，我们所信赖的便是教会，我们接受并默认的是教会的说法。那些相信先知以上帝之名对自己说话的人，所接受的便是先知的话，所尊敬的也是先知，至于这个先知是真是假并没有什么影响。

同理，历史上的其他情形也是如此：假定我全然不相信历史学家有关亚历山大或恺撒的著述，那么亚历山大或恺撒泉下有知，也没有理由认为我冒犯了他们。除了历史学家本人之外，其他任何人都没有理由这样想。同样地，如果李维说上帝曾使牛开口说人话，而我们不相信牛会说话，那么，在这里我们怀疑的就不是上帝，而是李维。因此，问题显然是：如果我们对任何事物的信任依据的仅仅是作者及其著作的权威性，那么无论他们是否是上帝的信使，我们都只是信任这些人而已。

第八章 论智慧的美德和与之相反的缺陷

一般所说的美德，即是相比较而言显赫卓越的品质。智慧的美德通常被理解为一种人类思维的能力，即被人们所称赞、重视并且希望自身拥有的一种心理能力。

它可以分为两种，一种是自然的，另一种是通过后天习得的。所说的自然，我并不是说是天生就拥有，与生俱来的。而是指没有逻辑、没有方法、没有理论，仅仅是靠一种感觉，人类的这种感觉与无理性的动物是相差无几的，所以不能看作一种德。我们所说的这种智慧是指仅仅靠经验和习惯得来的，是指没有方法、没有理论、没有指导说明。这种自然的美德包括两个方面：一方面是想象的敏捷，即成功地从一个到另一个的快速思维转换；另一方面即有稳定的直接的目标。与此相反，想象缓慢就是一种缺点，一般认为“迟钝或者愚蠢”，有时候也用其他表示运动缓慢或很难推动的词语来表达。

人类不同的情感导致了这种差别，也同样导致了爱与恨，就导致了一些人的思想南辕北辙，继续坚持下去就会通过自己的思维对事物产生不同的看法。在人类的思维中，当他们觉得已经没有什么东西去发现，除了

"与另外的东西有相似"，或者"在哪些方面不像"或"它们有什么作用"或"它们怎样来表现它们的作用"。在某些事物上，大多数人没有发现相似性，但能够看到的人就被称为"有良好的智慧"，即一个非常活跃的想象力。当发现差异与不同，而要做出区分、判断，又不容易分别开来时，能够区分的就称为"出众的判断能力"。特别是在对话与办事时，包括时间、地点与人物都是要区别的，这种道德就称为"明辨"。前者即想象如果对判断没有帮助都不能说是"德"；后者（明辨与判断）即使对想象没有帮助，也谓之为"德"。除了对时间、地点和人物的辨别之外，一个好的想象力也是必须的，这需要经常把自己的思想应用到实践中去。也就是说，要经常想到它们的用处。做到这一点之后，有这种品德的人就会很容易地掌握比喻材料，这样他不但会举很多例子，而且还有很多新奇恰当的比喻。但是如果没有持久的信念和坚定的方向，那么这个想象就是一种狂妄了。比如有的人一旦开始谈论，思维就总是窜出许多，远离目标，不知所云，到最后迷失自我。这种愚笨的事，据我所知还没有一个名字来形容，但很多时候都是因为缺乏经验，就像对他来说很稀奇，而对别人来说就不；有时候原因是琐碎的，他们认为很不得了，对别人就仅仅这样而已。他们自己觉得很有趣味的话题，会使他们在谈话中渐渐离题甚远。

在一个好的诗里面，不论是史诗还是关于话剧的诗，判断与想象都是不可缺少的；但想象更加突出。因为这以富丽堂皇让人愉悦，而不应该以轻率让人不愉。

在好的历史著作中，判断就反而更加突出，它的好处是写作手法、真实性、所选择的事情是人们所非常熟悉的。想象在修辞之外使用都是不恰当的。

在颂扬和贬责中，想象又是主要的了。因为这不是为其真实性所设计的，而是通过比较而进行褒贬。判断只能是表明一种行为是褒还是贬。

在劝说和请求中，如果真情对所具有的目的最有用，则判断最重要；如果是假象有用，则想象最有用。

在证明、决策和所有严密的研究真理的文字中，一切都靠判断，除了有时候需要适当的比喻想象来辅助理解，想象就仅在这里有用。这个时候隐喻是绝对没有用的，它是虚构的，用于讨论和推理就太过愚蠢了。

不论是任何的谈话，如果缺点是表面上的，那么想象无论多么大胆，整个谈话都会被人认为是缺乏智慧的；而明辨在表面时，不论多么普通，都绝不止如此。

人们隐秘的思想表现在所有的事情之上，神圣的、世俗的、严肃的、光亮的、没有羞耻与责任的。口头的谈话中，其不能超过判断所能允许的时间、地点与人物。解剖学家与医生能够说出或写出他们对于污浊之事的判断，是因为他们不是为了取悦别人而是为了对别人有利；但如果另外一个人大放厥词、满口胡诌，沉浸于愉悦的想象中，就像一个满身脏乱的人去见贵客一样。由于缺乏明辨造成了人与人之间的差别。当与朋友闲聊时，可以把弄辞藻，可以运用非凡的想象力；而在比较正式的场合，这样做就没有一个人不会认为是愚蠢的。所以说，缺乏智慧是缺乏明辨，而不是缺乏想象；有判断没有想象也可以是智慧，而想象没有了明辨就不再是智慧。

如果一个人思索了很多事物之后，观察到别人所不能观察到的，即什么东西对他有用，这种观察就是“慎虑”，是依赖大量的经验和类似事物及后果的记忆。和人类的想象与判断比较来说，没有那么大的差别，因为年龄相仿的人的经验也差不多，差别在于情况的不同。治理好一个家庭和一个国家不是慎虑程度的不同，而是两个不同的事物。就像画一幅比原物小、等于原物和大于原物的画不是程度不同的艺术一样。一个普通农夫处理自己家的事物的能力比一个枢密大臣处理别人家的事来得更顺手。

对于慎虑来说，就像恐惧和贫穷促使人们运用不公正和不诚实的方法去做事，这就是狡诈的智慧，是怯懦的一种标志。豪迈就是对不公正和不诚实的帮助的蔑视。便宜手法又称权宜之计，也就是为了短期的利益而使自己陷入更大的危险和障碍之中，就像抢了一个人的钱去支付另一个人的债务，这就是狡诈办法。这种便宜方法，拉丁文中称为“versutia”，意思是以高利贷偿还眼前利息。

至于获得的智慧，我的意思是通过方法和教导获得，依据语言的正确运用，产生的是学识见解。至于推理和学识，我已经在第五章和第六章里说过。

导致智慧的差异是热情，热情的差异一部分是体质不同，另一部分是由于教养有别而来的。最能引起智慧差异的热情程度不同的是对权力、财富、知识及荣誉的欲望。因为财富、知识和荣誉都是知识权力的一种表现而已。

因此，一个人对任何事都没有太大的热情的话，就不会有好的想象力或者判断力。没有欲望即死亡，没有热情即迟钝。对每一事情都漠不关心，则精神不能集中；对每一件事情的热情都比别人更加执着，则是疯狂。这种热情或者是虚荣，或者是沮丧。我们把前者称为骄傲自负。

愤怒常常由骄傲引起，超过一定的度就称为大怒。由恨进入怒，由爱而恨都比较能让人接受。当一个人对自己的智慧和外表自视过高时，一旦有人高于自己，就会有嫉妒心理，后面就会转换为狂怒。当自己坚信的东西受到某种冲击时，也会有大怒的情绪，这也是一种热情。这些热情的产生都和骄傲自负有关。

沮丧使人发生无原因的畏惧，这便是通称为抑郁的癫狂。其表现方式也有种种不同，诸如常去荒野、墓地、具有迷信行为以及有些人怕这种东西、有些人怕那种东西等。总之，产生奇异和反常行为的一切激情都总称为癫狂。至于癫狂的种类，只要肯下功夫，就可以数出一大批来。如果激情过分就是癫狂，那么毫无疑问，激情本身有坏的倾向时，便是各种程度不同的癫狂了。举一个例来说：在自以为受到神的启示而且对这种看法着了迷的一群人当中，其愚行的效果常常不能通过这种激情在一个人身上所产生的任何十分过分的行为看出来。但当他们许多人聚谋时，整个一群人的怒狂就十分明显了。如果对我们最好的朋友吼叫、打击、扔石头，那还有什么事情更能说明疯狂状态呢？但这还远比不上那样一群人所能做出的事。

他们对于以往一辈子都受其保护、免于伤害的人，也能发出鼓噪，加以打击和杀害。如果这是一群人的狂态，那么在每一个具体人身上便也是这样。因为一个人在海中虽然听不到身旁的水的声音，但他却十分肯定，这一部分水正和同等分量的任何其他部分一样，对构成海涛怒吼是起同等作用的。同样的道理，在一两个人身上虽感觉不出很大的骚动不宁来，但我们却可以确信，他们各自的激情是一整个发生动乱的国家中煽动性喧嚣的构成部分。如果没有任何其他东西流露他们的疯狂情绪，那么他们狂妄地冒称具有这种神的启示便是十足的证明。如果疯人院里有一个人和你娓娓清谈，条理井然；告别时你想知道他是什么人，以便下次回访，他竟告诉你他是上帝圣父，我想你就无须再等待狂妄过激的行为来说明他的疯狂了。

这种神的启示的看法一般通称为秘启精神。经常是由于幸运地发现了旁人一般通犯的错误而来的。他们由于不知道或忘记了通过怎样一种推理过程得出了这样一种独特的真理（自信如此，其实许多时候他们所见到的往往是非真理），于是马上便沾沾自喜，以为得到了全能的上帝特别的眷顾，通过圣灵以超自然的方式向他们启示了这样一种真理。

狂态不过是激情表露过甚，这一点从酒的效果上也可以推论出来，这种效果和器官失调的效果相同。因为饮酒过量的人的各种行为正和疯狂的人相同。有些人狂怒，有些人狂爱，有些人则狂笑；全都是循着当时支配他们的种种不同的激情狂放地表露出来。因为酒的效果取消了一切伪装，使他们看不到自己激情的丑陋。我相信一个最清醒的人，在悠闲自在、无忧无虑地独自散步时，也是不会愿意让人公开看到他们思想上的浮夸和狂放的；这就等于是坦白地承认，不受规范的激情大部分就是癫狂。

古往今来，世界上关于癫狂的原因的看法共有两种。有些人认为是由激情产生的，另一些人则认为是或善或恶的鬼或精灵造成的，他们认为这种鬼或精灵会进入人体，缠附其身，使他的器官像疯人一般常见的情形一样，发生奇特而怪异的运动。所以前一种人便把这种人称为疯人，而后一种人则有时把他们称为幽灵附体的人，有时又称为邪气发作的人。在意大利，这种人现在不仅是被称为疯人，而且也被称为幽灵附体的人。

某次，希腊城市阿布德拉在一个极热的天气里聚众观看悲剧安德罗米达。这时有许多观众都发起烧来，这种意外情况是由于天气热和悲剧的效果共同造成的。这些人旁的全不干，光是把帕修斯和安德罗米达的名字连成长短句念诵，直到冬天来临，发烧和这种狂态才平息下去。当时人们认为这种癫狂状态是由于悲剧在人们心中印下的激情造成的。还有另一个希腊城市也曾发作过一阵类似的癫狂，那次发癫的只有少女，使其中许多人都自缢而死。当时大多数人认为是妖魔作怪。但有一个人怀疑她们的轻生之见可能是由于心灵的某种激情而产生的，并认为她们不会连自己的名誉也不管不顾。

于是便向当政者献策，把自缢的人剥光衣服，赤裸裸地挂在外面示众。据说这样一来就把那种狂态治好了。但另一方面，同是这些希腊人却往往把癫狂症归因于愤怒女神优门妮戴斯作怪，有时又归因于农神息利斯或光明之神费保斯以及其他神。那些人当时非常相信这是由于幻象造成的，以致认为它们是无形活体，一般都称为精灵。罗马人在这方面和希腊人的看法相同，犹太人也是这样；因为他们称疯人为先知，或根据他们认为幽灵是善是恶而把疯人称为幽灵附体的人。其中有些人把先知和幽灵附体的人都称为疯人，有些人则把同一个人既称为幽灵附体的人，又称为疯人。对不是犹太人的教徒来说，这种看法是没有什么奇怪的，因为健康与疾病、恶行与美德以及许多自然的偶然性他们都认为是命运之神而对他很崇拜。所以当时人们便把命运之神看成魔鬼，有时也把疟疾看成魔鬼。但是犹太人有这样的观点就有点奇怪了。因为摩西和亚拉伯罕都不曾自称是因幽灵附体而发出预言，而只是说是来自上帝的声音，或者是从奇怪的景象与梦境中得到的。在摩西的律法、道德、典礼之中，也没有任何东西教导犹太人说有任何这种激情或神鬼缠身的说法。人们说上帝从摩西身上取灵魂分给其他的十个长老 (见《民数记》第 11 章，第 25 节) 时，上帝的灵魂并未分割。圣经上所说的在某人身上的圣灵，指的就是这种倾向于有神性的灵魂。《出埃及记》第 28 章第 3 节说“我用智慧的、充满的灵魂给亚伦做衣服”，这句话的意思并不是放进他们身体里的灵魂可以做衣服，而是他们自己在这种工作方面的灵魂的智慧可以做衣服。在同样的意义下，当人们的灵魂产生卑微的行为时，一般就称为不洁的灵魂，其他的灵魂也是这样的；情形虽然不会仅仅如此，但当所称的德或恶非同寻常时，就是这样的了。旧约里的其他先知也没有自称为神灵所附或上帝在他们体内说话的，而只是上帝以声音、意向或梦境启示他们。所以降圣灵便不是附体而命令。那么犹太人又怎会陷入这种鬼神附体的看法中呢？除开所有的人共有的原因外，我还想不出其他的理由。也就是说，他们缺乏穷究自然原因的好奇心，并且把幸福看作取得卑陋的肉体的快乐以及那些最能直接导致这种快乐的东西。因为发现某人心里具有任何缺陷或不同寻常的能力的人，除非是同时看出了什么原因是什么，否则就难以认为这是自然的；如果不是自然的，他们就一定会认为是超自然的；这样来说，要不是神或魔附体又是什么呢？因此，以往就会出现这样的情形：当我们的救世主被一大群人围住时，他的亲属怀疑他疯了，出来就要拉住他。但一个文士却说他是被比西卜，又说他是靠鬼王赶鬼，似乎是疯子慑服了小疯子。其中还有人说："这不是鬼附之人所说的话。"因此，在《旧约》中，给耶稣施膏礼的人虽然是一个先知，但却有一些人向耶稣说"这狂妄的人来见你有什么事吗？"总而言之，我们可以显然地看出，任何人行为异常时，犹太人都认为是有善鬼灵或恶鬼灵附身。唯一撒都该人不这样看。他们却在相反的方向背离得更远，以致不相信有任何的精灵，这种看法十分接近于直截了当的无神论。因此，当他们把这种人不称为幽灵附体的人，而称为疯子时，也许就更加使人愤怒了。

但是为什么救世主在救他们的时候，把他们看成被占有的而不是疯子，对于这个我不能给出其他的回答了，除了只是对于那些以同样方式提出《圣经》反对者的答复。《圣经》之作只是向人们昭示天堂并使他们做好成为上帝子民的准备。至于世界和哲理就由世人去争论，以锻炼他们的理性。不论是地球或太阳的运动产生了日夜，还是人们日常过激的行动产生了愤怒；这一切对于我们臣服于主来说没有什么不同，而《圣经》却只是为了这一点。至于我们的救世主对疾病讲的话就像对人讲话一样的问题，基督所讲的话只是像那些光靠口中念诵来治病的人一般所用的词句。念咒语的人不论是不是对鬼说话，表面上总是要这样做的。不是说耶稣还曾斥责过风吗？他不是还曾斥责过热病吗，但这并不能说明热病就是鬼。据说许多魔鬼还曾向基督忏悔。其实这些地方无须做解释，而只需解释那些疯子为什么向他忏悔。耶稣还曾讲到一个魔鬼远离了人身，在无水之地转来转去，寻求安身的地方，却找不着，于是便回到原先的那个人那里去了，另外还带了七个比自己更恶的鬼回去。这显然是一个比喻，讲的是那些人稍作努力捐弃情欲后又被情欲征服了，并且变得比以前更加坏。所以我在《圣经》里看不出任何东西相信魔鬼附体的人不是疯子而是别的什么。

有些人在谈论还有一种毛病可以列为一种癫狂，那便是我在前面第五章中称为荒谬的东西。也就是说，当人们说这话的时候，连在一起来看就根本没什么意义。有些人用这类的词语只是由于误解了自己死背下来的话；另外一些人则是有意用晦涩的话来欺骗世人。只有在那些谈论不可理喻的问题的经院哲学家或谈论玄妙难懂的哲学问题的人身上才会出现这种情况。普通人很少会讲无意义的话，因此他们便被那些卓越的人物认为是愚蠢的人。为了确保他们的话在自己心中根本没有相应的依据，还必须举几个例子来看。任何人如果感到有必要的话，不妨找一个经院哲学家来试试，看他是不是能把有关诸如三位体、神性、基督的本质、体位转化、自由意志这类难题的任何一章翻译成任何一种语言，使人能懂；或是把它翻译成生活在拉丁文已经通俗化的时代的人所熟悉的任何还算过得去的拉丁文。请看下面这些话是什么意思："第一因不一定会由于第二因的本质依附而将任何东西流入第二因，它将通过这种依附来帮助它发生作用。"

这就是萨勒兹士《论上帝帮助、运动与协作》一书第一编第六章的题目的翻译。当人们连篇累牍地写些这样的东西时，难道他们不是发了疯或者想人家发疯吗？尤其是在体位转化方面，他们说了几句开场白之后就接着说：白色性、圆形性、量值、性质、可腐化性等无形体的东西从圣餐面包里出来进入我们神圣的救世主身中。像这样说，他们岂不是要把这许多"性""质"等当成缠缚耶稣圣体的许多鬼吗？因为他们所谓的鬼永远是没有形体，又能从一个地方转移到另一个地方的东西。所以这类的荒谬言词可以列为各种癫狂之一而不会失当。他们除了神志清醒的短时间外，凡是受清晰的尘世的欲望想法支配的时候，就会容忍这样的讨论或写作。这些也就是智力的优点与缺点。

第九章　论各种知识的主题

知识可分为两种：一种是关于事实的知识，另一种是关于推理的知识。前一种知识是感觉和记忆，是绝对性的知识，正如我们目睹某一事实的发生或者回想已完成的事实时所获得的知识。这种知识和法庭上对证人的要求是相同的。后一种知识被称作科学，是有条件性的知识，正如当我们知道"如果所示图形为圆形，那么任意一根穿过圆心的直线都将把圆两等分"时具有的知识就是这一种知识。这种知识和善于推理的哲学家所具备的知识相同。

关于事实知识的记录被称作历史，可分为两类：一类叫作自然史，即是不以人的意志为转移的自然事实或结果的历史，如关于自然界中金属、植物、动物、区域之类的事物的历史；另一类叫作人文史，即是关于国家之中人的自觉行为的历史。

这些记录事物之间因果联系中各种特征的科学知识书籍，通常被称为哲学书籍。根据事物的多样性，这类书籍可分为很多种，如下所示：

学识，是关于事物因果联系的知识，也被称作哲学。

Ⅰ.自然事物偶然的因果联系被称作自然哲学

1.所有自然事物共有的偶然性的因果联系，即数量和运动

（1）由无限的数量和运动产生的因果联系，即哲学的原理和基础，称为第一哲学

（2）由有限的运动和数量产生的因果联系

①有限的运动和数量产生的因果联系

（A）由图形表示

（B）由数字表示——数学（几何学和算数学）

②由特殊物体的数量和运动产生的因果联系

（A）由宇宙中一些大的物体（如地球和行星）的数量和运动产生的因果联系——宇宙学、航天学、地理学

（B）由特殊物体的种类和图形的运动产生的因果联系——机械学、力学、工程学、建筑学、航海学

2.物理学或质量的因果联系

（1）由变化物体（如时而出现，时而消失的物体）的性质产生的因果联系——气象学

（2）由不变事物的性质产生的因果联系

①由行星的性质产生的因果联系

（A）由行星的光芒产生的因果联系。例如，太阳的运动也形成了一门科学——投影学

（B）由其他行星的影响产生的因果关系——星象学

②由填充星球之间的流体物体（如空气及类似的物质）的性质产生的因果联系

③由地球上的物质的性质产生的因果联系

（A）由地球上的无感知的物质产生的因果联系

（a）由石头和金属的矿物质的性质产生的因果联系

（b）由植物的性质产生的因果联系

（B）由动物的性质产生的因果联系

（a）由一般动物的性质产生的因果联系

由视觉产生的因果联系——光学

由听觉产生的因果联系——音乐

由其他感觉器官产生的因果联系

(b) 由人的性质产生的因果联系

由人的激情产生的因果联系——伦理学

(c) 由语言产生的因果联系

赞美的和诋毁的——诗歌

劝说的——修辞学

推理的——逻辑学

契约的——关于正义和不正义的科学

Ⅱ.政治事物偶然性的联系，称作政治学和人文哲学

1.由国家机构产生的关于政体的权利和义务或者自治的因果联系

2.由国家机构产生的关于国民的权利和义务的因果联系

第十章　论权势、价值、地位、尊重及资格

普遍来讲，一个人的权势是当前所具有的能够为未来取得益处的能力，有的是与生俱来，有的是后天获取的。

与生俱来的权势是身心能力的显著特点，正如与众不同的力量、气度、艺术感、口才、胸怀、高贵的身份。后天的权势就是那些靠上述先天性的力量或者是靠人们所说的运气，获得财富、名誉、友谊和天职等。先天性的权势就如同名誉一样，越发展越突出，像是自由落体的事物一样，越落越快。

人类最伟大的权势被掌握在大部分人的手中，他们达成一致意见，将他们交付到一个自然人或者是法人手中。他可以根据自己的意愿实行这种权势。正如联邦共和国一样，或者是根据小集团和个别人的意愿，如派别或不同派别的联合。因此，拥有奴隶和拥有朋友均是一种权势，因为他们都是一种力量的联合。

同样，财富与慷慨的胸怀的结合是一种权势，因为他同时拥有奴隶和朋友。没有慷慨的胸怀就实现不了权势，因为在这种状况下，财富不仅能保护其拥有者，反而还会使人去恨去嫉妒，使得拥有者成为被掠夺的人。

权利带来的荣誉是一种权势，因为他聚集了需要受到保护的人的依附与忠诚。

荣誉是来自一个人受到一个国家的热爱，被称为爱戴，是同样的道理。

任何一种使一个人受爱戴，被许多人畏惧或是具有这种品质的荣誉，是权势，因为这是一种拥有许多人拥护和诚服的方法。

出色的成功是一种权势，因为他是智慧的荣誉与好运气的结合，使人们既害怕他，也依赖他。

态度亲切的在职官员可以增加权势，因为和蔼的态度可赢得爱戴。

那些在为人处事中审慎评价的人无论是在战争还是在和平年代，都是一种权势，因为对于处事审慎的人，我们将会更愿意服从于处事审慎的人管制的政府。

高贵的身份是一种权势，但不是在所有的地方，而仅仅只是在有特权的联合组织中，这种特权就包含着他们的权势。

口才是一种权势，因为他是一种审慎。

气度是一种权势，因为他给人们以好的印象，以此来博得女性和陌生人的支持。

科学只是一种很弱的权势，因为大部分人是不具有杰出能力和知识不渊博的，或者没有或者只有很少一部分人只有丰富的科学认识。对那些不具有科学知识的人，科学没有任何意义，没有人与生俱来知晓科学，只有通过好的方法才能获取到。

公共艺术的运用，如防御工事，发动引擎，或是其他战争工具，是一种权势。因为他们能够保护和取得军事胜利，虽然这些发明真正的源头是科学，也就是数学科学，然而，他们是以艺术的形式被呈现。正如科学成果一样，公共艺术被作为源头的促成因素所崇尚。

和其他一切事物一样，一个人的价值就是他的价格。也就是说，他所赋予的价值就是他的权势。因此，一个人的权势不是确定的，它取决于他人的需要和评判。一位英勇的指挥者在战争时期是具有伟大价值的，可以说是杰出的，但是在和平年代，他实现不了他的价值。一位博学、正直的法官在和平年代具有重要的作用，但是在战争年代却没有多大价值。人和物具有互通性，决定商品价值的不是卖方，而是买方，人的价值就取决于他需要的那一方。让一个人，抑或是大多数人，最大限度地衡量他们自己的价值，然而他们的价值却仍然只是由别人所承认的，由他人来衡量的。

我们衡量他人的价值普遍是通过尊敬或是看轻他人表现出来的。尊重一个人就是对他的最高评价，最大限度的认可；看轻或是不认可一个人就是对他的不好评价。在这种情形下，无论他人评价高或是低，都是通过与他自我价值比较得以实现的。

一个人的社会价值，就是他在一个集体中所扮演的角色的作用，往往被人们称作“尊严”。他的集体价值往往会得到这样的集体（他的上司、法官、公众等）的认可，这种价值也被特有的商务名称所区别。

向他人发出的任何形式的求助是一种尊敬，因为我们认为他有这种能力去帮助，因此这个帮助越是困难，越能体现对他的尊重程度。

服从一个人是对他的尊重的表现，因为这是在寻求一种被保护和被认可的力量。给予他人轻微的礼物是一种不尊敬的表现，轻微的礼物会被看成是一种救济品，表示不需要他人微弱的帮助。

向他人辛勤地和殷勤地提供好处都是尊重的表现，因为这是我们向他人寻求帮助和保护的表现。忽视一个人就是对他的不尊重的表现。

向他人或多或少流露自己的情感，爱或是恨，都是一种尊重，因为两者都有珍视的一种迹象。侮辱或是不能在他人面前流露自己的情感，或是低于他人的期望，是一种不尊重，因为这是低估、轻视的表现。

赞扬、赞美和称道幸福，是一种尊敬。因为在这个世界上，只有上帝、权势和幸福被看重。辱骂、嘲弄和怜悯是不尊敬。

同他人讲话要深思熟虑，在人前要表现得高雅、谦卑，表现出一种不敢侵犯的畏惧，都是尊重他人的表现。

用一种轻率的口气讲话，做事的时候，令人拙舌，表现出懒散，无礼的行为是不尊敬他人的表现。

相信、依赖和依靠他人是尊重，说明他有权势和美德。不信任、不相信他人说的话就是不尊重。

用心倾听他人的讨论或是谈话，或者其他任何情形下的谈论，是一种尊重，显示我们认为他很聪明、很睿智、很懂说话的技巧。当他人讲话的时候，睡觉、走来走去都是不礼貌的行为。

为他人做事的时候，表现出对法律规定或是风俗习惯应有的尊敬，因为对他人表现出来的这种尊敬能得到他人的认可。拒绝遵照这些习惯的做法就是一种不尊重。

与他人的意见保持一致是一种尊重，这样表现出了对他人睿智和判断的支持。与他人持异议即是不尊重，如果在许多方面都持异议那么就是愚蠢了。

模仿是一种尊重，它表现出的是强烈的赞同。然而模仿一个人的敌人是极大的不尊重。

与人积极地商谈或请别人解决困难就是尊重，是尊重了别人明智的想法和其权势的体现。同样的情况下，否认他人的劳动成果是不尊重的表现。

所有这些表现尊重的方式都是天然的，不管在不在一个国家之内，都是一样。但是在国家之中，如果谁有至高无上的权威可以让任何一个他所取悦的物作为尊重，便还有其他尊荣的方式存在。

有至高无上权威之人把自己当成示宠标志的任何称号、职位、任用或行为来荣宠臣民。

波斯的国王为对末底改表示尊重，当他任职的时候要穿着国王的衣服、骑着国王的马、头上戴着王冠、王子走在他的前面，以告天下。在波斯有另一个国王，他让有功之臣穿得像是国王的玩偶一样，这就是不尊重。所以世俗的荣誉来源于国家的人格，取决于君主的意志。所谓的世俗的荣誉包括地方行政官、政府官员、有头衔之人以及一些地方的盾饰和彩袍。人们认为具有这类东西的人是多具国宠象征而加以尊敬，这种国宠就是权势。

对职务、行为、品质都应该受到尊重，因为他们是权势的一种证明和标志。

因此，被大多数人尊敬、爱戴、畏惧是值得尊重的，这说明了他的权势。被少数人尊敬就是不值得尊重。

统治和胜利是尊贵的，因为这是以权势获得的，因为需要和迫于恐惧而接受的奴役则是不令人尊重的。

好运作为一个神的青睐的迹象如果持久便是值得尊重的。厄运和损失则是不令人尊重的。财富是值得尊敬的，因为它们是动力。贫困是不受尊重的。宽宏大量、心胸宽阔、希望、勇气、信心是值得尊敬的，因为他们都来自权势的意识。怯懦、吝啬、恐惧、缺乏自信都是不值得尊敬的。

及时做决定或解决困难是值得尊重的，优柔寡断则是不令人尊重的。因为当一个人在时间所能允许的限度内长时间权衡事物而不能决断时，那种利害分量的差别就只会是很小的。因此，如果他不能做出决断，那就是过分重视小事，而过分重视小事就是怯懦。一切出自或看来是出自丰富的经验、学识、明辨或智慧的行为和言辞都是令人尊重的，因为这些都是权势；出自错误、无知或愚蠢的行为或言辞则是不令人尊重的。

沉着如果是因为内心对事物的深思熟虑，这是值得尊重的，因为对事物有所用心是权势的象征。沉着如果是来自做作，那就是不值得尊重的。因为前一种沉着就像是一只船满载有价值的商品所致的稳重，而后一种沉着则像是一只船满载无用的破烂压舱所造成的稳重。

由于财富、职位、壮举或其他杰出的善而引人关注、为人所知，是令人尊重的，因为这是使他闻名的权势的表现。相反，默默无闻地老死于户牖之下则是不令人尊重的。

出自名门望族的人是令人尊重的，因为这种人更容易获得帮助，结交朋友。相反，出身寒门则是不令人尊重的。

为主持公道而使自己蒙受损失是令人尊重的，这是豪迈的象征，而豪迈则是权势的一种。反之，狡诈、奸猾、有失公道则是无法令人尊重的。

计天下利，求万世名，是令人尊重的，因为这是获得这一切权势的象征。反之，求一己之私利，求一己之虚名，则是不令人尊重的。

行为只要是伟大而艰巨的，因而成为巨大权势的象征时，就是令人尊重的，合乎正义与否并不足以改变这一点。原因是尊重只在于权势的推崇。

就是由于这一点，古代异教徒在诗中描述诸神的淫、盗及其他奇伟而不义或淫秽行为时，不以为是不尊敬神而以为正是大大的尊敬神。于是丘比特神最足称道的便是私通淫奔之际，而墨丘里之见崇则在于其欺诈与盗窃。荷马在一首称颂他的赞美诗中，对他最伟大的颂扬，就是说他早晨出生，中午发明了音乐，而晚上就从阿波罗的牧人那里偷走了牛羊。

在大型国家形成以前，人们并不以为海陆行动是不体面的，反而认为是一种正当职业，这不但是希腊人如此，所有其他民族都是一样，这一点古代历史说明得很清楚。

今天在我们的国家里，私人决斗虽然是非法，但却是荣誉的；除非有一天正式规定，拒绝决斗的人光荣，而挑起决斗可耻，否则将来会永远如此。因为决斗在很多时候也是出于勇敢，而勇敢的基础则始终是膂力与武术，这些都是权势。当然在大多时候，决斗却是因为出言不逊以及决斗的一方或双方怕丢脸而造成的。他们鲁莽性发而不能自持，终于被驱使进行决斗以免有损体面。

世袭的盾饰和纹章，在其具有任何与众不同的特权的地方，便是令人尊重的，否则就不是，因为它们的权势在于这些特权，财富或在其他人身上同样受到尊重的东西。

这种尊荣一般称为门第之荣；来自古日耳曼人，因为没有日耳曼风俗存在的地方就从来没有任何这类东西存在，而日耳曼人没有住过的地方，目前也没有一处通用这种东西。

古代希腊将领赴战时，都根据自己所喜爱的形式将盾牌上画一些花纹；原因是没有画花纹的圆盾是贫穷和普通士兵身份的象征；这种盾牌并不世袭下传。

罗马人的家族标志是传袭的，但这种标志是祖先的形象，而不是祖先的纹章。亚洲、非洲和美洲的民族中自来就没有任何这类东西。这种风俗只有日耳曼人才有。英国、法国、西班牙、意大利诸地则是在他们大批出动去帮助罗马人征服或自己去征服这些西方地区时，从他们那里接受过来的。

因为日耳曼地区在古时，也像所有其他地区一样，起初是由无数的小领主或族长割据，彼此征战不已。这些族长或领主，主要是为了自己披甲戴盔时可以被士卒认识，还有一部分原因则是为了装饰，不但在他们的甲胄、盾牌或战袍画上一些野兽等的图形，同时还在盔顶上加上突出易见的标志。这种甲胄和盔甲上的装饰后来传之于子孙，嫡长如其式，庶幼则略加变化，由族长决定。但当许多这样的家族连成一个大王国时，族长区分盾饰、纹章的职责就成了一种独立的非官方执掌。这些领主的后裔就成了古豪门贵族。

他们大部分都用勇猛而掠夺成性的动物做征记，或是用城堡、墙垒、绶带、武器、栅栏以及其他战争标志做征记，因为当时尊崇的只有武德。后来不但是国王，而且连民主国家也对出征或凯旋的人颁发各种不同的盾饰、纹章，作为他们战功的鼓励和酬劳。关于这一切，细心的读者在古代希腊、罗马史籍中提及当时日耳曼民族及其风俗习惯的地方都可以看到。

公、侯、伯、子、男等爵位封号都是令人尊重的，因为这代表了国家意志。这些封号在古时都是职位或管辖权的名称，或来源于古罗马，或来源于高卢，或来源于日耳曼。随着岁月的流逝，这些曾具有实际管辖意义的尊荣的职位，现在大部分都变成了一个头衔，仅用来区别一个国家中臣民地位的先后顺序。

和身价有所不同，资格也有别于一个人的优点或美德。当一个人具备胜任某一事的能力时，我们说，他具备做这件事的资格。因此，最有资格当将领、法官或者承担其他职务的人，是指这样一些人，即他们具备良好的执行这些职务所需要的品质。相同的道理，最有资格当富翁的人也具备最善用财富所需要的品质。缺乏这种品质中的任何一点时，一个人仍然可以在其他方面获得类似的资格和价值。此外，一个人虽然可以拥有获得财富、职位和被任用的资格，然而却无权要求先于他人获得，因之也就不能称为应当获得。因为应当就事先假定了一种权利，应当获得的东西是由于允诺而成为其应得之分的。这一点在我谈到契约时还要更详细地讨论。

第十一章 论品行的差异

我这里说的品行不是指行为合乎礼数，如在人前如何漱口、剔牙等这种生活小节，而是指人们在团结与和平中共同生活的一种品质。为了达到这种结果，我们应该思考到今生的幸福生活不能只是心理满意而不求上进。旧道德哲学家所说的终极的目标和最高的善根本不存在。欲望终止和感觉想象停止的人根本无法生活下去。幸福就是欲望从一个欲望不停地向另一个目标发展，做到前一个目标只是为下一个欲望铺平道路。之所以如此是因为人们的欲望不是在一个短暂的时间里享受一次就满足了，而是要永远确保满足欲望。因此所有人的自愿行为和倾向不但是要求得到满意的生活，而是要确保可以一直下去。要保证这种生活，不同的只是方式罢了。这种方式的差异一部分由于不同的人有不同的激情，一部分是由于每个人不同的知识和看法产生不同的影响。

所以首先，作为全人类共有的普遍倾向提出来的是，对于权势永无休止的欲望，至死方休。这并不是由于人们得陇望蜀希望获得比现在更大的快乐或是不满足于一般的权势，而是因为他如果不多求就甚至无法保证现在所拥有的。因此，权势至高的国王便要在国内通过法律、在国外通过战争保持他的权势。做到这一点后，新的欲望又随之而起，有的人是为了新的疆土，有的人为了安逸和肉体之乐，还有些则是为了在艺术或是某些能力上出类拔萃以此得到人们的赞扬。

财富、荣誉、统治权或是其他权势的斗争，使人倾向于争斗、敌对和战争。因为竞争的一方达成欲望的方式就是杀害、征服、排挤、驱逐。特别是赞誉的战争使人趋向于厚古薄今。因为人和活着的人而不与死了的人争斗，对死者赋予更多荣誉，就让活着的人与他们的荣誉相形见绌。

追求安逸与肉欲之乐的欲望使人服从一个共同的权力。因为有了这种欲望之后，人们会放弃那种通过自己勤奋努力就可能获得的保障。害怕死亡伤害也会让人产生同样的倾向，原因相同。相反，贫困努力的人对其现状也是不满的。热衷于兵权的也一样，他们都倾向于保持造成战争的原因，并以此挑起事端叛乱；因为战争的荣誉，是除战争之外无法获得的，必须挽回败局，别无选择。

渴望知识、和平和艺术的人也倾向于服从一个共同的权力，因为这种权力包含着安详的欲望，因此也会让人想要求得他人的权力保障。

因为喜欢被别人赞誉的欲望，产生了赞誉别人的行为。如我们经常赞誉自己看重的人，而对轻视我们的人，我们往往也不把对他们的赞誉放在心上。希望后世的人给予自己良好评价的欲望也有同样的作用。尽管一个人死后对于人们给予他们的任何赞誉都不会有所察觉，但这种称赞对于他活着的子孙后代却并非全无意义。因此，一个人生前在想到自己的子孙后代会从后人对自己的赞誉中得到切实利益的时候，自然会有快慰的感觉。这种事情目前虽无法见到，但却可以构想，在感觉方面成为乐事的，在构想映象方面也是乐事。

从自己认为是同等地位的人处获得难忘的报酬的恩惠，使人表面上敬爱，但实际上却偷偷记恨在心。这就像是使他处于一个绝望的欠债人的状况，由于不愿意见到他的债主，暗地里希望他到一个再也见不到的地方。因为恩惠使人感恩，感恩就是羁绊，无法回报的感恩就是永世无法摆脱的羁绊。这对于处于同等地位的人来说是令人生恨的。但我们认为从长辈那里受恩则是让人生出敬爱之情，因为这时感恩已不是新的压力，而是愉快的接受。愉快的接受就是人们所谓的感激。这对感恩者来说是一种尊荣，以至于一般都把他认为是一种报答。恩惠是来自平辈或地位较低的人，只要有希望报偿就使人生爱。因为在受惠者心中，这种感恩是一种相互的感恩和服务，于是就产生一种在施惠上互相超过的竞争。这是一种最高贵和最有益的竞争，他使胜利者对自己的胜利感到高兴，对方所受到的报复则是说明这一点。

如果一个人对别人造成的伤害超过了自己能够或者愿意补偿的限度，这个时候，会使得害人者憎恨受害者。因为在这种情况下，摆在害人者面前的只有两种选择，一种是遭遇受害者报复，另一种是请求受害者原谅。然而遭遇报复是令人厌恶的，请求别人原谅是难为情的，这两者都会让人产生恨意。

因为害怕遭受压迫和奴役，所以那些处于这种威胁下的人往往先下手为强，或者干脆结成团伙以壮声势。这是一个人要保全自己的生命和自由的必需的方法。

在动乱中，更容易获得胜利的是那些对自己的聪明才智不太自信的人，而非那些对自己的聪明才智很自信的人。因为前者不自信，所以喜欢商量计议。而后者则由于过于自信往往怕上圈套而急急忙忙动手。

那些喜欢把自己想象成英俊豪侠，而实际上胸无点墨的人，平日里滔滔不绝，貌似雄才大略，但真的到了危险或困难时刻，需要他一显身手之时，我们所能看到的，就只有他的无能全然暴露。这种人对自己的能力其实并没有清醒的认识，也因此，他们往往行事鲁莽。而一旦遭遇危难，却又贪生怕死，临阵脱逃。因为对于他们来说，生命自然比名誉更重要——名誉可以找一个借口来挽回，生命则是任何办法都无以挽救的。

在政治事务方面对自己有充分自信的人是会有野心的，因为如果不在议会或行政方面出任公职，那么，他们所具有的智慧的荣誉就不会充分地表现出来。同样，善于言辞的人也容易有野心，原因在于滔滔不绝的口才在他们自己和别人看来也是智慧。

怯懦往往使人犹疑不决而坐失良机，如果一个人遇事斟酌，到采取行动的时刻临近还看不出怎样做最好，那便说明采用哪种方式在动机上的差别并不大。因此，这时还不决定就是计较琐事而坐失良机，这就是怯懦。

节俭在穷人虽是美德，但却使人不适于完成需要许多人的力量一起来完成的事。

因为他们的努力要用报酬来哺育和保持活力，而这样减弱了他们的努力。

有口才而又善于逢迎，就会使人相信这人，因为前者是假象的智慧而后者是假象的仁爱，如果加上善于用兵之名，就会使人们去归顺和服从具有这两种品质的人，因为前二者保证他们不会受到伤害，而后者保证不会受外人的伤害。

缺乏学识，也就是对因果关系无知时，就会引导人们甚至强制人们去依赖旁人的意见和权威，因为所有与实施有关的人，如果不倚靠自己的意见，就必须倚靠自己认为聪明胜过本身而又看不出为什么要欺骗自己的别人的意见。对词语意义的无知就是缺乏了解，这种情形不止会使人去依赖自己所不知道的真理，而且也会去信赖错误，因为不彻底理解词语是既不能识别错误，也不能识别荒唐话的。

由此可见，人们会根据激情的不同而对同一事物给予不同的名称，比如赞成某种个人意见的人，称为意见，而反对的人则称为异端邪说。然而异端邪说也是个人意见，只是不被大多数人认可而已。

这一原因还使人们在没有研究和深刻理解的情况下不能区别许多人的同一行动和群众的多头行为。比方说，对于罗马全体元老院议员杀喀提林的统一行为和许多议员杀恺撒的多头行为就不能区别。这样一来，他们就会把一群人的多头行为当成人们的统一行动，而这一群人则可能是为一个人的怂恿所操纵的。

不知道权利、公平、法律与正义的由来和成因的人，往往把习惯和先例列为自己行为的准则。在他们的观念中，凡是习俗所惩罚的事就是非正义的，而只要有证据表明习俗不惩罚的或习俗鼓励、赞成的就认为是正义的。这正像未成年的孩子一样，除了从父母师长那里接收来的训诫以外便没有其他的分辨是非的标准。所不同的只是儿童会坚守从父母那里得来的标准，而成人则不然。成人会忽而讲习俗、忽而讲理性，而讲习俗还是讲理性，则完全取决于自己的需要。当自己的利益需要时，他们会放弃习俗，而一遇到理性对自己不利时，他们又反对理性。这就是为什么人世间的是是非非总是说不清楚，并经常见诸笔墨、诉诸刀枪的原因。与此形成鲜明对比的是人们从来没有为关于线与形的几何学说文争武斗过。这其中的原因倒也简单，那就是，几何学对人们的野心、欲望和利益并没有任何妨碍。

我丝毫不怀疑如果“三角形的内角和等于一百八十度”这一几何公理与具有统治权的一些人的利益相冲突的话，那么即便这一说法没有遭受争议，而面临威胁的人只要情况许可，也一定会烧掉所有的几何学书籍。

人们在思考事物的成因时，往往因为不知道其深层原因而把一切结果都归之于直接原因和工具原因（事物产生的手段），因为他们所能认识到的原因就是这些。于是在所有的地方，当人们不堪捐税之苦时，便会向收取捐税的公务人员泄愤，并站到反政府的人一边。这样一来，当他们向当局申诉正当理由的路径被堵死以后，他们便会由于害怕惩罚或愧于接受宽恕而和反对政府的人一起向最高当局发难。

对事物的自然原因的无知，容易使人轻信，以致许多时候对不可能的事情也相信，因为这种人看不到事物之中的不可能性的存在。再者，由于人们喜欢在公众场合让人倾听自己，于是轻信又会助长谎言的产生。所以，尽管无知本身不算什么，但它却能使人轻信谎言而又加以传播，甚至使人编造出谎言来。人们对未来的关切使人探求事物的原因，因为关于原因的知识可以使人更好地以最有利的方式对现在进行筹划安排。

好奇心或对于原因的知识的爱好引导人们考虑效果而去探索原因，接着又去探索原因的原因，一直到最后就必然会得出一个想法：某一个原因的前面再没有原因的存在，他是永恒因，也就是人们所谓的上帝。因此，要深入研究自然原因，就不可能不使人相信有一个永恒的上帝存在；只是他们心中不可能存在符合于神性的任何神的观念。正像一个天生的瞎子一样，听人家烤火取暖而自己也被带去烤火取暖时他很容易认识并确信有某种东西是人们认为的火，而且他还感受到热的原因，但却想象不出具体是什么样的；而且他的心中也不可能有看见过火的人的那种观念。同样的道理，人们根据这个世界上可以看见的事物以及其令人称羡的秩序所可能想到的一个原因，这就是人们所谓的上帝，然而他的心中却没有关于上帝的一个观念或印象。

还有一些人很少或根本不会在探究事物的自然成因方面下功夫，于是在他们的心目中便没有上帝的观念。但是，他们也真的不知道究竟是一种什么力量可以那么深刻地影响他们的生活，带给他们或好或坏的运气，由这种无知状态所产生的畏惧使他们想象出有若干种不可见的力量存在，他们敬畏自己想象出来的这些东西，在遇到危难的时候祈求它们，在称心遂意的时候感谢它们。人们给自己幻想出来的这些东西取了个名字，叫神。因为人们关于它们的想象千差万别，于是也就有了无数种不同的神。这种对不可见的事物的畏惧便是宗教的自然种子。

许多人都看到了这种宗教的种子。其中有些人看到了之后便把他加以培植和装饰使之成为法律，并且在解释事物的自然成因时，有意加上自己的理由，他们认为这是掌控他人并且能最大限度地发挥自己权力的最好方式。

第十二章 论宗教

宗教源于人类，除人类以外的生物是没有宗教的。这与人类特有的特殊品质有关：一、好奇于自己所见之事是人类的一项特质，人们总是喜欢探究自身的正义与邪恶的一面。二、万事万物都是有因果联系的，人们总是在不确定事物真正原因的时候做出一些假设。

对于兽类而言，它们每日享受食物、悠闲、肉欲之乐，对于时间没什么概念，不能记忆过去或预见未来。人类则记录下他们所见到的事物的顺序、结果、观察一件事是怎样由另一件事引起的。当他们不确定事情起因时，他会假设原因或自己想象，或向那些他认为是自己的朋友和比他更聪明的人求证。

这些会使人焦虑，因为事事有原因，无论是从前还是现在还是未来。有些人想保护自己不受恶魔侵害，获得自己想要的。他们惧怕死亡、穷困或其他不好的东西。他们存有侥幸心理而刻意躲避这些，除了在他们睡觉的时候，他们无时无刻不处于焦虑当中。

这种永恒的恐惧往往是由于人们对事情起因的无知，就像身处黑暗当中必须要能看到实物才能安心。当这里无因可起，无论是良知还是邪恶，但这是无形的力量，就像一些古诗所说的那样神是由人们的恐惧所创造出来的。谈到众神，也就是异教徒信奉的诸神时，这一说法是非常正确的。对于那种不可见的实体，人们只能靠想象来塑造他们的样子。他们认为灵魂跟自己梦中或镜中的样子无太大差异。他们不知道这只是幻想而已，于是他们称为鬼神。拉丁人认为这些是精灵。当然，不是人人生来便有这样的想法的。

人们虽然能把一些矛盾的词语放在一起，但却不能想出与之相对的事物，因此这时他们才意识到，全能的上帝也许并不存在，这只是他们的幻想，对于这些不可见的力量的产生，人们也毫无根据，他们只能通过观察，观察一个事件的起因和结果。所以他们便根据往事推测未来。

人们相信天命，他们把自己的命运归于其他因素，如风水、诅咒之类的，他们相信一种能随意将一种东西变成另一种东西的魔力。人们对于这种不可见的自然力量通常以祭献、祈求、谢恩、献身、祝祷、肃敬、读祭文等方式来膜拜他们。如果以理性的方式思考，人们再也想不出其他方式去膜拜比自己厉害的人了。对于人们如何从不可知力量获得未知事物的发生，人们也毫无头绪，他们只能把一些偶然发生的事物当作推测依据。这便形成了宗教的种子：对于鬼魂的看法；对于第二因的无知；对于畏惧事物的膜拜；当偶然事物为预兆。这些都因人而异，但他们却互相嘲笑。

这些种子将人分为两类，一种人在此基础上进行创新，另一种人完全信奉上帝。但这两种人目的都是一样的，都是让追随他们的人们更加臣服于他们。前一种是属于人类政治的一部分，后一种则是神的政治。一切异教人的建国者和立法者都属于前一类，而亚伯拉罕、摩西和向我们昭示天国法律的救主基督则属于后一类。

有关不可见事物的力量，几乎只要有名字便被异教徒称为鬼神或某种精灵的附体。宇宙中未成形的物质如天、海、星、火、土、风等都被称为另一种神。男人、女人、鸟、鳄鱼、牛犊、狗、蛇、葱、韭菜等都被称为神。他们认为几乎所有的地方都有鬼神，如平原、森林、每一条河流、每一家人甚至是每一个人都有鬼神所在。此外，他们将时间、夜晚、白天、和平、和谐、爱情、竞争、美德、荣誉、健康、迟钝、热病等也赋予神。他们还以不同神的名义为自己祈祷。比如他们常以缪斯、福庆、丘比特、弗里、斯普莱亚帕之名为自己的智慧、愚昧无知、欲望、愤怒、生殖器、祈祷。凡是诗人在诗中人格化的东西他们都认为那是鬼神。

邪教的创立者利用人们的无知来操控人们，他们把每一种现象归之于每一种神。比如他们把受胎归之于维纳斯、把艺术归之于阿波罗、把狡诈与阴险归之于墨丘利、把风暴归之于依阿鲁。人们除了用祭献来膜拜神之外，还加之于绘画与雕塑，让那些无知的人认为那就是神或神居住在里面，就像佛像一样，他们会为他修建庙宇从而供奉他，他们甚至赋予他们人格化。

最后，在对于未来的预测中（从自然的法则上讲它是根据过去的经验而猜测的，在迷信上讲则是神的启示。）这些异教的创立者或根据自己的经验，或根据其所谓的受神的启示，又加上许多迷信的占卜，有时让人们相信自己的命运应当从一些著名的神谕和僧侣们模棱两可的答复中去寻找；有时让人们从著名的预言家的书中去寻找；有时则叫人们到那些据说有神灵附体的疯子们的毫无意义的话语中寻找。另一些时候，他们或根据天象做出预言，称为占星术；或根据自己的希望与恐惧，称为反身征兆术或预兆术；或根据可以和亡魂交往的女巫的预言，称为巫术，其实都不过是欺骗和串通作弊而已；或根据鸟类无意识的飞翔或啄食做出预言，称为灵雀验证术；或根据一个人的面貌特征、手纹特征做出预言，称为面相术；或根据怪异不常见的现象，如日月食、彗星、罕见的流星、地震、洪水、怪胎等，称为灾异验证术。人们对得到自己信任的人所做的事情是很容易相信的，因此它可以巧妙地通过温和手段利用他们的无知和恐惧心理。

因此，那些使人们顺从以及安宁为目的的君主和立法者都特别注意：首先要使人们相信他们提出的宗教信条是神的启示；或者使他们相信自己不是凡人，而让人们相信他们的法律更容易接受。比如，秘鲁的开国君主就自称他和皇后是太阳的子女，而穆罕默德创教时则自称可以化身鸽子与神灵交往。其次，他们还要让人们相信法律禁止的事就是神灵厌恶的事。

最后他们还规定仪式、祈祷、祭祀、牺牲与节日，使人们相信只要按时按规定供奉神灵，就可以平息他们的怒气，这样就不会降祸人间。通过这些规定，他们使得一般凡人在遭受不幸时不会归咎于管理的缺失，而会责备自己对神灵的不尊、不良行为等。所以，在这类制度下的民众只安于现状，不会有暴动行为。也因为这样，征服了当时已知世界最大部分土地的罗马人就毫不犹豫地对罗马城中的任何宗教采取宽容态度，除非其中有某种成分与世俗政府相违背。同时，我们从史册上看到，除开犹太教以外没有任何其他宗教被禁止。有着独特天国之说的犹太人认为任何尘世的君主和政府都是不合法的。因此我们可以看出异教徒的宗教是怎样成为他们政策的一部分的。

在上帝超自然的启示建立宗教之时也为自己建立了一个特殊的王国。他不但为人与神之间的行为订立了法度，也为人与人之间的行为订立了法度。因此，在上帝的王国中政策与法律都是宗教的一部分；于是宗教与政治在这里就没有区别了。的确，上帝是世界之主；然而，他也是一个特殊国家的王，这一点就像将军指挥全军与指挥一个团并不矛盾。上帝凭借权力成为世界之王，凭借契约成为选民之王。至于自然和契约王国问题将在另一章谈论。

从宗教传播来看，我们不难理解它成为最初的那些种子或要素的原因。这些种子和因素只是关于神的旨意和超自然、不可见的力量的看法。它们无法从人性中根除，而是通过有声望的人物产生出新的宗教。

我们看到所有已形成的宗教最初是建立在人们对某一人的信仰，他们相信这个人不仅仅是智慧、不辞劳苦、为他们谋求福利的人，还认为他是上帝赐予超自然力量宣布神旨的使者。因此，我们会得出一个推论：当掌管宗教的人的智慧、诚信和仁爱受到质疑时，或是不能显现神启征兆时，他们维持的宗教也必然遭到质疑；如果不用武力震慑，便会遭到反对和抛弃。

让人相信自相矛盾的言论会使创立宗教的人或在已创立的宗教上添加一些东西的人失去智者的声誉，因为矛盾的两部分不可能同时是正确的。

因此让人相信这样的说法，便是承认自己的无知，使提出这种想法的人原形毕露，还会使他们宣称的神启遭到怀疑；上述的许多事物中人们的确能得到神启，相反违背自然理性却不能得到。

自身的言行表现与自己提出的东西不一致会使他们失去声誉，所有这种言行称为可耻之说。因为它们是宗教的绊脚石，比如不公平、残暴、贪婪和奢侈。一个人经常做这样的事，谁又会相信他在别人犯有较小过失时只是用吓唬人家的那种不可见的力量？

自私自利使他们失去仁爱之名，如他们要求别人崇奉的信仰只是成为他们取得统治权、财富、地位或享乐的工具。因为人们相信为自己牟利的事情是为自己做的而不是为了爱别人。

最后，人们能说出的天意便只能表现为奇迹、真实的预言或异乎寻常的福。因此，从那些创造过奇迹之人那里接受过来的教义又增加的教义，如果不能以奇迹证明它是天意时，他们除了在受教育的地方能产生信仰以外，是不能得到更大的信仰的。因为就像让有判断力的人从内心深处承认自然事物有自然的征象一样，他们要求超自然的事物也有超自然的征象，而这就是奇迹。

这一切削弱人们信仰的原因在下述事例中可以看出。首先是以色列的子民的例子：摩西起先曾用奇迹引导人们出埃及的事实向他们证明了自己所负的天命。但当他离开四十天后，他们就背叛摩西交给他们的真神的信仰，并立金犊为神。此外，当摩西、亚伦、约书亚以及曾在以色列见到过上帝的伟大事业的那一代人死去以后，便有另一代人兴起。这就说明奇迹与信仰共存。

此外，撒母耳的儿子在别士巴被撒母耳立为士师后，收受贿赂、以公肥私、徇私枉法。于是以色列人民便不要上帝做他们的国王了，而是要撒母耳为他们选一个国王来治理他们，就像众多邻国一样。这就说明公德毁则信仰止，以致他们废除上帝，不要上帝做他的王。

当基督教传入罗马帝国时，各国的神旨预言完全消失，而基督徒人数则通过布道在每一个地方，每一天都以惊人的速度猛增。这样的结果有一大半是由于异教徒的贪婪，玩弄诈术造成的。因为异教士道德败坏使人民动摇了信仰。还有另一部分原因则是由于亚里士多德的哲学和学说入侵宗教。

由此产生了许许多多的矛盾和荒谬之处，这些异教士们也因此在人们中间得到了愚昧和骗子的恶名，并使人民或因违抗国王的意志背弃他们，或因得到国王的同意背弃他们。法国与荷兰属于前一种情形，英格兰则是最后一种。

最后，在罗马天主教会宣布的为实现救赎所必备的事物之中，显然有许多仅仅是为了教皇和教徒们的利益而设的。这些教义要不是因为国王们的互相竞争，他们就会像英格兰一样不用战争，轻而易举地排除外来势力。因为，谁又看不出这到底是为了哪些人的利益呢？国王如果不由教主加冕，他的权力就不是来自基督；国王如果是一个教徒就不能结婚；王子是否是合法婚姻所生的由罗马教廷裁定；国王如果被罗马教廷判定为异教徒，臣民就可以解除效忠的义务；教皇可以无缘无故地废除国王，并将王国交给臣民，就像教皇扎加里对法兰西王喜尔普通列克做的事一样；也没有人看不出向教会缴纳的私人弥撒费、现世炼狱费等究竟是入了谁的腰包，还有许多其他盈利的蛛丝马迹。要是正如我所说的那样，世俗官员和风俗习惯的支持没有超过对教士的神圣、智慧和正直的估价的话，这一切就足以扼杀富有生命力的信仰。所以我便把世间一切宗教的交替兴衰都归咎于同一原因，这便是令人讨厌的教士们。不仅天主教为然，即便在主张宗教改革的教会中也是这样。

第十三章　论人类幸福与苦难的自然状况

自然使得人们在体力和智力两方面都很平等，以至于尽管有时有人的身体明显比他人强壮，或者思维比他人更为敏捷，但当把这一切全都加在一起，也不会使人与人之间的差距大到一个人能够得到他所想要的所有利益而其他人却不能。因此，就体力来说，最弱的人也可以运用阴谋诡计或者与和他们处于同样危险中的人联合起来拥有足够的力量杀死最强壮的人。至于智力，除了以词语为基础的文艺，特别是对通用和绝对可靠的科学法则运用的技能（这种技能很少有人拥有而且只限于少数人拥有；它既不是我们天生就有的一种能力，也不像审慎那样可以获得），我们也关心其他的事情，我还发现在人与人之间有比力量更加平等的东西。因为审慎就是一种经验，人们运用相同的时间在相同的事情上就能得到相等的收获。可能使人不相信这种平等状况的只是对自己智慧的自负而已。几乎所有的人都认为自己比一般人要强，除了具有名誉和支持他们的人，其他所有人都不如他自己。因为根据人的本性来说，即使他们会承认其他人更加富于机智或更加有口才或更加博学，他们也不会相信会有和他们拥有相同智慧的人。因为人们看自己的智慧是在近旁看的，而看他人的智慧是站在远处看的。

但这倒是证明人们在这一点上是平等的，而不是不平等。因为一般说来，任何东西分配平均时，人人都会满足于自己的那一分。

因为人们的能力上平等，所以就产生了满足我们需求和希望上的平等。因此，如果任何两个人想要同时取得某一样东西而又不能共同享用时，他们就会变成相互仇视的敌人，他们的目的主要是自我保全，有时仅仅为了娱乐，在这一过程中都力图摧毁或征服对方。这样就会出现一种情形，侵略者不会过多地害怕单枪匹马的人；如果一个人拥有一定的地位和资源，其他人就会联合起来运用武力去剥夺这个人的劳动成果、生活或自由。显然侵略者本人也面临着来自别人的同样的危险。于是在这种状态下的人们总是相互质疑，人人自危。因此，在这种状态下保全自己的最有效的方法就是用武力或诡计去掌控自己所能掌控的一切人，并直到他知道再也没有能够伤害到他的力量存在为止。这并没有超出他的自我保全所要求的限度，一般是允许的。同时又由于有些人把征服超出了自己的安全所需要的限度之外，并喜欢沉醉于征服本身所带来的权力快感之中；而其他那些人乐于安分守己，不愿去侵略扩张势力的人，他们也不会只靠防御而坚持太久的时间去存活下去。于是这样的结果是统治权的扩大成了人们自我保全的必要条件，应当加以允许。

此外，在一个没有权力能够使人感到畏惧的地方，人们相处时就不会有快乐而只有悲伤存在。原因在于每个人都希望和他相处的人能够像他自己那样看好自己，但当他遇到轻视或估价过低的迹象时，自然就会敢于力图尽自己的胆量（在没有共同权力使大家和平共处的地方，这就足以使彼此互相摧毁）加害于人，强使轻视者做更高的评价。

所以在人的天性中我们发现三种造成冲突的基本原因：第一是竞争；第二是猜疑；第三是荣誉。第一种原因是人为了求利；第二种原因是为了安全；第三种原因是为了名誉。第一种情形是通过暴力去奴役他人及其妻子、孩子和牲畜；第二种情形是保全一切；第三种情形是由于一些鸡毛蒜皮的事，比如一句话、一个微笑、一个不同的观点以及任何其他直接对他们本人的藐视或者是间接对他们的亲友、名族、职业或名誉的藐视。

于是，我们看到，在一个没有共同权力使大家敬畏的时代，人们都处在人与人之间相互斗争的战争状态中。这里所说的战争状态，并不一定是指实际战斗的状态。

我们看到，每个人都处在对每个人作战的时代中，在这个状态下，将不会有工业，因为没有确定的利益。地球上也没有文化、没有通过海洋航行进口的商品、没有宽敞的房间、没有进步的工具、没有时间概念、没有文化、没有书信、没有最恐怖的事。人们生活在害怕、担忧、孤单、贫穷、肮脏、粗鲁的状态下。

有人质疑，人性真的会分离、侵犯和摧毁别人吗？因此，他不再相信通过经验确定的激情欲望和感情。让他自己去想象，当他外出旅行时，他会带武器吗？是否会结伴而行？晚上睡觉会锁门吗？就算单独在房间，他会提心吊胆吗？但是他知道，有法律和政府通过报复的方式来发泄他们受伤的痛苦。

当他武装自己的时候、锁门的时候、提心吊胆的时候，难道他用行为谴责人类的成就比我用语言文字谴责人类的程度浅吗？我们都没有谴责人类的天性，人类原始的欲望和激情是无罪的，尽管人类知道法律禁止他们，但没有什么比欲望和激情更能调动他们的积极性了。

有人怀疑人与人之间的这种战争真的存在吗？我相信世界不会普遍存在这种状况。但是有些地方还是存在着。美洲有很多原始人，没有政府，小家庭的和睦全凭这原始的野蛮的欲望，生活在肮脏下流的环境中。正如我先前说的那样，人们很快就感知到没有生活的规则和缺乏共同权力是多么的使人畏惧。

就具体的个人说来，人人相互为战的状态虽然在任何时代都从没有存在过；然而在所有的时代中，国王和最高主权者由于具有独立地位，始终是互相猜忌的，并保持着持续的嫉妒和争论着的姿势，始终保持警惕状态。

在这场战争中，每个人都处于敌对状态中，没有什么公平不公平，话的对错，公平与否。那里没有共同权力、法律，也就没有不公平、暴力、欺骗。这是战争中最主要的特点。在他们的身体和思想里根本就没有公平这个概念。那么他们所存在的这个世界就很孤单，感官和情感也很空虚，这里没有礼节、主权，每个人都想的是他们能得到什么。因此在这样病态的条件下，所有的人完全靠本性和自身的欲望做事。

使人们倾向于和平是对死亡的畏惧，渴望必需的生活品以及通过自己的勤劳取得这一切的希望。于是理智便提示出可以使人同意的方便易行的和平条件。这种和平条件在其他场合下也称为自然律，下两章我将要提到。

第十四章 论第一与第二自然律以及契约

自然权利，即学者们通常叫作自然法，是指每个人都有用自己的权利来保存自己的性命的自由以及每个人基于自己的判断和理性做任何事情的自由。

自由就是没有外部障碍——即阻碍人们行使自己本身的一部分权利的障碍，但同时个人通过理性的判断对行为做出的指示便不会有障碍。

自然律是一种理性的戒条或法则，它禁止人们做对生命有害的事、不保护生命的行为和忽略保护生命的行为。

自然律被认为是“权利”与“法”的结合，但其实权和法是有区别的。

权利可以自由行使或放弃，而法律则约束人们行使或放弃权利的行为。所以，权利和法的区别就像职责和自由一样，在同一事情中是不一致的。

正如之前的章节所说的，人们处于一种互相对抗的状况。在这种状况中，每个人都由自己的理性所控制，人们利用他所能利用的一切抵抗外敌，保全自己。也就是说，在这种状况下，每个人都有权利做任何事情，甚至干涉别人的身体。因此，只要每个人对任何事的自然权利持续存在，不管多么强壮和聪明的人，都不会安全地活到生命的自然终结。于是，理性的一般概念规则就是，只要每个人有得到和平的希望，就应该要努力维持和平；当他不能得到和平时，就会寻找和利用战争中的所有助力和优势。在这条规则中，就包括第一个也是基本的自然律——寻求和平，维护和平；第二个是自然权利的集合——通过我们可以利用的一切手段来保护我们自己。

基本自然律要求人们追求和平，从中也可以引出第二自然律：当其他人也认为——为了和平和保卫自己，放弃自己对所有事情的权利是必要的，那么他也会这样做。同时，当他允许其他人反对自己的时候，也有自己去反对其他人的自由。只要每个人都持有这种可以做任何他喜欢的事的权利，人们就会长期处于一种战争状态。但是如果其他人就像他一样不放弃他们的权利，那么任何人就没有理由剥夺他们的权利，因为没有人愿意把自己置于一种危险境地而不是和平。这就是《福音书》里的那条戒律:无论你要求别人为你做什么，首先你必须为他们做，这就是人们说的“己所不欲，勿施于人”。

剥夺一个人对任何事情的权利，就是剥夺他人妨碍其他人对同一事情的权利。因为他宣布放弃或让出他的权利，并没有给予其他人之前没有的权利。每个人都有自然赋予的权利，他只是让出他的位置，让其他人可以没有障碍地享受自己原有的权利。所以一个人丧失权利的影响就是有助于另一个人减少使用他原有权利的障碍。

人们可以通过简单地宣布放弃或者把权利转移给他人将权利出让。当放弃权利的人并不关心谁会从中受利时，就会简单地放弃权利；而当他要把权利给予某个特定的人或一群人时，就是权利的转移。当一个人放弃或转移他的权利之后，就不得妨碍受让者享有这项权利，这是必需的，也是他的责任。如果他予以干预，就是一种不公平和对受让者的一种伤害。一个人放弃权利或转移权利的方式一般通过一些自愿和充足的言行来宣布或者做出表示，这种行为可以是言语或者行动，其实大多数时候，是两者皆有。这种情况同样也体现在约束人们的契约上，契约之所以有约束力，就是在于一旦人们违反这种契约，就会为自己带来严重的后果。

一个人无论何时放弃和转移自己的权利，都是出于可以从中得到利益和好处的考虑。因为这是一种自愿的行为，每个人的自愿行为的目的都是希望得到同样的好处，也因此一些权利没人能通过语言或行为被放弃和转移。

首先，如果有人攻击一个人，用武力剥夺一个人的生命，他就不能放弃他反抗的权利，因为他不能从中得到任何的好处。这也同样适用于伤害、枷锁和监禁。都因为不能从这种忍受中得到好处，就像忍受其他人受到伤害和监禁一样，也因为一个人遭到暴力对待时，不能预测他们是否要他死。最后，放弃和转移权利的动机和目的无非是保全自己性命的安全。因此，如果一个人通过言语和行为表明自己放弃了某项权利，这并不意味着这是他的真实意愿，而只会被人认为他对这种言词或行为会怎样被他人理解是全然无知的。

权利的互相转让就是人们所说的契约。

某物权利的转让和交换这种物体是有区别的。因为物体的交换可以随着权利一起转让，就像现钱交换、商品与土地的交换；但也可以过一些时间再交换。

另外，立约一方可以先行交付自己的那一部分，让另一方在一确定时间予以保管，然后在某一时间予以实现，这就是契约或信约。或者契约双方可以现在立约，在以后履行，在这种情况中，履行者一方将在未来予以实现，也是被信任的一方，这就叫作践约；当履行者一方不践行约定，并且是出于自愿时，就叫作失信。

如果权利的交换不是相互的，而是一方希望得到来自另一方或他的朋友的友谊和服务，或者是希望得到慈善和豪爽之名，或者是希望传达自己的同情之苦，或者是希望得到天国的回报，这就不是契约，而是赠予。免费赠予或者恩惠都是这个意思。

契约的表达有些是明确的，有些是推测的。明确表达的词语有其明确的意义，这些词有现在时的，有过去时的，就像“我给予”“我保证”“我已给予”“我已保证”“我愿意将此物给你”；还有些词是将来时的，诸如“我将会给予”“我将会保证”，这些词就被称为“许诺”。

推测的语言有时表示结果，有时是沉默的结果，有时是行为的结果，有时是不行为的结果。一般说来，“我愿意明天把它给你”和“我明天将把它给你”这两句话是有巨大的不同的。对于“我愿意”这个词，在前一句中表达的是现在的一种意愿，而在后一句中则是表达了对未来行为的一种承诺。因此，前一种是属于现在时，将权利转移至未来；而后一种是属于将来时，便不能转移什么。但是如果除了语言之外，有其他迹象表明转让权利的意愿，那么即使礼物是免费的，但其实也可理解为它是未来语言的一种表达。就像，如果一个人考虑通过比赛获得第一名而得奖，奖品是免费的；虽然这是属于未来，但他获奖的权利已经转让给他了；因为如果他不愿获得这一未来权利，他就不应该参加比赛。

在契约中，权利的转让不仅仅在于语言是属于现在或是过去，也在于它属于将来时。因为所有的契约都是权利的相互转让或交换，因此仅由于已经得到了允诺所交换的利益而做出允诺的人，他们打算转让他们的权利。除非他原先甘愿让他的语词做这种理解，否则对方就不会首先履行他的义务。由于这一原因，在买卖和其他契约行为中，承诺就等于一种契约，也因此是必须执行的。

首先履行契约的一方被称为“应得”，即他接受另一方履行契约所得的价值，并且作为应得之物拥有它。当一个只属于获胜者的奖品悬赏于许多人时，或者将只属于捡到的人的钱扔到许多人中间时，即使这些都是免费的，但获胜者和捡到钱的人就是“应得”，并且是作为应得之物拥有它。因为权利在奖品悬赏中和扔钱币中被转让了，即使还没决定要通过竞争获胜的对象。但是在这两种“应得”中存在区别，在契约中我得到应得的是通过我个人权利的功效和订立契约者的需要，但在免费赠予的情况下，我能够获得应得的仅仅是因为给予者的善意。在契约中，我所应得的在订立契约者手中，即是在于他应该放弃他的权利；在这种情况下，我所应得的并不仅是他直接放弃他的权利，而是在他放弃时这些权利属于我，而不是其他人。而且我认为这就是学院派区分“相宜的应得”和“相称的应得”的意义所在。因为，万能的主允许根据他所描述的戒律与限制但受肉体欲望限制的人们进入天堂，他们说这些人便可因为相宜进入天堂。但因为没有人可以要求一个通过自身权利和自己其他力量而进入天堂的权利，而是通过上帝的恩惠，于是他们说，没有人达到进入天堂的相称条件。对此，我认为这便是那一区别的意义所在；但是，因为争吵者不会同意不再对他们有用的术语的意义，我将不肯定他们的任何意义：我只想说的是——当施与赠予就像颁发一个不确定的奖品时，获奖者就应该得到，并可以要求以应得之物拥有它。

如果一个契约订立后，订立双方都不马上履行，但又相信双方，在纯粹的自然状态下，即在一个人人对战的情况下，有任何合理的怀疑，契约便无效。但如果双方有共同的权利时，契约便不会无效。因为语言太过软弱不能够约束人们的野心、贪欲、愤怒和其他情感。在纯粹的自然条件下，所有人都平等地判断自身的恐惧心理是否合理，是不可设想的。因此，先履行契约的人，不知对方是否会同样履行，但是因为敌人违背自己生活与生存的权利，他绝不会放弃。

但是在世俗国家中，建立了一种约束违反他们信仰的权利机制，恐惧就变得毫无理由，并且由于这个原因首先履行契约的人便有义务这样做。

造成这种契约失效的恐惧的原因，必定总是契约订立后一些事情出现，正如不将履行契约的一些新事实或其他迹象，否则将不会使契约失效。因为正如不会阻碍人们履行契约一样，也不会阻碍人们承认的允诺。

人们转让任何权利是转让他所拥有权利的享受方式。正如人们卖地就可被理解为转让了地上生长的牧草和其他的一切；而卖水磨的人便不能将推动水磨的小溪也卖掉。人们给一个人政府的权力可被理解为给予他征税养兵、设官司法的权力。

和野兽订立契约是不可能的，因为他不懂我们的语言。他们不懂权利的转让，也不会转让权利给他人，没有彼此的接受就没有契约。

与上帝订立契约是不可能的，但是通过上帝的神启，无论是通过超自然的革命或是通过他的助手以他的名义传达思想，否则我们就不知道我们的契约是否被接受了。因此一切违背自然法则的誓言都是白费，因为回报这样一种誓愿是不公正的。如果事情是按照自然律的要求，那它就不是誓愿，而是法律。

契约的主要内容总是通过仔细考虑过的，因为契约就是一种意志的行为，是一种经过仔细考虑的最终行为。所以它经常被看作一种将发生的行为和一种可实行的行为。

因此，已经被知不可能的承诺便不是契约。但如果之前被认为有可能，而后来又被证明不可能的事物，契约是有效而有约束力的，虽然并不是这件事情的本身，但在于其价值。或者说这样仍不可能，而尽可能努力地执行契约，从而没有人来承担义务。

人们通过两种方式解除契约：履行或是放弃。履行契约是自然的结束义务，放弃是通过权利的再转让使契约得以履行。

因恐惧而订立的契约，在纯粹的自然条件之下，是有约束力的。比如，我为了自己的生命向敌人支付赎金而与之订立的契约，我就受到了约束。因为这就是一种一方为得到生命而另一方为得到金钱和服务所订立的契约；因此，在纯粹的自然条件下，没有其他的法律来禁止履行契约，该契约就是有效的。如果战争中的囚犯信任他们支付的赎金，他们就有义务支付；如果一个弱国因恐惧与一个强国订立了不利的条约，他就必须遵守它，除非像前面讲的那样，出现了引起战争的新的恐惧。甚至在一个国家中，如果我被迫交予小偷赎金，我有义务遵守它，直至公民法与我解约为止。因为我可以做一些没有义务的合法的事情，同样的我也可以因为恐惧订立一些合法的契约，我不能够违背合法订立的契约的合法性。

前面的契约可以使后面的契约失去效力。因为一个人今天转让了他的权利给其他人，那么明天就不能转让权利给另一个人，因此之后的承诺不能转让任何权利，没有任何效力。

一种契约没有通过强制力来约束便是无效的。因为正如我们前面所谈到的，没有人可以转让他免于死亡、受伤或被监禁的权利。避免这一现象的唯一结果便是放弃任何权利，因此不具强制力的承诺，在任何契约转让中都没有权利和约束力。因为即使一个人可以那样订立契约“除非我愿意做，否则杀了我”，他却不能订立这样的契约：“除非我愿意做，否则当你来杀我的时候我将不会抵抗你”。因为人是自然的选择，死于抵抗是较小的罪恶，而死于不抵抗则是较大的罪恶，这是人类公认的真理。就如罪犯虽已经依法定罪，但还需武装人员押送罪犯到刑场和监狱。

一种没有得到赦免的保证而控告自己的契约是无效的。因为在自然条件下，人人都是法官，而无地控告；在文明国家，控告伴随着惩罚——即强迫，因而人们便有抵抗的义务。同样的有些控告会使控告者陷入极度的痛苦，如控告父亲、妻子或恩人等。因为这种控告者的证据，若不是自愿提供的话，便不能被接受，在本质上就应当认为是不可靠的，因而也就是不足为据的；而当一个人的证据不可信时，他就没有义务提供。刑讯逼出的控告不能当作证据。因为刑讯只能在进一步查究和探寻真实状况时作为一种推测与指引的手段。在那种情形下坦白的事情只能给受刑者减轻痛苦，而不能给施刑者提供材料，所以不能当作充分的证据来相信。因为不论他是否用真实的证据为自己开脱，他所做的都是行使保全自己生命的权利。

正如我前面所说的，语言力量的太弱，以至于不能使人信守他们的约定。在人本性中只有两种可以想象的助力可以加强人们语言的能力，一种是对于打破他们自己的诺言的结果的恐惧，另一种就是对于遵守诺言的光荣和骄傲。后者是一种很罕见的以至于不能作为依据的慷慨，特别是追求在人性中占最大一部分的财富、统治权和肉欲之乐。激情被认为是一种畏惧，这种激情有两种普遍的目标，一种是不可见的灵魂之力，另一种是人们在进攻时的力量。在这两种力量中，尽管前者的力量要更强大，但后者的恐惧通常是最大的恐惧。前者的恐惧在每个人自己的心中，是在文明社会之前就在每个人的天性当中，而后者就不是的，至少不能使人们信守他们的承诺。因为在自然状态下，权利的不平等是除了战争之外所不能看清的。所以在文明社会之前，或者在因战争文明中断时，没有什么能加强和平契约，抵抗住贪婪的诱惑、野心的诱惑、性欲的诱惑或者其他欲望的诱惑，除了对他们崇拜的神的可见力量的恐惧以及对他们背信弃义的报复的恐惧。因此，在两个不受制于文明力量的人中，可以做的就是让另一个人向他所害怕的神发誓，这种发誓或誓言是对诺言的补充，是一种语言形式。通过他所允诺的，除非他践行诺言，否则他会被上帝的慈悲所放弃，并请求神给予自己报复。就像这种异教徒的形式，“让朱比特神杀了我，就像我杀了这野兽一样”，而我们的形式是这样——“我会怎样怎样做，愿上帝保佑我”。像这样，然后再加上每个人在自己的宗教所用的礼仪，就会使人对打破信仰的恐惧愈来愈剧烈。

通过这一点可以看出，除了根据一个人所用的形式和仪式所发的誓言，其他的都是无效的，或者根本就不是誓言，而且不能向发誓者认为不是神的事物发誓。因为有时人们会因为对国王的畏惧和阿谀，而向国王发誓来得到他们的荣誉。向神发誓是没有必要的，除非是像他们的名字，向其他事情发誓，就像人们在一般谈话中一样，就根本不是誓言，而是由于说话太激烈所养成的一种不虔诚的习惯。

它也可以显示出，没有什么誓约可以增加约束力。因为在一个合法的契约中，有没有誓言在神的眼中都是有约束力的；若是契约不合法，即使有坚定的誓言也完全无约束力可言。

第十五章　论其他自然律

根据第一第二自然律，即人们有义务将那些保留起来就会妨碍人类和平的权利转让给其他人，就产生了第三自然律——“人必须履行所订之信约”。没有第三自然律，信约就会无用，毫无意义，而所有的人对一切事物的权利也会仍然存在，我们也就会仍然处在战争状态中。

这一自然律中，就包含着正义的源泉。因为事先没有信约出现的地方就没有权利的转让，每一个人也就对一切事物都具有权利，于是也就没有任何行为是不义的。在订立信约之后，失约就成为不义，而非正义的定义就是不履行信约。任何事物不是不义的，就是正义的。

像前一章所说的，在互相信赖的信约中，立约的任何一方有恐怕对方失约的畏惧存在时，信约便是无效的；所以正义的来源虽然在于信约的订立，但当这种畏惧的原因没有消除以前，实际上不可能有不义存在；而当人们处在自然的战争状态中时，畏惧的原因是无法消除的。这样说来，在正义与不义等名称出现以前，就必须先有某种强制的权力存在，以使人们所受惩罚比破坏信约所能期望的利益更大的恐惧来强制人们对等地履行其信约，并强制人们以对等的方式来维持通过相互约定作为放弃普遍权利之补偿而获得的所有权。这种共同权利在国家成立以前是不存在的。这一点也可以从经院学派关于正义的一般定义中推论出来，因为他们说：“正义就是将每人自己所有的东西给予自己的恒定意志”。这样说来，没有所有(即没有所有权）的地方就没有不义存在；而强制权力没有建立的地方（也就是没有国家的地方）就没有所有权存在；在那种地方所有的人对一切的东西都具有权利；因此，没有国家存在的地方就没有不义的事情存在。由此看来，正义的性质在于遵守有效的信约，而信约的有效性则要在足以强制人们守约的社会权利建立以后才会开始，所有权也就是在这个时候开始。

那些愚昧之徒心里认为根本没有所谓正义存在，有时还宣之于口。他们郑重其事地断言，每一个人的自我保存与满足交给各人自己照管以后，大家就没有理由不按照他认为有助于这一方面的方式行动。因此，立约与不立约，守约与不守约，只要有助于个人利益，就不违反理性。在这些话里面他并没有否认有信约存在，也没有否认信约有时被破坏、有时被遵守以及破坏可以称为不义，遵守可以称为正义。但他们的问题是：不义在去掉对神的畏惧（这些愚夫心里也认为没有神）以后，有时是不是不能和指使人们为自己谋利益的理性相一致；尤其是当这种不义能导致一种利益并因而使人处于一种不但不顾谴责和辱骂，而且不顾他人的权势的情况之中时，它是不是不能和这种理性相一致。

神的王国是凭暴力得来的，如果能用不义的暴力获得，那又怎么样呢？当我们像这样获得神的王国而又不可能受到伤害时，难道是违反理性的吗？不违反理性就不违反正义，否则正义便永远不值得推崇了。根据这种推理，获得成功的恶便得到了美德之名，有些人在所有其他方面都不曾容许背信的事情，但却容许背信以窃国。异教徒相信萨顿是被他的儿子周彼特废黜的，然而又相信这位周彼特神是惩罚不义之神，这种情形倒有一点像寇克所编的《利特顿氏著作评注》一书中的一条法律，其中说：法定王位继承人以叛逆罪丧失公权时，王位仍得传与；并自得位之时起，公权丧失即无效。根据这种主张，人们很容易做出一个推论说：在位之王虽是父亲，当然王位继承人弑父时虽然可以称为不义或加以任何其他恶名，但却决不能说是违反理性；因为人们所有出于意志的行为都是为了自己的利益，而最有助于达成其目的行为则是最合理性的行为。不过，无论如何这种似是而非的推理都是站不住脚的。

这里的问题不是像在没有建立世俗权力以管辖做出允诺的两方，因而其中任何一方都没有履行诺言的保证时那样，是一个互相允诺的问题，因为这种诺言根本不是信约。

相反，这里的问题是在或者立约一方已经履行契约，或者已有一个使他履行的权利的情况下，履行信约究竟是否违反理性。也就是说，这样是否违反对方的利益。我认为这并不违反理性。为了说明这一问题，我们应当考虑以下几点：第一，不管一个人对任何事情能怎样地预计到并能有多大的把握性，当他去做一件足以导致他自身毁灭的事情时，那么不论会有什么他所不能预计的偶然事物出现使之有利于他，这种情况都不能使他做上述事情成为合理的或明智的。第二，在战争状态下，由于没有一个共同的权利使大家畏服，每一个人对每一个其他的人都是敌人。任何人要是没有联盟的帮助便都难指望依靠自己的力量或智慧防卫本身，免于毁灭之祸；在这种联盟中，每一个人都和别人一样指望通过联合得到相同的防卫；这样说来，要是有一个人宣称他认为欺骗那些帮助他的人们是合理的行为，那么，他有理由能够期待的保障安全的手段便只是从他一个人单独的力量中所能获得的手段。因此，破坏信约之后又宣称自己认为这样做合理的人，便不可能有任何结群谋求和平与自保的社会会接纳他，除非是接纳他的人看错了人。当他被接纳并被收留时，他也不可能不看到错误中所蕴藏着的危机；因为按理说来，一个人不能指靠别人的错误作为保障自身安全的手段。因此，如果他被遗弃或驱逐出这一社会时，他就会毁灭；而他要是在这社会中生活下去，则只是由于别人的错误；但别人的错误他是既不能预见，也不能指靠的，因之便是违反他自我保全的理性的。这样看来，既然说大家都没有促使他遭到毁灭，那么这种情形便只是由于没有弄明白怎样于自己有利才把他容忍下来了。

以任何方式获得天国巩固而永恒至福的例子都是靠不住的说法。可以想象得出的道路只有一条，那便是不破坏信约而遵守信约。

而至于以叛乱取得主权的另一例子则可以显然看出：虽然可以得到这种结局，但由于按照常理无法预期，而只能预计出现与之相反的情形；同时，像这样获得国权以后，其他的人就会起而效尤，所以这种举动便是违反理性的。这样说来，正义（即遵守信约）是一条理性的通则，这种通则禁止我们做出任何摧毁自己生命的事情，因之便是一条自然律。

有些人比这更进一步，不把自然律看成是有助于保全人们尘世生命的法则，而看成是有助于死后获得永恒至福的法则。他们认为破坏信约有助于获得永恒至福，因而便是合乎正义和理性的。这种人就是那些把杀戮、废黜或反抗经过自己同意建立起来管辖自己的主权者认为是一种功德的人。但我们对于人们死后的状况并不具有任何根据自然之理得来的知识，更谈不到那时对失信会给予什么报偿的知识，这种信念所根据的不过是听到人家说他们以超自然的方式知道了这一点；或者是说他们知道有人了解到别人知道旁人以超自然的方式知道了这一点。因此，背信便不能称为理性或自然的准则。

另外有些人承认守信是一条自然律，但却认为对某些人可以例外，诸如异教徒以及一贯不履行信约的人等都是，这种说法也是违反理性的。因为人们的任何过错如果足以使我们解除已订立的信约的话，那么这种过错理所当然地、便应当足以使我们不去订立信约。

正义与不义这两个名称用于人的方面时所表示的是一回事，用于行为方面时所表示的是另一回事。用于人时，所表示的是他的品行是否合乎理性；而用于行为时，所表示的则不是品行或生活方式，而是某些具体行为是否合乎理性。因此，义士便是尽最大可能注意，使他的行为完全合乎正义的人；不义之徒则是不顾正义的人。在我们的语言中，把这两种人称为有正义感与无正义感，比之称为正义与不义更为常见，只是意义并没有两样。因此，义士便不会由于一两次因感情冲动或是弄错了人或事所做出的不义行为而失去义士的称号；一个不义之徒也不会由于出自畏惧而做出或不做的行为而失去不义的品质，因为他的意志不是根据正义，而是根据他所要做的事情的明显利益形成的。使人们的行为具有正义色彩的是一种罕见的高贵品质或侠义的勇敢精神，在这种精神下，人们耻于让人看到自己为了生活的满足而进行欺诈或背信。这种品行上的正义就是以正义为德、以不义为恶的地方所指的那种正义。

但行为正义并不能使人获得正义之名，而只能说是无罪。行为的不义(也称为侵害)，则只能使人获得有罪之名。

此外，品行的不义指的是进行侵害的倾向或居心，它在没有变成行动以前，而且也无须假定有任何人受了侵害，就已经是不义的。但行为的不义（也就是侵害）则假定有一个受了侵害的人存在，这就是与之立信约的人；于是有许多时候受侵害的是一个人，而损失则落在另一个人身上。比如当主人令仆人把一笔钱送给一个陌生人而仆人没有送时，受侵害的便是仆人原先立约要服从的主人，但损失却落在这个陌生人身上；仆人对他并没有义务，所以也就不得谓之侵害了他。同样的道理，在一个国家之中，平民可以互相免除债务，但却不能宽免使他们受损失的抢劫或其他暴行。因为不偿债时受侵害的是他们自己，而抢劫和暴行所侵害的却是国家的人格。

如果一个人所受到的任何行为符合于他向行为者所表示的本身意愿，对他说来就不能构成侵害。因为如果做这事的人没有由于事先订立的信约而放弃他任意行为的原始权利，那就没有破坏信约的事情存在，于是也就没有对他进行侵害。如果他订立了这种信约，那么他让做这事的意愿一经表示之后就算是解除了这一信约，因而便也没有对他造成侵害。

学者们把行为的正义分成两种：一种是交换的，另一种是分配的。他们说前者成算术比例，而后者则成几何比例。

因此，他们便认为交换的正义在于立约的东西价值相等，而分配的正义则在于对条件相等的人分配相等的利益。意思好像是说贱买贵卖是不义，给予一个人多于其应得的东西也是不义。一切立约议价的东西其价值是由立约者的欲求来测量的，因之其公正的价值便是他们满意付与的价值。条件不是根据正义应该得到多少，其报酬只是来自恩惠。

然而有信约规定的条件则不在此例；因为在此种情形下，立约一方履行信约就成为使另一方应履行信约的条件，于是便属于交换性的正义而不属于分配性的正义。这样说来，上述区别在一般通行的意义下便是不正确的。正确地说，交换的正义是立约者的正义，也就是在买卖、雇用、借贷、交换、物物交易以及其他契约行为中履行契约。

分配的正义则是公断人的正义，也就是确定“什么合乎正义”的行为。在这种事情中，一个人受到人们推为公断人的信托后，如果履行了他的信托事项，就谓之将各人的份额分配给了每一个人。这的确是一种合乎正义的分配，可以称为分配的正义，更确切的说法是公道。这也是一种自然律。我在下面适当的地方将要说明。

正义取决于事先存在的契约，感恩则取决于事先存在的恩惠，也就是取决于事先存在的自由赠予；这就是第四自然律，可以用下面的方式加以表述：“接受他人单纯根据恩惠施与的利益时，应努力使施惠者没有合理的原因对自己的善意感到后悔。”因为要不是为了自己的好处就没有人施惠。道理是这样：赠予是自愿的，而一切自愿行为，对每一个人说来，目的都是自己的好处。人们如果看到自己将在这方面吃亏，恩惠或信任也就不会开始了，从而互助和人与人之间相互的协调也就不会开始了。这样一来，人们便会仍旧处在战争状态当中，这跟第一和基本自然律所主张的寻求和平是背道而驰的。违反这条自然律就称为忘恩，它对恩惠的关系就像不义对信约义务的关系一样。

第五自然律是顺应，也就是说：每一个人都应当力图使自己适应其余的人。为了理解这一点，我们不妨这样来看问题，人们的社会倾向由于感情不同而有本质上的差异存在，情形有些像铺在一起建筑大厦的石头。如果有一块石头凹凸不平，形状不规则，安下去时要多占其他石块的地方，同时又坚硬难平，有碍建筑，这种石头便会被建筑者认为不好用而又麻烦，因而把它扔掉。同样的道理，一个人如果性格乖张，力图保持对自己没有必要，而对他人又必不可缺的东西；同时他又性情顽固，无法使之改正，这种人就会被认为妨碍社会而被抛弃或驱除。

我们既然看到每一个人不但是根据权利，而且是根据必然的本性，都应当尽一切可能力求取得自我保全所必需的一切，所以为了不必要的东西而违反这一点的人便应当对因此而造成的战争负责；他所做的事情也就违反了规定人们寻求和平的基本自然律。遵守这条自然律的就可以称为合群，拉丁文称为和顺，相反的情形就称为顽固、不合群、刚愎自用和桀骜不驯等。

第六自然律是：当悔过的人保证将来不再重犯，并要求宽恕时，就应当宽恕他们过去的罪过。因为宽恕就是允许取和。虽然对坚持抱敌意的人，允许取和不能算是取和而是畏惧，但对保证将来的人不允许取和则是不愿和平的表示，因之便是违反自然律。

第七自然律是：在报复中，也就是在以怨报怨的过程中，人们所应当看到的不是过去的恶大，而是将来的益处多。

这一自然律规定除了为使触犯者改过自新和对他人昭示警诫之外，其他任何目的没有理由地进行伤害就会造成战争惩罚。这一自然律是上一自然律——要求人们在保证将来的条件下进行宽恕——的必然结论。此外，不考虑警诫和未来的利益而进行的报复便是对于无目的地伤害他人感到得意或光荣。因为目的总是未来的事情，而无目的光荣便是违反理性的虚荣。

没有理由地进行伤害就会造成战争，这就违反自然律，一般都称为残忍。

一切仇恨与轻视的表示都足以引起战争，因为多数人都宁愿冒生命的危险而不愿忍含污垢。于是我们便这样定下一条戒条作为自然律的第八条：任何人都不得以行为、言语、表情、姿态表现仇视或藐视他人，违反这一自然律的人一般称为侮辱。

在单纯的自然状态下，就像前面所说明的现象一样，所有的人都是平等的，根本没有谁比较好的问题存在。现今所存在的不平等状态是由市民法引起的。我知道，亚里士多德在他的《政治学》第一篇中将以下说法当成他学说的基础：人类根据天性来说，更适合治人，这就是较先明的一类人，另一类人则以“役于人”为相宜，这些人就是身体强壮而不属于哲学家之列的人。他的意思好像是说：主仆之分不是由于人们同意而产生的，而是由于治理的差别而产生的。这种说法不但违反理性，而且也违反经验；因为世界上很少有人会愚蠢到不亲自处理自己的事情而宁愿受制于人的。当智者满心自傲地和不相信自己智慧的人以力相争时，并不能始终或经常获胜，甚至几乎在任何时候都不能获胜。因此，如果人生而平等，那么这种平等就应当予以承认。如果人生而不平等，那也由于人们认为自己平等，除了在平等的状态下不愿进入平等的状态！因而同样必须承认这种平等。因此，我便制定第九自然律规定如下：每一个人都应当承认自己与他人平等，违反这一准则就是自傲。

下一自然律就是根据上一自然律而来的：进入和平状态时，任何人都不得要求为自己保留任何他不赞成其余每一个人要为自己保留的权利。正如所有寻求和平的人都必须放弃某些自然权利，也就是不具有为所欲为的自由：人们也必须为了自己的生命而保留某些权利，如支配自己的身体的权利，享受空气、水、运动的权利，通过从一地到另一地道路的权利以及其他一切缺了就不能生活或生活不好的东西的权利。在这个问题上，如果人们在建立和平时自己本身要求不许诺给予别人的东西，他便违反了前一法则：天生平等，因之也就违反了自然律。遵守这种法则的人谓之谦谨，违反则谓之骄纵，希腊人把破坏这一法则的人谓之超过本分的欲求。

同时，一个人如果受人信托在人与人之间进行裁判时，那么自然律就有一条戒条要求他秉公处理。因为没有这一点人们的争端就只能凭战争决定。这样说来，裁判偏袒的人就是滥用职权来阻止人们用公正的裁判者和公断人，因之也就违反了基本自然律而成为战争的原因。

这一自然律是根据将按理应当属于个人的东西平等地分配给每一个人的法则而来的。

遵守这一自然律就为之公道。正像我在前面所说的，这也称为分配的正义。违反这一自然律就称为偏袒。

根据这一法则又可推论出另一法则——不能分割之物如能共享，就需共享，数量允许时，应不加限制；否则就应当根据有权分享的人数按比例分享。因为不这样分配就会不公平，与公道相违。

但有些东西既不能分割，也不能共享。那么规定公道之理的自然律便要求全部权利以抽签方式决定。要不然就轮流使用，让第一次占有权以抽签方式产生。因为公平分配是一条自然律，而我们又想不出其他的公平分配的方法。

抽签的方式有两种：一种是凭人意决断的，另一种是自然的。前者是由竞争者协议同意。后者要不是根据嫡长继承权决定（希腊称为按命运之应得分给予）便是以原占有权决定。

因此，不能共享和分割的东西就应当断与第一占有者。在某些状况下则应当作为按命运应得之分取得而断与长子。

以下的一点也是自然律：凡斡旋和平的人都应当给予安全通行的保证。因为规定人们应以和平为目的的自然律，也规定人们应以调解为手段，而安全通行则是达到调节的手段。

人们虽然极愿意遵守这些自然律，但涉及个人的行为时仍然可能发生问题。第一个问题是到底实行了没有。第二个问题是如果实行了的话，究竟是合法还是违法。前者谓之事实问题。后者谓之权利问题。因此，除非有关方面相互立约服从其他方面的裁判，否则他们仍然会和以往一样不能得到和平。其裁判受到服从的其他方面成为公断人。因此，自然律便规定：争议各方应将其权利交付公断人裁判。

我们既然假设每一个人所做的一切都是为了自己的利益，所以任何人在诉讼中充当公断人都不相宜。即使是他十分相宜，但由于公平的原则要求各方利益均沾，如果一方被接受为裁判人，那么另一方也应该被接受；这样一来，争端，即战争的原因，就会违反自然律而继续存在。

同样的道理，任何人如果在一方胜诉时所得利益，荣誉或快乐显然比另一方获胜时大，那么他在任何争讼案件中都不应当被接受为公断人；因为他虽然只是无以避免地接受了一笔贿赂，但却仍然是一笔贿赂，任何人都没有义务相信他。像那样做的话，争端和战争状态便仍然存在，与自然律相违。

在有关事实的争执中，裁判者由于对一方的信任不能比另一方大，如果他没有其他证据时，就必须信任第三方面，或第三与第四方面，或者是更多的人，否则问题就会悬而未决，并将听任以武力解决，那样就违反自然律了。

以上各条都是规定人们以和平手段在社群中保全自己的想法，他只是与文明社会有关的原理。此外还有其他的事情对个人有损害，如醉酒和其他一切放纵行为都属于这一类，因之便也可以被自然律列为禁止的事情。这些都无须提出，也不十分宜于在这里讨论。

由于大多数的人都忙于糊口，其余的人则因过于疏忽而无法理解以上关于自然律的微妙推演。然而为了使所有的人都无法找到借口，这些法则已被精简为一条简易的总则，甚至最平庸的人也能理解，这就是：己所不欲，勿施于人。这条总则说明，认识自然律时所要办的只是以下一点：当一个人把他人的行为和自己的行为放在天平里加以权衡，发现他人的行为总显得过重时，就要把他人的行为放在另一边，再把自己的行为换到他人行为的位置上去，以便使自己的激情与自重感不在里面增加重量，这时前述的自然律就没有一条在他看来不是十分合理的了。

自然律在内心范畴中是有约束力的。也就是说，他们只要出现，便对一种欲望有约束力。但在外部范畴中，也就是把他们付诸行动时，就不永远如此。因为一个人如果持身谦恭温良，在其他人都不履行诺言的时候履行自己的一切诺言，那么这个人便只是让自己做了别人的牺牲品，必然会使自己受到摧毁，这与一切使人保全本性的自然律的基础都相违背。从另一方面来说，一个人如果有足够的保证，知道旁人会对他遵守这些自然律，而他自己却不遵守时，他所寻求的便不是和平而是战争，结果便是让暴力毁灭自己的本性。

在内心范畴中发生任何约束力的任何自然律，不仅可能由于与之相违的事实而遭到破坏，当与之相符的事实被认为相违时也可能由于这相符的事实而遭到破坏。因为人在这种情形下的行为虽然和该法相符，但他的目的则是与之相违；当约束是内心范畴的约束时，这便是破坏契约。

自然律是永恒不变的。不义、妄想、骄纵、自傲、不公道、偏袒等都绝不可能成为合乎自然律的。因为绝不会有战争可以全生而和平反是杀人的道理。

这些自然律由于只对欲望和主观努力具有约束力，我所指的是真诚与持久的努力，所以便易于遵行。因为既然自然律所要求与人的只是努力，努力履行这些自然律的人们就是实现了他们，而实现自然律的人就是正义的。

研究这些自然律，科学是唯一真正的道德哲学，因为道德哲学就是研究人类相互谈论与交往中的善与恶的科学。善与恶是表示我们的欲望与嫌恶的名词，欲望与嫌恶在人们不同的气质、习惯和学说中是互不相同的。不同的人非但是在味觉、嗅觉、听觉、触觉和视觉的判断中好恶不同，而且对共同生活的行为是否合理的判断也彼此迥异。甚至同一个人在不同时候也是前后不一样的。在一个时候贬斥而称为恶的，在另一个时候就可能赞扬而称为善。这样就产生了争执和争论，最后就会酿成战争。因此，当个人的欲望就是善恶的尺度时，人们便处在单纯的自然状况下（即战争状态下）。于是所有的人便都同意这一点：和平是善，因而达成和平的方式或手段，如我在前面所说的正义、感恩、严谨、公道、仁慈以及其他自然律也是善；换句话说，他们都是美德，而其反面恶行则是恶。由于研究美德与恶行的科学是道德哲学，所以有关自然律的真正学说便是真正的道德哲学。道德哲学方面的著作家虽然也承认同样的美德与恶行，但由于他们没有看到这些美德的善何在，也没有看到他们是作为取得和平、友善和舒适的生活手段而被称誉的，于是便认为美德在于激情的适度。意思好像是说：毅勇不在于勇敢无畏的动机，而在其程度；慷慨大度不在于馈赠的动机，而在于赠物的数量一样。

这些理性的规定人们通常称为法或律，但也不恰当，因为他们只不过是有关哪些事物有助于人们的自我保全和自卫的结论或法则而已。换句话说，所谓法律是有权管辖他人所说的话。但我们如果认为这些法则是以有权支配万事万物的上帝的话宣布的，那么他们也就可以恰当地被称为法。

第十六章　论人、授权人及由人代表的物

如果一个人的话或是言行代表了他自己，我们称他为自然人。如果他的话和言行代表了另一个人或物，那么我们把他归属于虚拟的人。

人这个词来自拉丁文，在希腊语中是脸面的意思。在拉丁语中它指在舞台上一个人的化装或是外表，也有面具的意思。后来，它被用来形容任何言论和行动的代表，被扩大使用到了法庭和剧院。代表就是扮演或代表他自己或其他人。代表某人就是承当他的人格或以他的名义行事。西塞罗曾经说过：我具有三种人格：我本人、我的对手和判官，并在不同的情况下名称变化着，例如一位中尉、代表、牧师、律师、生产者、演员，还有其他的。

当这些虚拟的人的言语或是行为被他们所代表的人所承认，这个时候他便被称为代理人，而承认他的人被称为授权人。其中代理人的行为由授权人所授权。拉丁和希腊语中，在商品和财产方面他被称为所有者，在行为方面被称为授权人。因为对财产的权利叫做支配权，所以做任何事的权利叫作授权。因此授权常被理解为做任何事的权利，授权行事便是委托或允许去做的事。

由此可知，当代理人根据授权订立了契约，他便约束了授权人，就好像他自己所签订的一般，并且他必须同样接受最终的结果。因此之前说的在人以自然人资格中关于人与人之间契约的本质也是对的，当他们从代表、授权人、生产者手中得到不超过委托范围的授权。

当他和授权人或代表订立契约，却不知道他的授权有多大，那么出现危机时所有的责任由他承担。当他不是授权人或者违反其所赋予的授权或在这种授权范围之外订立信约时，契约不能够迫使他承担责任。

当代理人根据授权人的要求违背自然规律时，如果之前的契约迫使他去遵从，那么不是他而是授权人违背了自然规律。因为虽然他的行为违背了自然规律，但是那不是他想要做的。反之，他拒绝做这样的事，是违背了禁止违背契约的自然规律。

当代理人通过代理人的仲裁调解和授权人订立契约，并且不知道他的权利是什么，那么也只是他的话而已，没有任何的效用。当他要求的授权不能向他证明时，就不再被束缚，因为所订立的没有相应保证的契约是无效的。但如果订立契约之前他就知道除了授权者的话没有任何的保证，那么它就是正当有效的。因此，当授权是明显的，那么授权是束缚授权人的，而不是代理人。当授权只是假托的，那么它只束缚代理人，而不是授权人。

只有很少的一部分事物不能被拟物表现。没有生命的事物，例如一家医院、一座桥、一座教堂，都可以被院长、管理者、教区长所代表。但是无生命的事物不能成为授权人，也不能授权给他们的代理人。然而代理人可以有来自它的所有者或官员的授权去维护保养。因此在一些民主国家建立前这些事物是不能被代表的。

就像不能运用理智的小孩、愚人、女人也可由监护人或管理人所代表。但是不能是授权人，除非是他恢复理智并且被监护人或是管理人所确认。在他未能恢复理智的期间，能够管理并且有权利管理他的人可以将属于他的权利授予给监护人。不过这种事只可能发生在民主社会，因为在此之前并没有管理人的先例存在。

一个偶像或是由人脑想象出来的东西也可以被代表，就像是异教徒的神一样，这种神由国家指定代表。人们时不时地给他们的神奉献出财物权利等，但是偶像不是授权人，因为他不是任何具体的东西。授权是从国家开始的，因此在民主政府建立之前，神不能被代表。

真正的神是能够被人代表的。第一个代表上帝的摩西统治了犹太人，那不是他的子民，是上帝的，不是以他的名义统治的，是以上帝的名义。其次，上帝是有降临人间，教导犹太人并统治所有民族归向圣父天国。他自己的儿子，我们所尊敬的耶稣，他不是自己来的，是圣父派来的。再次，他是圣灵或保惠师德代表。这圣灵不是自己降临人世的，是同时由天父圣子那里派遣来的。

因为一群人天然的不是一个人而是很多人。他们不能被理解为一个而是很多的由他们的名义所代表的授权人。当代理人的权利无限制时，他们便要承认他所有的行为。如果不这样，而限制他在某个问题和程度上可以代表自己时，他们就没有任何人承认代理者超过授权以外的事了。

如果大多数人同意，那么就必须以大多数人的意见为最后的决定。例如当大多数人反对时，那么反对票减去同意票还要多，于是最后反对的便成了代表的唯一意见了。

由偶像组成的代表人特别是人不多时，反对的人和同意的人也许会相同，所以往往没有最终的意见和决定，没有办法采取行动。但有时候还是可以做最后的决定，比如在决定有罪还是无罪的判断时，票数相同时因为法官不能确定是否有罪，所以宣告无罪了。但不能说法官不确定是否有罪，所以就判有罪了。

这个道理是在审问完一个案子后，不能判罪那就是无罪。但相反地说不宣告无罪就是判罪是错的。在审判时立即实行还是延缓时情形也是这样的，即当两种意见的人数相等而不宣告实行时，就是宣告了延缓。

如果数字是三个或者更多这种奇数时，其中一票就有权利取消所有人的赞成票的作用，这个数字是不典型的。在很多情况下和遇到大事件时，会因为利益不同和观点不同而不能做决定，所以就像不适用于管理其他事情一样，不适用管理政府，尤其是在战争之中。

授权人有两种：第一种是单纯的，这种我之前已经说过了，说明这是完全地承认某人的行为。第二种是有条件地承认，也就是当某人在做或不做某事时，他承认授权者。这种有条件的授权者通常称为担保人，拉丁文称为保证者或是发誓担保人，指债务时称为担保人，指见法官或长官时则称为保证人。